ANNABELLE
HIRSCH

COSAS DE MUJERES.

UNA HISTORIA EN 100 OBJETOS

DEBATE

Papel certificado por el Forest Stewardship Council®

MIXTO
Papel | Apoyando la silvicultura responsable
FSC® C117695

Penguin Random House Grupo Editorial

Titulo original: *Die Dinge. Eine Geschichte der Frauen in 100 Objekten*

Primera edición: octubre de 2024

Printed in Spain – Impreso en España

ISBN: 978-84-19951-67-0
Depósito legal: B-11.416-2024

Compuesto en Comptex, S. L.
Impreso en Gómez Aparicio, S.A.
Casarrubuelos, Madrid

C 9 5 1 6 7 0

A mi madre

ÍNDICE

INTRODUCCIÓN

Hace unos años, cuando visité la casa de la escritora Karen Blixen en la costa danesa, me di cuenta de que, para mi sorpresa, lo que me fascinaba no era el lugar en sí, ni su escritorio o los cuadros pintados por ella que colgaban de las paredes, sino un detalle supuestamente irrelevante: las numerosas ollas de cobre que había apiladas en un rincón de su cocina. Intenté imaginar cómo trajinaba con ellas esta mujer bajita y delgada, cómo se había sentido al hacerlo, en qué pensaba. ¿Sabría cocinar? ¿Eran suyas aquellas ollas o de sus empleados? Me preguntaba qué decían estos utensilios de cocina sobre la autora de *La fiesta de Babette*. ¿Podrían revelar algo sobre ella, sobre su vida cotidiana, sobre su existencia como mujer, como danesa y como europea de su tiempo? Las ollas y los objetos de este tipo son lo contrario de los monumentos. No conmemoran una batalla ganada ni una revolución; no simbolizan tratados u otros grandes acontecimientos que supusieran una clara transformación de la sociedad; rara vez se asocian a una fecha concreta, ni puede afirmarse: «A partir de ese día todo cambió». No pertenecen a la llamada «gran historia», sino a la esfera íntima. A lo silencioso, a lo ignorado. Al ámbito que durante mucho tiempo se consideró femenino y, por tanto, insignificante. Cuando empecé a investigar para escribir este libro, tuve una experiencia interesante: estaba en una cena exponiendo mi idea, por entonces todavía muy fresca, de contar una historia de las mujeres a través de los objetos. ¿Cómo sería —preguntó curiosa una mujer—, qué tipo de objetos mencionarías, por ejemplo? Pero no me dio tiempo a responder, a explicar que se trataría de objetos que hablasen de la vida cotidiana de las mujeres, de pequeños y de grandes momentos. Objetos relacionados con temas que afectasen a las mujeres, el cuerpo, el sexo, el amor, el trabajo, el arte, la política. Objetos que dieran testimonio de los movimientos que ellas instigaron, de todos los mitos en los que se las ha intentado encajar desde tiempos inmemoriales. Objetos que dijeran algo de cómo lo sobrellevaron, de cómo se liberaron, lucharon, a veces a gritos, otras en silencio. De cómo siempre encontraron maneras, o al menos las buscaron, de ser ellas mismas. Y algunas cosas, por supuesto, hablarían de una mujer concreta y de su influencia, pero también de algo más. Porque no debería ser la historia de las «cien mujeres geniales del pasado», sino un gabinete de curiosidades que mostrase lo rica y diversa, lo compleja y no lineal que es su historia... Pero antes de que pudiera decir todo esto, un hombre mayor resopló en voz alta: «¿Mujeres y objetos? ¡Pero si las mujeres son objetos!». La frase es estúpida, muy torpe y para nada graciosa, pero sí es indicadora de algo: de que la historia, a menudo, se ha contado como si esa afirmación fuera cierta. Como si la mayor parte del tiempo las mujeres no hubieran tenido más influencia y relevancia que un jarrón colocado en un rincón para servir de adorno, en el que de vez en cuando se depositaba algo (un bebé). Incluso hoy, que ya se están sacando del pozo del olvido historias y figuras femeninas inspiradoras, a veces parece como si las mujeres que actúan, piensan, luchan, cuentan historias y son capaces de afianzar su lugar en el mundo fueran algo nuevo. Como si las que nos precedieron, con algunas destacadas excepciones, hubieran estado dormidas, observando. Como si su historia fuera en gran parte la de víctimas pasivas. Nada de eso es cierto. Ni lo ha sido nunca. Al menos, no de la manera que suele contarse. Las mujeres siempre han estado ahí y siempre han contribuido. Los objetos con los que se las solía confundir y con los que compartían sus habitaciones —los íntimos, pero también los públicos— dan prueba de ello, de esta cara de la historia que se ha pasado por alto durante demasiado tiempo y se ha ignorado, juzgándola como irrelevante, secundaria y trivial. Estos objetos no remiten a la gran Historia con mayúsculas, al menos no siempre, sino más bien a detalles, anécdotas, cosas que ganaron importancia con el tiempo, gracias a su perseverancia. Explican el mundo de otra manera. Algunos de ellos se refieren a contextos más amplios, algunos desempeñaron un papel importante en un momento determinado, otros son testimonios de una tendencia y otros hablan de una mujer que, desde mi punto de vista, no debía faltar. Y es que la selección de estos objetos es por completo subjetiva. No es obra de una historiadora, sino de una mujer que a finales del siglo XX creció entre Francia y Alemania y a quien le apasionan las mujeres, sus historias y sus objetos. De una mujer que tiene predilección por lo intrascendente y anecdótico y a la que le gusta pasear mentalmente por el pasado. El foco se centra en la historia de las mujeres de Occidente, no por desinterés hacia el resto del mundo, sino al contrario, porque me resultaría falso acercarme con este enfoque intuitivo y subjetivo a los grupos culturales que me son demasiado ajenos como para hacerles justicia. Esta historia quiere caminar por el pasado como si fuera un pasillo desde el que a veces abro una puerta aquí, a veces otra más allá, y saco un objeto de la estantería para iluminar un aspecto o contar una historia. Son cien objetos, pero bien podrían haber sido doscientos, trescientos o mil; me ha costado poner el límite. Porque la historia de las mujeres y sus cosas es increíblemente rica, mucho más rica de lo que se piensa. Es diversa, a veces triste y, a menudo, tremendamente divertida. A veces dan ganas de proferir gritos de alegría por lo bonito que es ver lo fuertes, imaginativas y astutas que siempre han sido las mujeres, lo cerca que sentimos incluso a nuestras parientes más lejanas, lo similares que resultan sus pensamientos, preguntas y aspiraciones, a pesar de todas las diferencias. Esta historia de las mujeres no está completa ni es concluyente, ni quiere serlo. Pretende, sobre todo, animar a seguir escarbando, a sacar cosas del estante de la historia, a buscar detalles, anécdotas, todas las supuestas trivialidades, y a encontrar conexiones sensoriales con el mundo todavía demasiado desconocido de las mujeres del pasado.

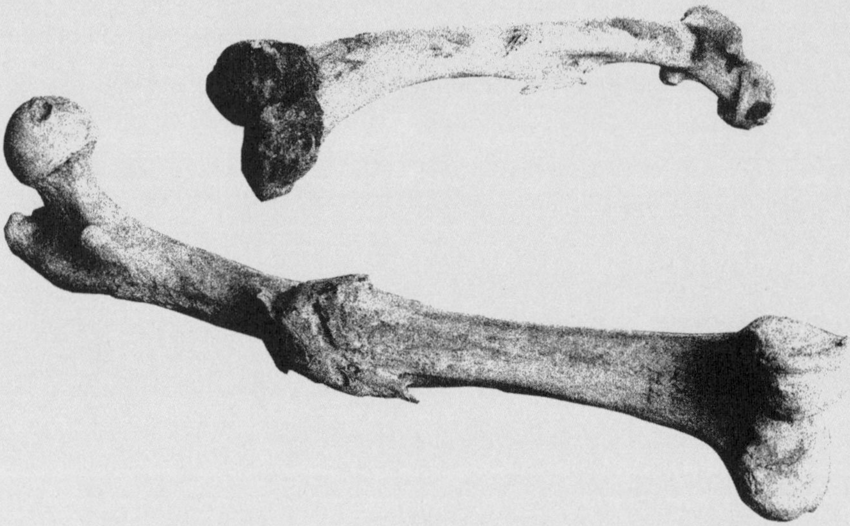

FÉMUR CURADO

c. 30.000 a. C.

Hace ya varias décadas que le preguntaron a la antropóloga estadounidense Margaret Mead, durante una conferencia en una universidad, qué objeto, en su opinión, podía considerarse como el primer signo de nuestra civilización. El estudiante quizá esperaba que hablara sobre una olla de barro o una punta de lanza, o quizá sobre algún logro técnico, algo palpable; pero Mead, tras reflexionar unos instantes, respondió crípticamente: «Un hueso curado». Si un animal se rompe un hueso en la naturaleza, explicó, sus probabilidades de sobrevivir son nulas. Una fractura tarda varias semanas en soldarse; mientras tanto, no puede moverse para ir a buscar agua ni cazar, por lo que moriría de hambre, de sed o caería víctima de otros animales. Los hallazgos óseos que demuestran que, muchos milenios antes de Cristo, un ser humano sobrevivió con un fémur fracturado indican que alguien estuvo allí para cuidar de esa persona. Alguien que le llevó comida y bebida, que se quedó con ella y así le dio la oportunidad de recuperarse en paz. Por lo tanto, el primer signo de nuestra civilización no son las armas u otros inventos, sino nuestra capacidad de preocuparnos no solo por nosotros mismos, sino también por los demás: «Somos mejores cuando servimos a otros», dijo Mead, y concluyó con la exhortación: «Sed civilizados».

Cuando pensamos en la Edad de Piedra hoy en día, solemos tener en mente las imágenes de nuestros libros de texto de la escuela primaria. Por un lado, hay una criatura escondida que está sentada letárgicamente con ropa miserable junto a un grupo de niños: la mujer. Por otro, se ve algo peludo que no está sentado, sino de pie, no en el interior de la cueva oscura, sino fuera, en la naturaleza, no resignado, sino actuando. Aplausos para el hombre. Sostiene, victorioso, una lanza en el aire, ante él se levanta un animal del tamaño de una casa, pongamos por ejemplo un mamut, pero él, el hombre, no le tiene miedo, mata al coloso y se lo lleva a casa, a su agradecida familia. La imagen sugiere que siempre ha sido el hombre quien ha llevado adelante a la humanidad con su espíritu de conquista, la mujer «solo» estaba ahí para producir hijos, pero por lo demás era bastante inútil. Porque para cazar se necesita coraje, para cuidar a los niños, bueno, ya sabéis: nada. Ahora bien, esta imagen, que aún hoy ronda por las mentes de muchos y legitima un sinnúmero de cosas, se basa en un problema de fondo: nada indica que la vida real de las personas en la Edad de Piedra fuera verdaderamente así.

Al igual que la mayoría de las imágenes que marcan nuestra idea colectiva de la historia, esta también fue diseñada por hombres, en este caso en un momento, el siglo XIX, en el que el matrimonio civil y la distribución de roles sexuales que lo acompañaba se convirtieron en la norma y el ama de casa discreta pasó a ser el nuevo ideal femenino. Los primeros arqueólogos y antropólogos observaban sus hallazgos a través del prisma de su propia época, que era bastante misógino, y trasladaron sus ideas sobre las relaciones de género y las escalas de valores del momento (es decir, la caza es genial; el cuidado, no tanto), sin cuestionarlas demasiado, a la prehistoria. Con sus interpretaciones, corroboraban lo que todo el mundo pensaba en esa época y que la ciencia confirmaba, para su satisfacción; a saber, que a la mujer siempre, es decir, «por naturaleza», le había correspondido el papel subordinado, y que desde el principio se había quedado por ahí sentada, muy mona, pero confundida, mientras que el hombre se encargaba de la evolución por sí solo. Sin embargo, no hay pruebas tangibles de que esto fuera así. Por un lado, los hallazgos indican que la distribución de roles de género era menos rígida de lo que algunos pretenden, ya que también las mujeres salían a cazar de vez en cuando. Por otro, parece improbable que, en ese momento, en el que «no morir» ocupaba el primer lugar en el orden del día, la gente pudiera permitirse el lujo de hacer sentir a la mitad de su sociedad que no valía para nada y que era irrelevante. Al fin y al cabo, en la lucha por la supervivencia era indispensable tener motivados a todos los participantes. Incluso cabe suponer que los hombres de la Edad de Piedra (a diferencia de sus hermanos de finales del siglo XIX, con una existencia menos amenazada) sabían que no se puede llegar muy lejos en la evolución solo con la caza y la conquista, y que el cuidado juega un papel central en la vida de la comunidad. Esto es, justamente, lo que la llamada «teoría de la abuela» ha estado tratando de demostrar durante algún tiempo.

Dicha teoría afirma, al igual que hizo Mead en su día, que el hecho de preocuparnos por los demás nos ha hecho fuertes como especie. El razonamiento es el siguiente: además de la ballena, la mujer es el único mamífero que experimenta la menopausia, es decir, la única que sigue viviendo a pesar de que ya no puede engendrar hijos. Desde Darwin sabemos que pocas cosas suceden porque sí, sino que suelen tener un propósito biológico evolutivo; por eso los científicos se preguntaban: ¿Por qué se estableció la menopausia en los seres humanos? Tal vez la respuesta sea que la abuela, es decir, la mujer que ya no se reproduce, ayudaba a su hija en la crianza de los hijos y, por lo tanto, se aseguraba de que ella pudiera traer más hijos al mundo y así, pese a todo, seguía participando en la vida del grupo. Además, contribuía a que una gran parte de la descendencia llegara a la edad adulta y pudiese reproducirse a su vez. Por supuesto, los humanos del pasado no debían de ser conscientes de esta contribución de las mujeres mayores a la conservación de la especie; sin embargo, podemos sin duda imaginarnos que nuestros antepasados vivieron en una sociedad más igualitaria y menos dividida sexualmente antes de la era del sedentarismo y la agricultura, antes de que existieran la propiedad y las estructuras de poder y de opresión que la acompañaron. Porque sabían por instinto que necesitaban cada elemento en la misma medida: hombres jóvenes que blandieran las lanzas, mujeres jóvenes que tuvieran hijos y que siguieran el rastro para cazar. Y abuelas que criaran a los niños y esperasen pacientemente junto a los heridos hasta que sus huesos sanaran.

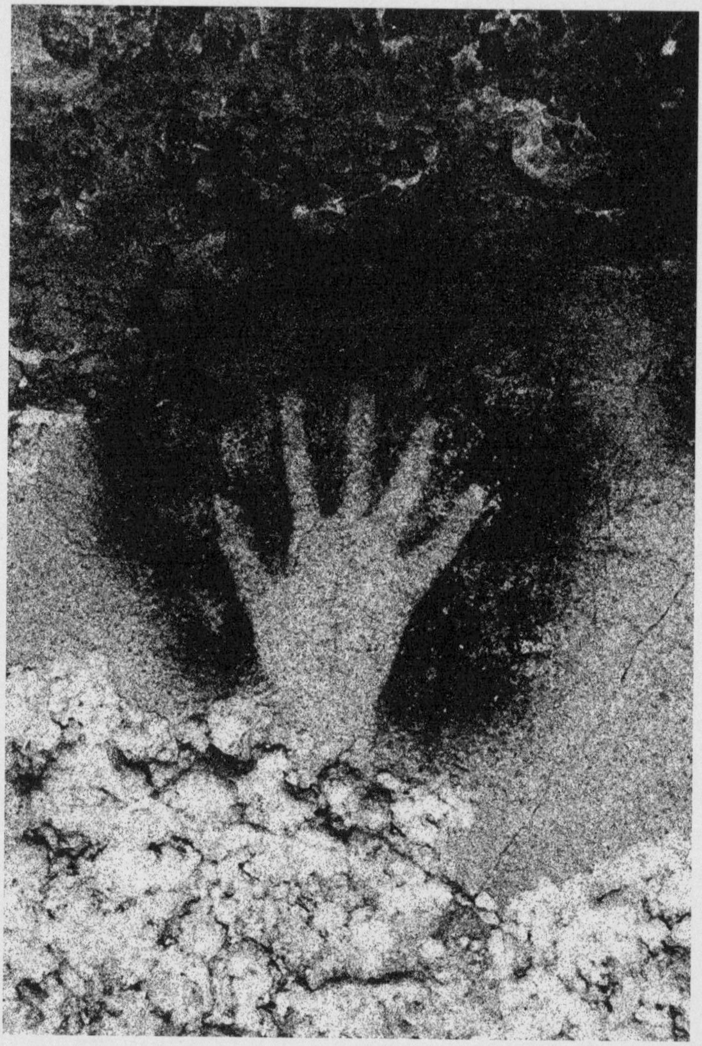

PINTURAS RUPESTRES

c. 20.000 a. C.

Durante siglos, nuestra cultura ha dado por hecho que un genio, y sobre todo un genio artístico, es por naturaleza masculino. Las mujeres pueden ser artistas, sí, pero incluso si cada pocas décadas o siglos aparecía una mujer que tenía imaginación y demostraba una gran habilidad en algo, siempre era considerada una excepción y, aunque hubiera gozado de cierto éxito en vida, por lo general después de su muerte se la borraba de la historia. Desde hace algunos años, estamos redescubriendo a muchas de estas artistas olvidadas y exponiendo sus obras en muestras colectivas con el título de «Mujeres», como si su feminidad fuera obligatoriamente más importante para su arte que la masculinidad para sus homólogos. Puede ser que a algunas incluso se les atribuya más talento del que tenían en realidad, como si hubiera que demostrar algo que una misma ni siquiera se atreve a creer: que las mujeres no reciben el beso de la llamada «musa» con menos frecuencia que los hombres, que el arte no es masculino como norma general y femenino en casos excepcionales, y que la inspiración y la habilidad artística tienen poco que ver con la testosterona.

Uno de los motivos de esta idea tan escandalosamente arraigada se encuentra tal vez muy al principio, en el origen de nuestra historia del arte, es decir, en la imagen que nos hacemos de los primerísimos artistas, los creadores de las pinturas rupestres. La mayoría de los frescos rupestres descubiertos en los siglos XIX y XX representan cuerpos femeninos o, con mayor frecuencia, animales grandes como bisontes, mamuts o caballos en escenas de caza. Hasta ahora, se daba por sentado que las mujeres no participaban en la caza, sino que, como mucho, recogían bayas y frutos y, por lo demás, se pasaban el día en casa cuidando de sus hijos, cosa que de forma automática conducía a la suposición de que fueron hombres quienes pintaron estas primeras obras de arte. ¿Cómo iban a retratar las mujeres la experiencia de la lucha salvaje si nunca la habían presenciado? La hipótesis parece legítima, pero ¿fue realmente así? Como ya se ha dicho, es evidente que a los primeros científicos les resultaba muy difícil imaginar que la distribución de roles entre los sexos en el pasado hubiera sido muy distinta a la de su propia época, lo que los llevó a cometer algunos errores de cálculo; por ejemplo, en los últimos años se ha descubierto, gracias a nuevas tecnologías, que muchos esqueletos que en su día se catalogaron como «hombres de la Edad de Piedra» y se admiraron por su supuesta fuerza eran en realidad los huesos de «mujeres de la Edad de Piedra». Y es que, durante mucho tiempo, las mujeres contaron con una complexión casi tan grande y robusta como la de los hombres, lo que significa, por un lado, que su alimentación era tan buena como la de ellos, y que, por lo tanto, gozaban de una posición social hasta cierto punto igualitaria, pero, por otro lado, y sobre todo, que muy probablemente también participaban en la caza. Seguían huellas, servían de señuelo (qué consideradas, ¿no?) y puede que incluso llevaran la carne a casa para alimentar al grupo. Así pues, la caza, a diferencia de lo que a algunos tanto les gusta afirmar y se celebra hasta nuestros días, no era un club de chicos. Las mujeres tenían su lugar en esa actividad, desempeñaban una función y, por tanto, eran perfectamente capaces de plasmar lo ocurrido en una creación artística para sublimarlo. Sin embargo, durante mucho tiempo se descartó la posibilidad de que ellas tuvieran en mente algo más que cuestiones prácticas y también que sintieran el impulso, al igual que los hombres, de comunicar su manera de ver el mundo. O, mejor dicho, esta hipótesis nunca se contempló siquiera.

Hasta que una tarde, hace unos diez años, el académico estadounidense Dean Snow, de la Universidad Estatal de Pennsylvania, sacó de su estantería un libro ilustrado sobre la gruta de Pech Merle, en el sur de Francia, y se llevó una sorpresa. El día anterior había estado leyendo los trabajos de un biólogo británico, un tal John Manning, que había observado que las manos de los hombres y de las mujeres se diferenciaban en la proporción de los dedos entre ellos; las mujeres tienen el dedo índice y el anular de una medida casi idéntica, mientras que los hombres suelen tener el anular más largo. Cuando Snow, allí sentado, abrió su libro sobre Pech Merle y se topó en la primera página con esta reproducción de la silueta de una mano dibujada en la pared, pensó: «¡Algo no encaja!». En los últimos cien años se han encontrado cientos de huellas de este tipo en grutas y cuevas, en Argentina, en África, en Australia, aunque la mayoría se hallan en Europa y tienen entre doce y cuarenta mil años de antigüedad. Los humanos de la Edad de Piedra probablemente pintaban las paredes utilizando una especie de técnica primitiva similar al aerógrafo: colocaban la mano, tomaban un junco o un hueso hueco de ave, lo llenaban de pigmento rojo (el primer color que supimos crear) y soplaban a través de él hasta que se perfilaba el contorno de los dedos. No está muy claro por qué lo hacían, pero se cree que era algo así como una firma. Como queriendo decir: «Estuve aquí. Fui yo quien dibujó esto».

Cuantas más imágenes contemplaba Snow, más claro tenía que la atribución habitual no podía ser correcta. Según la teoría de los dedos, la mayoría de ellas no parecían de hombres, por lo que desarrolló un algoritmo especial para investigar el asunto. Sus estudios más recientes sobre la cueva de El Castillo en España y de las cuevas francesas de Gargas y Pech Merle concluyeron que un 72 por ciento de las huellas de manos allí presentes pertenecen a mujeres. En la actualidad, su hipótesis es tan conocida como controvertida. Algunos no le dan ningún crédito, otros están convencidos de que es cierta y van incluso más allá del aspecto artístico. No piensan que las huellas se pintaran allí sin motivo alguno, ni que fueran un *l'art pour l'art*, ni tampoco que representasen una firma, sino que las identifican como señales de un ritual. Según afirma esta hipótesis, tras pasar un tiempo en las cuevas se pierde toda noción sensorial y se entra en una especie de trance por la falta de oxígeno; la pintura y las manos deberían entenderse, por tanto, menos como arte y más como parte de un rito chamánico. Lo que a su vez significaría que las mujeres eran chamanas. Si esto es cierto o no, todavía no ha podido comprobarse. Por otro lado, las manos supuestamente femeninas de las paredes tampoco demuestran de manera automática que las pinturas de animales que hay junto a ellas sean también obra de mujeres. En cualquier caso, valdría la pena al menos considerarlo como una posibilidad. Porque, quién sabe, quizá los primeros genios artísticos de nuestra historia fueron mujeres.

ESTATUA DE HATSHEPSUT

1479–1458 a. C.

Al principio de casi todas las biografías de mujeres famosas y poderosas suele aparecer la siguiente escena: el padre (o la abuela) se sienta con la muchacha y admira lo lista, valiente, ingeniosa y formidable que es; entonces suspira, desesperado: «¿Por qué no naciste hombre?». En algunos casos, hay un hermano tonto sentado a su lado, cosa que agrava la desesperación: ¿Por qué le tocó la mente astuta de la descendencia al cuerpo equivocado? ¿Cómo pudo cometer tal error la naturaleza?

Sucedió más o menos lo mismo en el caso de la reina egipcia Hatshepsut representada aquí. Nacida hacia el 1500 a. C., hija del faraón Tutmosis I, parece que ya de niña daba indicios de una inusual capacidad intelectual, cosa que entusiasmaba y entristecía a su padre a partes iguales, pues su trono estaba destinado a su menos astuto hijo, el hermanastro de Hatshepsut. Con la esperanza de proporcionarle una buena consejera a aquel inútil, se la dio como esposa. Ella tenía doce años cuando se convirtió en reina, como esposa de Tutmosis II, y no mucho mayor cuando asumió el cargo de regente. Su marido murió poco después de su coronación, y su único hijo, nacido de una concubina, era demasiado joven para gobernar, así que nuestra heroína ocupó el trono. Hasta aquí es todo normal, ya que en la Antigüedad las egipcias tenían un rango inusual. Si bien la sociedad de la civilización del Nilo estaba dominada por los hombres como todas las demás, las mujeres gozaban (al menos las de clase alta) de una relativa libertad. Al contrario que las griegas, podían moverse sin restricciones, recibían una educación y podían participar en fiestas, cantar y bailar. Pero, por encima de todo, podían gobernar como representantes cuando su hijo o su marido estaban ausentes o se hallaban incapacitados para desempeñar sus funciones. El caso es que Hatshepsut no se detuvo aquí: cuando su yerno alcanzó suficiente edad para ocupar su lugar, se las arregló para autoproclamarse faraona y hacer esperar al joven. Durante veinte años ostentó el poder y, lo más asombroso, lo hizo sin necesidad de orquestar la muerte de Tutmosis III.

En la larga historia de Egipto ha habido muchas reinas, Neferusobek, Nefertiti, Tauseret, muchas de ellas fueron muy influyentes y poderosas. Pero hubo muy pocas faraonas, y Hatshepsut fue la más importante de ellas. Durante su mandato, Egipto vivió una época de paz y de bienestar. Ella fomentó las artes y ordenó la construcción de algunos de sus edificios más bonitos, como el complejo de templos Deir el-Bahari. Hoy en día se la considera uno de los faraones más importantes de la historia, y a pesar de ello, es mucho más conocida Cleopatra y su trágico final, como si se quisiera recordar que las mujeres que poseen demasiadas aspiraciones y se comportan «como hombres» están condenadas al suicidio. Se honra más a los ejemplos de fracaso que a los de éxito. Pero quizá este desvío de la atención se deba también a que, hasta hace poco, incluso la ciencia miraba a Hatshepsut con recelo. Todavía en la década de 1950, un conservador del Metropolitan Museum de Nueva York la calificó como la «clase más vil de usurpadora». Se la acusaba de ser cruel, ambiciosa y, cómo no, una depravada sexual; una de las razones de esas suposiciones era la estatua que aquí mostramos. Cuando la encontraron en la década de 1920, estaba destruida, fragmentada en pedazos de la medida de un dedo y desfigurada, lo cual, teniendo en cuenta la posición divina de los faraones, planteó algunas preguntas: ¿qué había hecho este mandatario para enfurecer así a sus descendientes? Y más importante: ¿quién era aquel hombre machacado? Después de que la pieza se identificara como Hatshepsut la respuesta estuvo clara: era una mujer y se había apropiado de un puesto masculino. En efecto, Tutmosis III se encargó de destruir todas las pruebas de su mandato, cosa que los investigadores interpretaron como una evidencia de que se había vengado porque ella le había robado el trono.

Ha sido necesaria la visión de algunas egiptólogas para enderezar esta imagen torcida. Contrariamente a la suposición de que Tutmosis III la borró de la historia en un ataque de odio justo después de su muerte, no hizo tal cosa hasta veinte años después, al final de su propio reinado. Se puede suponer que pensaba menos en la venganza y más en el futuro: ¿qué ejemplo daría una figura femenina tan fuera de lo común? ¿Acaso no sería un acicate para que otras quisieran ocupar ese mismo lugar? ¿No había llevado su imagen demasiada confusión al claro orden de los sexos? La pregunta es interesante precisamente en lo que respecta a esta estatua. A fin de cuentas, Hatshepsut no solo había logrado gobernar un país de manera inteligente y exitosa, sino que también había difuminado las fronteras entre los sexos: le gustaba que la retrataran como hombre, con una pequeña barba en el mentón, una pitón como corona y el pecho plano expuesto. Los registros oficiales hablaban de ella con ambigüedad, con atributos como «la faraón». Básicamente practicaba una forma de lenguaje no sexista, mezclando los pronombres sin límite: él, ella, ello, lo que fuera... En esta estatua que hoy se encuentra en el Metropolitan Museum, es a la vez hombre y mujer. Tiene una cabeza masculina, que puede reconocerse por su pañuelo Nemes (el tocado de rayas por lo general doradas y negras), pero el pecho de una mujer. No obstante, muchos investigadores se niegan a creer que ella se concibiera a sí misma como hombre-mujer, como tercer sexo, como un hombre en el cuerpo de una mujer, como algo fuera de estas categorías o, como más tarde reflexionó la artista Claude Cahun: «¿Hombre? ¿Mujer? ¡Depende de la situación!». En cambio, afirman que Hatshepsut se sentía claramente mujer, y una se pregunta cómo pueden estar tan seguros de ello. La comunicación de esta faraona apunta más bien a otra cosa, a una especie de representación *queer* de sí misma y del poder que difumina las fronteras de género con total seguridad. Ya entonces sabía que no todos lo aceptarían en el futuro. En el obelisco que hizo erigir en Karnak, escribió: «Ahora mi corazón se estremece al pensar en qué dirá la gente que vea mis monumentos en años venideros y en quién hablará de lo que he hecho».

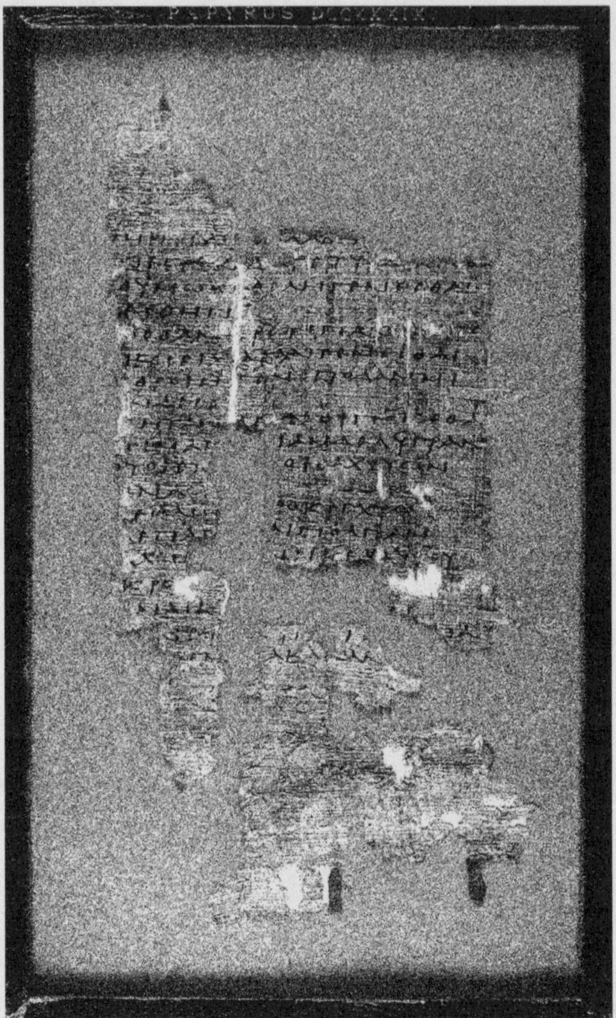
PAPYRUS DCCXXXIX

PAPIRO DE SAFO

Siglo VII a. C.

El sueño de dejar huella en la historia, de tal manera que incluso siglos después de la propia muerte la gente todavía se acuerde de uno, fue algo que durante mucho tiempo solo los hombres podían soñar. Para las mujeres de la antigua Grecia, que no tenían ninguna influencia en la vida pública, estaba claro de antemano que las olvidarían. Y probablemente la mayoría se resignó a ello sin oponer resistencia. Pero no fue el caso de Safo. Alrededor del año 603 a. C., en la hermosa isla de Lesbos, decidió con cierta megalomanía que las cosas iban a ser diferentes para ella: «Safo, eres amada [...]. Dotada por mí de un arte sublime / serás nombrada por todos los hombres / hasta donde llegue la luz del sol», escribió. O bien: «Te aseguro que alguien se acordará de nosotras».*

Por muy improbable que resultara esta autoprofecía en aquel entonces, estaba en lo cierto. Pocos nombres femeninos de la historia están tan presentes en nuestra vida cotidiana como el suyo. Las mujeres son «lesbianas» porque Safo vivía en Lesbos, las relaciones son «sáficas» porque se le atribuían tales relaciones con las mujeres. Y eso a pesar de que se sabe muy poco de ella y solo han sobrevivido algunos de sus poemas para lira (una especie de arpa). Se cree que gran parte de su extensa obra, que ocupaba nueve volúmenes, se quemó en el siglo III a. C. en el incendio de la biblioteca de Alejandría, mientras que otra parte fue destruida durante la Edad Media por ser considerada demasiado indecente. Lo más disparatado, sin embargo, es lo que se hizo más tarde en Egipto con sus poemas: se utilizaron los rollos de papiro en los que había escrito para fabricar cartón piedra destinado a construir ataúdes y a rellenar cocodrilos. El arte de las mujeres se ha tratado de maneras muy extrañas durante mucho tiempo, eso no es nada nuevo. Algunos ya lo lamentaban en tiempos pasados. El filósofo y romántico alemán Friedrich Schlegel, por ejemplo, escribió: «Si tuviéramos todos los poemas sáficos, tal vez nunca nos acordaríamos de Homero». Quizá no sea necesario ir tan lejos. Safo

* Todas las citas de Safo están extraídas de la traducción de Aurora Luque en *Safo. Poemas y testimonios*, Barcelona, Acantilado, 2004; a excepción de la primera, que es nuestra. *(N. de la T.)*

no habría sustituido a Homero, que había vivido casi cien años antes que ella y con quien se la compara a menudo, ¿por qué habría de hacerlo? Lo habría complementado. Lo que ella escribió ofrece un contrapunto femenino a la epopeya heroica y bastante cargada de testosterona de la *Odisea*. A la erudita Safo le interesaban poco los jinetes, los soldados de infantería y los barcos; lo que la intrigaba eran las circunstancias que habían llevado a la bella Helena a abandonar su hogar y a su marido por Troya: «Lo que una ama», es decir, el amor. «De ella quisiera contemplar / su andar que inspira amor y el centelleo radiante de su rostro / antes que los carruajes de los lidios y antes que los soldados en pie de guerra», escribió. Los hombres escriben sobre la lucha, las mujeres sobre el amor; suena a cliché, pero en este caso resulta ser cierto. Alguien dijo una vez que Safo fue una *hippie* precoz, pues lo que predicaba era una versión algo más poética del «Haz el amor y no la guerra». Y quizá sea verdad. Las conquistas, los combates, los hombres musculosos con sables afilados y todas esas historias heroicas que han influido en nuestra cultura hasta el día de hoy no le interesaban. Lo que la entusiasmaba era la sensualidad, lo bello, lo tierno, lo suave.

Como sabemos, a principios del siglo XIX se impuso en la cultura occidental la ridícula idea de que las mujeres eran inmunes al deseo sexual y de que, en el impensable caso de que lo disfrutaran, se avergonzaban demasiado como para hablar de ello. En la actualidad, nombrar y describir el deseo sexual femenino nos parece a veces nuevo, como si fuéramos las primeras que se atreven a hacerlo. Safo demuestra que nos estamos sobrevalorando y que siempre ha habido mujeres, incluso siglos antes de Cristo, que no solo sentían deseo sexual, sino que además no tenían ningún problema a la hora de expresarlo. Apenas existe una antología de poesía erótica en la que no figure algún verso de Safo; es la primera poeta que conocemos que exploraba mentalmente su cuerpo y observaba lo que ocurría en su interior: «Miro hacia ti un instante y de mi voz / ni un hilo ya me acude, / la lengua queda inerte y un sutil / fuego bajo la piel fluye ligero / y con mis ojos nada alcanzo a ver / y zumban mis oídos». También es bonito, aunque más breve: «Eros ha sacudido mis entrañas / como un viento abatiéndose en el monte / sobre las encinas».

Se ha especulado mucho sobre quién era el objeto del amor de Safo. ¿Era lesbiana? ¿Era bisexual? ¿O tal vez ninguna de las dos? Durante varios siglos se contó que se había arrojado al mar por un joven pescador, pero hoy se cree que esta historia fue inventada en algún momento para liberar a Safo de la «acusación» de homosexualidad y poder disfrutar de su arte sin remordimientos de conciencia. Lo que es seguro es que mantuvo una estrecha relación con algunas de sus alumnas y que sufría mucho cuando estas se marchaban. Podemos imaginarnos al «grupo de chicas» de Safo como algo parecido a la pintura un poco *kitsch* de Alma-Tadema: muchachas sentadas bajo el sol de Lesbos en una terraza escuchando las palabras de su maestra. Sus alumnas eran jóvenes adineradas a punto de casarse, procedentes de todo el Mediterráneo, que acudían a Safo para que las instruyera en materia de danza, música, poesía y comportamiento. Su educación era una «escuela de feminidad», pero la feminidad que representaba esta maestra librepensadora y amante de la libertad era muy diferente del ideal común del mundo griego, muy distinta de la mujer subyugada, callada y oculta, pues se caracterizaba por su autoconfianza. En este sentido, Safo no solo nos dejó sus poemas, sino que sembró una semilla que con el tiempo se fue reproduciendo y en los siglos posteriores hizo posible el surgimiento de poetas y pensadoras como Erinna e Hypatia. No en vano las artistas lesbianas la nombraban, sobre todo en la década de 1920, como referencia. A veces, como demuestra Safo, no hace falta epopeya alguna para cambiar las cosas. Un trozo de papiro sacado del vientre de un cocodrilo disecado también puede servir.

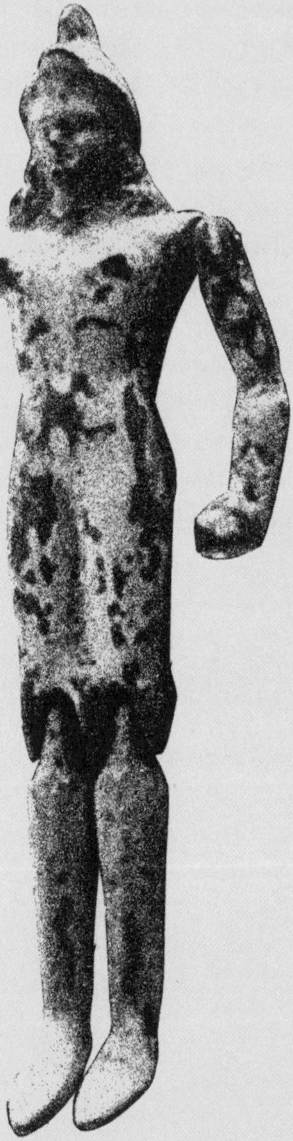

MUÑECA DE AMAZONA

Siglo v a. C.

En general, consideramos que es un logro de nuestro tiempo educar a nuestra descendencia de forma más o menos neutra en cuestiones de género, es decir, asegurarnos de que los niños también puedan jugar con muñecas, maquillarse y vestirse de rosa, así como permitir que las niñas trasteen con espadas. Hace treinta años, a muchos les parecía raro que una niña prefiriera jugar con coches que con Barbies, y para algunos esto quizá siga siendo así hasta el día de hoy.

Por eso es tan sorprendente esta muñeca griega del siglo v a. C. Se trata de una amazona, una mujer guerrera hallada en la tumba de una niña. Tiene casi quince centímetros de altura; en origen, su melena y su gorro frigio estaban pintados de colores vivos, y tiene los brazos y las piernas móviles. Es uno de los primeros ejemplares que se conservan de este tipo y se cree que proviene de la época en que el mundo antiguo comenzó a producir muñecas. En versiones posteriores, como una muñeca amazona del siglo i a. C., se observan características como la ausencia del pecho izquierdo, la típica túnica estampada y un tocado aún más vistoso sobre la cabeza. Pero quedémonos con esta pieza, que presenta a esta mujer como solo se hacía con los héroes masculinos, es decir, «heroicamente desnuda». Tal vez sea necesario recordar de nuevo la posición que ocupaban las mujeres en Atenas para comprender lo inusual que resulta este juguete. Según una leyenda, la subordinación femenina se remonta a la fundación de la ciudad: en ese momento, se sopesaban los nombres de Atenea o Poseidón para dar nombre a la urbe y ambos pugnaban por el favor de sus habitantes. Al final, ganó la diosa, supuestamente debido al apoyo masivo de las mujeres. Se dice que Poseidón estaba tan furioso que privó a las mujeres del derecho al voto y, por lo tanto, del estatus de ciudadanas. No tenían ningún derecho y eran propiedad del hombre del mismo modo que los esclavos. Se las dejaba fuera de la vida religiosa y pública, con algunas excepciones, y debían permanecer en el área de la casa reservada para ellas, el gineceo, tejiendo y cuidando de los niños. En la fantasía de los antiguos griegos, las amazonas eran todo lo contrario, el epítome de la libertad femenina; vivían en algún lugar fuera de los límites del mundo griego conocido, sin la presencia de hombres, en grupos de mujeres. Fuertes y valientes, eran educadas para la lucha desde pequeñas, no conocían el dolor ni el miedo y podían competir con cualquier héroe griego que se preciara. Se dice que su devoción a la batalla era tan grande que se cortaban el pecho izquierdo solo para poder practicar mejor el tiro con arco. Y también se dice que su sexualidad era «poco femenina»: se aprovechaban de los hombres para satisfacer su lujuria o para tener hijos; al parecer, Alejandro Magno habría tenido una relación apasionada con una reina amazona, al igual que la mayoría de los héroes que estuvieron en contacto con ellas en algún momento. Se dice que Aquiles, por ejemplo, libró una feroz batalla con Pentesilea durante la guerra de Troya, en la que las amazonas estaban del lado troyano. Cuando finalmente la derrotó y le clavó su lanza en el pecho, la miró a la cara por primera vez y se enamoró al instante. Por desgracia, ya era demasiado tarde.

Para los griegos, las amazonas eran la encarnación de un mundo al revés, en el que todas las reglas y las relaciones de poder estaban invertidas. Estas mujeres les daban miedo, pero también les fascinaban; con sus gorros, sus brazos tatuados y su pecho derecho al descubierto, las guerreras son, junto con Hércules, las figuras más representadas en la pintura de cerámica. En Atenas, su imagen se veía por todas partes, en las fachadas de los templos, en las casas privadas, en muchos textos y, como mostramos aquí, también en forma de juguetes. La pregunta es: ¿por qué? Hoy en día, cuando le regalamos una muñeca guerrera a una niña pequeña, por lo general queremos decirle algo, animarla a sentirse fuerte y a superar sus límites. Pero ¿qué pretendían los griegos? ¿Cómo es que le regalaban a una niña una Pentesilea luchadora, para después enseñarle que en la vida real —¡se siente!— debía ser una Penélope tejedora? Lo más probable es que no lo pensaran mucho. Su teatro, la tragedia griega, está repleto de mujeres fuertes —como la indomable Antígona, o Medea, asesina por un amor traicionado— y, sin embargo, por lo visto, nunca nadie temió que estos personajes pudieran servir de modelo e incitar a las mujeres a la rebelión. Quizá porque ellas nunca iban al teatro de todos modos, pero quizá también porque estas heroínas les parecían a los hombres tan grandes, tan magníficas y tan alejadas de la débil «naturaleza» de la mujer «real» que la idea de que sus esposas e hijas pudieran identificarse con ellas ni siquiera se les pasaba por la cabeza.

La cuestión de si las amazonas existieron en realidad se ha planteado una y otra vez durante siglos. Algunos creen que sí, otros desechan su existencia y las consideran una quimera de los griegos. Lo más factible es que la verdad se encuentre en algún punto intermedio: entre los escitas, unos pueblos nómadas ecuestres que vivían en las estepas de Asia Central, probablemente hubo guerreras y jinetas, según revelan unos recientes hallazgos en tumbas. Allí, las mujeres podían, en efecto, alcanzar una alta posición en la sociedad y destacarse por sus habilidades marciales; la mayoría de ellas eran enterradas con sus armas, sables y hachas. Sin embargo, a diferencia del mito, estas mujeres no vivían juntas, sino con sus maridos. Mantenían una relación de igualdad, tanto en la vida como en la guerra. Ahora bien, esta realidad poco puede cambiar la leyenda de las amazonas salvajes e independientes por completo de los hombres. Desde la Antigüedad, la amazona ha sido la encarnación de la libertad y de la fuerza; en todas las épocas, y en casi todos los rincones del mundo, las pensadoras y revolucionarias siempre se han referido a ellas, desde las primeras feministas del siglo XVII pasando por los círculos de mujeres lesbianas de principios del siglo XX hasta las Femen del siglo XXI. Curiosamente, a pocas les ha molestado el hecho de que este ideal fuera concebido por hombres y se pusiera en manos de las niñas en forma de muñeca desde un buen principio, tal vez para infundir miedo o como un ideal poco realista e inalcanzable.

FIGURA DE BAUBO

Siglos IV-II a. C.

Quien, como la autora de este libro, creció entre los años noventa y principios de los dos mil, ha aprendido de las películas de acción de esta época que, si se quiere salvar al mundo de meteoritos, monstruos, el mar que todo lo inunda o cualquier otro tipo de catástrofe, se necesitan tres cosas: mucho coraje, un poco de megalomanía y, lo más importante, un pene. Parece que los antiguos griegos lo veían de un modo similar. Hércules, Ulises y otros señores del estilo no solo estaban siempre dispuestos a proteger su mundo de las amenazas que acechaban por todas partes (incluidas muchas mujeres), sino que también rendían homenaje a la masculinidad encarnada, que debía traer protección, felicidad y prosperidad. En las famosas fiestas dionisiacas se llevaban falos gigantes durante la primavera ateniense, los niños lucían pequeñas versiones colgadas del cuello para protegerse y en Pompeya se colgaba sobre la entrada de una panadería un pene con la inscripción: «Aquí habita la felicidad». En cambio, ninguna casa era adornada con una vulva. Estas, básicamente, nunca se veían, o apenas. En las representaciones griegas, el sexo femenino casi siempre está cubierto, y si es que alguna vez se pesca una, esta se parece a la de una Barbie, lisa y sin hendiduras.

Y, sin embargo, parece que los antiguos griegos también concedieron a la vulva una especie de poder salvador del mundo: fue en 1898 cuando una misión de arqueólogos alemanes, durante una excavación en un templo de Deméter del siglo VI a. C. en Priene, hallaron un grupo de estatuillas inusuales. Consistían en una cabeza gigantesca con un peinado pomposo sobre dos piernas delgadas; donde por lo general se encuentra el vientre, había dos ojos, una nariz, una boca más bien alegre, justo debajo un pubis con una hendidura claramente dibujada. En resumen, una vulva. Han tenido que pasar algunos años para entender que esta mujer vulva quizá esté relacionada con el mito de Baubo. Hay varias versiones de la historia que, a grandes rasgos, cuenta lo siguiente: Cuando Perséfone, la hija de la diosa Deméter, fue un día a recoger flores, Hades apareció de repente y secuestró a la joven para llevarla a su reino, el inframundo. Deméter, que amaba a su hija por encima de todo lo demás, estaba fuera de sí de dolor y empezó a descuidar sus deberes divinos. Cuanto más duraba su duelo, más disminuían las cosechas, todo lo que crecía en la tierra se marchitaba, los campos se secaban y quedaban arrasados, la gente pasaba hambre y había muchas muertes. Hasta que un día Deméter, mientras deambulaba descuidada de nuevo por el reino humano, se encontró con Baubo. La anciana trató de animarla, mostrándose comprensiva con ella, ofreciéndole comida y bebida, pero Deméter no hallaba consuelo y lo rechazaba todo. Parecía imposible ya salvar nada, toda la vida perecería; pero entonces Baubo sacó su última carta. De repente, se levantó la falda y le mostró a la diosa su vulva desnuda. Al parecer, Deméter quedó tan sorprendida por su gesto que estalló en carcajadas, su dolor se alivió, comió y bebió y luego encontró la fuerza para obligar a Zeus a buscar una solución. Se llegó al acuerdo de que Perséfone pasaría la mitad del año en el Olimpo y la otra mitad en el mundo de los muertos. De esta manera el mundo se salvó y nacieron las estaciones.

Las atenienses debieron de imaginarse muy bien esa historia de la pérdida de la hija, al fin y al cabo, en su vida sucedía más o menos lo mismo: el padre, en su incuestionable posición de cabeza de familia, prometía la hija a un hombre, sin consultar a su esposa ni a su hija; la muchacha se casaba, se transfería a la nueva familia mediante una gran ceremonia, tras lo cual la madre y la hija, en el mejor de los casos, se veían en raras ocasiones y, en el peor, nunca más. Baubo también debió de jugar un papel importante en la vida de las mujeres. Está estrechamente relacionada con la Fiesta de las Tesmoforias, un evento del que los hombres estaban excluidos. No se conoce muy bien qué ocurría en octubre cuando, por espacio de tres días, las mujeres casadas se iban a las afueras de la ciudad, dormían juntas en tiendas de campaña y rendían homenaje a Deméter. Solo sabemos que esto sacaba a los hombres de sus casillas. Ellos se imaginaban que sus esposas debían de incurrir en actos obscenos, celebrar orgías y hacer todo lo que normalmente tenían vetado. En la versión romana posterior, la Fiesta de la Bona Dea, un tipo no pudo contener su curiosidad y se coló en la ceremonia disfrazado de matrona, lo que provocó un escándalo de Estado en el año 61 a. C. Pero volvamos a Atenas, donde los maridos también cavilaban sobre lo que sus esposas hacían cuando escapaban del control masculino. Algunos creían que hacían el gesto de Baubo juntas y se mostraban la vulva unas a otras, como se hace hoy en los talleres que animan a las mujeres a inspeccionar la propia más de cerca. Tal vez se sentaban en círculo, con las piernas abiertas, como hizo miles de años después la artista Valie Export, y así conjuraban en el grupo su propio poder.

Tal vez no sea tan importante saber lo que hacían en realidad, dejemos que ese sea su secreto. Lo interesante de la figura de Baubo es el tipo de poder con el que se dota al sexo femenino; es un poderío salvador del mundo, sí, pero, a diferencia del falo, no tiene que librar guerras ni golpearse el pecho gritando, sino que funciona de manera mucho más simple, pero al parecer igual de efectiva: el giro hacia el bien se da simplemente a través de la risa. Ahora bien, qué tiene de gracioso una vulva ya es harina de otro costal.

ESTATUILLA DE ISIS

332–330 a. C.

Échale un vistazo a esta estatuilla de la diosa egipcia Isis. Mira bien su peinado adornado con perlas y la corona que sobresale hacia arriba y fíjate en su postura. En cómo está ahí sentada, como una madre orgullosa, con su Niño Divino desnudo en su regazo. Cómo tira de su pecho derecho para acercárselo al bebé, qué tranquilidad los rodea. ¿No te recuerda a algo? ¿Reconoces aquí una versión un poco más luminosa y sensual de la Virgen María con el Niño Jesús?

No es solo cosa tuya. Las especulaciones sobre si el cristianismo se inspiró para sus representaciones y narrativas en el culto a la diosa Isis, originado alrededor de 2.500 años antes de Cristo a orillas del Nilo, existen desde hace mucho tiempo, aunque no existe una respuesta inequívoca. Al menos, la suposición no parece del todo descabellada. Al fin y al cabo, ambas «sectas» coexistieron en Roma al mismo tiempo y, precisamente porque eran similares en muchos aspectos, competían entre sí de manera más o menos directa. En primer lugar, a diferencia de los cultos más dominados por los hombres, estaban abiertas a todos los géneros y clases sociales, admitían en su círculo a hombres y a mujeres, ricos y pobres, jóvenes y ancianos, e incluso se aceptaba a proscritos sociales como las prostitutas. En segundo lugar, lo abarcaban todo: mientras que la mayoría de los demás dioses se centraban en un ámbito concreto, Isis y Cristo estaban disponibles para casi todas las situaciones, problemas y preguntas de la vida. Y ello a pesar de que Isis no encarnaba una cosmovisión monoteísta. Los antiguos griegos, que descubrieron a Isis hacia el 300 a. C. gracias a Alejandro Magno, que al parecer era un gran admirador suyo, y después la exportaron a toda la región mediterránea, la llamaban «la diosa de los mil nombres» por su poder universal. De todas maneras, es probable que la mayor y más importante similitud se encuentre en una promesa que era bastante nueva en aquella época y que Isis hizo mucho antes que Jesús: la promesa del renacimiento, es decir, de la vida eterna.

Quizá debamos recordar brevemente su leyenda. Isis y Osiris eran hermano y hermana, marido y mujer, rey y reina de Egipto, las deidades más importantes de las estrellas. Todo iba bien hasta que el celoso Seth le tendió una trampa a su odiado hermano Osiris: lo encerró en un sarcófago, lo abandonó a la corriente del Nilo y más tarde descuartizó su cuerpo en catorce (o cuarenta y tres) trozos, que distribuyó por todo Egipto. Desolada, Isis se dispuso, junto con su hermana Neftis, a encontrar los miembros dispersos de su marido, momificarlos y así devolverle la vida. Con la ayuda de un poco de magia, la diosa consiguió fecundarse con el pene de su amante, que ella misma había creado (la pieza original se la había tragado un pez), para dar a luz a su hijo Horus, que en esta estatuilla yace sobre su regazo. Incluso esto recuerda a María, pues Isis también se queda embarazada sin tener relaciones sexuales, aunque ella no espera que un ángel le anuncie que lleva en su vientre al hijo de Dios, sino que es ella misma quien se encarga del asunto. En definitiva, en este mito asume un papel activo. Hace lo que hay que hacer, pero también la conexión con su hermana es relevante; sin estas dos mujeres y sin su colaboración sororal no podría haber renacimiento.

El hecho de que sea una salvadora, una redentora, y no un redentor como Jesús, cambió muchas cosas. Se supone que la posición relativamente igualitaria de la mujer en el Antiguo Egipto, en contraste con el resto del mundo antiguo, que permitía a las mujeres heredar, gobernar hasta cierto punto y moverse con cierta libertad, tenía que ver, entre otras cosas, con el poder y la admiración hacia la diosa Isis. Asimismo, se constató que su influencia se extendía con mayor rapidez en las regiones donde las mujeres gozaban de cierto prestigio y respeto. Así sucedía, por ejemplo, en la antigua Roma, donde al menos las mujeres de la aristocracia podían alcanzar un poder determinado y distinguirse como sacerdotisas y vírgenes vestales. Allí, en la Roma del siglo I a. C., incluso se dedicó a Isis un culto mistérico, una asociación secreta que organizaba ritos de iniciación también secretos. Apenas se sabe nada acerca de ello, salvo que sus discípulos llevaban consigo un sistro, una especie de sonajero, y que quizá experimentaban algo parecido a su propia muerte durante el ritual para liberarse del miedo. Durante una época, Isis alcanzó una enorme popularidad, se construyeron templos, muchos cerca de burdeles; la gente se reconocía en su bondad, pero también en su poder.

Pero entonces llegó Cleopatra y la influencia de Isis decayó, porque esta reina, que se describía a sí misma como la encarnación de Isis en la tierra, desprestigió a su hermana divina. Como sabemos, al menos desde la magnífica *Cleopatra* de Elizabeth Taylor y Joseph Mankiewicz, los romanos la odiaban y la asociaban con todo lo depravado, de modo que desde entonces Isis también se vinculó a la perversión sexual y, como Cleopatra, fue vista como una amenaza moral. Para evitar tales riesgos, se prohibió su culto: sus estatuas fueron arrojadas al Tíber y sus templos destruidos. Sin embargo, parece que el exilio no duró mucho, pues los misterios de Isis debieron de reanudarse en Roma ya en el siglo I d. C., bajo el emperador Calígula. La influencia de la diosa creció y se extendió hasta Inglaterra, emprendió una marcha triunfal, pero cuanto más se fortalecía el cristianismo, más retrocedía ella, la diosa más bondadosa y cálida de todas. En el siglo IV, cuando el cristianismo se convirtió en la religión oficial del Estado, su culto desapareció del mundo europeo. Tal vez los romanos temían que esta mujer de inusual poder sirviera como ejemplo. Tal vez les molestaba que fuera extranjera. Quizá Jesús simplemente daba mejores respuestas a las preguntas más acuciantes de la vida. ¿Quién lo sabe con certeza? Pero a una le encantaría saber lo que la historiadora de la Antigüedad Sarah B. Pomeroy se preguntó una vez: ¿Cómo habría sido la historia de las mujeres si no hubiera triunfado la secta de Jesús, sino la de Isis?

שמירה לילד
הנולד שלא
יזוק סנוי סנסנוי
סמנגלף כוזו
במוכסז כוזו
אנקתם
פספסים
טפטפיה
ארם
אברהם
יצחק
יעקב
חוץ
פסתם
רוונסים
בשכמלון
וחוה
ושרה
ורבקה
ולאה
לילית
ראשונה

AMULETO DE LILITH

Sin fecha

Nadie puede saber cómo se habría desarrollado la historia de las mujeres si en la Roma antigua, en esa reñida carrera entre Isis y Jesús, hubiera sido la primera y no el último quien se hubiera ganado el favor de las masas. Lo que es seguro es que no habría existido una figura que marcó la vida de las mujeres de allí en adelante: Eva. Eva, la pecadora. Eva, la curiosa. Eva, la débil, la que no supo dominarse, la que se dejó seducir por la primera serpiente que se le presentó y, con ello, provocó el fin de la inocencia y la expulsión del Paraíso. Aunque en la mitología griega existía una figura similar, Pandora, que también había causado todos los males a la humanidad —la muerte, las enfermedades y las guerras— al abrir su caja, al menos se le reconocía que hubiera liberado también la «esperanza». Eva, en cambio, era mala de pies a cabeza y la excusa para justificar todo el sufrimiento femenino. Incluso los dolores del parto se atribuían a su deleznable comportamiento: todas las mujeres eran hijas de Eva y esta había arruinado a toda la humanidad, así que lo mínimo era castigarlas con dolores y siglos de opresión. Claro.

No es necesario ser religioso para conocer la historia de Eva, la serpiente, la manzana y el fin de la desnudez inocente, es decir, del llamado «pecado original». Está presente como un espectro en todos nuestros museos, con numerosas variaciones, a través de todo tipo de historias, proverbios y programas de televisión; algunas personas incluso prefieren creer en esta historia que en la teoría de la evolución de Charles Darwin. Un detalle que a menudo se silencia respecto a esta piedra angular de la cultura occidental es que Eva no fue la primera mujer de Adán. Era la segunda. La primera mujer se llamaba Lilith y era una rebelde. Al menos eso dicen los mitos hebreos. Según el texto, el comienzo de la humanidad sucedió de una forma un tanto diferente: después de haber creado Dios al primer hombre, Adán, consideró que no era bueno para él estar tan solo en el mundo, por lo que creó una mujer para él. No de su costilla, no, sino del mismo material que el hombre, de la tierra. A diferencia de Adán y Eva, Adán y Lilith eran iguales. Pero, al parecer, esto era un problema, pues resulta que nunca lograban ponerse de acuerdo sobre quién debía ponerse encima y quién debajo a la hora de practicar sexo. Ella decía:

«No quiero estar siempre debajo de ti», y él decía lo mismo y afirmaba que era ella la que tenía que someterse, porque, al fin y al cabo, él era el hombre, el jefe de todo. Lilith, por su parte, insistía en que eran iguales; al fin y al cabo, Dios los había creado a partir de la misma tierra. No lograban encontrar una solución y discutían constantemente, hasta que Lilith exclamó «el nombre mágico» de Dios y se alzó en el aire. Se marchó volando. Entonces, por supuesto, Adán se quedó triste y se lamentó: «La mujer ha huido de mí volando», dijo. ¿Pero cómo es posible? Así que Dios envió a tres ángeles tras la fugitiva para que la hicieran entrar en razón. Pero Lilith, que se había ido al mar Rojo, se mantenía en sus trece. No quería volver, desde luego no junto a Adán, que era tan cuadriculado, por lo que los cuatro se pusieron de acuerdo: a partir de entonces, Lilith sería una asesina de niños y se llevaría a los bebés varones de hasta ocho días y a las hembras de hasta veinte días, excepto, y aquí es donde entra en juego este amuleto del siglo XIX, «si alguna vez veo vuestros tres nombres o imágenes en un amuleto de un recién nacido, prometo perdonarle la vida».

Como Lilith no regresaba, Adán recibió una segunda esposa. Esta vez, una que no estaba hecha con la misma tierra, sino formada a partir de su costilla, de manera que prometía la esperanza de una mayor obediencia: la Eva que conocemos. El hecho de que Adán creara a la humanidad con una mujer que había salido de su cuerpo porque no se había llevado bien con su primera esposa, que era igual a él, es bastante raro y no dice mucho a su favor, pero esto ya se aparta del tema que nos ocupa. Lo que importa aquí es que, cuando Eva llegó, Lilith cayó en el olvido. O, mejor dicho, quedó olvidada en la Biblia y, por tanto, en todo el cristianismo. En el judaísmo, por el contrario, siempre aparecía en los textos y en los mitos y, por lo visto, era tan familiar que la gente se protegía de ella con este tipo de amuletos; las mujeres embarazadas llevaban estas piezas de metal, de tela o de papel bordado o las ponían en la cuna de su recién nacido para mantener alejada a Lilith y que el bebé se salvara. Se temía a esta criatura que, tras separarse de Adán, se había convertido en un monstruo que devoraba a los niños y bebía sangre. ¿Qué otra cosa podía ser una mujer que no quería someterse? Era un demonio, una fuerza siniestra, a veces también una prostituta. Algunos incluso afirman que se disfrazó de serpiente y se coló en el Jardín del Edén para tentar a Eva. En la cultura pop, se convirtió en la reina de los vampiros, en la esposa de Satanás, en una bruja horrible. Fuera cual fuese la forma que tomara, se había transformado en algo de lo que había que protegerse, una mujer malvada, una renegada.

Pero, como suele ocurrir, el horror de unos es la salvación para otros. En la década de 1960, Lilith experimentó un inesperado y esplendoroso renacimiento. De repente, ya no era la figura aterradora que se mantenía alejada con amuletos, sino un modelo que seguir para las feministas, en especial para las judías: se comprobó con entusiasmo que la primera mujer no había sido una boba influenciable, sino una mujer fuerte y apasionada. No solo era igual *de facto*, sino que también había insistido en esta igualdad y prefería ser demonizada para siempre antes que someterse a la ley patriarcal de su marido. Es, como dijo una vez la rabina francesa Delphine Horvilleur: «La mujer libre que escapa a nuestro control». Esta faceta daba miedo a muchos, pero también permitió a algunos repensar por completo el lugar de la mujer en la religión, al menos en el judaísmo.

JUEGO DE *HNEFATAFL*

Siglo x a. C.

En general, es decir, para quienes no son especialistas o fans de la masculinidad extrema, los vikingos tienen mala reputación. En el imaginario aparecen como hombres altos como armarios y anchos como puertas, con barbas rojas y yelmos metálicos con cuernos, que viajaban en barcos con proa de dragón y popa enroscada, sembrando el miedo y el terror allá donde iban, porque de entrada solían clavar un hacha en el cráneo a modo de saludo. Es difícil decir por qué algunas imágenes se quedan grabadas y otras no, por qué pensamos en el pasado como lo hacemos, pero no hay duda de que con ello estamos cometiendo una injusticia contra los vikingos. Lo del casco con cuernos, por ejemplo, que en nuestra imaginación es el accesorio favorito de todo vikingo, es con toda probabilidad falso. Por lo menos, nunca se ha probado su existencia arqueológicamente; lo que sí se puede localizar con exactitud es el momento en que surgió esta asociación entre el casco con cuernos y los vikingos: fue en 1876, cuando se estrenó *El anillo de los Nibelungos* de Wagner.

En general, el amor de los nacionalistas alemanes por los vikingos, o más bien por lo que ellos querían ver en los vikingos, es decir, una masculinidad fuerte, no hizo ningún bien a los nórdicos. Pero no es de esto de lo que queremos hablar. Sino del papel de las mujeres en el mundo vikingo y de un descubrimiento espectacular que se hizo en 2017. Ese año, un grupo de investigadores de la Universidad de Estocolmo publicó un artículo en la revista *American Journal of Physical Anthropology* en el que afirmaban, basándose en pruebas de ADN, que los restos humanos de la famosa tumba vikinga «Bj. 581» en Birka no eran los de un hombre, como se había creído hasta entonces, sino los de una mujer. El artículo se titulaba «Guerrera vikinga confirmada mediante genómica» y cayó como una bomba.

La tumba «Bj. 581», desde su descubrimiento en el yacimiento de Birka en el siglo xix, había sido considerada, por su tamaño y por las numerosas armas que se hallaron junto a los restos, la de un destacado vikingo guerrero y, una vez más, confirmaba lo que se pensaba: que los hombres habían sido luchadores fantásticos, poderosos y brutales, y las mujeres, otra cosa. Pero entonces los titulares de todo el mundo lo anunciaron con una mezcla de entusiasmo e irritación: «¡El guerrero es una guerrera!». En la década de 1970, una científica ya había expresado sus dudas iniciales sobre el sexo del esqueleto, ya que los antebrazos eran más estrechos de lo normal y algo no encajaba, pero en aquel momento le habían aconsejado amablemente que dejara de darle vueltas a su bonita cabeza: una tumba con tantas armas solo podía pertenecer a un guerrero de alto rango, y los guerreros de alto rango solo podían ser hombres, así que aquello era el esqueleto de un hombre. Y punto.

En el fondo, siempre pasa lo mismo. Lo que no se puede o no se quiere imaginar será difícil de encontrar en la arqueología. Los hallazgos se interpretan según lo que a uno le parece posible hasta que las técnicas o métodos modernos sacan a la luz otra cosa. En los últimos años, esto ha pasado muy a menudo, los guerreros resultan ser guerreras, las certezas empiezan a tambalearse. Pero volvamos a Birka, en la isla de Björkö, frente a Estocolmo, un yacimiento que el arqueólogo sueco Hjalmar Stolpe descubrió en la década de 1890. En la época, este hallazgo fue espectacular, pues Birka se considera la primera ciudad de Suecia; desde el siglo VIII hasta el XI, su puerto fue un importante centro de comercio internacional. Cuando Stolpe empezó a explorar el yacimiento, la tumba «Bj. 581», cerca de las barracas del núcleo comercial, le pareció enseguida algo fuera de lo común. De las más de mil tumbas, solo setenta y cinco estaban provistas de armas, y solo dos de ellas con un arsenal completo, es decir, hachas, escudos, lanzas, arcos, flechas y espadas. También se hallaban enterrados en ella dos caballos —una yegua y un semental—, uno de los cuales llevaba puesta la silla de montar. Pero lo que hacía especialmente singular esta tumba, aparte de todos estos símbolos de fuerza y poder, eran unas bolitas de cuerno de alce. Estaban sobre el regazo del cadáver y formaban parte de un juego de mesa: el llamado *Hnefatafl*. No se conservan las reglas exactas de este juego, del que se han encontrado más ejemplares en restos de naufragios. Lo que se sabe es que había dos ejércitos enfrentados y que eran precisas la habilidad y la concentración para hacer que las bolas llegaran a salvo hasta el borde del tablero. Así pues, el juego podría ser indicador de dos cosas: o bien esta mujer era tan rica que podía dedicarse a una actividad improductiva como el juego, o bien este era un juego de estrategia militar y la difunta no solo era una guerrera, sino también una estratega. No es de sorprender que la opción «mujer» no se hubiera planteado antes. Aunque se sabía que las mujeres vikingas, a diferencia de sus hermanas meridionales, podían heredar, divorciarse incluso y quizá también se reconocía que, en ocasiones, podían recurrir a un arma si era necesario, ¿pensar en una estratega militar? Eso era ir demasiado lejos.

Algunos lo siguen dudando hoy en día. Cuando ya no pudieron negar el sexo, algunos científicos empezaron a expresar dudas que hasta entonces, mientras creían que el esqueleto era masculino, no habían expresado: ¿Quién nos asegura realmente que las cosas enterradas con una persona remitan a su papel en la vida? ¿Cómo podemos saber que las armas y el juego de estrategia militar revelaban una posición militar? ¡Quizá esas cosas estén ahí dentro porque sí! Podemos sorprendernos de que algunas personas tengan tantas ganas de creer que no pudo haber mujeres guerreras que estén dispuestas a replantearse toda la manera de interpretar las tumbas. Pero también podemos decir con sinceridad: pues quizá sea verdad. Quizá esas armas estén ahí sin motivo alguno. Es poco probable, pero podría ser. Ahora bien, es igual de probable que los vikingos entendieran el concepto de «género» de un modo distinto al nuestro. Tal vez para ellos mujer y hombre no eran categorías a las que asociaran un rol determinado, tal vez fuera algo fluctuante, unas veces así, otras *asá*; tal vez dependiera de lo alto y ancho que fueras, no de lo que tuvieras entre las piernas. ¿Quién puede saberlo? En cualquier caso, no importa el papel que tuviera realmente la mujer de la tumba «Bj. 581» en Birka en el siglo x; con sus bolas de *Hnefatafl* en el regazo, consiguió reavivar los debates sobre su pueblo diez siglos después de su muerte y cuestionar de nuevo el papel de la mujer en la sociedad.

TAPIZ DE BAYEUX

Siglo XI

En Suecia se luchaba y se jugaba, pero ¿qué ocurría en el resto de Europa? ¿Qué hacían las mujeres? Al contrario de lo que pueda pensarse de la Edad Media, no estaban sentadas en una torre vigilada por un dragón, sino que se mantenían activas y visibles. A diferencia de la Antigüedad, cuando se pasaban la mayor parte del tiempo en el gineceo, y de las épocas posteriores, cuando se las empezó a excluir cada vez más del paisaje urbano, las ciudades medievales estaban repletas de mujeres trabajadoras y dinámicas. Se las podía ver en los mercados, detrás de los mostradores de las panaderías, en las tabernas, carnicerías y bodegas, en el comercio de especias, en las tiendas de sombreros, guantes y cuero, en las orfebrerías y en las fábricas de cerveza. Trabajaban junto a los hombres en la construcción, cavaban los cimientos de las catedrales que poco a poco iban surgiendo por toda Europa, eran artesanas de libros y «barberas» (profesión que en aquella época no solo implicaba cortar barbas, sino también recolocar huesos rotos). Muchas mujeres trabajaban con su marido, otras, viudas, dirigían el negocio o taller como *femme sole* («mujer sola») y alimentaban en solitario a toda su familia. Es significativo que la lengua francesa, más bien masculina, que sigue siendo reacia a hablar de una *écrivaine*, «escritora», y prefiere utilizar la palabra *écrivain*, «escritor», en todos los géneros, tuviera muchos títulos de trabajo en femenino en la Edad Media: las mujeres eran *médecines*, es decir, médicas; *porteresses de lettres*, carteras; *trobairitz*, trovadoras.

Y, además, por supuesto, las mujeres medievales hacían lo que ya habían hecho en la Antigüedad y seguirían haciendo durante siglos: trabajar en el sector textil. Tejían, hacían punto, cosían y bordaban. Las vikingas, por ejemplo, volviendo brevemente a ellas, debieron de ser unas maestras cosiendo velas. Suele admirarse esta cultura por sus magníficos barcos, pero la mayoría de veces se piensa solo en la parte inferior, es decir, en la construcción de madera. Pero un barco sin velas no es más que una cáscara de nuez a la deriva. Las velas de las vikingas tenían que ser magníficas; su elaboración llevaba más tiempo que la construcción de toda la estructura del barco y era esencial para los convoyes de expansión. Como escribió la historiadora textil estadounidense Virginia Postrel, tendemos a ignorar la historia de los tejidos y su importancia. Una de las razones de ello es que se trata de un ámbito femenino y, hasta hace poco, los ámbitos femeninos solían mencionarse en voz baja. Por otra parte, la retrospectiva feminista a menudo prefiere mencionar que nuestras antepasadas llevaban armas y podían ser tan poderosas y brutales como los hombres, y barrer con discreción debajo de la alfombra las actividades supuestamente más «femeninas» que implican el uso de tejidos. Esto, a su vez, puede deberse al hecho de que el tejido y la costura no solo se utilizaban para proporcionar ropa a la familia, sino también para atar a las mujeres a la casa y mantenerlas ocupadas para que no pensaran demasiado. Mary Wollstonecraft, la feminista británica del siglo XVII, aconsejó a las señoras que no bordaran. En su opinión, esto las debilitaba mentalmente, y por eso creía que era mejor dedicarse a la jardinería o a escribir.

Puede que sea cierto, pero también hay excepciones, como es el caso del tapiz de Bayeux. Desde su creación en el siglo XI, se pelean por él, sobre todo hombres ávidos de poder. Napoleón estaba tan fascinado que lo hizo llevar al Louvre; Himmler lo admiraba tanto que quería trasladarlo como fuera a Berlín; Francia e Inglaterra se lo disputaron una y otra vez. ¿Qué tiene de especial este tapiz? Pues muchas cosas. En primer lugar, su tamaño. Mide casi setenta metros de largo y unos cincuenta centímetros de ancho, está bordado con diez hilos de lana de colores sobre lino y representa a 623 personas, 202 caballos y otros 560 animales, algunos de los cuales parecen estar en movimiento. Pero, sobre todo, ofrece una visión única de la vida cotidiana, la arquitectura, la indumentaria e incluso las estrategias de combate y el lenguaje de la época. Algunos incluso afirman que es el primer cómic del mundo. La historia que narra es la batalla de Hastings, en la que los normandos derrotaron a los anglosajones. La trama se desarrolla en cincuenta y ocho episodios. Empieza en el 1064, cuando el rey inglés, Eduardo el Confesor, encomendó a su cuñado, Harold Godwinson, que informara al duque normando, Guillermo el Conquistador (que entonces aún se llamaba Guillermo el Bastardo), de que deseaba entregarle su corona tras su muerte. Harold hace lo que le ordenan, aunque cuando muere Eduardo, es él mismo quien se apodera del trono.

Obviamente, Guillermo se pone furioso. Parte con sus tropas y, al final, en octubre del 1066, los dos ejércitos se encuentran en Hastings. Los hombres se atacan con lanzas, flechas y espadas, muchos mueren, tantos que la parte inferior del cuadro, la zona destinada a los muertos, acaba desbordándose de cadáveres, partes del cuerpo cercenadas e incluso caballos. Las imágenes muestran una batalla encarnizada, hasta el punto de que parecen oírse los gritos y el ruido de los cascos. Finalmente, una flecha atraviesa el ojo de Harold. La batalla ha terminado. Guillermo ha vencido y conquistado Inglaterra, por lo que es coronado nuevo rey.

El tapiz de Bayeux es una obra legendaria y gigantesca y, como ocurre a veces con las obras legendarias, han surgido muchos mitos y preguntas en torno a él. Por ejemplo, nadie sabe con exactitud quién elaboró en realidad dicho tapiz. Cuenta la leyenda popular que Matilde, la esposa de Guillermo, se sentó frente a su bordado durante su campaña en Normandía —como Penélope— y quiso afianzar la imagen de su marido con su labor. Sin embargo, esta teoría no es demasiado plausible. Ni siquiera con la ayuda de sus damas de compañía habría podido realizar este trabajo con tanta precisión y habilidad. Resulta más probable que Odo von Bayeux, obispo de la ciudad y hermanastro de Guillermo, encargara la pieza. Pero la pregunta es: ¿a quién? Durante mucho tiempo, se dio por sentado que serían los talleres de bordado del sur de Inglaterra, conformados por hombres, pero desde hace algunos años muchos científicos apuntan a una opción más obvia: las monjas. Precisamente en la Inglaterra de aquella época, muchas mujeres, muchas monjas, destacaban por sus extraordinarias habilidades para el bordado. Su técnica, que colocaba hilos de oro sobre terciopelo o, como aquí, sobre lino, se denominaba *opus anglicum*, es decir, «obra inglesa»; solían bordar para lugares sagrados, pero no siempre. Para completar una obra como el tapiz de Bayeux, debió de reunirse a un gran número de personas muy hábiles y cualificadas que trabajaron codo con codo durante varias semanas, si no meses. Quizá nunca podamos saberlo con certeza, pero al menos es posible que este tapiz no sea solo propaganda de la conquista masculina, sino también un raro ejemplo de la extraordinaria destreza y creatividad de las hermandades de monjas. Así pues, más que una obra maestra, sería una obra de maestras.

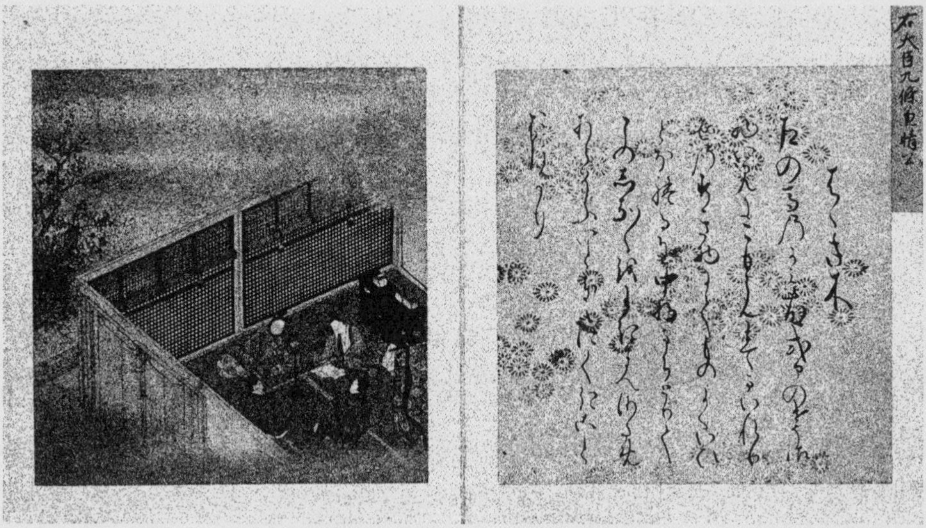
右大臣九條良晴公

LA HISTORIA DE GENJI, ROLLO DE PAPEL

Siglo XVII

Cuando le preguntaron a qué escritora de la historia admiraba más, la escritora francesa Marguerite Yourcenar respondió: «[a] Murasaki Shikibu. Es "la" gran escritora del Japón del siglo XI, es decir, la época en que el país vivía una fase de auge cultural. Si se quiere, podría considerarse la Marcel Proust de la Edad Media japonesa: una mujer que poseía el genio y la sensibilidad para describir los cambios de la sociedad, del amor, los dramas humanos, cómo uno se topa una y otra vez con la imposibilidad de la existencia. Nadie lo ha hecho mejor que ella». Se dice que *La historia de Genji*, de Murasaki Shikibu, de la que aquí puede verse una página de una versión ilustrada del siglo XVII, es la primera novela psicológica de la historia universal. Algunos dicen incluso que es la primera novela del mundo. En Japón, especialmente en Kioto, donde vivió y escribió como cortesana de la dinastía Heian, apenas es posible visitar una tienda-museo sin toparse con ella y con su obra, de más de mil páginas, que suele estar junto al best seller japonés actual, Haruki Murakami.

Veamos un breve resumen de *La historia de Genji*. La acción se sitúa en un pasado no del todo bien definido, en algún momento anterior al 1008 (año en el que es probable que la autora escribiera las primeras líneas del texto). Genji nace de la unión del emperador japonés y su concubina favorita; cuando tiene tres años, su madre muere, algo que —como Shikibu ya comprendió con gran sensibilidad psicológica en su momento— marcará enormemente su relación con las mujeres. El «luminoso» Genji se convierte en un donjuán, en un mujeriego más adorable que cínico. Coquetea con las mujeres, se siente fascinado por ellas, escribe poesía y se enamora sin parar, a veces de féminas de las que no debería enamorarse. Por ejemplo, la esposa de su propio padre. Al parecer, ella corresponde su amor y da a luz a un hijo que se hace pasar por hijo del emperador, hasta que la relación sale finalmente a la luz. Entonces a Genji se le prohíbe la entrada a la corte, y cuando regresa años después, su hijo acaba de ser nombrado emperador, cosa que, al final, otorga prestigio y un alto rango político a nuestro protagonista. La historia del príncipe Genji habla sobre poder, seducción y poesía, pero sobre todo es un relato de formación que refleja la vida de un hombre desde la infancia hasta la vejez. Habla de una pérdida temprana y de un anhelo de amor que nunca puede ser satisfecho. Murasaki Shikibu describe en su novela a la aristocracia japonesa, las intrigas y sucesos del periodo Heian, el mundo que la rodeaba cada día como cortesana y maestra de la mismísima emperatriz. Es una historia que nos resulta bastante ajena, pero la describe con tal sensibilidad y precisión que el lector puede reconocerse en ella a pesar de la distancia temporal, geográfica y cultural. Como lo formuló una vez el escritor argentino Jorge Luis Borges, sus personajes se desenvuelven y desarrollan con una «milagrosa naturalidad», y lo que se encuentra en ellos es un análisis preciso de las «pasiones humanas».

Al parecer, esto ya se apreciaba en vida de Shikibu. Su obra era leída con entusiasmo en la corte y la gente quedaba cautivada por sus agudas observaciones y retratos. Más tarde, en el siglo XIX, cuando Japón abrió sus puertas al mundo, se exportó el libro a Occidente como un clásico de la cultura japonesa, lo que explica que la novela siga siendo hasta el presente una de las obras más conocidas y admiradas del país. De la Murasaki real se sabe poca cosa, ni siquiera si se llamaba realmente Murasaki o si le pusieron ese nombre por una de sus protagonistas, el gran amor de Genji. Lo que es seguro es que era de ascendencia noble y vivía en la corte, pero que no se sentía muy a gusto allí. En su diario, escribió que las otras mujeres la trataban de tonta, antipática e inútil. Es obvio que no sabían a quién tenían delante: nada menos que a una pionera de la futura cultura literaria japonesa. Aparte de su sutil psicología, *La historia de Genji* resulta interesante sobre todo porque describe el papel de la mujer en la evolución de la escritura japonesa. En aquella época, en el periodo Heian, Japón se estaba liberando de forma gradual de la influencia de la cultura china. Quería encontrar su propia estética, su propia lengua, su estilo, y durante este proceso se desarrolló en la corte la primera literatura nipona.

Hasta entonces, si eras alguien importante y tenías algo importante que decir, escribías siempre y exclusivamente en chino, la lengua de los sabios y de los cultos. Expresarse en *kana* o *hiragana* se consideró durante mucho tiempo un arte inferior, por lo que se reservaba con mucho gusto a las mujeres. A diferencia de Murasaki Shikibu, que había aprendido chino por su cuenta, la mayoría de sus contemporáneas no hablaban el idioma, por el simple hecho de que no se lo habían enseñado. Era una forma de ponerlas en su sitio, pero también llevó a que, a partir del siglo VIII, las mujeres escribieran sus cartas, pero sobre todo poemas cortos, *wakas* e impresiones, en *hiragana*. Esto significa que los primeros escritores del país, o como mínimo los primeros en escribir en la lengua nacional y en dar forma a la lengua escrita japonesa, fueron en realidad escritoras. Mujeres. Murasaki Shikibu fue la primera de las que se apartaron del pequeño formato que describía la vida privada o amorosa y utilizaron la nueva escritura para dar a luz una forma de expresión completamente nueva: la novela.

CORONA DE MONJA

Siglo XII

Después de que el cristianismo en sus orígenes hubiera reconocido a las mujeres como personas de convicciones afines y de que fueran las damas de la aristocracia en Roma, supuestamente, las que se convirtieron en masa y persuadieron a sus maridos para que hicieran lo mismo, la religión cristiana y sus representantes, durante la Edad Media, cambiaron de rumbo. Las primeras mártires, como Perpetua y Felicidad, ejecutadas por su lealtad al cristianismo, cayeron en el olvido y las hasta entonces diversas y poderosas divinidades femeninas del Olimpo se consideraban, desde hacía mucho tiempo ya, herejía y cosa del pasado. A partir de entonces, las mujeres podían y debían medirse según tres modelos posibles: Eva, la pecadora; María, la virgen; y María Magdalena, la penitente. Al igual que las amigas se preguntaban en los años 2000: «¿Eres más bien una Carrie, una Charlotte, una Miranda o una Samantha?», en aquella época quizá debían de preguntarse: «¿Con quién te sientes más identificada, con María o con Magdalena? ¡Pero no digas con Eva!».

Esto tuvo unas consecuencias terribles. Por ejemplo, se extendió la creencia de que las mujeres mantenían por naturaleza una estrecha relación con el diablo y, por lo tanto, había que vigilarlas muy de cerca o empujarlas al autocastigo. A principios del siglo XII, es decir, en la Alta Edad Media, la cristianización también tuvo sus aspectos positivos: la revalorización de la virginidad, a través del ideal de María, abrió una nueva perspectiva para las mujeres. Hasta entonces debían elegir entre ser madres y esposas o ser madres y esposas; una mujer sin marido simplemente no existía, o solo existía en los márgenes de la sociedad. Ahora bien, para las adineradas había otra opción: la vida de Dios, es decir, en el monasterio. Sin duda, hoy esto suena más a castigo que a progreso. A nadie le parece un modelo de vida tentador dejarse encerrar tras fríos muros en la flor de su juventud, renunciar a cualquier tipo de sexualidad (al menos en teoría) y venerar una cruz día tras día. Pero en ese momento lo era en muchos aspectos. En una época en la que a nadie le importaba la movilidad geográfica, el monasterio era para muchas mujeres un lugar de libertad. En vez de lidiar con los peligros de los numerosos partos, a menudo mortales, o con los deseos de un hombre al que es probable que no quisieran y con una sexualidad en general poco satisfactoria; en vez de ser tratadas con desconfianza como potenciales «Evas», estas mujeres vivían en comunidad y podían dedicarse a una vida espiritual e intelectualmente estimulante en lugar de sacrificarse por la familia. Podían cantar, bailar, leer, realizar labores de jardinería y, sobre todo, y eso era un enorme lujo en ese momento, podían reflexionar. Es por ello que muchas monjas se horrorizaron cuando Lutero y sus seguidores llegaron y derribaron las puertas del convento para «liberarlas». Ellas no querían ser liberadas. Estaban contentas de estar donde estaban.

Al menos así era para muchas de ellas. Por supuesto, en los monasterios también debió de haber brutalidad, perversiones y rivalidades. Y, sin duda, la vida entre mujeres abstinentes (supuestamente) no siempre debió de ser fácil, sobre todo porque muchas confundían el amor y la devoción a Dios con la automutilación y el autocastigo. Sin embargo, en aquel momento también hubo algunas mujeres que alcanzaron el prestigio y el poder sin mortificación alguna, solo a través de su pensamiento y su escritura. El ejemplo de la abadesa Hildegard von Bingen, que nació unos treinta años después de la creación del tapiz de Bayeux, no es nuevo, pues ya entonces era la superestrella de las monjas y lo sigue siendo hasta nuestros días. Sin embargo, vale la pena recordarla una vez más mediante este objeto. Porque su ejemplo muestra que siempre y en todos los rincones de la sociedad ha habido mujeres que han expresado sus opiniones y, a veces, incluso se las ha escuchado. Al menos al cabo de un tiempo. Porque ni siquiera para una religiosa tan eminente como Hildegard debió de ser fácil. Sus visiones no se tomaban en serio, como se quejó una vez en una carta al papa Eugenio III en la década de 1140. Solo porque procedían de una «pobre mujer sacada de la costilla». Ya entonces apeló a no subestimar las palabras de las mujeres como si carecieran de valor o fueran disparates: «No rechace estos misterios de Dios», advirtió al papa. Por lo visto, al igual que le ocurrió con tantos otros gobernantes, este le prestó atención: se convirtió en uno de sus defensores más leales, la animó a publicar sus visiones y contribuyó así a su estatus de estrella internacional.

Hoy en día, a la gente le gusta considerar a Hildegard una feminista precoz, aunque es cuestionable que podamos ir tan lejos. Sin embargo, lo cierto es que se interesó por la mirada de las mujeres y rechazó la brutalidad con la que, muchas veces, su religión actuaba contra sus congéneres. Por ejemplo, en sus monasterios de Disibodenberg y más tarde Rupertsberg estaba prohibido autoflagelarse, aunque fuera por amor a Dios. En lugar de ello, las monjas celebraban este amor juntas, comían y bebían bien y en abundancia, cantaban a coro la belleza y la bondad de la Virgen María y de otras santas, y no parecían privarse de lujos y de una pizca de excentricidad. Y aquí es donde entra en escena nuestro objeto. A diferencia de lo que era habitual entre las monjas, las hermanas de Rupertsberg no se rapaban la cabeza y, por lo visto, los días festivos hasta se dejaban el pelo suelto y llevaban un largo velo blanco, sobre el cual sobresalía una corona bordada con hilo dorado como la de la imagen. Como abadesa del monasterio de Rupertsberg, a Bingen no le convencía mucho que a los clérigos se les permitiera celebrar su rango con su atuendo, estola, palio, mitra y similares, mientras que a las monjas les estaba prohibido. Había escrito sobre ello en su famoso *Scivias*, pero durante mucho tiempo no parecía posible que realmente se hubiera atrevido a confeccionar estas prendas. A día de hoy sigue sin esclarecerse hasta qué punto esta cofia, que hasta hace poco se identificaba como una corona de monje, era una de tantas o una pieza única. Las monjas de otros monasterios señalaban indignadas que las mujeres del monasterio de Hildegard von Bingen rompían todas las reglas del pudor con sus magníficos tocados y joyas. A muchos les resultaba del todo escandaloso, pero a Bingen, en el apogeo de su fama, no pareció importarle. Estaba dispuesta a soportar las pequeñas críticas con tal de coronar a sus hermanas como cristianas de igual derecho.

ESPEJO DE MARFIL

c. 1300

Si le pedimos a alguien que vincule en su cabeza los conceptos «Edad Media» y «mujeres» y nombre el primer término que le venga en mente, este suele ser: «cinturón de castidad». Por alguna razón, la gente gusta de imaginarse que las damas nobles se quedaban sentaditas en casa con unos dientes de metal ante su pubis, esperando a que sus maridos, que por lo visto eran celosos enfermizos, volvieran a casa de sus bárbaras cruzadas contra el islam. No obstante, parece que este famoso cinturón fue más un mito que una realidad. Sin duda, existieron algunos ejemplares; se inventó en el siglo XIV en Padua, Italia, donde se utilizaba en cierta medida. Sin embargo, esta práctica arcaica de vigilar la virtud femenina en realidad no estaba extendida, sino todo lo contrario: a partir del siglo XII, la sexualidad femenina floreció durante un breve periodo.

El pistoletazo de salida lo dieron Francia y la corte de la, ya de por sí fascinante, reina Leonor de Aquitania. La efervescente Eleonora, que soñaba con una tempestuosa aventura amorosa al estilo de sus célebres contemporáneos Abelardo y Eloísa, fue sometida de joven a un matrimonio con el más bien frío y muy devoto rey francés Luis VII, que no la hacía muy feliz. Para huir de una vida carente de pasión, hizo anular el matrimonio al cabo de unos años y se casó con Enrique II de Inglaterra, por el que sentía una mayor afinidad. Era la madre de Ricardo Corazón de León, que contribuyó a difundir la leyenda de Lancelot, poseía una insólita fuerza de voluntad y, lo que nos interesa aquí, era una gran defensora de todo lo que es bello y transmite alegría: arte, música, canto y, sobre todo, el amor. Como nieta del supuesto primer trovador de la historia, ella y más tarde su hija se esforzaron por difundir una nueva idea que cambiaría por completo la vida de las mujeres en la corte: la idea del *fin'amor*, del *amour courtois*, es decir, del «amor cortés». En su texto *De Amor*, encargado por Aliénor, André de Chapelain escribió al respecto: «Los hombres no son nada, son incapaces de beber de la fuente del bien, a no ser que una mujer los haga beber. [...] Todo lo bueno que hay en el mundo se hace por el amor de una mujer, para recibir su alabanza». De repente, la mujer —al menos la cortesana— era la reina de todo. Se le dedicaba todo lo que uno hacía, se le cantaba, se la adoraba e incluso se estaba dispuesto a hacer el ridículo con la amenaza prerromántica: «¡Usted, o la muerte!».

Dependiendo del gusto de cada cual, esto puede sonar patético o magnífico, pero lo cierto es que, como mínimo, gracias a este nuevo concepto y a la revalorización del amor apasionado, la mujer adquirió una nueva posición, además de cierto prestigio fuera del ámbito religioso. Quizá por primera vez en la historia se extendía entre los hombres la idea de que el afecto debía ser recíproco y que tenían que ingeniárselas si querían conseguir algo de una dama, ya fuera su favor, un beso o tal vez algo más. Por primera vez, se dieron cuenta de que una mujer no era un regalo del padre ni algo de lo que apropiarse según les viniera en gana, sino que primero debían seducirla y encender su amor (o su lujuria), porque: «Una dama debe honrar a su amante como a un amigo, no como a un amo», como escribió una vez la trovadora Marie de Ventadour. A partir de entonces, en esta cultura del amor ya no se trataría de un hombre activo y una mujer pasiva, sino de un juego entre dos rivales en igualdad de posiciones. Este espejo de mano de marfil, del siglo XIII representa esta idea de una manera especialmente bonita y memorable. A simple vista, parece un banal juego de ajedrez: dos rivales, un hombre y una mujer, cavilan sobre el tablero, planeando su siguiente movimiento, pero, en realidad, es una alegoría del amor cortés. En la Edad Media, el ajedrez se usaba a menudo como símbolo de dicho amor; así aparece, por ejemplo, en *Tristán e Isolda*. La escena sugiere silencio, un encuentro de tú a tú, no una lucha entre sexos, sino un juego de común acuerdo. Ambos están sentados a la misma altura, ambos juegan en el mismo tablero. En otras versiones de este espejo, algunos curiosos se quedan mirando, intrigados por cómo acabará: el hombre puede salir victorioso o no, el resultado no está fijado desde el principio, la mujer puede levantarse e irse, puede decir «no», o, si quiere, «sí». Una ventaja de esta nueva forma lúdica de comunicación, aparte de la diversión, fue que a partir de entonces era importante que las mujeres fueran un poco cultas. Para poder jugar juntos, no solo hay que conocer las reglas, sino también mantener la mente despierta, de lo contrario el asunto no tiene gracia. Eso significaba que las mujeres de la corte recibían una formación en literatura y filosofía y se las animaba a formular ideas originales y aguzadas, a tener una opinión y a expresarla. Eso era una revolución.

Pero, obviamente, sería ingenuo y erróneo afirmar que el amor cortés cambió las relaciones de poder entre hombres y mujeres. No fue así. Por un lado, porque solo las «damas nobles» eran tratadas con respeto y con cierta sumisión, mientras que a las mujeres plebeyas se las seguía tratando con rudeza. Por otro, porque los contrincantes, a diferencia de lo que sugiere la imagen, nunca estaban en verdaderas condiciones de igualdad. Al menos no en cuanto a su posición social: un hombre debía jugar con una mujer de una posición social superior a él; la igualdad real, ese concepto tan complicado incluso hoy en día, no la quería nadie. Además, la dama *tenía* que estar con alguien. Casada o comprometida, preferiblemente con un gobernante de prestigio. Visto así, no se trataba tanto de la mujer, sino de una idea de ella, de la conquista y de la rivalidad con otro hombre. El hecho de que ella no estuviera disponible era algo que a los hombres ya les iba bien, pues querían jugar más que ganar. Y, sin embargo, esta redefinición del amor y de la interacción entre los sexos, iniciada por una mujer, hizo más interesante, divertida y animada la vida de muchas cortesanas y abrió la puerta al conocimiento en sus monótonas vidas. Les enseñó que no debían permanecer pasivas mientras otros tomaban decisiones por ellas, sino que también podían sentarse frente al tablero e invitar al juego.

Cy commence le livre de

MINIATURA DEL LIBRO *LA CIUDAD DE LAS DAMAS*

1405

En su ensayo *Medieval ideas about women*, escrito en la década de 1920, la historiadora, feminista y experta en la Edad Media Eileen Power, que era vecina y amiga de Virginia Woolf, escribió: «Puede decirse que quienes formularon las verdades más aceptadas sobre la naturaleza y el papel de la mujer fueron quienes menos se relacionaban con mujeres». Se refería a los clérigos. En efecto, fueron sobre todo los eclesiásticos, es decir, los hombres que menos conocían a las mujeres porque solo las veían en su imaginación, quienes explicaron a las masas qué es una mujer, cómo es y qué lugar debe ocupar en la sociedad. Como había ocurrido en tantos otros siglos, eran los hombres quienes observaban y describían a las mujeres de la Edad Media, y estas rara vez se pronunciaban sobre su propia existencia.

Rara vez, pero no jamás, pues también entonces había ya excepciones a esta regla. Una de las más visionarias, aunque no se refiriese directamente a la experiencia de ser mujer, fue el manual de una tal Dhuoda, que ya en el siglo IX pensaba que la vida de las mujeres sería mejor si se educara también a los hombres a ser más generosos, cariñosos y respetuosos. En su *Liber Manualis*, asumió un papel que solía estar reservado a los padres y escribió para su hijo lo que creía que había de convertirlo en un hombre y en un marido honrado. Pero al parecer nadie leyó este libro, quizá ni siquiera el hijo en cuestión. Y es que, después de que algunas mujeres, sobre todo a partir del siglo XII, ganaran influencia, prestigio y confianza en sí mismas, y de que los trovadores les cantaran como si fueran las criaturas más bellas y valiosas del mundo, a finales de la Edad Media las tendencias misóginas aumentaron de forma vertiginosa, sobre todo entre el clero, y se extendieron con gran ímpetu. A muchos no les gustó que las féminas también pudieran ser cultas, incluso más cultas que los hombres, y los sermones empezaron a caracterizarse de repente por un odio furibundo a las mujeres; los textos antes tan románticos ponían ahora a la clase lectora de la sociedad en contra de ellas. Por ejemplo, el *Rosenroman*, que en aquella época se hizo muy popular no solo en Francia. A primera vista, se trataba de una novela romántica, pero entre líneas difundía una imagen desastrosa de las mujeres: formulado de un modo más o menos directo, decía que eran lascivas de forma permanente, estúpidas, débiles, y que había que desconfiar de su depravación. Por lo visto, sus palabras cayeron en terreno fértil. En las décadas que siguieron a su publicación, surgieron acalorados debates en toda Europa sobre la naturaleza de la mujer: ¿qué era en realidad? ¿Era una persona, como «nosotros» (los hombres)? ¿Podía tan siquiera pensar, con ese útero y con todos sus demás problemas? ¿Acaso no demostraba todo en ella que era una desfavorecida? La gente se devanaba los sesos; mejor dicho, los hombres se devanaban los sesos, pues las mujeres nunca fueron invitadas a esas discusiones. Hasta que una estalló. Se llamaba Christine de Pizan y, según Simone de Beauvoir, era «la primera mujer que tomó la pluma para defender a su sexo».

Ya entonces dijo lo que De Beauvoir formuló aún más sucintamente cinco siglos después, a saber, que las mujeres no eran «más tontas» por naturaleza, sino que no se les daba la oportunidad de desarrollar sus capacidades. Con su libro *La Cité des Dames (La ciudad de las damas)*, una de cuyas ilustraciones más famosas mostramos aquí, creó una especie de utopía: una «ciudad de mujeres», un poco como la de Fellini, aunque menos caótica. Es decir, un lugar que las mujeres construirían para ellas mismas, como en la imagen, piedra a piedra. Este emplazamiento sería un espacio espiritual, un lugar de paz, lejos de todos los que las odiaban, se basaría en el ejemplo de todas las impresionantes y valientes figuras femeninas del pasado que tan a menudo se omiten de los libros de historia hasta el presente. Básicamente, estaba redactando una primera historia de las mujeres, aunque se dedicaba con igual pasión al presente. Ella fue, por ejemplo, la que escribió por primera vez sobre Juana de Arco, que era su contemporánea. Pizan debió de quedar cautivada por esa mujer heroica, esa personalidad tan inocente y sin embargo tan fuerte encarnada en una chica de dieciséis años. Por fin, había en la realidad de su propio tiempo una figura como la que ella había soñado para su ciudad de las mujeres; una muchacha que lograba lo que todo un ejército de hombres no había conseguido. «Oh, ¡qué gran honor para el sexo femenino!», escribió en julio de 1429, el mes en que Carlos VII fue coronado en Reims gracias a Juana de Arco. La comparaba con Héctor y con Aquiles, con héroes y heroínas de la Antigüedad: «He oído hablar de Esther, Judith y Débora, que fueron mujeres de gran importancia y a través de las cuales

Dios salvó a su pueblo de la opresión, y también he oído hablar de otras mujeres valientes que se convirtieron todas en heroínas, y a través de las cuales Dios realizó muchos milagros, pero el acto más heroico lo realizó la Virgen Juana».

Su oda rebosaba entusiasmo y quizá también esperanza, al fin y al cabo, por primera vez había una mujer armada por completo y victoriosa, a la que incluso los hombres tomaban en serio. Puede que Pizan viera en esto un buen augurio para el futuro, o puede que fuera más clarividente y escribiera su homenaje contra el olvido de la historia en lo que respecta a las mujeres. Por suerte, no vivió para ver el final de la doncella de Orleans. Murió poco después de escribir su panegírico. Juana era detenida dos años más tarde y acusada de brujería. Lo curioso de su historia, que por supuesto fue escrita posteriormente por hombres y de la que ahora se aprovechan a menudo partidos de extrema derecha como Rassemblement National, es que ninguno de los cargos contra Juana se sostuvo con pruebas, de manera que al final la condenaron por la razón más estúpida. El 30 de mayo de 1431, Juana de Arco fue quemada en la hoguera. Porque se había puesto unos pantalones para salvar a Francia.

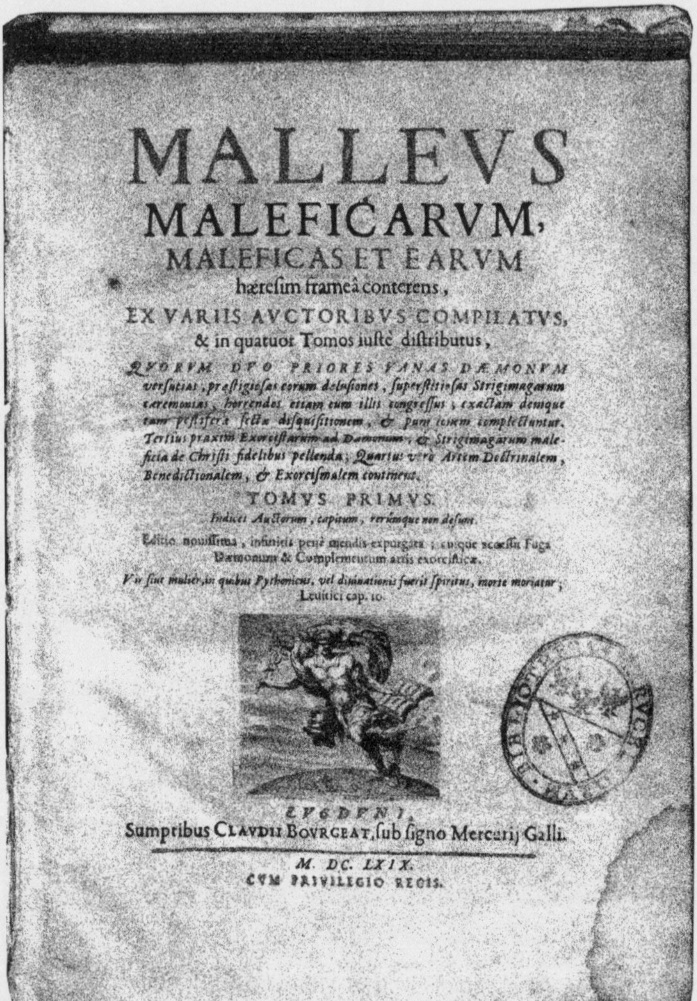

MALLEVS
MALEFICARVM,
MALEFICAS ET EARVM
hæresim frameâ conterens,
EX VARIIS AVCTORIBVS COMPILATVS,
& in quatuor Tomos iustè distributus,
QVORVM DVO PRIORES VANAS DÆMONVM versutias, præstigiosas eorum delusiones, superstitiosas Strigimagarum cæremonias, horrendos etiam cum illis congressus; exactam denique tam pestiferæ sectæ disquisitionem, & punitionem complectuntur. Tertius praxim Exorcistarum ad Dæmonum, & Strigimagarum maleficia de Christi fidelibus pellenda; Quartus verò Artem Doctrinalem, Benedictionalem, & Exorcismalem continent.
TOMVS PRIMVS.
Indices Auctorum, capitum, rerùmque non desunt.
Editio nouissima, infinitis penè mendis expurgata; cuique accessit Fuga Dæmonum & Complementum artis exorcisticæ.
Vir siue mulier, in quibus Pythonicus, vel diuinationis fuerit spiritus, morte moriatur; Leuitici cap. 10.

LVGDVNI,
Sumptibus CLAVDII BOVRGEAT, sub signo Mercurij Galli.
M. DC. LXIX.
CVM PRIVILEGIO REGIS.

PORTADA DEL *MALLEUS MALEFICARUM* (MARTILLO DE LAS BRUJAS)

1486

La hostilidad hacia las mujeres, cada vez más virulenta, que se manifestaba tanto en la ejecución de Juana de Arco como en el debate sobre la naturaleza femenina, alcanzó su punto álgido con la caza de brujas a principios de la Edad Moderna. La quema de brujas suele considerarse un fenómeno de la Edad Media, una característica de este periodo supuestamente oscuro y misógino. Pero, en realidad, este delirio que llevó a la gente de toda Europa a acusar a sus vecinas, hijas y amigas de relacionarse con el demonio llegó de la mano del Renacimiento. En los años setenta del siglo XX, la historiadora estadounidense Joan Kelly escribió un ensayo en el que planteaba la pregunta que le daba título: «Did Women have a Renaissance?» («¿Tuvieron las mujeres un Renacimiento?»). En el primer párrafo la contestaba ella misma: «No». En el Renacimiento, no solo se perdieron el enfoque lúdico del amor y la libertad de la que las cortesanas habían gozado en la Edad Media, sino que, además, se perseguía a las mujeres porque se desconfiaba de ellas. Las mujeres eran el «chivo expiatorio de la modernidad», como dijo una vez la historiadora Michelle Perrot, y es probable que en ese momento, en los siglos XVI y XVII, ocurriera lo mismo que hoy con las teorías de la conspiración; abrumadas por la recién iniciada época de epidemias, malas cosechas, una ola de frío y nuevos valores, las personas buscaban una explicación para todos los males de su vida. Y la encontraron en una figura inventada: la bruja.

El libro de la ilustración que presentamos aquí, el llamado *Malleus maleficarum*, el *Martillo de las brujas*, fue en gran medida responsable de la propagación masiva de este pánico que se apoderó de todos los estamentos de la sociedad. Su autor, el monje dominicano alemán e inquisidor Heinrich Kramer, ofrecía una versión simplificada y distorsionada de las teorías de santo Tomás de Aquino, san Agustín y otros, salpicó todo el asunto con unas cuantas «verdades» misóginas (como la predisposición de todas las mujeres al pecado, «probada» a través de Eva), y su obra de setecientas páginas, que difícilmente podría ser superada en términos de odio, estaba lista. Por ejemplo, dice: «Si no fuera por la maldad de las mujeres, por no hablar de las brujas, el mundo se mantendría libre de innumerables peligros». O también: «Por eso es lógico llamar a la herejía no cosa de brujos, sino de brujas». Del mismo modo que hoy en día se difunden muchas mentiras con la ayuda de internet, una tecnología nueva por completo contribuyó a la popularidad de esta obra y sus teorías en la época: la imprenta, que hizo posible por primera vez difundir ideas a un gran número de personas en muy poco tiempo. Antes había que copiar los libros, se tardaba una eternidad, y además, casi nadie sabía leer, pero esta novedad cambiaba un poco las cosas. Después de que apareciera por primera vez el *Martillo de las brujas* en 1486, los tres volúmenes se reeditaron decenas de veces en pocos años y se vendieron treinta mil ejemplares en toda Europa. Las consecuencias son conocidas: miles de mujeres, y algunos hombres, fueron sometidas a juicios kafkianos y ejecutadas sin prueba alguna.

Las personas que, especialmente en Alemania, en Suiza y en el norte de Italia, descubrieron el contenido del *Martillo de las brujas* a través de predicadores y lo aderezaron con su propia imaginación, debieron de vivir en un terrible clima de miedo y locura colectiva. A fin de cuentas, cualquiera podía ser una bruja: la madre, la mejor amiga, la hermana... ¡Dios mío! Quién sabe, tal vez incluso una misma: a mediados del siglo XVI, una joven de la pequeña ciudad de Pau, en el sur de Francia, acusó de brujería no solo a toda su familia, sino también a sí misma. Durante el interrogatorio, ella explicó, tal cual, que en efecto se montaban en una escoba, que también se acostaban de forma regular con Satanás y, por supuesto, que comían niños pequeños. Al final, condenaron a su familia a la hoguera, pero ella misma se salvó por su «sincera penitencia». Sin embargo, la mayoría eran «delatadas» por personas externas. En gran parte de los casos, porque eran diferentes. Viejas, solas, quizá extranjeras, en el peor de los casos judías: no es casualidad que las brujas vuelen con su escoba precisamente en el *sabbat*. Pero también eran a menudo mujeres que poseían un conocimiento no académico del que se tenía miedo. Sobre todo cuando curaban los males femeninos. Aún en el siglo XIX la escritora George Sand hizo decir a su protagonista en *La pequeña Fadette*: «En lugar de que los niños me dieran las gracias por curar sus enfermedades y heridas y compartir con ellos mis remedios caseros, me trataban de bruja». Los clérigos lo expresaban con más dureza: «Si una mujer se atreve a curar sin haber estudiado, entonces es una bruja y debe morir».

Al parecer, las masas seguían ciegamente este llamamiento. Al revés de lo que uno podría pensar, la mayoría de los procesos no fueron llevados a cabo por la Inquisición, sino por personas «normales». Establecieron un tribunal popular que debía determinar si el niño en realidad se había enfermado debido a la maldición de la partera y si el mal de ojo de la vieja vecina realmente había matado a la pobre vaca. Se les rapaba el pelo, se las torturaba, se buscaba en ellas una «señal del diablo» y, si no se encontraba ninguna, se decía que Satanás les concedía una protección especial. Después de cierto tiempo, casi todas las víctimas terminaban por admitir cualquier acusación, por descabellada que fuera. Aunque entre 1560 y 1630 fueron ejecutadas entre treinta y sesenta mil personas por presunta brujería, tres cuartas partes de ellas mujeres, en esta época de supuesto despertar espiritual casi nadie se opuso a la barbarie de esta práctica. Al parecer, Michel de Montaigne dijo en voz baja que era un poco disparatado quemar a una persona basándose en una suposición indemostrable; sin embargo, se quedó bastante solo con su punto de vista. Las mujeres no contaron con ningún apoyo para defenderse de las acusaciones insensatas, y es difícil evitar pensar que muchas no estaban a favor, pero tampoco en contra, porque estas mujeres, o al menos las acusadas, representaban una manera de ver el mundo que se basaba más en la intuición que en la pura racionalidad. Quizá es precisamente por eso que, en la modernidad, la bruja experimenta un renacimiento cada tres décadas; porque encarna formas alternativas de existencia y una fuerza femenina primordial.

FIGURA DE MARÍA MAGDALENA

1490-1492

Si en el cristianismo Eva representaba la debilidad de las mujeres y legitimaba el odio y la desconfianza, mientras que la Virgen María propagaba el ideal de la modestia, ¿qué significado tenía María Magdalena? Al contrario que los otros dos modelos de mujer, es decir, una que estaba más o menos pervertida en esencia y que había caído en la tentación de la «carne», y la otra que era tan pura que incluso quedó embarazada sin sexo, María Magdalena, que aquí vemos en una obra del siglo XV de gran vehemencia, no encaja en este esquema bien-mal. Está, más bien, en una zona gris. No es del todo buena ni del todo mala, sino ambas a la vez.

Al menos, según la narrativa más común. Esta cuenta que María Magdalena era una prostituta que se «purificó» gracias a su encuentro con Jesús. Un día, cuando Simón el fariseo invitó a Jesús a su casa, ella se arrojó a sus pies, se los lavó con su torrente de lágrimas y se los secó con sus largos cabellos antes de ungirlos con aceites. «Si él supiera el tipo de mala mujer que es», pensó Simón, pero Jesús le respondió algo así: «Me ha lavado los pies con sus lágrimas y secado con su pelo, los ha colmado de besos y los ha ungido. Tú no. Así que no estés tan seguro de ti mismo: "Muchos de sus pecados le serán perdonados porque ha amado mucho"». Eso sonaba como un mensaje conciliador para todas las mujeres pecadoras, una nueva oportunidad para tomar el camino correcto si era lo que de verdad querían. Se suponía que era un signo de la bondad y el perdón divinos, pero la escena, que ha sido recogida en varios cuadros, sigue pareciendo sumamente extraña. Se ve a un grupo de hombres sentados alrededor de una mesa, comen, beben, conversan y, mientras tanto, una mujer está tirada en el suelo y le frota los pies con el pelo a uno de ellos. Da un poco de repelús mirarlo. Al menos hoy en día.

En los siglos XII, XIII, XIV y XV, es decir, cuando María Magdalena gozaba de mayor estima, es probable que se pensara que había hecho lo correcto. A fin de cuentas, este acto de sumisión puso fin a su vida pecaminosa y dio inicio a una nueva: se convirtió en una de las confidentes más cercanas de Jesús e incluso se dice que fue la primera en verlo ante la tumba vacía con una túnica blanca tras su resurrección. Los apóstoles, por supuesto, al principio no la creyeron; Pedro estaba indignado. ¿Por qué iba a revelarse el señor a una mujer primero? ¡Y encima a esta pecadora! Que lo hubiera hecho, a pesar de todo, se explicaba por el hecho de que ella se había mostrado tan arrepentida y sumisa, tan absolutamente avergonzada de su vida anterior y de todo lo que había sido, que la había perdonado. Hoy a eso se lo llamaría relación tóxica, pero entonces el mensaje que se daba a las mujeres estaba claro: si no queréis que os despreciemos, tenéis que ocupar el lugar que nosotros os asignemos, agachar la cabeza y someteros. Aunque María Magdalena aportó cierta «dulzura» al mundo de los santos, por lo demás tan anquilosado y predominantemente masculino, como dijo en una ocasión la historiadora francesa Michelle Perrot, su veneración también estuvo acompañada de un auge extremo de la expiación femenina. Las mujeres se maltrataban de la peor manera posible, se ponían cinturones de clavos alrededor de la cintura, se echaban cera caliente en los genitales para no sentir placer durante el sexo marital obligatorio, algunas lloraban de manera frenética, dejaban de lavarse y se infligían todo este sufrimiento solo para demostrar su amor infinito a Jesús. Se humillaban a sí mismas, como lo había hecho María Magdalena. Uno de los métodos más espectaculares para demostrar la adoración hacia Dios era el emparedamiento, muy popular en la Edad Media, sobre todo en Francia. Las mujeres que no podían permitirse entrar en un convento o que querían ser si cabe un poco más duras consigo mismas se hacían encerrar en celdas minúsculas (algo menos de nueve metros cuadrados se consideraba lo ideal) y pasaban allí el resto de sus vidas. Vivían de los donativos de los transeúntes y se las veneraba y admiraba en todas partes por su devoción y sacrificio; algunas incluso fueron canonizadas. El hecho de que ciertas mujeres sigan pensando que el amor y la abnegación o el amor y el sufrimiento van de la mano probablemente tenga que ver con estas tradiciones.

Esta espectacular figura de madera de tilo, que fue creada en el siglo XV por el famoso escultor bávaro Tilman Riemenschneider, está asociada a este ritual de encierro. No faltan historias sobre María Magdalena. El escritor Dan Brown, por ejemplo, propagó la idea de que fue amante de Jesús y le dio un hijo, otros creen que fue su esposa, y el amor o incluso el sexo entre Jesús y María Magdalena es un tema recurrente y popular. Sin embargo, Riemenschneider se refirió a una historia diferente para crear su escultura. Una en la que María Magdalena se confunde con la figura de «María de Egipto». Según cuenta la leyenda, esta María de Egipto también fue prostituta; cuando encontró la fe, se retiró al desierto para el resto de su vida. Vivió allí sola, como las mujeres medievales en sus celdas, y la acometió un crecimiento excesivo del vello que ocultaba sus «encantos pecaminosos». No está claro por qué Riemenschneider eligió esta interpretación menos conocida de la historia de María Magdalena, tal vez por su atractivo visual. Pero aparte de esto, su elección demuestra sobre todo lo difícil que era en el pasado encontrar una historia unánime para este personaje femenino que no podía encasillarse en las categorías clásicas. Hace algún tiempo, los estudiosos descubrieron que María Magdalena, como la conocemos, probablemente sea una invención del siglo VI. En aquella época, el papa Gregorio habría convertido tres figuras femeninas de los Evangelios en una sola, incluida una ramera. Sin embargo, según esta teoría, María Magdalena nunca fue prostituta, nunca se arrojó a los pies de Jesús y nunca tuvo que pedir perdón. Era una discípula igual a los demás, la «apóstola de los apóstoles». No obstante, una figura femenina tan orgullosa obviamente no encajaba con la interpretación patriarcal de la religión, por lo que la convirtieron en una mujer que hubo de humillarse a lo largo de su vida y demostrar su amor infligiéndose sufrimiento, escondiéndose y tolerando que, al final, la hicieran parecerse más a un oso que a una mujer.

CHAPINES (ZAPATOS DE PLATAFORMA)

Siglo XVI

En el siglo XVI, si alguien viajaba a Venecia y deambulaba por primera vez por la Piazza San Marco, es probable que se preguntase qué pasaba con las mujeres de la República de Venecia. Debían de parecer enormes y con un andar inseguro, se tambaleaban, por lo general del brazo de un hombre o de una criada, mientras atravesaban la plaza como si fueran jirafas borrachas, arrastrando los pies sobre los adoquines, a veces con un ruido ensordecedor y no demasiado elegante, y por lo visto se sentían muy guapas haciéndolo. «Los nobles sacan a pasear a sus esposas en chapines», escribió el escritor John Evelyn en 1666 en su diario, y fabulaba con que este calzado extremadamente alto perseguía un efecto similar a la moda de los pies de loto en China, es decir, restringir el movimiento de las mujeres y atarlas a la casa. Al fin y al cabo, eran mitad carne, mitad madera, bromeaba.

De hecho, las versiones de este zapato que hizo Alexander McQueen (os acordaréis, en los noventa para Givenchy, más tarde para Lady Gaga) eran unas cómodas pantuflas si las comparamos con los zancos de hasta cincuenta centímetros de altura que se usaban en la época. Durante un breve periodo de tiempo, se intentó reducir la altura del tacón por decreto, pero se dice que ninguna mujer se atuvo a dicha ley. A diferencia del pie de loto, el objetivo en Venecia no era encerrar a las mujeres en casa, sino muy al contrario. Los chapines, una de las primeras versiones de los zapatos de tacón o, mejor dicho, de plataforma, no pretendían esconder, sino mostrar. Ser más alta que las demás en la plaza era una manera muy efectiva de llamar la atención, de demostrar simbólicamente que una flotaba por encima de la gente bajita. Cuanto más alta, mejor. Además, era una buena manera de evidenciar que se era rica. Al fin y al cabo, un zapato más alto también exigía un vestido más largo, por tanto, más tela, y, por tanto, más dinero. Durante un tiempo, el chapín debió de ser el accesorio de las damas nobles a las que, a partir del siglo XVI, se les pedía cada vez más que dejaran de trabajar y que, en su lugar, sirvieran solo como figurín de exhibición de la prosperidad de su marido. Pero pronto las cortesanas también adoptaron esta moda del calzado.

Es bien sabido que la prostitución en Italia experimentó un auge justo en el momento en el que disminuía en la mayoría de los demás países de Europa, dado que ya no se consideraba un remedio contra la violencia y los abusos masculinos. Dicen que Roma inventó a la cortesana y que Venecia la perfeccionó para convertirla en una figura artística. Al menos, parece que en el siglo XVI en Venecia era imposible distinguir una *cortigiana onesta*, una «cortesana honesta», de una dama noble. Como otras minorías, estaban obligadas a identificarse; por ejemplo, por ley no se les permitía usar seda, pero de todas maneras la pequeña élite de damas de vida alegre se hizo tan famosa y admirada que se convirtieron en una especie de atracción turística y se les perdonaba una cierta extravagancia. Cuando el rey francés Enrique III visitó una vez la ciudad flotante en esa época, después de pasar por Tintoretto, Tiziano y otros hombres importantes, le pusieron en la mano un libro que en la actualidad resultaría bastante extraño: el *Catálogo de las cortesanas más famosas y valoradas de Venecia*, una especie de guía turística sexual. En él aparecían cerca de doscientas diez mujeres, con retratos en miniatura y algunos datos de referencia. El rey eligió a la más conocida hasta la fecha: Verónica Franco. Su encuentro debió de ser un éxito, pues a continuación el rey le aseguró que la ayudaría a publicar sus poemas, lo que en efecto hizo; en agradecimiento, ella le dedicó su primer libro.

Verónica Franco es un ejemplo de una carrera enormemente exitosa en este campo profesional. Mientras que muchas mujeres tenían que venderse a cada transeúnte bajo el Ponte delle Tette, «el Puente de las Tetas», y vivir en condiciones muy duras, unas pocas, las doscientas diez de la guía, lograron forjarse una vida bastante buena, muy privilegiada y, sobre todo, gozar de una libertad poco habitual. Verónica Franco era algo así como la reina de estas elegidas. Hija de una cortesana, había sido educada, como era costumbre, a una edad temprana para esta profesión, que le permitiría seguir siendo independiente y ganarse la vida. Había aprendido a leer y a escribir, a pensar, a cantar, a hablar de forma ingeniosa, todas cosas que se les negaban a las chicas normales porque se creía que no las necesitaban. La cortesana, en cambio, hacía de esto su arte, pues debía entretener a los hombres no solo física, sino también intelectualmente. Verónica, al parecer, lo hizo tan bien que se convirtió en la mujer más codiciada de Venecia, viajaba en círculos ilustres, participaba en fiestas y tertulias intelectuales y durante un tiempo hasta organizó tales reuniones, si se quiere, al estilo de los primeros salones. Escribía y publicaba, fue retratada por Tintoretto, se movía libremente por la escena artística tan emocionante y rica de la ciudad insular de entonces. Por supuesto, tuvo que pagar un precio por ello. Por supuesto, se vendía a sí misma y a su cuerpo a cambio de esa supuesta libertad y, por supuesto, no hay que tergiversar la situación. No obstante, si se piensa con detenimiento, no se diferenciaba demasiado de otras mujeres. A fin de cuentas, como Mary Wollstonecraft escribiría cien años después, el matrimonio a menudo no era más que una «forma legal de prostitución», la obligación de entregarte a alguien a quien tal vez no deseabas ni amabas, solo para sobrevivir. Las mujeres como Verónica Franco, orgullosas y grandes sobre sus extravagantes y altos chapines —tenían los pies en el suelo como sobre pedestales—, al menos fueron reconocidas por su talento más allá del dormitorio y escuchadas por su voz única. Y tal vez les hicieron entender a los hombres, mirándolos inevitablemente desde unos centímetros más arriba, algunas verdades sobre las mujeres, o como escribió una vez Tullia d'Aragona, otra famosa cortesana, a modo de llamamiento para sus clientes: «Si Sócrates era tan sabio e inteligente, ¿por qué no hacéis lo mismo que él? Como sabéis, lo hablaba todo con su amiga Diótima y aprendió todo tipo de cosas maravillosas de ella».

GUANTES PERFUMADOS

Siglo XVI

Ya que estamos hablando de moda, detengámonos brevemente para rememorar un escándalo de este ámbito y una transferencia cultural cargada de consecuencias. Como es sabido, el siglo XVI era una sociedad de apariencias, el traje, el vestido, los zapatos, el sombrero y los guantes eran algo así como una tarjeta de visita, un documento de identidad del estatus social. Así como hoy en día la gente lleva bolsos con grandes letras, des o ces entrelazadas, en aquella época también se comunicaba con la elección de la indumentaria quién y qué se era o se quería ser en la sociedad. Así se mostraba la cantidad de piezas de oro que uno acumulaba en su casa y el poder que poseía. Gracias a que las relaciones comerciales con Oriente eran cada vez más estrechas, las telas caras y preciosas inundaron los mercados europeos; la gente pagaba sumas desorbitadas de dinero por un pedazo de seda, de terciopelo o de tafetán, solo para demostrar a los demás que podía permitírselo.

Esto ocurría sobre todo en Italia y Francia. Si una dama se ausentaba de la corte por un tiempo, era aconsejable que se informara sobre la última moda antes de regresar y que se vistiera acorde a ella. Si no lo hacía, corría el riesgo de hacer el ridículo y de perder su posición, pues, para las aristócratas, vestirse con elegancia era un deber. Como en aquella época se redescubrió la idea de la naturalidad y se preferían las siluetas delicadas, un cutis claro y un aspecto general de sílfide, se llevaba una máscara de terciopelo para proteger la piel clara, un corsé y, para resaltar la propia suavidad, unos guantes perfumados que se denominaban *frangipane*. Los ejemplares que se muestran en la imagen son unos de ellos y pertenecieron a la fantástica Catalina de Médici. En la historia se la conoce sobre todo como una mujer políticamente influyente, admirada por algunos y considerada por otros como la artífice de la sangrienta Matanza de San Bartolomé. Dos veces regente de Francia, gobernó durante casi treinta años en representación de sus hijos, lo que le valió tanta fama como odio. Se ha olvidado que también influyó en la moda francesa y, por lo tanto, en otros aspectos de la cultura de dicho país. Por ejemplo, se cree que fue la primera mujer de la corte gala en llevar calzones. Para posarse sobre el asiento de amazona que ella misma introdujo para montar a caballo, se necesitaba una ropa interior práctica para que no se le viera todo, por lo que simplemente se puso unos calzoncillos de hombre. Y como era famosa y admirada, el resto de las mujeres la imitaron. De repente, todas querían llevar calzones. Empezaron a confeccionarse con encaje y otros tejidos de diferentes colores, y se desató un pequeño escándalo en el mundo de la moda. Y es que, en Francia, los calzones largos eran un accesorio que sobre todo usaban las prostitutas. El hecho de que ahora también los llevaran las damas nobles indignó ante todo a los clérigos, que ya de por sí eran bastante duros con la moda. El pronunciado escote, muy en boga en esa época, conmocionó tanto a algunos clérigos que directamente les negaban la hostia a las mujeres que tuvieran un pecho demasiado generoso.

Pero volvamos a Catalina de Médici y sus guantes. Sin ella, Grasse, la ciudad francesa del perfume por excelencia, tal vez nunca se habría convertido en la que ha sido desde el siglo xvi. En 1533, cuando Catalina se casó con el que después se convertiría en Enrique II, llevaba un accesorio hasta entonces desconocido en sus cofres: un par de *guanti* perfumados con las esencias del famoso monasterio florentino de Santa Maria di Novella. Tal vez haya que recordar brevemente que en el Renacimiento no era muy popular lavarse. O, mejor dicho, que se le tenía miedo al agua. Desde que la peste y el cólera habían invadido Europa, los baños públicos estaban cerrados o vacíos, la gente evitaba el agua porque estaba convencida de que esta abría los poros y permitía la entrada de enfermedades. Es preferible no imaginar qué experiencia olfativa asfixiante debía de ofrecer la corte en aquellos tiempos. Ese es el motivo, entre otros, de que en Florencia se introdujera la moda de los perfumes: toda persona importante y que se preciara tenía una fragancia personalizada de Santa Maria di Novella. Los guantes de Catalina constituían una versión en especial refinada de esta nueva costumbre: en lugar de tener que decidirse por un aroma, era posible cambiarse los guantes varias veces al día, y con él el perfume según el ánimo o la ocasión. Las señoras de Francia y de otras cortes europeas estaban entusiasmadas. Todas querían hacerse con un par de estos, o mejor dos; qué demonios, tres. De manera que era preciso tener un fabricante local, y cuanto antes. En aquella época, Grasse era una ciudad de pieles, allí se confeccionaban bolsos, carteras y también guantes. Pero hasta entonces, a nadie se le había ocurrido la idea de perfumarlos y así despojar a la piel de su espantoso olor animal. Fue a raíz de la moda de los guantes instigada por Catalina que los maestros de Grasse desarrollaron nuevas técnicas para perfumar sus prendas y descubrieron casualmente lo rico que era su entorno en flores fragantes y plantas aromáticas como lavanda, mimosa, rosas y otras esencias. En los siguientes años, se fue abandonando de forma paulatina la piel para centrarse en el arte de los perfumes.

A pesar de esta pequeña revolución cultural, el guante de los Médici salió mal parado en la historia. En 1572, poco antes de que la hija de Catalina se casara con el hijo de Juana de Albret, la reina de Navarra, su suegra sucumbió a una dolencia desconocida. Se extendieron los rumores sobre Catalina y su perfumista Renato Bianco, conocido como René el Florentino, al que había traído consigo de Italia. Se contaba que, en el día de su muerte, le habían hecho llegar a Juana un par de guantes perfumados y con ellos la habían envenenado al más puro estilo de Medea. El rumor quedó plasmado en la novela de Alejandro Dumas *La reina Margot*. Por supuesto, nunca ha podido demostrarse que fuera cierto.

CUENCO CON LA IMAGEN DE ROXELANA

Mediados del siglo XVI

En la misma época en que Catalina de Médici revolucionaba la moda en la corte francesa, una tal Roxelana, una esclava rusa, trastornaba el equilibrio de poder en Constantinopla y sentaba las bases de lo que más tarde se conocería como el «sultanato de las mujeres»: la influencia política que ejercieron las mujeres en los asuntos de Estado del Imperio otomano durante casi cien años. ¿Nunca has oído hablar de ello? Eso es debido, entre otras cosas, a que el Gobierno turco considera de gran importancia barrer este insólito episodio de la historia bajo la alfombra del harén en el sentido más estricto de la palabra. Cuando, hace unos años, una serie de televisión turca titulada *The Magnificent Century* recordó esta época de mujeres influyentes, el presidente Recep Erdogan mandó prohibir sin más esta serie de rotundo éxito. La razón es simple: esta verdad histórica no encaja en su versión de la historia patriarcal del país.

Del mismo modo que solo concuerda parcialmente con la imagen que los europeos tienen de las mujeres del harén del Imperio otomano en el siglo XVI. Desde que en el XVIII los artistas europeos se lanzaron a describir y pintar el llamado «Oriente», basándose sin duda más en su imaginación que en la observación, el cliché de la mujer oriental ha sido el de una persona desbordante de sensualidad y el del harén, el de un lujoso y afelpado burdel. La ilusión de algunos europeos pintaba un lugar donde cada elemento, cada cojín de terciopelo, cada azulejo de la pared, cada tacita de té, estaba destinado a dos cosas: el sexo y la seducción. Pero no debió de ser ni mucho menos tan perverso como a algunos les hubiera gustado. El harén no era tanto una habitación destinada al placer (masculino) infinito, sino más bien a garantizar la descendencia. Lo que allí sucedía era serio e importante, se trataba de producir una reserva de posibles herederos al trono con las cerca de trescientas concubinas, para después poder elegir al más adecuado. El sultán no entraba así como así y se abalanzaba sobre la primera que le gustara, sino que seguía un protocolo y un orden precisos. El objetivo era dejar embarazadas al mayor número de mujeres, es decir, no quedarse demasiado tiempo con una, sino pasar a la siguiente tan pronto la anterior se quedara embarazada. La mayoría de los sultanes seguían este principio de forma estricta, hasta que a Solimán I el Magnífico le ofrecieron a la ya mencionada Roxelana, que era tan bella e inteligente e ingeniosa que el sultán tiró todas las reglas por la borda y le dedicó toda su atención.

Cuando murió su madre, que era la soberana del harén, Solimán se liberó por fin de todas las convenciones y limitaciones, exoneró a Roxelana de su condición de esclava y se casó con ella. Por aquel entonces, debió de causar sensación. En toda Europa, de París a Londres pasando por Florencia, la gente no paraba de murmurar y de chismorrear: «¡El sultán se ha casado con una mujer del harén!». ¿Pero qué pasa aquí? El plato veneciano de la imagen, elaborado a mediados del siglo XVI con una técnica sumamente valiosa de pintura bajo vidrio a partir de cristal hueco, que apenas estaba surgiendo en aquella época, es revelador de la fascinación que esta mujer despertaba en su momento mucho más allá de las fronteras del imperio. La retrataron en repetidas ocasiones, sola o en compañía de Solimán, e incluso se pintó un retrato suyo en el taller de Tiziano, basado en los informes de los enviados italianos a la corte otomana. Estas representaciones atestiguan sobre todo una cosa, y es que la imagen estereotipada de la favorita del harén, tumbada entre gruesos almohadones, alejada del mundo y de todas las miradas, atiborrándose de postres mientras reflexiona sobre la mejor manera de complacer sexualmente al sultán, tiene poco que ver con la realidad. Roxelana no vivía escondida, sino que los visitantes más importantes podían conocerla; su actividad principal no era el sexo, sino los asuntos de Estado. Cuando venían enviados extranjeros, a veces se encontraban con Solimán, a veces con Roxelana; cuando el sultán iba de conquista, era ella quien le informaba de lo que acontecía en casa y le aconsejaba. Y, por lo visto, lo hacía bien, pues el Imperio otomano rara vez fue más poderoso que bajo su reinado. Aunque, por supuesto, la influencia de esta mujer no les gustaba a todos. Las malas lenguas le atribuían todo tipo de atrocidades, como prender fuego al harén original, que por entonces no estaba aún en el palacio Topkapi, para trasladarse a él y acercar así el harén al centro del poder. También era muy popular la acusación de bruja (¿de qué otra forma podría haber mantenido la atención de un hombre durante tanto tiempo?); otros la veían, de nuevo un clásico que no puede faltar, como una conspiradora y una asesina. En el British Museum de Londres se conserva un naipe del siglo XVII que representa a Roxelana como «la cruel». El juego reúne a las reinas más importantes de la historia. «Hürrem Sultan», como se la conocía, interpreta el papel de la malvada que mandó matar al hijo de su enemiga para asegurar la sucesión al trono a su propio retoño. No se sabe si esto es cierto, pero al menos a sus hijos no les sirvió de nada, porque ninguno de ellos se convirtió en sultán.

El poder del harén, que Roxelana introdujo y los estrechos de miras desacreditaron o simplemente ignoraron denominándolo «sultanato de las mujeres», se mantuvo, a pesar de todo, durante varias décadas después de su muerte. Era una especie de Estado dentro del Estado, un centro de mando desde el que las mujeres lo veían y oían todo y ejercían su influencia discreta pero de manera eficaz. Tal vez incluso con el apoyo de gobernantes europeas como Catalina de Médici e Isabel I. Al menos, las sucesoras de Hürrem Sultan —Safiye Sultan y Nurbanu Sultan— mantuvieron una animada correspondencia con ambas.

ANILLO DE CHEQUERS

c. 1570

Cuando murió Isabel I, una de las mujeres más poderosas del Renacimiento, el 24 de marzo de 1603, ocurrió algo extraordinario en su sala mortuoria: se dice que aquel día su primo Robert Carey se había colado sigilosamente en sus aposentos del palacio Richmond y le había sacado un anillo de los dedos fríos para marcharse enseguida como alma que lleva el diablo. Galopó durante tres días seguidos en dirección al norte, sin detenerse. Cuando por fin cruzó la frontera escocesa y se presentó sin aliento ante Jacobo VI de Escocia, le comunicó que ahora era Jacobo I de Inglaterra.

No se sabe con certeza hasta qué punto la leyenda corresponde a la realidad, y desconocido es también el anillo en cuestión. Muchos de los que creen en la historia suponen que se trata del que mostramos aquí. Es un ejemplar espléndido con rubíes, perlas, diamantes y oro que hoy se encuentra en la colección de Chequers, la casa de campo oficial del primer ministro británico. En la parte superior hay una gran «E» de diamantes, debajo brilla una R azul cobalto: Elisabeth Rex, Elisabeth Regina. Isabel, el rey; Isabel, la reina. Sin embargo, el interés de este anillo no radica tanto en su obstinada leyenda o en el hecho de que el público apenas tenga acceso a él, sino en el hecho de que esconde un secreto. Es un *locket ring*, pues la «E» puede abrirse como si fuera un pequeño cofre y en su interior hay dos retratos incrustados. Son dos mujeres en sendas alas, una frente a la otra, y se miran. Una es claramente Isabel en sus años más jóvenes, pero la identidad de la otra mujer es a menudo objeto de elucubración. Se asume que se trata de Ana Bolena, madre de Isabel, acusada de alta traición en 1536 y decapitada por orden de su marido Enrique VIII. Isabel tenía dos años cuando la cabeza de su madre cayó rodando en una cesta. Después de eso, su vida en la corte inglesa fue muy difícil. A menudo recibía insultos de «bastarda», se ponía en duda su lugar legítimo en la familia real al igual que había ocurrido con la posición como reina de su madre. Su hermanastra María Tudor (María I) incluso la hizo encarcelar en la Torre de Londres durante varios años, antes de que tuviera que cederle el trono a su muerte. Se dice que Isabel nunca habló de Ana, tal vez ni siquiera la percibía como madre. Sin embargo, si esta imagen representa de verdad a la Bolena que terminó tan trágicamente, este anillo es más bien testimonio de otra cosa. De que, aunque la reina no iba por ahí hablando de su madre —lo que sin duda era prudente, ya que su reputación era nefasta (se la describía como sedienta de poder, seductora, perversa, una bruja con seis dedos)—, en realidad, siempre la llevaba muy cerca de ella. En un diminuto lugar escondido.

La figura de Ana Bolena, que apareció recientemente en la película *Spencer* de Pablo Larraín, sobre Diana, debió de ser un modelo que seguir y a la vez un fantasma para su hija Isabel I. Después de que el rey hiciera de su hermana María Bolena su amante, se dice que un poco más tarde se enamoró con locura de Ana. Sin embargo, esta se negaba con tal tenacidad que Enrique hizo todo lo posible para convertirla en su reina. Este señor, que en ese momento todavía estaba casado con Catalina de Aragón, quizá pensó que ante la posibilidad de convertirse en reina, nadie diría que no, ni siquiera Ana. Y tal vez tenía razón. Después de que el papa dejara sin respuesta la solicitud de anulación de su matrimonio previo, Enrique finalmente se casó con Ana sin la bendición de la Iglesia, lo que provocó la ruptura definitiva con Roma y, por lo tanto, la reforma de Inglaterra y una guerra civil. Durante mucho tiempo se ha culpado a Ana Bolena de esta división religiosa del país. Fue objeto del odio del pueblo y se la proscribió como una seductora insidiosa hasta muchas décadas después de su muerte. Sobre todo, porque el interés del rey pronto se desvaneció. Tras solo tres años de matrimonio, la acusó de incesto con su hermano, de adulterio y de alta traición y la mandó ejecutar a pesar de la verosimilitud de sus declaraciones de inocencia. A estas alturas, hay historiadores que cuestionan seriamente esta imagen de reina manipuladora; ponen en duda, por ejemplo, que ella le negara su amor de forma deliberada para volver loco al monarca y obligarlo a casarse con ella, y más bien creen lo que a muchos les parecía inimaginable, es decir, que realmente no lo quería.

Sin embargo, es inevitable pensar que la desastrosa relación de Ana con un hombre que primero la idolatraba y luego la condenó tuvo algo que ver con la decisión de Isabel de no casarse nunca. Aunque es poco probable que la «Reina Virgen» fuera en realidad una «Virgen» —se dice que tuvo varias aventuras con hombres más jóvenes—, durante toda su vida rechazó todas las propuestas de matrimonio, lo que era muy poco común en esa época. Como solía decir, estaba casada con Inglaterra y eso era suficiente para ella. A los ojos del Renacimiento, esto la convertía en una «mujer-hombre», una especie de amazona, inquietante y fascinante al mismo tiempo. Se la veía como una virgen varonil, similar a Juana de Arco, y a ella misma le gustaba considerarse un príncipe «con el cuerpo de una mujer y el corazón de un rey». Si es cierto que su madre había usado su feminidad para obtener poder, Isabel hizo exactamente lo contrario: creó, al igual que Hatshepsut, una imagen andrógina de gobernante. A Shakespeare, que admiraba mucho a Isabel I, le gustaba inspirarse en esta transición fluida entre géneros; en sus obras, los hombres interpretan a mujeres que interpretan a hombres, los límites de género se difuminan y se convierten en el tema de las obras. Es poco probable que esta disolución de las fronteras cambiara en gran medida la vida de las mujeres «normales», pero al menos los embajadores venecianos afirmaban que Isabel había «mejorado la situación de las mujeres» gracias a su astucia y habilidad. Por desgracia, nunca restableció el honor de su madre.

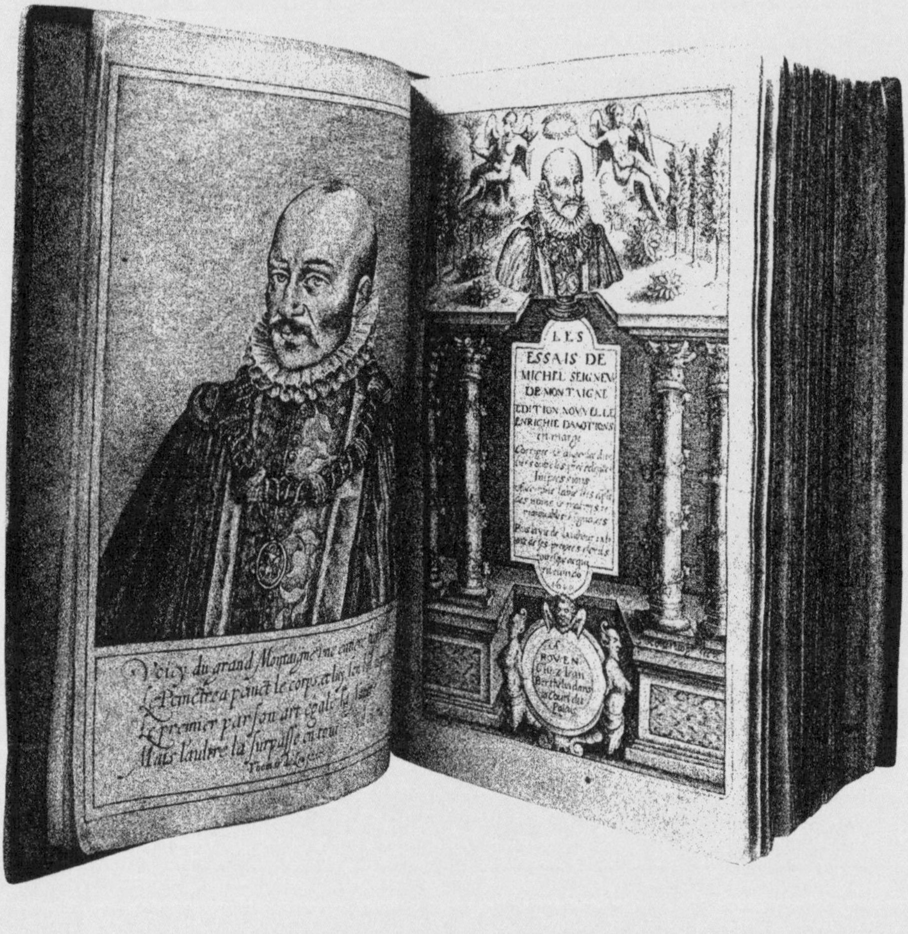
LES
ESSAIS DE
MICHEL SEIGNEVR
DE MONTAIGNE
EDITION NOVVELLE
ENRICHIE DANOTTIONS
en marge
ROVEN

MICHEL DE MONTAIGNE, *ENSAYOS*

1571–1585

El humanismo estuvo estrechamente ligado a la amistad. Esta nueva mentalidad privilegiaba las relaciones enriquecedoras frente al aburrido deber de amar al prójimo; al menos así se entendió a partir de que Michel de Montaigne dijo sobre su relación con el poeta Étienne de la Boétie con la más bella sencillez: «Porque él era, porque yo era». Una afirmación clara, muy diferente a «Debes amar a tu prójimo, por muy antipático y estúpido que sea». Con ella, Montaigne alentaba a la gente a dedicarse a fondo a sus iguales y a crear un nuevo y relevante espacio de pensamiento en tal encuentro. En el siglo XVI, la idea de lo que entonces se llamaba «amor platónico», es decir, la amistad apasionada sin sexo, estaba en boca de todos, pero la pregunta es: ¿a quién se aplicaba en realidad esta forma de amistad? ¿Solo a los hombres o solo a las mujeres, es decir, solo para relaciones entre personas del mismo sexo? ¿O también podía existir la amistad entre mujeres y hombres? Incluso en los años noventa del siglo XX la maravillosa película *When Harry met Sally* (de la maravillosa Nora Ephron) seguía planteando esta misma pregunta: ¿Es posible que un hombre y una mujer sean amigos? ¿No hay siempre un poco, una pequeña chispa de deseo sexual en el ambiente?

Este libro, los *Essais* de Michel de Montaigne, o más bien la historia poco conocida que hay detrás, no prueba en absoluto que los implicados no se fijaran de vez en cuando en que sus compinches tenían unos labios muy bonitos, unas buenas manos o un trasero sexy, pero al parecer nada de esto desempeñaba un papel relevante. Demuestra, sí, que el humanismo, que en la historia se ha percibido en su mayor parte como un acontecimiento puramente masculino, podría no haber llegado tan lejos si unas cuantas mujeres no se hubieran entremezclado con los hombres para aportar ideas y propuestas. Una de ellas se llamaba Marie de Gournay y fue la albacea de Montaigne. La historia de cómo se conocieron Marie y Michel, cuando se oye por primera vez, no parece pertenecer al siglo XVI, sino a la literatura de *groupies* en la época de las redes sociales. Marie, que con tan solo once años ya mostraba su propia idiosincrasia y prefería dedicarse al latín y a la filosofía en lugar de a coser y tejer, cuando cumplió dieciocho sufrió una especie de shock filosófico. Acababa de leer la primera versión de los ensayos de Montaigne y estaba tan entusiasmada que tomó su pluma al instante y escribió al autor. Él, que se quedó entusiasmado con sus ingeniosos comentarios, le respondió de inmediato, y así surgió una amistad un tanto inusual, de la que muchos se burlaron. De Gournay visitó en repetidas ocasiones a Montaigne y a su esposa, en cuya casa se alojaba durante varias semanas, y este le dictaba nuevos capítulos de sus ensayos y la apoyaba en su decisión de no casarse e intentar ganarse la vida escribiendo. Por lo visto, ella encontró en él a alguien que se tomaba en serio sus ideas y pensamientos, los discutía con ella y también ponía a prueba sus propias ideas en la joven mente de ella. Cuando murió, madame de Montaigne escribió a su amiga Marie que su marido había querido que fuera ella quien administrara su legado y publicara la versión final de la obra de su vida. Cosa que Gournay, por supuesto, aceptó.

Esta forma de amistad entre un hombre y una mujer, que poco tenía que ver con el amor o con la seducción y que se basaba más en una pasión espiritual compartida y en el buen entendimiento intelectual, era nueva en la época y reflejaba una nueva posición de las mujeres. Cuando, hoy en día, algunos críticos socarrones siguen pensando que Michel y Marie debían de dedicarse a algo distinto a la filosofía, que allí pasaba algo, que un hombre mayor tan inteligente no se interesaría por las ideas de una mujer mucho más joven «sin más», no hacen sino demostrar su propia estrechez de miras. En el siglo XVI hubo varios ejemplos de este tipo. Unas décadas después de Montaigne, por ejemplo, el filósofo René Descartes entabló una amistad por correspondencia con Isabel de Bohemia, veinte años menor que él, que duró hasta su muerte, y le dedicó su obra *Las pasiones del alma*. La visión que ella le había dado de sus pensamientos, así como las conversaciones íntimas sobre el cuerpo y la mente, le habían inspirado para escribir dicho texto. Por supuesto, Marie de Gournay tenía razón cuando criticaba en su texto *Igualdad entre los hombres y las mujeres* que ellas habían contribuido menos a los logros culturales de la historia que ellos debido a su escasa o incluso nula educación. Pero esto cambió durante su vida, al menos en las altas esferas. Las mujeres ya no eran consideradas meros objetos amorosos mudos o, como había ocurrido antaño en el amor cortés, compañeras de juegos eróticos, sino que se las reconocía (al menos de vez en cuando) como interlocutoras a las que había que tomar en serio.

También porque fomentaron el desarrollo de las corrientes filosóficas. Mientras los hombres se abrían la cabeza en los campos de batalla, las damas de compañía francesas e italianas, reinas y princesas en particular, se devanaban los sesos con las teorías de Platón, las cuestiones del amor y la amistad y todos los demás conceptos que bullían en la Europa de la época y alborotaban las mentes. Fueron las mujeres quienes invitaron a pensadores a sus cortes, animaron los debates y actuaron como mecenas. Encargaban obras, intercambiaban ideas con sus amigas europeas y hacían traducir textos de una lengua a otra. Algunas también se escribían a sí mismas. Margarita de Navarra, por ejemplo, parece que se sintió tan inspirada por el *Decamerón* de Boccaccio que quiso escribir su propia versión del mismo. Curiosamente, su *Heptamerón*, una colección de relatos breves, algunos de ellos descarados, otros más reflexivos y otros moralizantes, es uno de los textos más citados por Michel de Montaigne en sus ensayos. Al parecer, se interesó más por los escritos de esta mujer que por los de muchos de sus contemporáneos masculinos. En parte para criticarlos, eso sí, pero al menos no al nivel de «las mujeres son tontas por naturaleza», sino con argumentos que estaban a su altura. Como se hace con los iguales y con los amigos.

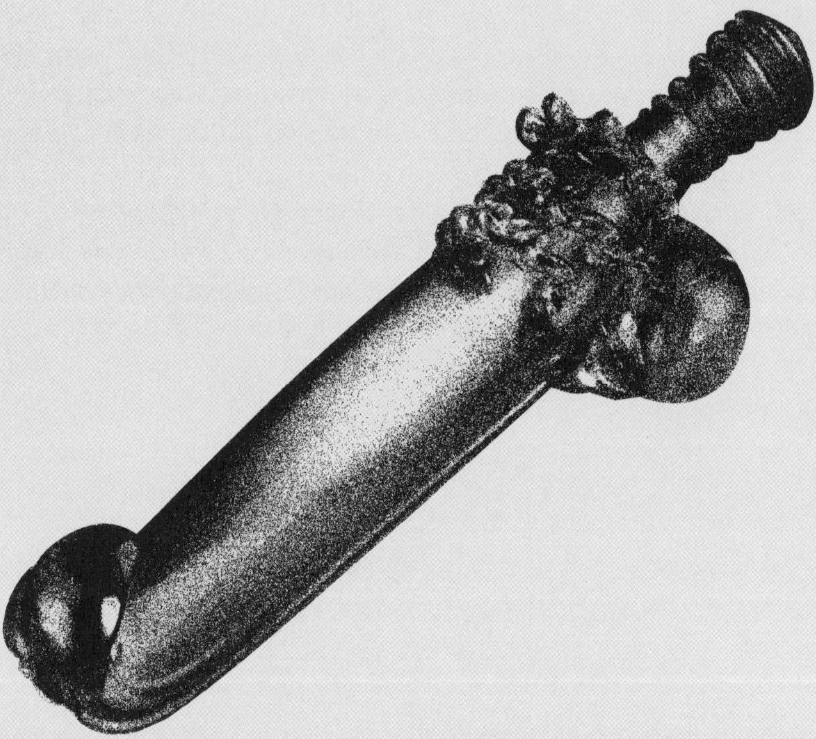

CONSOLADOR DE CRISTAL

Siglo XVI

Quien investigue la relación de las mujeres con el sexo encontrará en las profundidades de internet, con un poco de suerte, un grabado muy divertido del siglo XVII. En él se observa a tres mujeres jóvenes frente a un mostrador. Podría pensarse que están en un mercado semanal, excepto que donde por lo general se encontrarían los quesos, las salchichas, frutas y verduras, se ven colgados varios penes. Los hay grandes y pequeños, gruesos y finos, tienen todas las formas imaginables y deseables. Detrás del mostrador hay una mujer que parece explicar cada pieza con detalle. Las dos damas de delante muestran interés en algún que otro ejemplar y preguntan, «Oh, ¿y qué puede hacer este?», la tercera que está al fondo se agita el cabello emocionada y, podría decirse, expectante.

Esta imagen proviene de la traducción al inglés de uno de los primeros manuales franceses de este tipo: *L'École des filles ou la Philosophie des dames*, en inglés *The School of Venus or The Ladies Delight*. No sabemos con exactitud qué se entendía en aquella época por *delight* («deleite») de las damas. La sexualidad femenina, el placer femenino, ha sido siempre un terreno complejo a lo largo de la historia, marcado de forma constante por la vergüenza, por el miedo y por muchos mitos; a finales del siglo XVIII, por ejemplo, los médicos extendieron el rumor, que aún pervive, de que las mujeres apenas disfrutaban del sexo y lo único que querían era establecer relaciones sentimentales, por eso fingían migrañas para eludir su deber. En todos los siglos anteriores, sin embargo, se había pensado exactamente lo contrario, es decir, que las mujeres eran seres salvajes hipersexualizados, casi como animales indefensos a merced de sus impulsos, que se abalanzaban sobre cualquiera si no se las detenía y controlaba por su propia seguridad. Por esta razón, en muchos conventos se eliminaron de la dieta los pepinos, los calabacines y cualquier verdura con forma fálica. Incluso Ovidio, es decir, en la Antigüedad, decía que las mujeres sentían unas nueve veces más placer que los hombres. Hoy en día, quizá lo firmaríamos sin dudarlo, pero ¿cuál era la actitud de las mujeres de la Edad Moderna hacia su propio deseo? ¿Creían lo que decían los hombres y temían su supuesta veleidad sexual? ¿O se reían de sus maridos abrumados por la potencia femenina? ¿Se quejaban, como muchas mujeres hoy en día, de que el hombre, contrariamente a lo que suele afirmarse, no quería hacerlo tantas veces como ella? No lo sabemos. En cualquier caso, el objeto aquí representado, un consolador del siglo XVI, nos hace suponer que no esperaban a que un hombre, a su manera brusca y probablemente poco satisfactoria, les «hiciera el honor».

Como ya se ha mencionado, en aquella época Venecia era algo así como la capital del sexo refinado. Y Murano, la isla de los sopladores de vidrio, tenía una gran demanda no solo de las famosas lámparas de techo, los candelabros, los vasos y otras cosas bonitas, sino también como fabricante de consoladores. En las casas de alto nivel, las mujeres se masturbaban, si es que lo hacían, con el cristal más fino, a pesar de que el onanismo era la mayor pesadilla de la Iglesia junto con el *coitus interruptus* (que, por cierto, es el que está relacionado con la historia bíblica de Onán). La masturbación era pecado y estaba castigada. En general, el sexo era muy problemático en ese momento. En principio, era un delito, pero si se hacía, debía tener un propósito, que era la procreación, lo que significaba que todos los actos que no tuvieran como consecuencia la concepción de un hijo no estaban permitidos. Así pues, quedaban excluidas la felación, el *cunnilingus*, la sodomía, el *coitus interruptus* y, por supuesto, muy importante, la masturbación. Desde el punto de vista de la Iglesia, el sexo debía centrarse exclusivamente en tener hijos y no había de ser placentero, sino que tenía que entenderse como un deber más. Al menos si se daba dentro del matrimonio. Fuera de esta unión, dependiendo del siglo, podía tenerse una visión algo más relajada. En la Edad Media, por ejemplo, en relación con el amor cortés, se pensaba que la pasión y el matrimonio no debían tener nada que ver, que el sexo podía ser sin duda placentero, pero no en casa. Desear a la propia esposa era casi una ofensa. Un predicador más cerril de lo común escribió una vez que no había nada más repulsivo que un hombre que ama a su esposa como a una amante. En consecuencia, hay muchas probabilidades de que las mujeres se aburrieran durante las relaciones sexuales con sus maridos o se sintieran frustradas por la rareza del encuentro, sobre todo porque solo se les permitía una postura, la del misionero. Lilith, la primera mujer de Adán, había intentado hacer algo al respecto, como ya se ha mencionado, y prefirió salir volando del Paraíso a comprometerse con la eterna postura de tabla.

Las mujeres de la Edad Moderna encontraron métodos menos radicales. Durante la breve oleada de libertinaje, los amantes, al menos los de la alta sociedad, a los que les resultaba demasiado arriesgado poner en peligro su reputación y su existencia (al fin y al cabo, los hombres podían ser adúlteros y que les aplaudieran por ello, pero las mujeres no), recurrían a obras como esta en arrebatos de aburrimiento agudo. Al parecer, el negocio de los juguetes sexuales vivió en el siglo XVII un breve momento de esplendor. Se fabricaban en grandes cantidades y en distintos materiales, algunos incluso podían rellenarse de líquido para simular una eyaculación. Quizá estos falos no se utilizaban solo para la masturbación, sino que con el tiempo encontraron su lugar en el sexo conyugal; por un lado, porque la Reforma pretendía revalorizar el matrimonio y fomentar el afecto y el amor entre los cónyuges a través de una relación sexual satisfactoria que no se limitara a concebir bebés. Por otro, porque desde la Antigüedad y hasta finales del siglo XVII, en muchos círculos se tenía la simpática convicción de que una mujer solo podía quedarse embarazada si tenía un orgasmo. ¿Si no, por qué le habría concedido Dios el orgasmo? En la mente de muchos, el placer femenino era una parte esencial de la concepción. María Teresa de Austria, por ejemplo, en los primeros tiempos de su matrimonio no quería quedarse embarazada por nada del mundo, y su médico le aconsejó con toda amabilidad hacia 1740 que no se preocupara y que se hiciera «cosquillas» en el clítoris, que se había descubierto un siglo antes. Y fue un éxito, pues no solo fue una reina excelente, sino también madre de dieciséis hijos. Visto así, podemos suponer que también los esposos más devotos se esforzaban de vez en cuando, sobre todo porque se decía que los niños salían más guapos si se alcanzaba el clímax a la vez. Pero quienes no tenían esa suerte podían tal vez recurrir a un aparato de vidrio como este. Otra posibilidad es que el pene de cristal se convirtiera en una «secadora» para los preservativos elaborados con intestinos de animales que poco a poco fueron apareciendo en el mercado durante el siglo XVIII.

APLASTAPULGARES

Siglo XVII

En los mitos fundacionales de la cultura occidental, el tema de la violación ocupa un lugar importante y a veces espantosamente favorable. Si nos fijamos bien, los mitos antiguos están repletos de dioses que se abalanzan sobre mujeres sin que nadie se lo pida. Las fecundan con lluvias doradas u otros trucos, las obligan a mantener relaciones sexuales y luego, de alguna manera, se las arreglan para que no los castiguen a ellos, sino a sus víctimas.

Uno de los mejores ejemplos de ello es la historia de Medusa. Esta figura mitológica recuerda a la mujer monstruosa de ojos penetrantes y serpientes en la cabeza que el héroe Perseo asesinó por el bien de todos. Hemos olvidado que Medusa no siempre tuvo ese aspecto, que no siempre tuvo animales siseantes en la cabeza, sino que poseía una reluciente cabellera, y que su mirada no petrificaba, sino que embelesaba. Según la leyenda, Medusa era tan bella y atractiva que el dios del mar Poseidón no pudo contenerse y la violó en el templo de Atenea. Atenea estaba comprensiblemente indignada por esta profanación de su lugar sagrado, pero su ira no iba dirigida contra su homólogo, sino contra la joven. Para que no pudiera tentar a nadie en el futuro (¡tal era su belleza!), la diosa la convirtió en un monstruo. Y esta no es, ni mucho menos, la única historia de este tipo. Incluso el nacimiento de la República romana se basa supuestamente en las consecuencias de una violación: la de la virtuosa esposa Lucrecia. Después de que un hijo del rey Tarquinio Superbo la violara, decidió suicidarse: «Puedo absolverme del pecado, pero no escaparé al castigo; y en el futuro ninguna mujer que haya perdido su honor debe seguir viviendo invocando a Lucrecia», dijo. Su suicidio debió de indignar tanto a las masas que derrocaron a la monarquía, lo que por desgracia reforzó el ideal de víctima autocastigada que ella ejemplificaba.

Este siniestro objeto, conocido como aplastapulgares, también nos habla de esta triste tradición que castiga a las víctimas, o al menos las acusa en primer lugar de mentir. Se empleaba sobre todo durante los juicios, como instrumento de tortura, en muchos casos para «comprobar» la veracidad de las declaraciones de las mujeres. Se les colocaban los pulgares entre los travesaños y se apretaban. Cada vez más abajo, cada vez más fuerte, y si la dama se mantenía firme en sus declaraciones a pesar de esta tortura, se daba su palabra por verdadera. Sin embargo, es probable que la mayoría sucumbiera al dolor y admitiera haber mentido. Se dice que muchos juicios a brujas se decidieron con el aplastapulgares, con el consabido resultado. Sin embargo, también intervino en uno de los procesos por violación más famosos e importantes del Renacimiento, el de la pintora Artemisia Gentileschi contra Agostino Tassi. Se celebró en 1612 en Roma y debió de causar un gran revuelo en su momento. En las transcripciones del juicio, la joven describió el delito de la siguiente manera: «Me tiró sobre la cama con un empujón en el pecho, luego me metió la rodilla entre los muslos y me tapó la boca con un pañuelo para que no pudiera gritar. Entonces me subió la falda, me abrió las piernas con la otra rodilla e introdujo su miembro en mi vulva. Cuando me penetró, sentí un fuerte ardor y un dolor. Me resistí, pero no podía pedir ayuda porque seguía tapándome la boca. Le arañé la cara, le tiré de los pelos y le di un golpe tan fuerte a su miembro antes de que lo metiera que se desprendió un trocito de carne. Pero esto no lo arredró y siguió con su cometido. Solo se me quitó de encima cuando había terminado con lo suyo. Cuando quedé libre, corrí a un cajón, saqué un cuchillo, me abalancé sobre Agostino y grité: "¡Con este cuchillo voy a matarte, porque me has deshonrado!"».

Tassi, que era amigo del padre de Artemisia y se alojaba en su casa como invitado, lo negó todo en sus interrogatorios. Ni la había violado, ni se había acostado con ella, ni le había prometido matrimonio, cosa que Artemisia y su padre sostenían con firmeza. Sin embargo, él quería hacer creer que la joven se prostituía, lo cual era una jugada inteligente por su parte, si se quiere; a fin de cuentas, la sociedad miraba con recelo a una mujer pintora de por sí y estaba dispuesta de antemano a creer en su maldad. El punto culminante y brutal del espectacular juicio fue la tortura de Artemisia; mientras le aplastaban los dedos, es decir, sus herramientas de pintora, que necesitaba para vivir, con un aplastapulgares como el de la imagen, gritaba: «¡Este es el anillo que me diste y estas son tus promesas!». Es significativo, por supuesto, que una vez más fuera la demandante y no el acusado quien recibiera la tortura. Y, pese a todo, tras largas semanas de vistas, ocurrió algo que hoy en día sigue siendo una rareza, por desgracia: le dieron la razón a Artemisia. Tassi fue juzgado como violador y cumplió una pena de prisión. Por supuesto, la vergüenza pública siguió afectando a la artista, por lo que poco después abandonó Roma y se marchó a Florencia.

En los cuadros que pintó más tarde ya como artista muy respetada, volvió una y otra vez sobre mitos e historias que tenían que ver con violaciones o agresiones. Pintó a la mencionada Lucrecia, apuñalándose a sí misma, o a Susana en el baño, mientras la observan dos viejos lascivos, y su cuadro más famoso es *Judith y Holofernes*. Lo sorprendente de esta versión es que la sirvienta no se queda de brazos cruzados, como en casi todas las demás versiones, sino que ayuda a su ama a decapitar al hombre en un gesto fraternal. En el juicio de Artemisia había ocurrido lo contrario: su criada no la había apoyado en nada, sus declaraciones habían sido evasivas y más bien habían aumentado las dudas sobre la inocencia de la demandante. Se ha dicho a menudo que esta violación y la experiencia de este proceso hicieron de Artemisia Gentileschi la primera pintora de la rabia y de la rebelión femeninas contra el orden patriarcal y su violencia. La escritora Anna Banti, cuyo marido, el historiador del arte Roberto Longhi, descubrió a Artemisia en 1916 después de largas décadas de olvido, escribió en la introducción a su novela *Artemisia*: «Artemisia Gentileschi fue una de las primeras mujeres que luchó por el derecho al trabajo congenial y por la igualdad intelectual de los sexos con sus palabras y sus obras». Su valor para perseverar en la verdad y en la justicia, a pesar del dolor y del riesgo de no poder volver a pintar, es, junto con sus cuadros, la mejor prueba de ello.

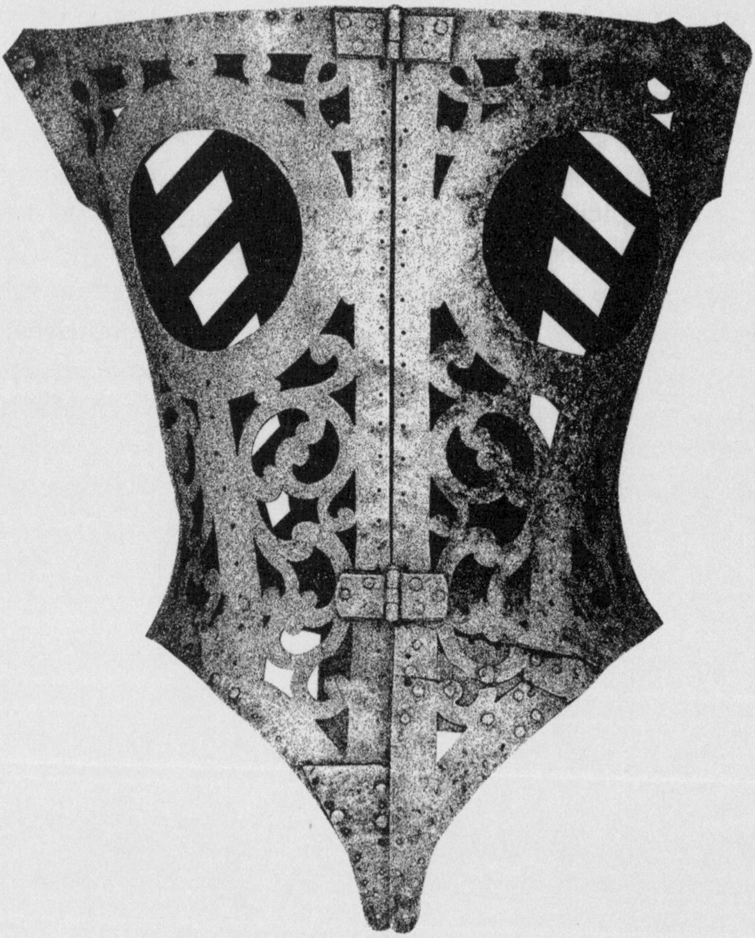

CORSÉ DE METAL

Siglo XVII

Si hay una prenda que haya determinado la silueta femenina desde el Renacimiento hasta el siglo XX, esa es sin duda el corsé. Se creó a mediados del siglo XVI en España, después causó sensación y se perfeccionó en Italia y desde allí conquistó el corazón de toda la aristocracia europea en el ámbito de la moda. Dependiendo de la época, tenía diferentes formas, ya fuera la de reloj de arena, de embudo, con escote pronunciado o sin escote. Algunos eran de madera, otros se sostenían con huesos de ballena y después estaban los que, como este espeluznante ejemplar de la imagen, eran de acero o de metal. A menudo se dice que podrían haber sido hombres quienes inventaron este artilugio para atormentar a las mujeres, que se quedaran inmóviles y, por tanto, fueran obedientes, de manera similar a como se ataban los pies de las mujeres en China hasta convertirlos en bultos diminutos para que no pudieran caminar, sino tan solo ir de puntillas. La intención habría sido asfixiarlas para que no pudieran hacer más que sentarse letárgica y silenciosamente en un rincón. Pero ¿es cierta esta imagen que nos acompaña desde hace al menos cien años?

Sin duda, en muchos aspectos lo es. Con un corsé ajustado al cuerpo, sobre todo uno como este, no se pueden hacer ciertas cosas, o solo con dolor. Es imposible correr, no se puede saltar sobre un caballo y marcharse al galope, no es posible desvestirse para visitar a un amante y volvérselo a poner con rapidez, se habla más bajito, porque apenas se tiene aire, debe evitarse a toda costa la carcajada e incluso bailar es una diversión limitada cuando estás apretujada entre tiras de brocado. Sin embargo, a pesar de todos estos aspectos que hablan claramente en contra de la prenda, podría ser que nos hayamos dejado engañar por una misoginia disfrazada de preocupación. Como mínimo, la estadounidense Valerie Steele, especialista en moda (que, por cierto, cree que los corsés nunca se abrocharon tan apretados como suele afirmarse), pone esta hipótesis sobre la mesa. Al fin y al cabo, la objeción de que el corsé no es bueno para la mujer no se remonta a Chanel ni al vestido de reforma, sino a sus orígenes mismos. Y en aquel entonces fueron los hombres los primeros en oponerse a él. Ya en 1588, el médico militar francés Ambroise Paré manifestó que los corsés de metal que se utilizaban al principio quizá con fines medicinales podían ser buenos para corregir una mala postura, pero que en ningún caso debían emplearse como artículo de moda. Podían deformar el cuerpo y tal vez incluso causar la muerte. «Para conseguir una figura estilizada a la española, las mujeres se someten a las peores torturas», creía Michel de Montaigne, y veía su sufrimiento para lograr la belleza como un acto heroico del todo antifemenino. Las comparaba con los gladiadores romanos, lo cual era un disparate, pero también tenía algo de razón, pues la verdad es que estos corsés metálicos estaban basados en las armaduras masculinas. Elonora de Toledo, que habría sido una de las primeras que mandó fabricar una de estas piezas, y con ello tal vez inició la tendencia, no se la encargó a una costurera, sino a un forjador de armas.

Así, el corsé español probablemente no pretendía tanto castigar a las mujeres como darles a las aristócratas un porte orgulloso y enfatizar así su superioridad. No se buscaba empequeñecerlas, sino hacerlas parecer más grandes y majestuosas, lo que muchas aceptaban de buen grado. Se cuenta que Catalina de Médici, por ejemplo, amenazó a su séquito con expulsarlas de la corte si no se vestían con corsé. Quizá por eso se convirtió tan pronto en un objeto imprescindible que cambió las siluetas de manera radical; los cordones atados primero al pecho y después a la espalda (en las versiones no metálicas) permitían ceñir aún más la cintura, haciendo que el pecho y las nalgas parecieran más prominentes, el cuerpo se modelaba literalmente, lo que provocaba cada vez más quejas. No solo por parte de las mujeres, sino también por parte de los hombres. Sobre todo a partir del siglo XVIII, muchas voces afirmaban que el corsé y los dolores que comportaba (sobre los cuales, por cierto, escribieron entonces más hombres que mujeres) no eran expresión de la superioridad femenina, sino un signo de debilidad. Eran unas *fashion victims*, tan influenciables, estúpidas y vanidosas que estaban dispuestas a soportar terribles sufrimientos, e incluso la muerte, con tal de seguir una moda insensata.

Aún peor les parecía a estos desconcertados señores que las mujeres «criticasen» la naturaleza con esta manera de deformar sus cuerpos. Del mismo modo que a algunos puristas aún les mosquea que una mujer esté dispuesta a pagar dinero por andar por ahí sin arrugas o con la nariz más recta, mucha gente de entonces también pensaba que era inmoral alterar la obra de Dios. En su opinión, moldear la silueta a su gusto en lugar de aceptar con gratitud lo que la naturaleza les había regalado era un pecado. Pero lo que más preocupaba a los caballeros era que pudieran engañarlos: ¿cómo iban a saber cómo era la dama «en realidad» si podía «transformarse» con un corsé, telas suntuosas, tacones altos y maquillaje? ¿Acaso toda esta artificialidad no daba a las mujeres un inmenso poder sobre los hombres, expuestos indefensos a sus encantos ficticios? Y, como se preguntó una vez Jean-Jacques Rousseau, ¿no era esta una manera de alejar a la mujer de su rol «natural» de madre dulce y cariñosa y convertirla en un sujeto sexualizado, erguido y orgulloso? Algunos detalles graciosos de los siglos XVII y XVIII revelan que el corsé también podía ser algo descarado; en aquella época, se insertaban en el corpiño huesos de ballena entre los pechos para que la mujer pudiera sostenerse aún más erguida, y los amantes especialmente imaginativos sacaban provecho de estas piezas. Grababan mensajes de amor en estas varas para que su amada pudiera llevarlos bien escondidos y cerca del corazón. Por ejemplo, se dice que un amante de la duquesa de Montpensier le regaló una vara de metal con las siguientes palabras: «Cómo envidio tu buena suerte de yacer entre sus pechos de marfil. Deja que compartamos esa suerte. Tú descansarás allí por el día, yo por la noche».

Por supuesto, eso no cambia el hecho de que esta prenda no fuese para nada cómoda. No en vano, a mediados del siglo XIX se alzaron cada vez más voces femeninas reclamando ropa más práctica para las mujeres activas, sobre todo en Estados Unidos. Sin embargo, el hecho de que también hubiera opiniones completamente distintas, es decir, mujeres que pensaban que los médicos debían dejarlas en paz de una vez con su maldita naturaleza, que se sentirían más bellas y fuertes con un corsé, también sugiere que la relación entre las mujeres y los corsés es más compleja de lo que suele afirmarse. Lo que también explicaría por qué la pieza siempre vuelve en su forma más blanda, hecha de tela, y que, como muy tarde desde Jean Paul Gaultier y Vivienne Westwood, se haya llevado tal y como la portaban antaño las mujeres españolas: como una prenda de empoderamiento. Al final, sin embargo, aquí como en todas partes, lo mejor es dejar que cada mujer decida por sí misma lo que la hace sentir bella, fuerte, genial, sexy, valiente, heroica y, simplemente, bien.

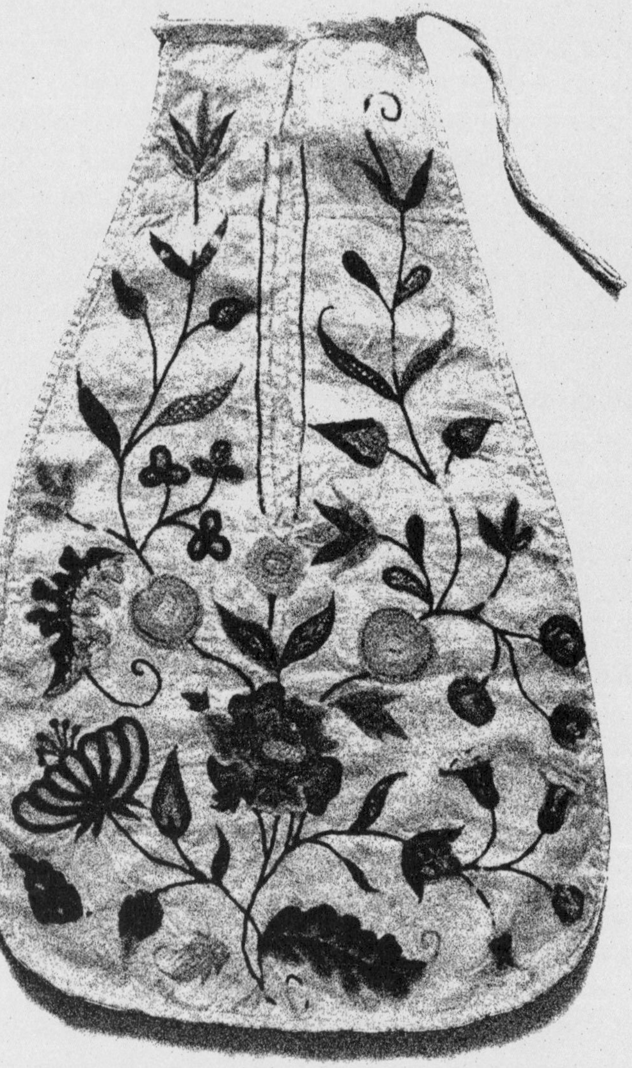

BOLSA DE ROPA

Siglo XVII

Muchas veces, las cosas más pequeñas son las que marcan la diferencia. En la vida de numerosas mujeres fueron los bolsillos. No los bolsos de mano, sino los bolsillos del pantalón o del vestido que, durante mucho tiempo, les fueron negados. Hasta finales del siglo XVII la moda europea no diferenciaba entre hombre y mujer en lo que respecta a bolsos. Todos llevaban sus pertenencias en pequeños bolsos hasta que se abrió una brecha entre los sexos y de repente los hombres tenían bolsillos en los pantalones, o sea, la posibilidad de guardar todo, sus llaves, sus piezas de oro o lo que fuera en esos bolsillos integrados en su ropa, y así llevarlos consigo adondequiera. Por el contrario, a las mujeres se las privó de esta práctica opción.

Hoy en día apenas nos paramos a pensarlo, porque casi todo el mundo los tiene, pero disponer de bolsillos en la falda, en el vestido, en el pantalón o en la chaqueta equivale a una cierta forma de libertad. También a cierta desenvoltura. Incluso a principios del siglo XX, la imagen de una mujer relajada metiéndose las manos en la chaqueta resultaba bastante perturbadora y poco femenina. Cuando Coco Chanel puso bolsillos a sus camisas y chaquetas, causó furor. En el siglo XVII aquello habría sido directamente impensable. Mientras los hombres se jactaban de los nuevos bolsillos de sus pantalones, ellas se paseaban con bolsas planas como este ejemplar de la imagen, que procede de Inglaterra en la década de 1740. Eran bolsas de treinta a cuarenta centímetros de largo con forma de pera aplastada. Se ataban a la cintura y las cosas se introducían por una abertura en la parte superior. Dependiendo de la posición social de cada una, las llevaban por encima o por debajo de la enagua. Las damas elegantes las escondían entre las muchas capas de tela de su traje o justo encima de la estructura de su miriñaque. Las trabajadoras se las ataban por encima del delantal para poder acceder a sus utensilios o al dinero con rapidez cuando iban al mercado, al taller o a las tiendas. En estas bolsas, que solían ser de lino y a veces, como esta, estaban decoradas con bonitos bordados, las mujeres llevaban casi todo lo que necesitaban: bomboneras, dedales, cofrecillos para rapé, ralladores de nuez moscada, libros diminutos, el kit de costura obligatorio (por si había que hacer un arreglo imprevisto), monedas y todo tipo de chismes. Básicamente, era un cruce entre la riñonera, que ahora vuelve a estar de moda, y el bolso de mano; al igual que hoy en día muchas de nosotras acarreamos la mitad de nuestros enseres domésticos en el bolso, las féminas de aquella época ya llevaban consigo las cosas más estrambóticas. Tesoros y secretos, cartas de amor, recuerdos, dinero, por supuesto, así como pequeños cuchillos o revólveres para defenderse. Muchas guardaban la bolsa debajo de la almohada por la noche. Era su cofre del tesoro, una especie de caja fuerte.

En este sentido, las bolsas tenían un valor emancipador, aunque fueran menos prácticas que los bolsillos de los hombres. Eran lugares pequeños y secretos que nadie podía otear con suficiente rapidez, por lo que pronto adquirieron mala reputación. A principios del siglo XIX como muy tarde se convirtieron en una especie de medida de la virtud femenina: si estaban llenas, la mujer era cualquier cosa menos pura, mientras que una bolsita modesta, pequeña y vacía era símbolo de virginidad. Esto queda muy bien reflejado en la primera novela de George Eliot *Adam Bede*; el capitán Donnithorne se planta delante de la pequeña Totty, de cuatro años, a cuya prima Hetty está a punto de seducir, y le pregunta: «¿Tienes una bolsita debajo del vestido?». La chica se sube la falda muy seria, muestra la pequeña bolsa y dice: «No hay nada en ella», a lo que Donnithorne responde que, desde luego, tiene algo para ella; cinco piezas de plata que tintinearán en el bolsito rosa de Totty. La alusión a la sexualidad femenina no podría ser más clara. Quizá fue esta asociación la que aumentó el poder simbólico de la bolsita, y a mediados del siglo XIX esto dio lugar a una auténtica batalla por los bolsillos de los pantalones y del pecho, sobre todo en Inglaterra y en Estados Unidos. A los ojos de las mujeres, en especial de las sufragistas, eran algo más que bolsitas pegadas a la pierna o al pecho en las que se deslizaban las monedas o los pañuelos. Eran una cuestión política. Un campo de batalla de los roles sexuales. Por ejemplo, la revista femenina *Vogue* señalaba hacia el 1900 que la consigna «Bolsillos para las mujeres» se oía casi tan a menudo en las manifestaciones sufragistas como la de «Sufragio para las mujeres». La escritora británica Charlotte Perkins Gilman escribió 1905 en *The New York Times*: «Una hegemonía de la ropa masculina son [...] los bolsillos de los pantalones. Las mujeres han llevado bolsas de vez en cuando, a veces atadas al cuello, a veces colgando de las manos, a veces cosidas, pero una bolsa no es un bolsillo del pantalón». Para las mujeres, como en tantas ocasiones cuando se trata de moda, era una cuestión de movilidad. Se trataba de no tener que rebuscar entre capas de tela cuando necesitaban algo, ni de atar y desatar constantemente tres bolsas. Quizá la idea de cargar con todas sus pertenencias ya no resultaba tan atractiva, pues lo que anhelaban era moverse con libertad y facilidad.

De hecho, a partir del siglo XIX la gente llevaba menos bolsas anudadas y más bolsos de mano pequeños en su lugar, aunque estos eran aún menos prácticos. Ya no se tenían las manos libres, debían permanecer rígidas y tensas con sus pequeños bolsos y probablemente nunca se divertían porque siempre tenían miedo de olvidar o de perder ese objeto. Cualquiera que haya usado una cartera de mano conoce la sensación. Justo en contra de esto, contra la histórica falta de bolsillos de las mujeres y sus consecuencias de usurpación de la libertad, quería instaurarse el famoso «traje de sufragista». Según la leyenda, este no estaba provisto de dos o cuatro bolsillos integrados, sino de seis o incluso ocho. Como escribió *The New York Times* en 1910 con cierta preocupación: «Multitud de bolsillos en el traje de sufragista». La dimensión de la libertad, podría decirse, está directamente relacionada con la cantidad de bolsillos.

SELLO DE MADAME DE POMPADOUR

Mediados del siglo XVIII

En 1772, el filósofo y escritor francés Voltaire escribió algo indignado a una amiga: «¿Ha oído que han aparecido dos volúmenes con la correspondencia de madame de Pompadour? Están escritas en un estilo suelto y ligero que supuestamente imita al de la marquesa de Sévigné. Algunas de las cosas que refiere son verdaderas, otras falsas. Los que no conocieron a esta mujer pensarán que las cartas son de ella». En el extranjero, proseguía, se habían esmerado en enseñarle a madame de Pompadour las costumbres de la corte y en quitarle alguna que otra torpeza lingüística, de lo cual Voltaire se lamentaba. Porque, al parecer, la colección de cartas era una falsificación. Mientras que las mujeres eran quienes solían escribir con nombres masculinos, por lo visto un caballero se había permitido la diversión de tomar la pluma como si fuera «la Pompadour» (en aquel momento esta llevaba ocho años muerta).

Era un escándalo, pero también era divertido. Sobre todo, porque decía mucho sobre la época. Por ejemplo, quizá por primera vez en la historia europea, las mujeres podían obtener poder y prestigio, incluso si no habían nacido cerca de una corona. Madame de Pompadour, cuyo nombre es probable que todo el mundo conozca, no había sido una noble, sino una joven de la burguesía financiera parisina. Según los siempre mordaces hermanos Goncourt, Jeanne-Antoinette Poisson (así se llamaba) conoció al rey porque se presentaba vestida de «rosa con una calesa azul» o de «azul con una calesa rosa» en el límite del bosque, en la ruta de caza de Luis XV. Como la mayoría de las mujeres jóvenes del país, ella también estaba enamorada del joven rey, que aparentemente era muy atractivo, y quería atraer su atención, lo que quizá logró en algún momento. Se dice que se conocieron por primera vez en uno de los muchos bailes de máscaras que tuvieron lugar en esa época con motivo del compromiso del delfín. Ludwig se acercó a ella disfrazado de árbol y ella lo reconoció a pesar de la gran cantidad de verde. Al terminar la noche, él la llevó a casa y el asunto estaba prácticamente arreglado. El hecho de que ella estuviera casada apenas tenía importancia; se deshicieron de su indignado marido con bastante rapidez, pero su origen era un problema mucho más grave. Se sabía que al rey de Francia, sobre todo a Luis XV, le gustaba divertirse fuera del matrimonio y mantener a sus favoritas; nadie veía nada de malo en eso. Sin embargo, meter a una nueva rica en la cama del rey se consideraba de mal gusto. Era la primera amante que no provenía de la nobleza, así que su entrada en Versalles y la compra del título de «marquesa de Pompadour», pero sobre todo su duradera influencia en asuntos de Estado, supusieron un escándalo interminable.

Entre las gentes del pueblo, muchos la llamaban la «puta del rey», incluso en los últimos tiempos. En Versalles se decía con desprecio que obviamente se mantenía en la cima gracias al juego sucio. Hasta hoy en día se asume de modo más o menos automático que una amante subía de categoría a base de «acostarse» con quien tocara y mantenía su posición solo por ser especialmente dócil o divertida en la cama. En algunos casos, puede que esto fuera cierto, pero en el de Pompadour no debió de ser del todo así. La relación sexual entre ella y Luis XV duró menos de cuatro años. Cuentan que este la encontraba fría y desapasionada, que en la cama era, en sus palabras, una *macreuse*.* Pero eso nunca cambió su posición. La marquesa nunca fue más poderosa que en los quince años posteriores al fin de la breve relación sexual con Luis. Fue la única amante que nunca fue expulsada de la corte, sino que murió allí mismo a la edad de cuarenta y tres años. Este sello de carta, que mandó hacer para su correspondencia con el rey, revela el estrecho vínculo que había entre ellos, que va mucho más allá de las historias de cama. En algún momento a mediados del siglo XVIII debió de encargárselo al grabador de piedras preciosas Jacques Guay. Mide unos tres centímetros de alto, es de oro con piedras y con camafeo; el sello dibuja a un pequeño cupido con rosas en la mano y su inscripción dice: «El amor los une». No está claro si era madame de Pompadour quien utilizaba el sello o si se lo regaló a Luis XV, pero es seguro que su correspondencia era animada. Ella era una de sus consejeras más cercanas; él, a quien no le gustaba mucho ser rey, confiaba en su intuición. Las cartas, aunque vivieran cerca, eran un medio importante de comunicación.

Parece que era sobre todo ella la que escribía mucho, lo que explica la correspondencia falsa de la que hablábamos antes. Sin embargo, esta

* También llamado «negrón común», es una especie de pato marino que habita principalmente en las regiones frías del norte de Europa y Asia.

y el éxito del que se lamentaba Voltaire son reveladores de otra cosa: del lugar que ocupaba la escritura epistolar en la vida de las mujeres por aquel entonces y la creciente estima en que se tenía dicha actividad. Que escribieran novelas o libros seguía estando descartado, pero que redactaran cartas en su habitación en las que compartieran sus pensamientos y vivencias, e incluso tal vez inventaran algún que otro detalle para hacer que su vida sonara un poco más emocionante, no le molestaba a nadie. Esto llegó a tal punto que en algún momento las misivas ya no solo estaban destinadas al espacio privado, sino que también podían publicarse. En forma de correspondencia, como las famosas cartas de madame de Sévigné a su hija, que más tarde servirían de modelo estilístico no solo para Marcel Proust, sino que ya en el siglo XVII entusiasmaron a hombres y mujeres. Esto se debía a que eran una mezcla de rumores y cotilleos de la corte de Luis XIV además de contener sabios consejos de una madre a su hija. Algunas mujeres también escribieron novelas epistolares, como la alemana Sophie von La Roche, que tuvo un éxito sorprendente con su novela epistolar *La historia de la señorita von Sternheim* en 1771. Visto así, no es de extrañar que un hombre publicara cartas bajo un nombre femenino, pues las correspondencias y su tono marcadamente íntimo eran su terreno. En el siglo XIX una oleada de autoras siguió esta tendencia; como Virginia Woolf dijo una vez sobre la escritora de cartas británica Dorothy Osborne: «Si Osborne hubiera nacido en 1827, habría escrito novelas; si hubiera nacido en 1527, no habría escrito nada. Pero había nacido en 1627, y aunque en la época era ridículo para una mujer escribir un libro, no era tan descabellado escribir cartas. Y así, poco a poco, se va rompiendo el silencio y empezamos a oír crujidos entre los arbustos».

BIDET

Mediados del siglo XVIII

Quien quisiera durar en la corte de Versalles más de lo que se tarda en hacer una reverencia tenía que saber sobre todo tres cosas: entretener, fascinar y también abrumar un poco a su interlocutor. A algunos les gustaba usar métodos excéntricos para lograrlo, como es el caso de la famosa y poderosa marquesa de Prie, durante el reinado de Luis XV. Por ejemplo, se dice que ocasionalmente, cuando entrabas en su casa (no sin ser debidamente anunciado), la encontrabas en la siguiente posición: con la falda levantada y las piernas abiertas, sentada en su bidet, como si montara un caballo pequeño. Madame sonreía con amabilidad al visitante que entraba, le pedía que se sentara, preguntaba por los últimos chismes y continuaba tranquilamente con su ocupación, es decir, lavarse el trasero y es probable que también todo lo demás.

Si vives en Alemania o en Estados Unidos, o, en otras palabras, si no vives en Francia, en España o en Italia y tienes menos de setenta años, quizá no sepas quién o qué es un bidet. En Francia, este objeto se encontraba hasta hace unos años en todas las casas antiguas, en España e Italia todavía hoy es habitual en los baños; se trata de una bañera de cerámica en forma de pera que suele estar justo al lado del inodoro y sirve para lavarse la zona íntima (¡no los pies!). En aquella época, en tiempos de la marquesa de Prie, el invento era nuevo. Al igual que en la época de Catalina de Médici, las personas todavía tenían miedo del agua y de las enfermedades que penetraban en el cuerpo. La gente no se lavaba nunca, se dice que Luis XIV solo se bañó dos veces en toda su vida. Versalles era visualmente bello, pero no tanto en el aspecto olfativo; sin embargo, el amor no tenía por qué verse perjudicado a causa de ello, por lo que el carpintero de la corte del rey ideó un nuevo objeto: esta primera versión del bidet que vemos en la imagen. Una pequeña bañera que se encajaba en una especie de silla, a través de la cual se podía utilizar el agua de forma precisa y cómoda para la higiene íntima. A veces había una caja en el respaldo para guardar jabones y esponjas. Se llamaba «bidet» porque los usuarios, es decir, las mujeres, debían sentarse en él como en un *bidet*, un caballo pequeño y robusto. Es de suponer que madame de Prie, con su estilo extrovertido para usar el bidet, era más bien una excepción. La mayoría utilizaba su nuevo mueble en situaciones más íntimas, antes o después del sexo. Como se dice en *L'Anti-Justine*, una novela erótica del autor francés Libertin Restif de la Bretonne: «Tengo que refrescar mi pobre joyita por lo menos media hora en el bidet».

Por entonces surgieron las primeras cuestiones de higiene, pero sobre todo se preocupaban por el olor íntimo de las mujeres. En los siglos XIX y XX, a las mujeres se les dejaría claro en los anuncios que quizá sus maridos las engañaban porque sus partes bajas no olían demasiado bien. En el siglo XVIII, se pretendía hasta cierto punto gustar y animar a determinadas prácticas sexuales, pero no necesariamente con el propio marido. Al fin y al cabo, se extendió la alegre creencia, sobre todo en círculos cortesanos y mundanos, de que la sexualidad podía, o mejor dicho, debía ser un placer y no una aburrida obligación matrimonial, y que se podía experimentar con varios compañeros. También las mujeres, al menos en la alta sociedad, tenían permitido divertirse fuera del matrimonio, solo tenían que procurar no engendrar ningún «bastardo». Aquí entraba en juego nuestro bidet. Las mujeres se lavaban con él, igual que después se enjuagarían con chorros y duchas vaginales. Incluso se pensaba que con él podían mantenerse alejadas las enfermedades venéreas. Debido a esta combinación de libertinaje y bidet, a menudo se llamaba a este objeto el «confesionario» de las mujeres o el «confidente de las damas». Se lo contarían todo, en él se purificarían de todos sus «pecados». El artilugio alcanzó tal estima y popularidad que un redactor del *Almanach des honnêtes femmes* («Almanaque de las mujeres honradas») en 1790 sugirió incluso organizar una «Fiesta del Bidet» nacional para honrar debidamente al nuevo amigo de las damas.

Sin embargo, según parece, este vínculo no existía en todas partes; no todos sabían cómo y por qué se utilizaba un bidet. Hay una historia divertida al respecto. Después de que un enviado francés le llevara una de estas bañeritas a una dama romana, a modo de regalo disparatado típico francés para una fiesta, la señora lo usó para servir el pescado en su siguiente banquete. Por lo visto, su verdadera función no le había resultado evidente. Pero quizá ocurrió que temía el juicio de los demás; al fin y al cabo, el bidet y la liberación sexual de la mujer iban casi de la mano en aquella época. Por desgracia, al despuntar el siglo XIX, volvió a cerrarse la ventana, abierta solo por un breve periodo, de una sexualidad femenina más libre. De allí en adelante, el deseo sexual de las mujeres volvió a percibirse con miedo y amargura, la diversión y la ligereza pasaron de moda, cosa que también desterró el bidet, que con tanta fuerza se había asociado a la cultura de la permisividad, a otros círculos. En lugar de en Versalles, se encontraba a partir de entonces en burdeles, y con ello se convirtió en un objeto que más que satisfacción evocaba depravación. A pesar de que algunos fabricantes lo vendieron como «protector», es decir, explícitamente como método anticonceptivo, su imagen no mejoró. En el puritano Estados Unidos hubo una verdadera caza del bidet, por ejemplo, el Hotel Ritz de Nueva York hizo que todas las bañeras íntimas se retiraran de los baños alrededor del 1900. Al parecer, el objeto fue desterrado con tanto éxito del paisaje de la época que una mujer estadounidense se detuvo ante un bidet de cerámica en un hotel parisino a principios del siglo xx, chillando entusiasmada y preguntando: «¡Oh, ¡qué adorable! ¿Es para bañar a los bebés?». La respuesta de la camarera debió de ser decepcionante para ella. Dijo, secamente: «No, madame, más bien es para quitarse los bebés».

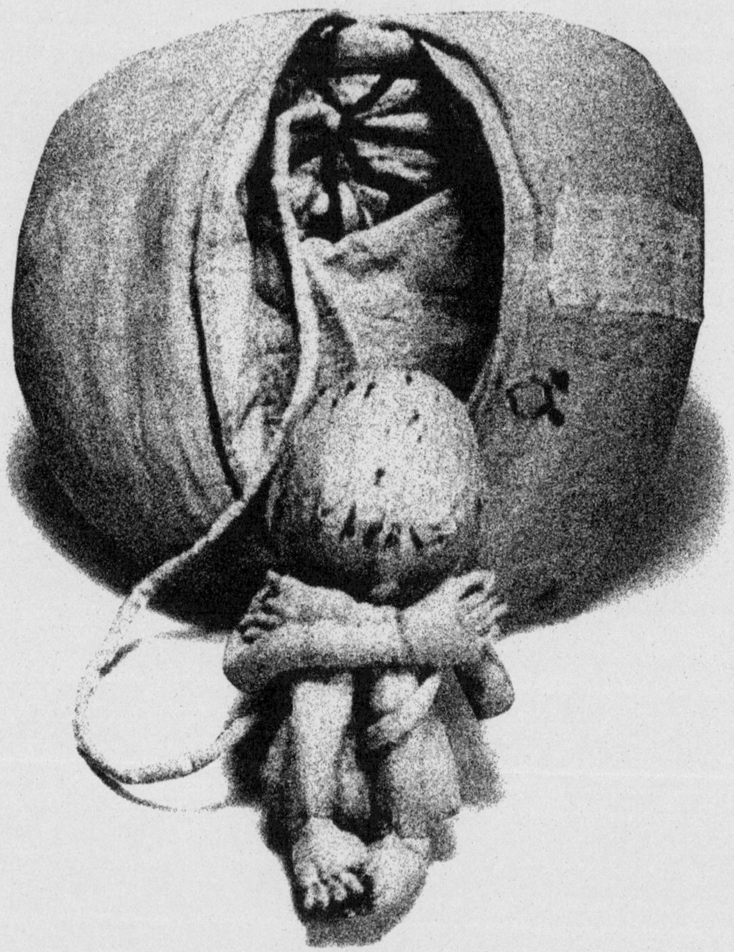

«LA MACHINE»

Siglo XVIII

La vida y la muerte siempre han sido ámbitos de las mujeres. Ya en la Antigüedad, aquella época en la que se mantenía a las señoras fuera de casi todas las situaciones de la vida, los señores, visiblemente asustados, pedían ayuda a sus esposas cuando se trataba del principio o del final, es decir, de sacar a un bebé de un vientre o de despedir a un muerto con una última unción. En el siglo XVIII, por desgracia, ambos momentos coincidían cada vez más: la mortalidad infantil y la mortalidad materna eran extremadamente altas en casi todos los países de Europa, una de cada cuatro madres moría en el parto y pocos bebés sobrevivían a las primeras semanas o meses.

Una de las razones era la falta de higiene. Quizá otra aún más decisiva era la mala, por no decir nula, educación de las parteras; traer hijos al mundo era cosa de mujeres, pero la mayoría actuaba de forma más intuitiva de lo previsto. Imitaban los gestos que habían aprendido de su madre o de su tía, pero en realidad no sabían necesariamente qué era aquello, dónde estaba con exactitud y qué había que hacer en cada situación. Para poner fin a la dramática muerte de mujeres jóvenes y de bebés, decidieron profesionalizar los conocimientos parciales heredados de generación en generación y convertir a la «partera» en una profesión. Y esto a pesar de que en ese momento las mujeres ya habían sido expulsadas con éxito de la medicina. En la Edad Media había médicas e incluso cirujanas, la médica Trótula de Salerno escribió el primer tratado ginecológico. Sin embargo, en el Renacimiento se había decretado que las mujeres que quisieran dedicarse a la medicina eran peligrosas. Una mujer que cura sin diploma es una bruja y debe arder en la hoguera, así lo habían anunciado algunos clérigos en el siglo XVI. Y como las mujeres no podían obtener diplomas porque estaban excluidas de las universidades, la cuestión de la carrera de Medicina se resolvió por sí sola para todas aquellas que no deseaban acabar en la hoguera.

Sin embargo, había interés en que siguieran ocupándose del parto y para ello, al menos en cierta medida, debían inculcarles los últimos descubrimientos de la ciencia, lo que llevó a que, a partir de la década de 1750, se abrieran escuelas para obstetras en toda Europa, como la Charité de

Berlín. Eso era algo bueno, maravilloso, pero excluía a las mujeres sencillas, las que vivían en el campo y no tenían tiempo para recibir una formación larga. Por lo tanto, Luis XV se decantó por otro método: no se podía esperar a que las mujeres asistieran a las escuelas, sino que había que enseñar también a las que trabajaban en sus aldeas como parteras autodesignadas. Así lo decidió, y para ello llamó a su corte a una mujer, una tal madame du Coudray, para pedirle que a partir de entonces se fuera a recorrer el país. Acompañada de esta muñeca. Du Coudray ya era una profesional en ese momento. Había trabajado durante casi dieciséis años como jefa de comadronas en el Hôtel Dieu de París y se había comprometido desde el principio con la profesionalización de su trabajo. Por ejemplo, escribió una petición contra la creciente influencia de los cirujanos: aunque no tenían ni idea y tiraban salvajemente de las cabezas de los bebés con las novedosas pinzas para el parto de la época, intentaban arrebatarles el lugar a las mujeres, lo cual era absurdo, según afirmaba. Era imprescindible el conocimiento femenino, pues, al fin y al cabo, se trataba de su cuerpo: ¿quién iba a saber mejor que ellas lo que necesitaban? Para profundizar en este conocimiento intuitivo desde el punto de vista anatómico y demostrar de manera gráfica lo que realmente ocurre durante un parto, diseñó esta pieza: la «Máquina», que fue aceptada por la Académie de Chirurgie como modelo oficial de demostración en 1758. Por supuesto, ya había habido objetos similares antes. En Italia, por ejemplo, en concreto en Bolonia, se practicaba con un útero modelado que, sin embargo, se parecía más a un vaso en cuclillas metido entre dos almohadas (los ovarios).

A primera vista, la «Máquina» (que vemos en la imagen en una réplica moderna) se parece un poco a una obra de la artista Louise Bourgeois, pero en realidad ningún modelo era tan preciso y detallado como este. Du Coudray la había cosido con tela, cuero y material de relleno; representaba, como ella misma escribió, «el abdomen de una mujer, su útero, sus ligamentos, la vagina, la vejiga y el recto. También incluía el modelo de un niño de tamaño natural». La cabeza del bebé estaba muy bien diseñada. Tenía nariz, orejas, el pelo pintado y la boca abierta para practicar una importante maniobra en caso de posición pélvica. Había dos versiones del cordón umbilical: la de un bebé vivo y la de un bebé muerto. Nunca se sabía. Los cursos que Du Coudray impartió por encargo del rey en todos los rincones de Francia a partir de 1759 consistían en una parte teórica en la que leía el manual escrito por ella misma y en otra práctica en la que las mujeres practicaban con el modelo. Se dice que durante los siguientes veinticinco años formó a casi dos mil mujeres (y a algunos hombres) y les enseñó a comprender mejor el cuerpo femenino y a actuar correctamente durante el proceso del parto, pero también a pensar más allá del momento del nacimiento y a entender lo que una madre necesita antes y después de dar a luz. Algo que muchos médicos parecen haber olvidado en nuestros días. Quizá también, entre otras cosas, porque el deseo de formar a las mujeres para que se convirtieran en buenas y profesionales parteras había quedado relegado a un segundo plano después de la Revolución francesa y de todos los demás cambios sociales. Las mujeres como Du Coudray no podían hacer nada al respecto. Cuando objetó que un líder revolucionario como el general La Fayette, en cuyo nacimiento ella había asistido, solo había sobrevivido gracias a sus hábiles maniobras, la ignoraron. A partir del siglo XIX, la obstetricia se convirtió en terreno masculino, con las consecuencias antes mencionadas. Las mujeres que se habían formado en cursos y que querían saber más sobre la naturaleza de sus propios cuerpos ahora recibían burlas, pero había una de la que se reían con más ganas: la «vieja gorda» que había viajado por toda Francia con una muñeca debajo del brazo para explicar a las mujeres lo que sucede realmente en un parto, ese momento, mencionado hasta hoy día en voz baja, que solo ellas experimentan.

BUSTO DE CERA DE ANNA MORANDI MANZOLINI

Siglo XVIII

Cuando los jóvenes aristócratas a finales del siglo XVIII se iban al entonces tan popular Grand Tour, además de las villas de Palladio, las ruinas de Pompeya, el Coliseo y todos los demás lugares de interés italianos que hasta hoy siguen siendo populares, había un punto del programa que no podían perderse: la «Venus anatómica» de Clemente Susini en La Specola, Florencia. Allí, en la sala de exposición de la primera escuela oficial de modelado en cera, se veía a una mujer desnuda en una caja de vidrio sobre una manta de terciopelo. Era joven y bella, su cabeza estaba un tanto inclinada hacia atrás, su boca abierta en suave éxtasis, llevaba un collar de perlas alrededor del cuello. A primera vista, uno podría pensar que estaba mirando a una mujer dormida o atrapada en mitad del orgasmo. Su cara parecía pacífica, muy feliz, pero de cuello para abajo ocurría algo completamente diferente: la pared abdominal estaba abierta, se veían las vísceras y los órganos entrelazados, en algunas variantes también un feto. A veces sus entrañas estaban a sus pies, como un presente. La joven estaba hecha de cera, las pestañas, la cabeza y el vello púbico eran de cabello humano real.

Después de que la medicina se basara durante siglos en las teorías de Hipócrates y de que la anatomía práctica apenas se tuviera en cuenta porque estaba prohibida, en el siglo XV la Iglesia finalmente concedió permiso para desmembrar cuerpos humanos con el objetivo de descubrir qué escondían en su interior. En consecuencia, debió de estallar una auténtica fiebre anatómica. La gente estaba fascinada por ver qué aspecto tenía su cuerpo debajo de la piel, acudían a «teatros anatómicos» como quien va al cine hoy en día y observaban con interés cómo hombres con bata abrían cadáveres y les extraían las tripas. Tal vez fuera por el entusiasmo de las masas, tal vez solo por el hecho de que aún no se sabía cómo conservar los cuerpos, y no parecía justificable abrir en canal a doscientos muertos solo para entender mejor un detalle de un órgano, sea como fuere, en el siglo XVIII se instauró la práctica de usar modelos anatómicos de cera, y con ellos también la moda de la Venus anatómica.

Es decir, aquellas mujeres jóvenes que morían en éxtasis y que se veían sobre todo aquí en La Specola. El mero hecho de que el autor francés Marqués de Sade, cuyas fantasías sexuales no eran muy amables con las mujeres, reconociera en estas figuras de cera la realización de sus sueños más salvajes, debería desconcertarnos. También podría decirse que su popularidad en aquel momento sugiere una cultura necrófila que aumentaría en el siglo XIX, o como dijo Edgar Allan Poe: «La muerte de una mujer bella es sin duda el tema más poético del mundo».

Curiosamente, y al contrario de lo que se había creído hasta entonces, la idea de que los hombres y las mujeres no tenían dos versiones del mismo sexo, sino dos genitales diferentes por completo, fue impulsada en ese momento, entre otras cosas por los hallazgos de la anatomía; desde Aristóteles, las mujeres no eran totalmente diferentes, sino solo hombres un poco malogrados. Se creía que su órgano sexual era un pene invertido, y que los ovarios eran testículos vueltos hacia dentro. Ahora bien, frente a todas estas bonitas muertas, surgió la idea revolucionaria de que la realidad podía ser muy distinta: era posible que las mujeres no fueran hombres sexualmente atrasados, sino una realización del todo diferenciada del hombre, un segundo sexo. Podría pensarse que este hallazgo implicaría quizá una revalorización de la mujer, pero por desgracia sucedió lo contrario. En lugar de decir que era diferente, pero de igual valor, esta diferencia se convirtió en un «menos» supuestamente probado desde el punto de vista médico. La moda de la Venus anatómica habla en cierto modo de este deseo de utilizar los conocimientos de la medicina como argumento para la sumisión de la mujer, y una se pregunta: ¿tenía esto que ver con la ciencia o más bien estaban hablando de placer erótico? Tal vez Anna Morandi Manzolini, cuyo autorretrato en cera mostramos en la imagen, también se lo preguntaba de vez en cuando. Ella fue la única mujer que se atrevió a aventurarse en un terreno tan masculino como el de la anatomía y los modelos de cera y se distanció marcadamente de la estética de «la muerte le sienta bien» de sus camaradas. Lo que le interesaba no eran las fantasías eróticas, sino los detalles y la realidad anatómica. O como escribió el erudito alemán Johann Jacob Volkmann en 1757 en su diario de viaje: «Con su cera, fabrica todas las partes del cuerpo con una destreza extraordinaria y es capaz de representar cada una en su color real. Para mayor precisión, reproduce algunas partes del cuerpo, como el ojo o la oreja, dos o tres veces más grande que en la vida real... Da clases de anatomía y explica el cuerpo a los jóvenes».

En ese momento, Bolonia, el lugar donde Manzolini creaba sus obras, experimentó un nuevo auge científico. Las académicas como la profesora de Filosofía Laura Bassi, la matemática Maria Gaetana Agnesi y la mencionada señora Morandi Manzolini fueron emblemas del esplendor recuperado de la ciudad universitaria. Solo que Anna ocupaba un lugar especial entre estas *madre degli studi* a causa de la inusual rama de la ciencia que estudiaba: el hecho de que las mujeres pudieran pensar a pesar de su «cuerpo débil», ya se comprendía, pero que diseccionasen cuerpos y explorasen órganos hasta el más mínimo rincón sin desmayarse era algo más insólito. Y parece que Anna Morandi era muy consciente de ello; este autorretrato era, sin duda, una provocación. Aunque también lleva un collar de perlas, como Venus, por lo demás este busto es el modelo absolutamente opuesto a las bellas muertas de sus colegas masculinos. No muestra a una muchacha moribunda, sino a una mujer adulta, una señora fuerte, con un vestido de tafetán rosa y un peinado con rizos. Por su aspecto, parece que estuviera de camino a una fiesta, pero lo cierto es que está ocupada en algo más importante: en sus manos sostiene un bisturí y unas pinzas; acaba de separar una bóveda craneal y está investigando el cerebro. Resulta significativo que esté trabajando justo en esta parte, el centro del conocimiento y en consecuencia del poder. Quizá por eso Catalina la Grande de Rusia, que se comprometió mucho con la educación de las niñas, tenía una versión en miniatura de este busto de Manzolini sobre su escritorio. «Tengo el busto sobre mi mesa en Peterhof», escribió una vez a un amigo, y si le preguntaban quién era esa extraña mujer, se limitaba a contestar: «Es mi abuela».

GRUPO DE FIGURAS DE PORCELANA «LA BUENA MADRE»

c. 1760

En la novela de Mary McCarthy *The Group* hay una escena que se me ha quedado grabada. La historia gira alrededor de un grupo de ocho mujeres jóvenes, ocho amigas, que después de terminar sus estudios universitarios en Estados Unidos en la década de 1930 se lanzan de cabeza a la vida y tratan de encontrar su camino. Algunas de ellas se ven abatidas por la realidad, otras cambian de rumbo y las más afortunadas consiguen cumplir sus sueños. La escena en cuestión es más o menos así: Priss Hartshorn, una de las ocho amigas, es una activista política que acaba de tener un hijo; su marido, que es médico, se ha empeñado en demostrar los beneficios de la lactancia materna a través de ella y del bebé. No le importa que la gente en ese momento defienda a capa y espada los suplementos lácteos y que la joven mamá tenga grandes dificultades para amamantar; él impone su punto de vista porque cree que es lo mejor para el niño, para la mujer y para su propia idea de maternidad.

La cuestión de la lactancia, es decir, si hay que dar el pecho o no y, en caso afirmativo, durante cuánto tiempo, resurge una y otra vez. Las modas y las opiniones al respecto cambian cada pocas décadas, pero el hecho de que todo el mundo tenga una opinión sobre el tema, incluidas las personas que no tienen ni pechos ni glándulas mamarias, quizá ni siquiera hijos, se ha mantenido casi igual durante siglos. Cuando una mujer no da el pecho, porque no quiere o no puede, son muchas las personas ajenas que se permiten emitir sus juicios, pocas veces delicados y en su mayoría duros y negativos. Un argumento central suele hacer referencia a la naturaleza. Siempre ha habido partidarios de la lactancia, ya en la Antigüedad muchos se manifestaban a favor de esta de una manera tan asertiva y segura de sí misma como lo hacen hoy en día. La idea de lo que debía ser una buena madre apareció por primera vez en el siglo XVIII. Hasta entonces, la relación con el hijo conllevaba tan poca emoción como la relación con el marido. La familia era algo que se tenía, pero que no tenía por qué mezclarse con la vida emocional. En este sentido, también era completamente impensable que una mujer más o menos bien situada diera de mamar a su hijo ella misma. Al cabo de unos días, enviaban al bebé al campo a vivir con una nodriza, y las que tenían mucho dinero contrataban a una para que viviera en su casa, eso sí, después de haberla inspeccionado como a un caballo (un poco como en *El cuento de la criada*). Y con razón: por un lado, la mayor parte de las mujeres no tenían tiempo como para perder la mitad del día alimentando al bebé, por entonces no existía el concepto de ama de casa. Por otro lado, no querían encariñarse demasiado con el recién nacido. La mortalidad infantil era entonces todavía extremadamente alta, así que no ocuparse una misma del niño hasta que pasaran los meses más críticos o incluso años era una medida de autoprotección. Sobre todo, porque a los hombres no solía entusiasmarles que su mujer diera el pecho, por la simple razón de que entonces no estaba sexualmente disponible para ellos (acostarse con una mujer lactante fue un tabú durante mucho tiempo).

Al igual que hoy algunas mujeres venden o prestan sus vientres, en aquella época ofrecer los pechos y la leche era un trabajo bien pagado y respetado por la sociedad. Ser nodriza era uno de los empleos más lucrativos para las jóvenes, pero entonces un grupo de hombres decidió crear un nuevo mito y ejercer una nueva presión sobre las mujeres: el amor maternal. El vínculo con la madre y, con ello, en cierto sentido, con el mundo, comenzaba con el pecho desnudo de la madre, según se afirmaba con gran vehemencia en la época. No en vano este grupo nuremburgués de figuritas de porcelana obra de Carl Gottlieb Lück se llama: *La buena madre*. La mujer está sentada, rodeada de pequeños que duermen o tocan música, colgados de su pecho, hombro o mano como si se tratara de un árbol trepador. A ella no parece importarle, es toda paciencia y abnegación. Este grupo de figuras, que existe en diferentes versiones y que se encontraba en muchas casas acomodadas, representa un ideal de la década de 1770 y no solo era parte de la decoración, sino que además servía de advertencia. Le gritaba a la mujer desde la mesa auxiliar: «¡Mira! ¡Así tiene que ser una buena madre!». ¡Su cuerpo es una *open house* permanente! «Se empieza a aprender cuando se empieza a vivir, y la primera maestra es la mujer que te alimenta con su pecho», escribió Jean-Jacques Rousseau, que creció huérfano de madre. Al igual que su amigo y colega Denis Diderot, Rousseau (uno de los teóricos de la educación más leídos y estimados de su tiempo) consideraba imposible que una mujer desafiara a su «naturaleza» y desechara a sus hijos «sin más». En su célebre *Emilio o De la educación*, escribió con tono acusador: «Esas dulces madres que, privadas de sus hijos, se lanzan alegremente a los placeres de la ciudad, ¿saben qué trato recibe su hijo en pañales en el pueblo?».

Como ya se ha dicho, en el siglo XVIII se había descubierto la «naturaleza biológica» de la mujer y se estaba dispuesto a invocarla desde entonces para cualquier teoría, por retorcida que fuera. Con constantes referencias a la supuesta «naturaleza» de las mujeres como madres, estos caballeros, por lo demás inteligentes y nada misóginos, desarrollaron la imagen de la «buena madre» frente a la de la «mala madre» que sigue vigente en muchos lugares a día de hoy. Por un lado, estaba la mujer, absorta en su papel supuestamente «natural» de autoridad que nutre, cuida y educa. Por otro lado, estaba la que seguía pensando «solo» en sí misma, o como mínimo a veces pensaba en otras cosas que no fueran su hijo. Lo perverso de esta idea del «amor maternal natural» era que inmovilizaba a las mujeres y les endilgaba un nuevo mito, haciéndoles creer al mismo tiempo que eso era bueno para ellas, ya que se trataba de una revalorización de su papel en el seno de la familia. Ya no era solo, como pensaba Aristóteles, el «recipiente» en el que se crea el niño, una mera incubadora, sino que ahora también ejercía una especie de influencia debido a su relación «por naturaleza» estrecha con el niño. A fin de cuentas, la educación comienza con la primera gota de leche, decía Rousseau, lo que convierte a la madre lactante en educadora. Por otro lado, él también afirmaba: «La mujer está ahí para servir al hombre». La feminista británica Mary Wollstonecraft, que nunca dio el pecho a su hija Mary Shelley porque murió en el parto (cosa que no impidió que esta última escribiera el mundialmente famoso clásico del terror *Frankenstein*), comentó en una ocasión esta frase de Rousseau, al que en realidad apreciaba, con la concisa exclamación: «¡Qué tontería!».

ADIES OF LLANGOLL

FIGURAS DE LAS SEÑORITAS DE LLANGOLLEN

Sin fecha

Cualquiera que paseara la noche del 30 de marzo de 1778 por Woodstock, Kilkenny, en Irlanda, pudo haber observado algo inusual. Una joven de veintitrés años, Sarah Ponsonby, salió aquella noche por la ventana de su habitación vestida de hombre y huyó con su perro Frisk amarrado con una correa y con una pistola en el bolsillo. Se dirigía a la casa de Eleanor Butler, de dieciséis años. La escritora francesa Colette describió el episodio de la fuga de Ponsonby y Butler ciento cincuenta años más tarde en *Lo puro y lo impuro*: «Instigadas por las novelas, habían saltado por la ventana en lugar de limitarse a salir por la puerta abierta. Mantuvieron correspondencia en secreto, sobornaron a los criados; cuando se marcharon, se llevaron pistolas, que no sabían usar, y huyeron a caballo, aunque nunca antes habían montado en uno. Complicaciones, juego, drama y lágrimas infantiles; pero de ahí, rígido y floreciente como el iris, surge un sentimiento único».

El sentimiento al que se refiere Colette, por el que se dieron a conocer en los años siguientes las dos fugitivas, las llamadas «señoritas de Llangollen», era la amistad. O, mejor dicho, la amistad romántica entre dos mujeres. Como parte del redescubrimiento fundamental del amor y de la emoción en el transcurso del siglo XVIII, el tema de las relaciones entre mujeres también adquirió cada vez más importancia, y las dos «señoritas» representaban esta nueva evolución. Ninguna de ellas había tenido la intención de casarse, tampoco consideraban la opción de internarse en un monasterio, y cuando finalmente se conocieron durante una tertulia en un salón de la élite irlandesa, se reconocieron al instante como almas gemelas y planearon su huida en secreto. En el primer intento, el 30 de marzo, sus familias las sorprendieron antes de que pudieran embarcar en el transbordador a Inglaterra. Frisk, el perro, las delató con sus ladridos. Sin embargo, unos meses más tarde consiguieron convencer a sus familiares de su original plan de vida, y una bonita mañana de mayo de 1778 viajaron a Inglaterra y se establecieron en Llangollen, en Gales. Su proyecto consistía en llevar una vida autodeterminada y aislada, llenando el tiempo con libros y jardinería, chocolate caliente por la tarde y conversaciones iluminadoras por la noche. Bajo la lluvia y la luz de las velas, sentarse junto a la chimenea con las memorias de madame de Maintenon en las manos. Reflexionar. Ser libres.

Y eso es exactamente lo que hicieron. Hay que tener en cuenta, una vez más, en qué momento nos encontramos. El siglo XVIII fue en muchos aspectos más abierto que los anteriores, las amistades femeninas estaban a la orden del día; como ya se ha dicho, las solteras y las viudas se unían cada vez más para formar viviendas compartidas. Sin embargo, debió de ser inusual y bastante escandaloso que dos mujeres jóvenes en edad de casarse, además de representantes de la buena sociedad irlandesa, decidieran simplemente establecerse en una bonita finca rural en medio de la nada y dedicarse en exclusiva a sí mismas y a sus pensamientos. En realidad, como si hubieran sido monjas, pero sin depender de ninguna doctrina religiosa. También un poco como la artista Claude Cahun y su pareja Marcel Moore, solo que dos siglos antes. Eran tan originales en todo lo tocante a su apariencia, como por ejemplo, en su forma de vestirse siempre como pareja y con un estilo más bien masculino, que poco después de su llegada toda Inglaterra hablaba de ellas. Incluso inspiró curiosidad a la reina, que persuadió al rey para que asignara una pensión a las «señoritas». Es probable que lord Byron las visitara varias veces para conversar con estas mujeres inteligentes y educadas, y tal vez también un poco para curiosear, ya que todo era bastante peculiar. Sarah, Eleonor y su nuevo perro, que llevaba el significativo nombre de «Safo», se convirtieron con el tiempo en una verdadera atracción turística debido a su estilo de vida poco convencional. Algunos, como Byron, Walter Scott, Percy Shelley y la poetisa homosexual Anne Lister, pasaron por allí para expresarles su afinidad. Otros acudieron a Llangollen con la sencilla intención de echar un vistazo a la insólita pareja y a su hogar. Si no lo conseguían, se hacían con una de estas figuras para demostrar que al menos habían estado cerca. A las pobres «señoritas» la fama no debió de gustarles en absoluto. Buscaban tranquilidad y aislamiento y, en su lugar, alcanzaron un inesperado estatus de culto.

El entusiasmo que suscitó su estilo de vida también demostraba que la idea de que las mujeres podían desarrollarse mejor intelectual y espiritualmente en comunidades de mujeres estaba cada vez más aceptada. Por supuesto, en ese sentido los monasterios ya existían desde mucho antes, pero en ellos casi todo giraba en torno a la devoción a la fe y a Dios, las áreas de interés estaban muy definidas. Por el contrario, en la época de las señoritas se desarrolló cada vez más el deseo de decidir por una misma cuál era su centro de interés, con quién lo discutía y qué compañía le resultaba enriquecedora. Por ejemplo, la famosa Mary Astell escribió ya en 1694 en su *A Serious Proposal to the Ladies* («Una propuesta seria para las damas»), firmada «Por una amante de su propio sexo», que las mujeres pueden formar mejor sus mentes juntas, porque solo así están libres de los «halagos engañosos» de los hombres, que solo piensan en sí mismos y en su diversión. Entre mujeres, por fin pueden desarrollarse todas esas habilidades que estos hombres nos atribuyen, pero de cuya adquisición real al final solo nos distraen, dice Astell. Las «señoritas de Llangollen» probablemente pensaban lo mismo y se convirtieron en un modelo para muchas por su decidida forma de vivir acorde a sus convicciones; para las mujeres lesbianas, pero sobre todo para aquellas que poco a poco se dieron cuenta de que tal vez la vida con la que soñaban podría alcanzarse mejor al lado de una o más mujeres. Y, para no olvidarlo con la primera promesa vacía de un hombre, colocaban a las «señoritas de Llangollen» sobre la repisa de la chimenea a modo de recordatorio.

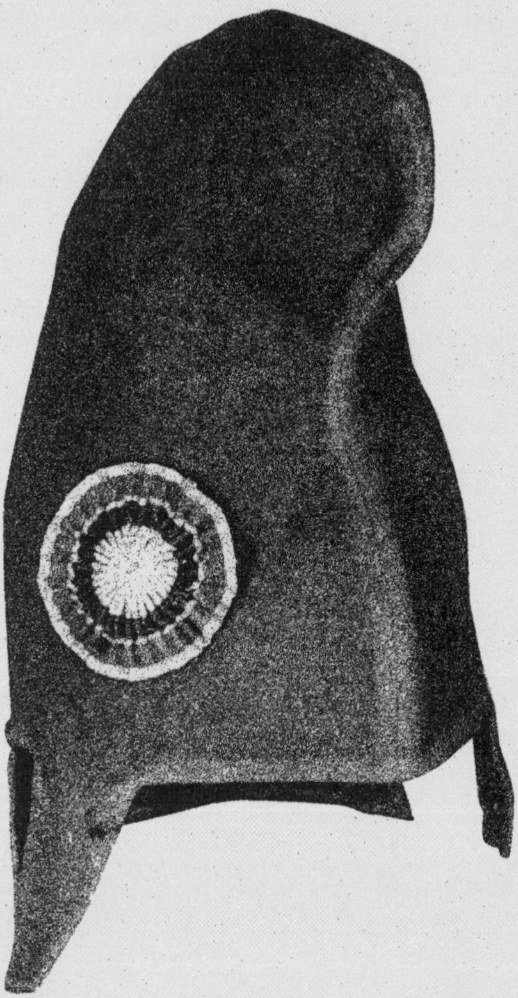

GORRO FRIGIO

1789

Élisabeth Vigée Le Brun, una de las retratistas favoritas de la reina María Antonieta, dijo una vez sobre el siglo XVIII: «En aquella época, las mujeres gobernaban, la Revolución francesa las destronó». Por un lado, tenía razón, pero por otro, se equivocaba totalmente. Muchas mujeres en aquel momento tuvieron más poder, más influencia, más conocimiento y con ello también más seguridad en sí mismas que nunca antes, para algunas fue un siglo brillante y apasionante; sin embargo, esto solo fue así para una capa privilegiada de la sociedad. A diferencia de Vigée Le Brun, para las mujeres del pueblo —es decir, para todas aquellas que se lamentaban en los Cahiers de Doléances, los libros de quejas de los Estados Generales, de ser «objeto de la admiración o del odio de los hombres», pero que nunca las reconocieran como sujetos independientes—, el siglo XVIII no era el de la libertad. Ellas tenían puestas grandes esperanzas en la Revolución: «Las mujeres pretenden sacar provecho de la Revolución y reivindicar su derecho a la igualdad», escribió Olympe de Gouges en 1789.

No se recuerda a menudo, pero fueron las mujeres de Les Halles, las mujeres de los mercados de París, las que marcharon a Versalles el 5 de octubre de 1789 acompañadas por la Guardia Nacional para protestar contra el hambre y para que el rey volviera a París. La famosa frase de María Antonieta «Si no tienen pan, que coman pasteles», que por cierto se dice que fue una invención (masculina), una estratagema para alimentar el sentimiento antimonárquico, había instigado la protesta. Ese día de otoño, más de mil mujeres partieron con pancartas que decían cosas como «Versalles se atiborra, París se muere de hambre» y «Atraparemos al panadero, a la panadera y a su hijo». Tras una noche de asedio, consiguieron irrumpir en el castillo y obligar a la pareja real a seguirlas hasta París. Al parecer, en aquella época corría el rumor de que los que habían llevado al monarca a la capital eran hombres disfrazados de mujer. *Mais non*: eran mujeres. Más tarde, se las honraría brevemente como «heroínas de la Revolución» y se elegiría a una mujer como símbolo de la joven y en teoría justa república: Marianne, que se identifica por este mismo sombrero, un gorro frigio.

En la antigua Roma, los esclavos liberados llevaban un píleo, un gorro muy similar a este, y parece que los franceses confundieron ambos e interpretaron el gorro frigio como un símbolo de libertad. Aunque, sobre todo, era el rasgo distintivo de las amazonas. Tanto las luchadoras reales del mundo antiguo, las escitas, como las amazonas imaginarias representadas en los vasos griegos llevaban este gorro. Si se observa a Marianne en el famoso cuadro de Delacroix, encabezando a la multitud con la bandera francesa en una mano y un fusil en la otra, con el pecho izquierdo al descubierto, surge por un instante la pregunta: ¿Es que Marianne era una amazona? ¿Hicieron caso a la revolucionaria Théroigne de Méricourt, que gritó a sus amigas vestida de guerrera amazona: *Aux armes, mesdames!*, y más tarde acabó en el manicomio de la Salpêtrière? Pues no. Marianne, la Amazona, no puede leerse como una metáfora del lugar de la mujer en la sociedad posrevolucionaria. A pesar de que habían participado activamente en la agitación y seguían comprometidas, las mujeres se vieron cada vez más apartadas de la esfera pública durante la primera République. Pasaba un poco como después de las guerras y de las revueltas. Se las movilizaba en el momento álgido de la crisis, pero luego se las enviaba de vuelta a sus costuras y a su cocina. Podían colgar su gorra roja en el vestíbulo, que de todas maneras nunca deberían haber llevado en público. La Revolución había terminado por el momento y había traído pocas novedades para las señoras. Por ejemplo, en la *Enciclopedia* se definía «ciudadano» como «miembro de una sociedad libre», mientras que «ciudadana» solo hacía referencia a su relación con el hombre: «mujer de un ciudadano». La novedad era que las mujeres francesas ahora podían heredar, y durante un breve periodo de tiempo se les permitió incluso divorciarse de mutuo acuerdo, aunque Napoleón revocó este derecho ya en 1816. La «libertad, igualdad, fraternidad» de la que hablaba la *Déclaration des droits de l'homme et du citoyen* no era una «sororidad»; el nuevo orden elevaba a una parte de la sociedad, pero desgraciadamente no a la femenina. Indignada por este inesperado giro en los acontecimientos, Olympes de Gouges escribió en 1791 la *Declaración de los derechos de la mujer y de la ciudadana*. En su prólogo, plantea una pregunta acusatoria: «Hombre, ¿eres capaz de ser justo? Es una mujer la que te hace esta pregunta, al menos no la estás privando de este derecho. Dime, ¿quién te dio el poder irrestricto de oprimir a mi sexo? ¿Tu fuerza? ¿Tus talentos?». En el epílogo se dirige a las mujeres: «Mujer, despierta; la campana de alarma de la razón se hace oír en todo el mundo; reconoce tus derechos».

Olympe de Gouges era partidaria de la Revolución, pero también de preservar la monarquía. Dedicó su *Declaración* a la reina María Antonieta, lo que a la postre fue su perdición. Junto con otras mujeres comprometidas, fue una de las primeras víctimas del llamado *terreur*, el reinado del terror. Después de que María Antonieta fuera guillotinada el 16 de octubre de 1793, Olympe de Gouges subió al cadalso el 3 de noviembre, seguida cinco días después por otra conocida revolucionaria, la ex *salonnière* y girondina madame Roland. Clara Zetkin honraría a ambas mujeres más de un siglo después en sus artículos para *Die neue Zeit* y nos recordaría que la gran agitación democrática de la Revolución francesa seguía siendo una promesa vacía con respecto a las mujeres. Aunque llevaban un sombrero de amazona y se jactaban tras la combativa Marianne de ser el país de la libertad y de la igualdad, en realidad preferían dejar que las mujeres desaparecieran en un segundo plano o guillotinarlas si los incomodaban. «Si una mujer puede estar en el cadalso, también puede estar en una tribuna», afirmó con rotundidad en una ocasión Olympe de Gouges. Y quizá las mujeres se dieron cuenta, tras la decepción de esta revolución iniciada junto con los hombres, de que solo conseguirían algo en grupos de mujeres. Como las amazonas griegas.

RÉCAMIERE

c. 1800

Contra toda esperanza, la Revolución francesa apenas había cambiado nada para las mujeres; trajo más frustración que libertad y, según la célebre escritora madame de Staël, incluso trastocó una tradición muy femenina: la de los salones. Desde la Revolución, pensaba, se había perdido en Francia el arte de la conversación, de las charlas ingeniosas y de las tertulias alegres, cosa que lamentaba profundamente. Germaine de Staël había crecido en uno de los salones parisinos más célebres del siglo XVIII, el de su madre, madame Necker, y adoraba esta costumbre, a sus ojos muy francesa y femenina. En otros círculos culturales les costaba entablar una conversación desenfadada; a los alemanes, por ejemplo, que le caían muy bien, solo les faltaba soltura. Decía que estaban demasiado centrados en los objetivos, eran demasiado prácticos y, por lo tanto, siempre acababan enzarzados en conversaciones serias que eran interesantes, pero para nada divertidas. Desde la Revolución, en París se hacía algo similar, por desgracia, a lo que se hacía al otro lado del Rin: la gente solo hablaba de cosas concretas, y de forma poco edificante.

Una excepción a la regla, en su estricta opinión, era el salón de una de sus amigas favoritas, la llamada *belle des belles*, la «belleza de las bellezas», la mujer que había hecho girar las cabezas de media Europa a principios del nuevo siglo, y con toda la intención: Juliette Récamier, madame Récamier, una de las últimas grandes *salonnières*. En su honor se llamó a este mueble *récamiere*. El por qué no se sabe con certeza. El nombre de este sofá individual se remonta probablemente a un retrato que Jacques-Louis David, el famoso pintor napoleónico, hizo una vez de Juliette, cuando esta tenía veintitrés años. En él, está tumbada con un vestido blanco de estilo antiguo, los brazos desnudos, los pies descalzos y el pelo rizado casi despeinado, de espaldas al espectador, mirando con dulzura pero con seguridad por encima del hombro. David empezó a pintarlo hacia 1800, pero nunca lo terminó porque pensó: «No solo las mujeres tienen sus peculiaridades, los pintores también». No obstante, el cuadro se hizo famoso en su época. Así como la modelo y el mueble. Si queremos ser críticos, podríamos decir que este sofá y la pose lasciva encerrarían a madame en la imagen ideal del Romanticismo, la de la joven bella y etérea, que se popularizó en la época con piezas de ballet como *Giselle* o *La Sylphide*. También podría decirse que en esto se basa la teoría de las dos esferas, especialmente extendida en Inglaterra y en Estados Unidos, según la cual el mundo exterior, el dinámico, el activo, es el de los hombres, mientras que el interior, el reflexivo, el íntimo, es decir, el yaciente, es el de las mujeres. Pero también puede reconocerse en ella otra cosa: un mueble que se ha convertido en metáfora de la idea de la cultura femenina de salón.

Madame de Rambouillet, por ejemplo, la primera de su especie, la inventora del género, inició estos encuentros intelectuales íntimos en el siglo XVII sola en su casa, porque su salud no le permitía reunirse con otras personas en otro lugar que no fuera su dormitorio. Como no podía salir mucho, y los bailes y recepciones la cansaban, no solo traía la naturaleza a casa en forma de ramos de flores, sino también a las mentes más interesantes de su época. En el famoso «salón azul» de su palacio parisino, también debió de pasar la mayor parte del tiempo en esta posición medio tumbada, medio sentada. Era lascivo, tal vez —con madame Récamier sin duda lo era—, pero también era una demostración de poder, al menos por parte de una mujer, una forma de decir: ahora me quito esto de encima, me dejo llevar, pero, por favor, siéntese en algún sitio mientras sigo entregándome a mis interesantes pensamientos. Además, qué cosas tan maravillosas pueden hacerse estando tumbado. No se hace punto, no se cose, no se remiendan calcetines, ni se limpia, ni se cocina. Tampoco se ocupa una de los hijos y, menos aún, de los empleados domésticos. No, no. Se lee, se escribe (al menos así lo hacía Françoise Sagan), se reflexiona, se sueña, se habla y se ama. Se deja vagar la mente y, al menos en estos minutos, se es del todo libre, uno está completamente inmerso en sí mismo, como más tarde en el diván freudiano. También se da a entender a los que te rodean que estás ocupado, pero no con aburridas tareas prácticas. Y eso es justo de lo que debía tratarse. Al fin y al cabo, en palabras de madame de Staël, se suponía que la conversación en los salones era una especie de arte sin rumbo, una forma de dejar la vida cotidiana y la llamada realidad fuera y elevarse a otras esferas. Los salones de madame de Rambouillet y de sus sucesoras utilizaron estos principios para dar forma a la literatura y al lenguaje, pero también dieron lugar a ideas que al final desembocaron en la Revolución.

Quizá madame Récamier estuviera tan decepcionada con este cambio social y con sus promesas vacías como tantas otras mujeres. Al menos, estaba terminantemente prohibido hablar de política en su casa. La conversación debía ser ligera y alegre; ella prefería comentar las cosas serias de la vida en las cartas, como había hecho madame de Pompadour. Y, si podía, con Germaine de Staël. Como hacen las amigas en los mensajes cortos de hoy, hablaban de los últimos acontecimientos en una Europa convulsa, de cotilleos de París y de amor. Evidentemente, De Staël sabía que madame Récamier era irresistible reclinada sobre su *récamiere*, así que cuando, en una ocasión, uno de sus amantes se dispuso a pasar unos días en París, le escribió a su amiga; confiaba en que disimularía su encanto y belleza lo mejor posible. Unos días después, añadió la conmovedora petición: «Haz que me quiera a mí y no a ti». Lo que pasó al final no se sabe. Lo cierto es que Juliette no ocultó su encanto y su belleza al célebre politólogo Alexis de Tocqueville y a sus amigos. Cuando llegaban los señores, se tumbaba en su silla, bella y orgullosa, soltando un *bon mot* aquí y allá y seduciendo a su entorno: «Todos estábamos enamorados de ella, todos éramos sus esclavos», escribió una vez Tocqueville. Era algo sorprendente, porque en aquella época, en la mayoría de los casos, las cosas solían ser más bien al revés.

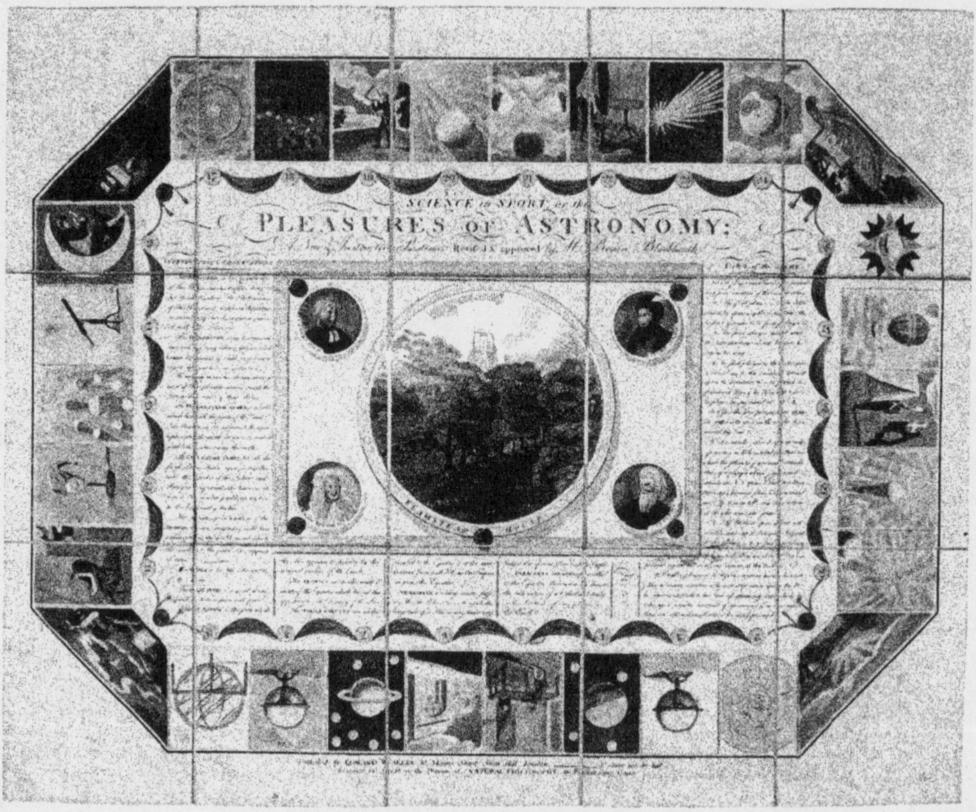

SCIENCE in SPORT, or the
PLEASURES OF ASTRONOMY:

JUEGO DE MESA
PLEASURES OF ASTRONOMY

1814

En la Francia del siglo XVII y XVIII, cuando se quería decir que alguien tenía un defecto o al menos que era muy raro, se decía: «Este tiene un cuarto de luna en la cabeza». O, mejor dicho, «esta tiene un cuarto de luna en la cabeza». Porque en general solía tratarse de raras a las mujeres. En una litografía de la época que lleva el revelador título de *La influencia de la luna en la cabeza de las mujeres* se ve a cinco féminas en mitad de la noche bailando en medio de la plaza del pueblo mientras la luna tiende unas medias lunas sobre sus cabezas, como si fueran marionetas. Al otro lado de la imagen, sus maridos las buscan en vano. Ellas no pueden (o no quieren) verlos ni oírlos, tienen el pensamiento puesto en otro lado, lejos de allí, en las estrellas. No, qué digo, en la luna.

La creencia de que hay un vínculo especial entre las mujeres y la luna no existe solo desde que muchas de ellas se interesaron por la astrología y quisieron ver en las constelaciones señales para su desarrollo personal. Ya en la Edad de Piedra se habría reconocido una correlación entre el ciclo lunar y el ciclo de la mujer y se habría considerado la luna como una fuerza de fertilidad. En la Antigüedad, se decía que las «enfermedades de las mujeres» eran «enfermedades de la luna»; más tarde se creyó que las brujas bailaban bajo la luna brillante; su supuesta relación con este cuerpo celeste las hacía imprevisibles a los ojos del pueblo. Esta naturaleza supuestamente inestable, que oscilaba con cada nueva fase lunar, se usó durante mucho tiempo como excusa para negar el acceso a la educación a la mayor parte de las mujeres. Ello solo las confundiría, y sus delicadas mentes, bajo la influencia de planetas lejanos, se sumirían aún más en el caos. No obstante, en el siglo XVII y sobre todo en el XVIII, las mujeres se pusieron muy al día. Había surgido un nuevo tipo de persona: la mujer culta. Algunos las llamaban *bluestockings*, «medias azules», otros se burlaban de ellas, como hizo Molière en su obra *Las mujeres cultas*, pero el avance ya no podía detenerse. No se trataba de una tendencia exclusiva de las niñas de clase alta, sino que también las de clase baja asistían a la escuela del pueblo durante algunos años, si tenían suerte, y aprendían allí al menos nociones básicas de lectura y escritura, lo que también tenía que ver con la mencionada revalorización del papel de madre. Al fin y al cabo, se había establecido la idea de que no estaba del todo mal que la primera autoridad educativa en la vida no fuera del todo inculta, razón por la cual sobre todo la burguesía enviaba cada vez más a sus hijas a internados para niñas.

Como Jane Austen escribió en su novela *Emma*, se les daba una «cantidad manejable de conocimientos a un precio manejable». Según la autora, que nunca fue a un internado, había poco peligro de que estas niñas regresaran hechas unos genios, ya que la educación que recibían solo servía para reforzar una actitud sumisa. La creadora de este juego de mesa, la astrónoma y educadora Margaret Bryan, seguramente la habría contradicho con vehemencia y quizá hasta se habría ofendido un poco. Pues la verdad es que se esforzaba mucho por abrir nuevos campos de conocimiento, más bien «no femeninos», a las jóvenes de la manera más sencilla posible. A finales del siglo XVIII, enseñó astronomía en tres internados de niñas en Inglaterra y escribió libros para familiarizar a sus alumnas con el universo y con las nuevas técnicas que existían para su exploración. En el frontispicio de una de sus primeras obras, *A Compendious System of Astronomy in a Course of Familiar Lectures*, se la ve sentada a una mesa junto a sus dos hijas pequeñas. A su alrededor hay instrumentos astronómicos, un telescopio, una esfera armilar, una brújula; ella sostiene una pluma en la mano y anota sus observaciones. Una imagen poco habitual. En aquella época, la única astrónoma realmente conocida era la alemana Caroline Herschel, en cuyo museo cuelga hoy este frontispicio de Bryan. Herschel había ayudado a su hermano Wilhelm a construir el telescopio reflector y estaban trabajando juntos cuando él descubrió por accidente el planeta Urano, lo que le valió el puesto de astrónomo de la corte de la corona británica y a ella, la posición de la primera astrónoma pagada de la historia. Más tarde, ella misma descubrió varios cometas y estrellas, pero aun así le gustaba minimizar sus conocimientos. Asistía a su hermano como «un perrito bien adiestrado», dijo una vez, con lo que mantenía la idea de que las mujeres tenían poco que aportar a la astronomía o, en general, a la ciencia.

Al parecer, Bryan lo veía de otra manera. No era una investigadora importante, no descubrió nada digno de mención y es posible que ni siquiera fuera una rebelde. Daba por sentada la idea entonces extendida de que las niñas tenían que ser dulces, sensibles y virtuosas. En cambio, no entendía que eso fuera un obstáculo para que alcanzaran las estrellas. El juego *Pleasures of Astronomy* («Placeres de la astronomía»), que se publicó en Londres hacia 1814 y que ella revisó con su ojo científico (en la esquina superior dice «aprobado por la señora Bryan»), demuestra de alguna manera su convicción de que el descubrimiento del cosmos debía ser accesible a todos, especialmente a las mujeres jóvenes. Su método de aprendizaje tenía como objetivo transmitir la astronomía de la manera más lúdica posible, haciéndola comprensible para todo el mundo, en lugar de dirigirse solo a las pocas chicas más versadas en matemáticas. Quien quisiera ganar en este juego de mesa tenía que ser capaz de explicar, durante la carrera de más de treinta y cinco casillas, cómo se compone un telescopio y cómo funciona con exactitud, estar familiarizado con las fases de la luna, demostrar un poco de paciencia —que al fin y al cabo es el alfa y omega de toda investigación—, conocer los nombres de los planetas y de algunos astrólogos, así como saber lo que pensaban Newton, Copérnico y Ptolomeo. Pero también había que saber explicar los signos del zodiaco y su significado. En ese momento, la astronomía y la astrología todavía iban de la mano y no fue hasta finales del siglo XIX que se dividieron en dos: una ciencia seria y otra un poco ridícula. Quién sabe, tal vez las mujeres con sus cuartos de luna en la cabeza habían comenzado a interesarse por el tema.

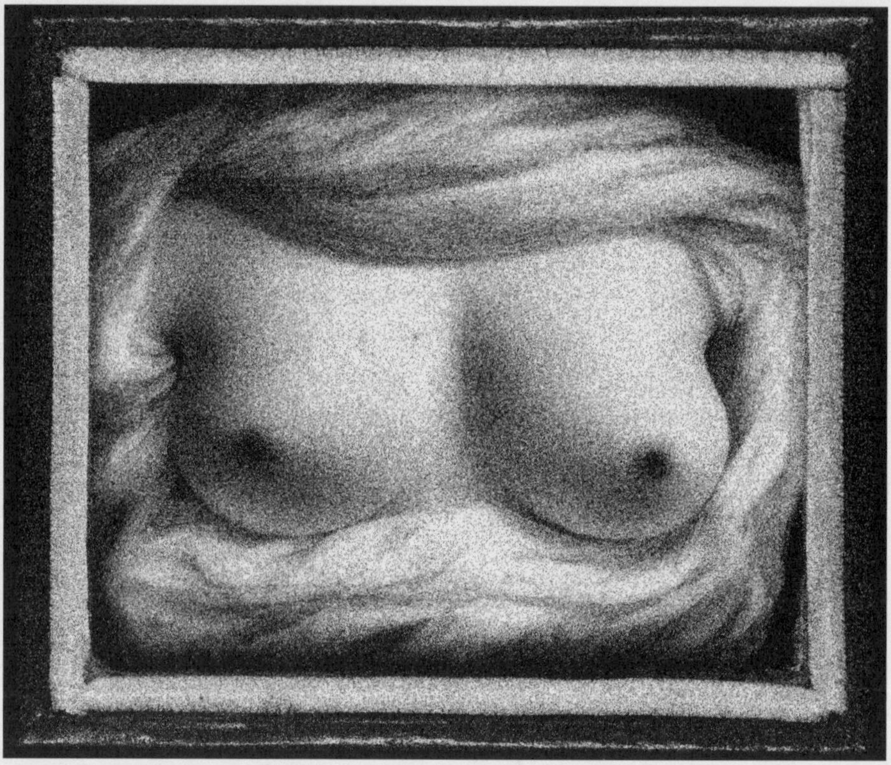

AUTORRETRATO
BEAUTY REVEALED

1828

Hoy en día, si se nos ocurre la idea —en general bienintencionada, pero un poco fastidiosa— de emparejarnos con alguien a quien no conocemos, no tenemos por qué acudir al encuentro a ciegas, sino que podemos informarnos un poco antes. Se puede navegar por las redes sociales, ver qué aspecto tiene esa persona, qué piensa o, al menos, qué dice que piensa, cómo se muestra en público. A principios del siglo XIX, el concepto de emparejamiento era bastante distinto; si eras una mujer joven, tus padres te entregaban al hombre, normalmente a través de la llamada «alcahueta», y tenías pocas posibilidades de hacerte una idea de lo que te esperaba. Tampoco los hombres podían ver siempre a las candidatas «en la vida real» y tenían que confiar en las descripciones que les proporcionaban los demás. Pero como no se trataba de una noche, sino del resto de su vida, los hombres, a quienes sí se les permitía decidir, querían tener una idea aproximada de qué cara verían a diario en el futuro. Por eso les gustaba encargar retratos de su potencial compañera.

Hay una preciosa película de la directora francesa Céline Sciamma, *Retrato de una joven en llamas*, que trata esta tradición con mucho acierto; una joven va a ser retratada, por supuesto de su perfil bueno, para que el prometido, en algún lugar del extranjero, pueda esperar con ilusión ver su rostro. Pero la obstinada dama elude a los retratistas. No quiere mostrarse, en realidad tampoco quiere casarse, no se siente identificada con esos hombres con sus pinceles y caballetes y se resiste a que la pinten en uno de esos cuadros estereotipados que venden en las tiendas. Se mantiene en sus trece hasta que llega una mujer que la pinta como ella también se ve; no como una mujer encantadora de mirada dulce que solo sueña con casarse, tener hijos y formar un hogar, sino como un ser complejo. Como una persona de verdad. El pecho que mostramos aquí con el título *Beauty revealed* («Belleza revelada») cuenta algo parecido. También habla del deseo de no encajar en la imagen preestablecida, sino de ser vista como una misma se siente de verdad. Sarah Goodridge, que realizó este «autorretrato» en 1828, obviamente se encontraba bien en su propia piel. A diferencia de la heroína de Sciamma, no esperó a que otra mujer la pintara con una mirada femenina, sino que tomó las riendas del asunto; en lugar de pintarse la cara, los hombros, tal vez el comienzo del escote, se retrató a sí misma directamente a través de sus pechos desnudos. Casi sobresalen de la foto en tres dimensiones, bonitos y redondos con pezones sonrosados; en Instagram habrían desaparecido en cuestión de segundos.

Esta acuarela de seis por ocho centímetros no era tan solo una selfi de una mujer que se creía guapa y quería presumir de ello, sino que se ajustaba mucho a la tradición del retrato destinado al futuro marido. Pero, en este caso, el marido, un tal Daniel Webster, no sabía nada de su buena fortuna. Sarah Goodridge, que al principio del siglo XIX trabajaba con éxito como pintora de miniaturas en el que más tarde se convertiría en el Boston feminista (cuando dos mujeres vivían juntas, se llamaba *Boston marriage*), quería casarse con él y así se lo hizo saber. El senador Webster y ella habían mantenido correspondencia durante muchos años; cuando murió su primera esposa, Goodridge vio su oportunidad y se le ofreció como su siguiente esposa mediante este autorretrato. La pintura de miniaturas estaba muy de moda en aquellos tiempos, era una manera de llevar consigo a sus seres queridos, como más tarde lo sería guardar una foto de carné en la cartera. Pero entonces, como ahora, se mostraban sobre todo caras y no partes del cuerpo, en especial no los pechos. A Sarah Goodridge eso le traía sin cuidado. En su gesto, todo era escandalosamente atrevido y descarado. El hecho de que no esperara a que Webster se lo pidiera, sino que se lo propusiera ella misma. Que le mostrara una parte de sí misma que el hombre sin duda no había visto nunca antes, con lo que pretendía decirle que no solo era una buena amiga y una gran retratista, sino también esto, un ser sexual.

Pero también resulta interesante que idealizara estos pechos del mismo modo que habría hecho con un retrato normal. Cuando pintó este autorretrato tenía cuarenta años. Suponiendo que no haya cambiado nada fundamental en el proceso de envejecimiento de una mujer en los dos últimos siglos, es bastante improbable que el pecho que se reflejaba en el espejo mientras Sarah lo pintaba tuviera un aspecto tan redondito, tan sonrosado y fresco. Pero, sin duda, era lo bastante lista como para saber que, al igual que en la seducción, un autorretrato no trata de la realidad, sino de cómo quieres que te vean y de lo que quieres que crean los demás. En una época en la que la mirada masculina, es decir, la mirada cosificadora que el hombre lanzaba sobre la mujer y su cuerpo, iba cobrando cada vez más importancia en el paisaje urbano, y uno se topaba con una imagen ideal de la mujer en cada esquina y lata de galletas de Europa y Estados Unidos, ella decidió tomarse la libertad de mirarse a sí misma. Y, además, como a ella le gustaba. Esto era sumamente avanzado, pues en aquella época la autorrepresentación femenina se consideraba desvergonzada. Por desgracia, no sabemos si el señor Webster supo apreciar esta modernidad. Porque lo cierto es que eligió a otra. Sin embargo, nunca devolvió los fantásticos pechos de Sarah Goodridge. Estos permanecieron en la familia hasta la década de 1980, cuando se subastaron en Christie's. Ella pintó otros dos autorretratos. Esta vez, vestida.

CONTENTS
NO. FIRST FOR AU
GUST 1830
1830
CHARLOTTE
BRONTE

TINY BOOKS DE LAS HERMANAS BRONTË

Hacia 1830

En la adaptación cinematográfica de la famosa novela de Louisa May Alcott *Mujercitas*, dirigida por Greta Gerwig, hay una escena en París en la que Amy anuncia desalentada que va a dejar de pintar y se va a casar. Aunque tal vez tenga talento, no es un genio, y una mujer no puede sobrevivir con menos. «¿Y a qué mujeres se admite en el club de los genios?», le pregunta la joven Laurie, a lo que ella responde sin dudar: «A las hermanas Brontë».

Efectivamente, en 1869, cuando se publicó *Mujercitas*, de May Alcott, Charlotte, Emily y Anne Brontë ya eran de las pocas mujeres que se consideraban genios o, mejor dicho, leyendas. En primer lugar, porque habían muerto muy jóvenes casi diez años antes, primero Emily a los treinta, luego Anne a los veintiocho y, unos años más tarde, Charlotte a los treinta y ocho. En segundo lugar, por sus obras: *Jane Eyre*, *Cumbres borrascosas* y *Agnes Grey*, que publicaron en 1847 bajo los seudónimos Currer, Ellis y Acton Bell. *Jane Eyre*, que narra con tanta maestría el problema del empleo de institutriz que estalló en el siglo XIX, se convirtió en un superventas internacional casi de la noche a la mañana, y las hermanas se hicieron famosas a partir de julio de 1848. En aquella época, corría el rumor en Londres de que las tres eran una misma persona, un mismo autor, un hombre, por supuesto. Para aclarar el malentendido y evitar los problemas que conllevaba, Anne y Charlotte se quitaron los disfraces y viajaron a la capital. El editor de Charlotte en Smith, Elder & Co. recordaría más tarde con cariño cómo estas dos «damitas vestidas con bastante sencillez, con sus rostros pálidos y expresiones ansiosas», le esperaban en la recepción y una de ellas, la rechonchita con gafas, le puso en la mano una carta dirigida a «Currer Bell». «¿De dónde la ha sacado?», preguntó. «Usted me la envió», respondió Charlotte. El hombre debió de poner una cara muy rara. El autor de más éxito de su editorial era una mujer y, además, de provincias.

Debió de hacerse entonces la misma pregunta que todavía nos hacemos hoy cuando leemos los libros de las hermanas: ¿cómo pudieron estas jóvenes, que crecieron en medio de la nada, entre un cementerio y los páramos de Yorkshire, y llevaron vidas anodinas, escribir de repente las novelas más espléndidas de todos los tiempos? Así, sin más. De la nada. Una posible respuesta estaría en estos pequeños libros que las hermanas Brontë hacían de niñas. Miden unos 2,5 por 5 centímetros, más o menos el tamaño de una caja de cerillas, y están garabateados con letra de imprenta minúscula. Los cosían con embalajes postales, papel de *fish'n'chips*, hojas y todo tipo de retales (¡el papel era caro!) para llenarlos de historias disparatadas. La mayoría de los veinte *tiny books* («libros diminutos») que todavía existen y que ahora se encuentran dispersos entre el Brontë Museum de Inglaterra, la Biblioteca de Harvard y varias colecciones privadas, salieron de la pluma de Charlotte y de su hermano Branwell. Normalmente, la gente tiende a pasar por alto a las hermanas de hombres famosos en las historias; Alice James, por ejemplo, o Nannerl Mozart; pues bien, en este caso es el hermano, Branwell, quien ha caído en el olvido. Las esperanzas de la familia estaban puestas en él, pero por desgracia su talento no resistió a su alcoholismo. No obstante, desempeñó un papel esencial en el desarrollo de la imaginación y la escritura de sus hermanas, como explicó en una ocasión Patti Smith: «Branwell regaló a sus hermanas el romanticismo oscuro: era un mundo que habían creado juntos». En efecto, los universos de las tres hermanas no salieron de sus cabezas un día entre sus trabajos de maestra e institutriz, sino que fueron resultado de años de escritura y de narración, con Charlotte y Branwell como maestros de ceremonias.

Cuenta la leyenda que el juego surgió del siguiente modo. Después de que los cuatro hermanos perdieran en pocos años primero a su madre y luego a sus dos hermanas mayores y las enterraran en el cementerio contiguo a la casa, su padre, Patrick Brontë, intentó alegrar su sombría infancia, marcada por la pérdida, colmándolos de atenciones. Y así, un día llegó a casa con un grupo de figuras de peltre que lo cambiaron todo; los cuatro niños se las repartieron e inventaron no solo aventuras para sus figuras, sino todo un mundo, la «Confederación de la Ciudad de Vidrio». Probablemente, los hermanos se contaban primero las historias entre sí y las representaban antes de escribirlas. Pero tal vez fuera al revés. Los libritos que plasmaban sus imaginativas creaciones seguían el modelo de una revista que Charlotte describía como «la mejor publicación que existe» y que emulaba con la revista casera *Blackwood's Young Men's Magazine*. La editora era, como se leía allí, «La genial C. B.». Los temas y relatos eran eclécticos, había «Conversaciones militares», poemas, ficciones e instrucciones prácticas sobre, por ejemplo, «Cómo rizarse el pelo» de «monsieur Qué-razón». Los niños debían de pasar la mayor parte del tiempo juntos en estos mundos de ensueño con personajes como el coronel Pícaro, el capitán Bud o el *alter ego* de Charlotte, lord Charles Wellesley, con lo que lograrían escapar con éxito de la gris realidad. Muchos episodios y elementos que más tarde aparecerían en las novelas ya podían encontrarse aquí: el árbol junto a la ventana de Kitty en *Cumbres borrascosas*, por ejemplo, o la casa en llamas en *Jane Eyre*. Se dice que estos *tiny books*, de los que hubo casi un centenar, son la matriz del misterioso universo Brontë.

Charlotte fue quizá la primera en escapar de este mundo de ensueño y en persuadir a sus hermanas para que publicaran sus escritos. Branwell, por su parte, nunca llegó a salir del todo de la Ciudad de Vidrio, creada conjuntamente, y murió un año después del sorprendente éxito de *Jane Eyre*. En su época, esta novela se consideró como la misteriosa creación genial de la familia; para la crítica, *Cumbres borrascosas* era demasiado alocada y rebelde, y se consideraba un libro «de mal gusto». Han hecho falta varias décadas y la opinión de Virginia Woolf para corregir esta visión de uno de los libros más bellos jamás escritos. En abril de 1916, escribió en *The Times Literary Supplement*: «Emily posee el poder más único. Podía liberar la vida de su dependencia de los hechos; esbozar con unas pinceladas el espíritu que esconde un rostro para que a este no le haga falta un cuerpo; al hablar del páramo, hace soplar al viento y rugir al trueno».

MOTOR ANALÍTICO

1834

A finales del siglo XIX o principios del XX, cuando un caballero le preguntaba a una mujer joven a qué se dedicaba, en qué empleaba su tiempo, a veces sucedía, aunque no era muy común, que esta mujer no contestaba: «Me gusta jugar al bádminton» o «Sé bordar bastante bien», sino: «Soy una computadora». Esto no era una broma futurista y tampoco un presagio de que algún día surgirían romances entre ordenadores y personas, como en la película *Her*, sino que lo decía en serio. Era una computadora. Ese era su trabajo.

Las primeras computadoras del mundo eran muy distintas a esas cosas metálicas con las que la gente se sienta hoy en las cafeterías. Eran jóvenes muy inteligentes, tremendamente rápidas y en extremo precisas. Llevaban falda y el pelo ondulado. En resumen, eran mujeres. Y se las llamaba así: «las computadoras». Hoy en día, cuando se habla de la historia del ordenador, lo primero que nos viene a la cabeza son chicos con acné maquinando en algún garaje suburbano de Estados Unidos. Si nos remontamos un poco más atrás y buscamos a una mujer, siempre aparece el mismo nombre: Ada Lovelace, la pionera informática de la primera mitad del siglo XIX. Mientras su padre, el ya mencionado poeta lord Byron, estaba atrapado en su mansión en el lago Lemán en el verano de 1816, debido a una erupción volcánica, con sus amigos Percy y Mary Shelley, donde asistió a la creación de la mundialmente famosa novela de Mary *Frankenstein*, Annabelle, la madre de Ada, que entonces tenía un año, hizo todo lo posible para que su hija no se volviera como su exmarido, que era poco de fiar. En lugar de educarla en literatura y arte, las disciplinas a las que se dedicaba el padre, la madre orientó a la niña a un campo poco femenino, el de las matemáticas. Se dice que a los doce años, Ada soñaba con construir una máquina voladora, pero, en lugar de eso, conoció al matemático Charles Babbage y participó de manera indirecta en el desarrollo de sus calculadoras.

Su «motor analítico», de cuyo prototipo puede verse aquí una parte, se considera el precursor de los ordenadores actuales: una calculadora mecánica, que debía estar equipada con un mecanismo de cálculo (el elemento que se muestra en la imagen), una memoria, medios de entrada y salida de datos y, al igual que la tecnología del telar de Jacquard, inventada hacía poco, se operaba mediante tarjetas perforadas. Los resultados, según la idea, serían escupidos por la impresora. Por desgracia, esta máquina nunca terminó de construirse. Hubiera sido del tamaño de una habitación, de casi diecinueve metros de largo y tres metros de alto, y se habría puesto en marcha mediante una máquina de vapor. Sin embargo, el Gobierno estadounidense, que había apoyado a Babbage en sus primeros dispositivos, frente a esta megalomanía, dejó de creer en él y en sus invenciones —que desde el punto de vista de la época eran completamente equivocadas— y lo abandonó. Aquí entra otra vez en juego Ada Lovelace: cuando ella tradujo para su novio un informe sobre su proyecto «El motor analítico» del francés al inglés y este le pidió que añadiera sus propias observaciones, porque él sabía lo inteligente que era, la joven incluyó algunos comentarios visionarios. En sus «Notas» previó que esta máquina podría resolver algo más que «solo» problemas de cálculo y también procesar otros datos siempre y cuando dichos datos se tradujeran a un «lenguaje» que la máquina pudiera entender: «Podría aplicarse a más cosas aparte de los números si se encontraran objetos cuyas interacciones pudieran representarse mediante la ciencia abstracta de las operaciones y que se prestaran a ser procesados por las instrucciones y mecanismos del dispositivo». Con esta frase, Lovelace formuló los principios básicos de la programación allá por la década de 1840, por lo que se dice que ya entonces previó la aparición de la informática y los ordenadores.

Pero antes de eso, las computadoras seguían siendo humanas. Por lo general, mujeres. En Harvard, por ejemplo, un profesor de Astronomía disponía de toda una serie de estas máquinas de calcular vivientes. Según la leyenda, el señor Pickering, así se llamaba este hombre, gritó un día en un ataque de rabia: «¡Hasta mi criada podría hacerlo mejor!». Después de lo cual despidió a su equipo masculino y contrató a dicha criada, Williamina Fleming. La siguieron una docena de otras mujeres jóvenes que trabajaban día tras día en el último piso del Observatorio de la Universidad de Harvard y evaluaban las imágenes del cielo registradas en placas de vidrio. Se las llamaba las «Harvard computer» o el «harén de Pickering». Unas décadas más tarde, en plena Segunda Guerra Mundial, también en Estados Unidos, un grupo de seis computadoras, seis mujeres jóvenes, programaron en el más estricto secreto el primer ordenador universal del mundo, el Computador e Integrador Numérico Electrónico (ENIAC, por sus siglas en inglés), un coloso de veintisiete toneladas y diecisiete mil cables que podía resolver casi cinco mil problemas de cálculo por segundo. Se ha tardado años en reconocer que estas mujeres que aparecían en las fotos no solo estaban al lado del ordenador para que quedara bien, como las *refrigator girls* en los anuncios de frigoríficos, sino que habían hecho que el monstruo computacional funcionara. Por lo visto, a oídos de la mayoría los ordenadores y las mujeres sonaban a contradicción, y eso a pesar de que ya en los años sesenta del siglo XX muchas mujeres trabajaban en IBM como analistas de sistemas sénior, programando ordenadores gigantes. *Cosmopolitan* escribió en su momento que era una profesión ideal para las mujeres, y la programadora doctora Hopper que allí entrevistaban explicaba con bastante soltura: «Es como planificar una cena. [...] La programación requiere paciencia y habilidad para los detalles. Las mujeres están hechas para programar». No es necesario que expliquemos aquí que las mujeres no planifican mejor las cenas ni tienen más paciencia por naturaleza, sobre todo porque las mismas personas que pensaban que las mujeres y la cocina iban de la mano decidieron en algún momento que probablemente no eran tan buenas con los números. Hoy en día, la programación es en gran medida un trabajo de hombres y el mundo IT (*information technology*) es un mundo de hombres; hay que «animar» a las mujeres a que se aventuren en este campo profesional. De alguna manera, hemos olvidado que no solo la primera pensadora de la programación, Ada Lovelace, sino también muchas de las primeras computadoras fueron en su día mujeres.

AM I NOT A WOMAN & A SISTER
1838

MONEDA ANTIESCLAVITUD

1838

En la historia del feminismo y del abolicionismo, el movimiento para la abolición de la esclavitud, se recuerda el año 1851 como aquel en el que una mujer, una esclava liberada con el maravilloso nombre de Sojourner Truth, subió al escenario durante la Women's Convention en Akron, Ohio, de manera más o menos espontánea y pronunció este apasionado discurso:

> Se dice que hay que prestar ayuda a las mujeres para subir al carruaje, y también para atravesar las zanjas, y que les corresponden los mejores asientos en todas partes. ¡A mí nunca me han ayudado a subirme a un coche, o a atravesar un charco de barro, ni me han cedido el mejor asiento! ¿Acaso no soy una mujer? ¡Mírenme! ¡Miren bien mi brazo! ¡He arado, plantado y recolectado la cosecha, y ningún hombre me ha dicho lo que tenía que hacer! ¿Acaso no soy una mujer? He podido trabajar y comer tanto como un hombre —cuando gané lo suficiente—, ¡y también he soportado el látigo igual que él! ¿Acaso no soy una mujer? ¡He dado a luz a trece hijos y he visto cómo vendían a la mayoría de ellos como esclavos, y cuando lloré por ellos, nadie me escuchó excepto Jesús! ¿Acaso no soy una mujer?

Sus palabras, que las señoras presentes escucharon con emoción, pasaron a la historia como «Ain't I a Woman?» («¿Acaso no soy una mujer?»). La pregunta hacía referencia a una nueva manera de tratar a las mujeres; desde que se las había definido como criaturas débiles y atadas al hogar, a raíz del nuevo ideal burgués de ama de casa, la idea de que las mujeres, esos seres frágiles, debían ser tratadas con especial galantería se extendió como un gesto paternalista. Modales como sostener la puerta y ayudar a ponerse el abrigo datan probablemente de esta época, pero este nuevo comportamiento, en teoría bondadoso, no se aplicaba a todas; las mujeres negras seguían recibiendo un trato condescendiente en el mejor de los casos, y brutal en el peor, y las fantasías coloniales dieron lugar a la idea de obediencia sexual en la mente de muchos. «¿Por qué? —se preguntaba Truth—. ¿Acaso no soy una mujer como las demás? ¿Acaso no merezco yo también esos gestos de cortesía?». La pregunta enfrentaba a los señores con sus contradicciones ideológicas: querían ser civilizados, cultivar los mejores modales, pero ¿no con todo el mundo? ¿Cómo encajaba esto en una mente sincera? Ahora bien, quizá haya que añadir que, aunque estas palabras son audaces, no está claro que Sojourner pronunciara realmente esta famosa frase, que se repite como un mantra. Cuando subió al escenario, no llevaba papel en la mano ni gafas en la nariz, no sabía leer ni escribir; lo que dijo, lo dijo de manera improvisada. Así que fueron otros los que dejaron registrado su discurso para la posteridad en dos versiones diferentes: una con esta frase y otra sin ella. Una de ellas apareció poco después; la escribió un amigo suyo, el abolicionista Marcus Robinson, y no contiene la pregunta «Ain't I a Woman?». La segunda versión, que hemos citado aquí y que es la más conocida, ya que aparece en numerosas antologías clásicas del feminismo, la siguió doce años después.

Por entonces, estas palabras circulaban en monedas como la de la imagen desde la década de 1830. La sentencia era famosa en los círculos abolicionistas. Era una variación de la versión masculina de las monedas antiesclavistas, en las que podía verse a un hombre arrodillado y encadenado, preguntando después de todas las bellas ideas de la Ilustración y de todas las proclamaciones de los derechos humanos: «¿Acaso no soy un hombre y un hermano?» («Ain't I a Man and Brother?»). ¿No se me aplica también a mí la fraternidad proclamada en todas partes? ¿Acaso no son los derechos de las personas también los míos? Estas monedas circulaban entre Inglaterra y Estados Unidos y formaban parte de un movimiento contra la esclavitud en el que participaban sobre todo mujeres. Fueron en especial las británicas quienes se implicaron en la lucha desde el principio. Hacia 1825, por ejemplo, las señoras de la Female Society for Birmingham (antaño Ladies Society for the Relief of Negro Slaves) confeccionaban pequeños bolsos que llenaban de octavillas y manifiestos que después distribuían. En la parte delantera de la bolsa de seda podía verse a una mujer, a una esclava, dando de comer a sus hijos; la idea era conmover a la gente a través de imágenes como esta. Al igual que Alexandria Ocasio-Cortez hizo imprimir su mensaje político en un vestido para la gala de los Mets en Nueva York hace unos años («Impuestos a los ricos»), las damas de entonces llevaban sus «bolsas de mensajes» a la ópera o a las fiestas. Algunas boicoteaban el azúcar de las plantaciones regentadas por esclavos, otras se colocaban en el pelo broches con mensajes políticos, se ponían pulseras o repartían monedas como esta.

Para muchas mujeres que se unieron a grupos como la Sociedad Americana Antiesclavitud (American Anti-Slavery Society, AASS) en Estados Unidos, donde por primera vez daban discursos públicos y podían defender algo más que a su propia familia, la lucha contra la esclavitud se convirtió en el momento decisivo de su posterior compromiso feminista. En algunos casos, la indignación por la falta de libertad de las demás les hacía olvidar la suya, tenían una visión idealizada de sus propias vidas y trataban a las demás con velada condescendencia. De manera sin duda involuntaria, algunas negaban a las esclavas la posibilidad de liberarse a sí mismas, y con ello ignoraban en cierta medida los esfuerzos y las revueltas que ya existían. Pero cuanto más tiempo pasaban involucradas, más debieron de darse cuenta de que el trato a los esclavos y a las mujeres estaba alimentado por imágenes ideológicas y construcciones mentales similares: no solo tendrían que liberar a las esclavas de la esclavitud, sino también a ellas mismas de la suya propia (sobre todo del matrimonio, que Mary Wollstonecraft ya consideraba una forma de esclavitud en el siglo XVII). Es significativo que gran parte de las primeras sufragistas fueran al principio abolicionistas, y algo irritante si se tiene en cuenta que, un siglo después, el feminismo que estaba naciendo entonces se transformaría en un movimiento exclusivamente blanco, ignorando por completo la cuestión del racismo. En los tiempos de Truth, la división entre el feminismo blanco y negro aún no se veía venir, se consideraban unidos: «Si la primera mujer que Dios creó fuera lo bastante fuerte como para poner el mundo patas arriba sola, todas estas mujeres juntas deberían ser capaces de darle la vuelta una vez más —dijo—, y ahora que lo pedimos, los hombres no deberían interponerse en nuestro camino».

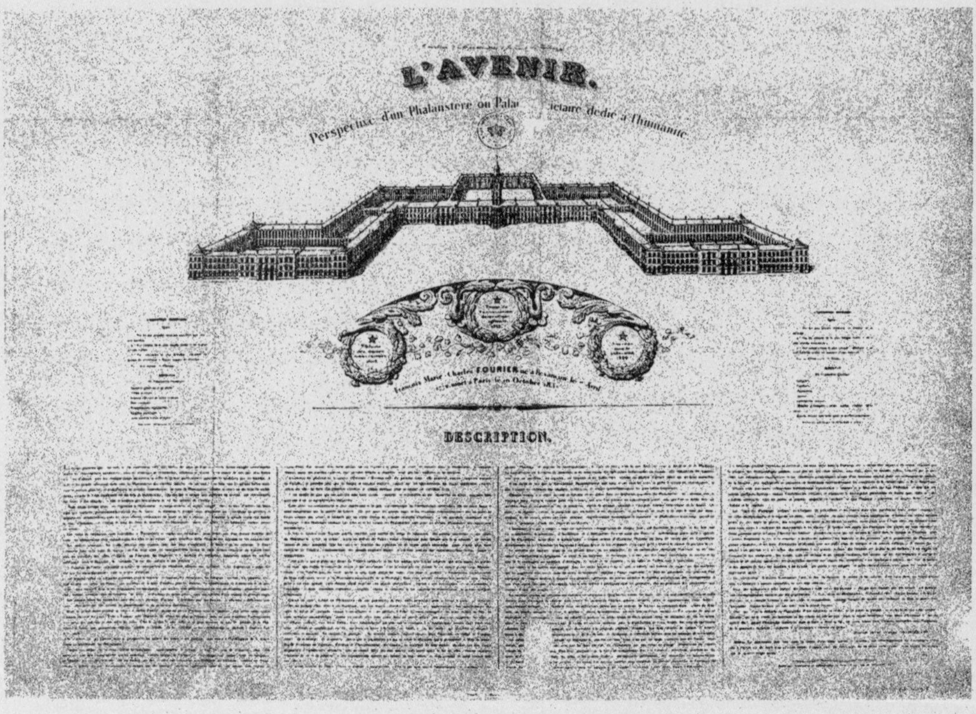
L'AVENIR.
Perspective d'un Phalanstère ou Pala
ietaire dédié à l'humanité
FOURIER
DESCRIPTION.

LITOGRAFÍA *L'AVENIR. PERSPECTIVE D'UN PHALANSTÈRE OU PALAIS SOCIÉTAIRE DE L'HUMANITÉ*

c. 1840

Suele decirse que el siglo XIX fue la era del despertar feminista. Mientras que la burguesía inventó el nuevo ideal del ama de casa y la medicina el mito de la mujer frígida, por primera vez en la historia ya no eran solo mujeres aisladas las que reclamaban su igualdad, sino que se tejían redes internacionales. Las mujeres al fin se dieron cuenta de que no sería suficiente con luchar junto a los hombres por la justicia y los derechos humanos, ya que en todos los bonitos discursos sobre igualdad y fraternidad se las omitía hábilmente y se las continuaba tratando como a personas de segunda clase. O, como dijo la socialista y feminista Flora Tristan, la abuela de Paul Gauguin, en 1843: «Incluso el hombre más oprimido encuentra un ser al que puede oprimir: su esposa. Ella es el proletariado del proletariado». Con esta conclusión nació el feminismo y se alió con el incipiente socialismo para luchar contra un sistema de poder injusto, el capitalismo patriarcal.

Pero ¿quién inventó en realidad el término «feminismo»? Se dice que fue el hombre que también inventó el modelo arquitectónico y de vida llamado «falansterio», que vemos en la imagen, una especie de versión XXL de Versalles, en cuyos pasillos, en lugar de monarquía y jerarquía, debían prevalecer las ideas socialistas de la libertad y del igualitarismo: su nombre era Charles Fourier y fue uno de los pensadores utópicos más interesantes de su tiempo. No es fácil determinar si él fue realmente el primero en hablar de feminismo, o solo el segundo o el tercero, o si fue más bien una mujer quien dio nombre al movimiento. Lo cierto es que el sueño de Fourier de una pequeña ciudad condensada en un solo edificio, que uno de sus alumnos publicitó en este folleto, tras su muerte, como «El futuro», ilustra bastante bien lo estrechamente entrelazados que estaban su modelo utópico de vida y la lucha por un nuevo lugar para la mujer en la sociedad: «El cambio de una época histórica siempre puede determinarse por la relación del progreso de la mujer hacia la libertad [...]. El grado de emancipación femenina es la medida natural de la emancipación general», opinaba Fourier y, por lo tanto, fue muy bien recibido más tarde; Marx y Engels transcribieron de manera literal sus ideas en *La Sagrada Familia*, una frase que a Rosa Luxemburg le gustaba citar. Incluso hoy en día, las feministas hacen referencia a ello y declaran sin descanso que no puede hablarse de modernidad o de progreso en una sociedad si las mujeres ocupan un lugar subordinado. Durante su vida, sin embargo, fue recibido con incomprensión; los pocos que lo conocían a él y sus utopías arquitectónicas y sociales no consideraban a Fourier un visionario, sino que lo tachaban de loco, un tipo simpático, pero completamente loco.

Debió de ser, cabe admitirlo, bastante peculiar; cuando niño ahuyentaba a los clientes de la tienda de sus padres diciéndoles que los estaban engañando y que deberían ir a comprar a otro lugar. De adulto soñaba con que el mar se convirtiera en limonada y que la gente viviera en el Sol en algún momento. Hasta que le llegó el momento, quería hacer del mundo un lugar donde las personas vivieran felices y libres, en lugar de limitadas por las obligaciones y las mentiras. El falansterio, una especie de versión turbo de la máquina de habitar de Le Corbusier, pretendía crear un núcleo de sociedad que él denominó «armonía» y que debía replantearse dos ámbitos de la vida en particular, los más importantes, si se quiere: el trabajo y el amor. Creía que las personas tenían que guiarse por sus pasiones, no por las normas inventadas por la burguesía y el capitalismo primitivo, y afirmaba que los habitantes del falansterio no debían hacer todos los días el mismo trabajo (¡qué aburrimiento!), sino que se les había de permitir probar algo nuevo cada día y desarrollar sus talentos. Pero, sobre todo, y lo que es más importante para el caso que nos ocupa, las tareas domésticas y el huerto no debían dejarse siempre en manos de las mujeres. En *El nuevo mundo del amor* dice: «La armonía no se producirá si somos tan estúpidos como para excluir a las mujeres de la medicina y la enseñanza y confinarlas a la cocina y la cacerola. La naturaleza ha dotado a ambos sexos por igual de la capacidad para la ciencia y el arte». *Mais oui!* Unas décadas más tarde, el filósofo británico y primer feminista John Stuart Mill diría algo parecido en *La esclavitud de las mujeres*, escrito junto con su esposa Harriet. Pero sigamos con Fourier. Para romper con esta idea, que en el siglo XIX fue cobrando fuerza, de que la mujer y el hogar estaban conectados de una manera «natural», los niños tenían que ser educados de la misma manera. Ellos debían poder desarrollar su lado «femenino» y ellas su lado «masculino». Era una idea nueva y descabellada en aquel siglo tan masculino.

Menos nueva, pero rara vez expresada por un hombre, era su opinión de que la forma clásica del matrimonio burgués impedía a las mujeres desarrollarse. Era imposible que algo tan bonito como el amor se inventara para dejarlo marchitar en algo tan insulso como el matrimonio, pensaba el soltero, y hacía campaña para que se aboliera esta institución que trata a las mujeres como mercancía. A continuación criticó la monogamia, que consideraba un concepto imbécil y deshonesto, afirmando que solo conduciría a la mentira y a la frustración. A diferencia de muchos de sus contemporáneos, es evidente que Fourier no creía que las mujeres fueran criaturas frígidas y faltas de interés sexual y, con su divertidísima y en apariencia muy seria tipología del «cornudo», se burló del mito de que los hombres engañan más que las mujeres porque «tienen que hacerlo». Ya sabéis, el impulso sexual, la naturaleza, etcétera.

Charles Fourier, a quien alguien describió con acierto como un cruce entre Rousseau y el marqués de Sade, creía que el mundo sería un lugar mejor y que la gente sería más feliz si se le permitiera vivir y amar más libremente. Por desgracia, su *phalanstère*, la casa en la que debía tener lugar esta revolución en las formas de vivir y de amar, nunca se construyó de esta forma; el único modelo inspirado en su idea, el *familistère*, no tuvo éxito. No obstante, las ideas de Fourier sobre el trabajo y el amor inspiraron a las socialistas y feministas a luchar por un nuevo orden social. Para que este mundo convertido en arquitectura no siga siendo el sueño en papel de un idealista.

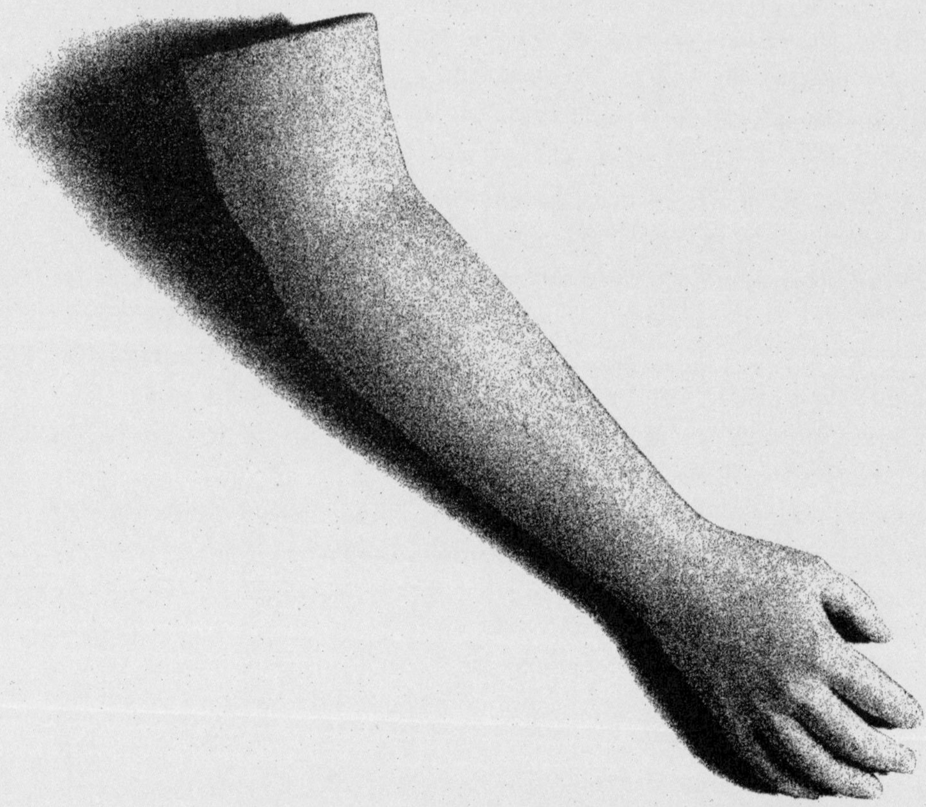

BRAZO DERECHO DE GEORGE SAND

c. 1847

A principios del siglo XIX, cuando una mujer quería hacerle saber amablemente a su marido que no estaba de acuerdo con la opinión de Napoleón de que una mujer era «propiedad del hombre, como un árbol frutal lo es del jardinero», y que ya no toleraría recibir órdenes en el futuro, solo tenía que dejar una novela de la escritora francesa George Sand tirada por la casa. La autora, que escribió best sellers con nombre de hombre a partir de la década de 1830, despertó algo entre las mujeres de su tiempo y dio graves dolores de cabeza a los caballeros de Francia, Inglaterra, Alemania e incluso Estados Unidos y Rusia. En una caricatura de Honoré Daumier de 1836, se veía a un tipo sin pantalones y con los calcetines hechos jirones frente a su mujer lectora y gritando en un último y desesperado intento de afirmar su poder: «Me da igual lo que diga la señora Sand, que se opone a que las mujeres remienden los pantalones de sus maridos. O introducen el divorcio o suprimen a esta mujer».

Precisamente con esta mano, la derecha, Sand escribió libros que animaban a sus compañeras a desatender sus «obligaciones», como *Indiana*, *Lelia*, *La pequeña Fadette* o *El pantano del diablo*. La réplica fue realizada por su yerno, el escultor Auguste Clésinger, siguiendo el mismo proceso que el de la mano izquierda de Chopin, el más famoso de los amantes de George. En la actualidad, ambas piezas reposan una junto a la otra en una vitrina del Musée de la Vie Romantique de París. Es como si se hubiera intentado, de manera muy romántica, captar el lugar del cuerpo a través del cual el genio penetra en el mundo exterior: el piano en Chopin, la escritura en Sand. Ambos fluyeron por la mano, pero con resultados muy diferentes. Allí donde Chopin conmovía los oídos, George Sand conmovió a la sociedad de forma muy concreta: al igual que unos años más tarde el *bovarisme* de su amigo Gustave Flaubert se extendió y dio nombre a los anhelos de las amas de casa burguesas, el *sandisme* se propagó como la pólvora. Animaba a las mujeres no tanto a ensoñaciones románticas como a ser más activas; a cuestionar su lugar en el mundo, a discutir los roles de género en general y quizá a posicionarse de forma diferente, más independiente, menos convencional. Su contemporáneo Henry James dijo una vez en un artículo para un periódico estadounidense que George Sand representaba una determinada actitud ante el mundo: los que la leían querían decir algo sobre sí mismos, opinaba, igual que algunas personas hoy en día pasean con la bolsa de una determinada librería para expresar su manera de pensar. Según James, leer a Sand era un poco como decir sin palabras: «Soy socialista, trascendentalista, abolicionista». Era un poco como decir: «Soy progresista y moderno».

Porque no hay duda de que George era progresista y moderna. Fue una de esas escritoras que inspiraron a sus contemporáneos no solo con sus libros, sino sobre todo con su original estilo de vida. Y es que Aurore Dupin (así se llamaba), como se aburría en su matrimonio y de todos modos salía a menudo al extranjero, convenció a su marido en la década de 1820 de que le permitiera vivir sola en París durante medio año. Más tarde, cuando ya se había establecido como escritora, o más bien como escritor bajo el seudónimo masculino de George Sand (derivado del nombre de uno de sus amantes, un tal señor Sandeau) y vendía sus libros con un éxito extraordinario, obtuvo la separación en un juicio que siguió todo el país. El divorcio no existía entonces, Napoleón lo había abolido con su misógino Código Civil, pero era obvio que «George» no veía por qué debía dejar que una pequeñez como esa la detuviera. Tampoco permitió que la impracticabilidad de la ropa de mujer le pusiera freno; aunque estaba estrictamente prohibido y castigado pasearse por la ciudad en pantalones siendo una dama, Sand se las arregló de algún modo para obtener una exención oficial. A partir de entonces, pudo caminar por las calles vestida de hombre, paseando, callejeando y observando sin ser observada. Como escribió en su biografía *Historia de mi vida*: «Atravesé todo París. Salía fuera cual fuera el tiempo y a cualquier hora del día o de la noche. Nadie me prestaba atención, nadie sospechaba lo que se escondía tras mis ropas». En una de sus obras menos conocidas, *Gabriel*, tematiza este juego con los roles de género, su personaje no quiere ser ni hombre ni mujer, sino solo libre. Por eso se viste de un sexo la mitad del año y del sexo opuesto la otra mitad, hasta que el mundo la castiga por tomarse esta libertad.

Curiosamente, la historia culpó a Sand menos por su vida poco convencional que por una afición en teoría femenina. El hecho de que mantuviera una relación con Chopin y un tormentoso romance con Alfred de Musset, a quien a su vez engañó con su médico mientras este se encontraba en cama con una enfermedad terminal, forma parte de la leyenda y ha contribuido a su fama durante décadas. Por el contrario, durante mucho tiempo se le reprochó el hecho de que no solo utilizase su mano derecha para escribir novelas y amar con libertad, sino que disfrutara haciendo mermeladas con esa misma mano derecha. En París, era George, que paseaba por la ciudad en pantalones y fumaba en pipa; en casa, en Nohant, era quizá más Aurore. Le encantaba atender a sus invitados y cocinar para su afable amigo Flaubert. El escritor ruso Turguéniev se sentía tan a gusto con ella que bailaba una ronda, e incluso el envidioso Balzac se dejaba caer por allí con frecuencia. Aunque el escritor tenía en mal concepto el *sandisme* porque consideraba que esta moda animaba a las mujeres sin talento a escribir en todos los rincones del país, nunca puso en duda la habilidad de George como novelista y anfitriona. Fueron estas cualidades de ama de casa, al parecer imperdonables, las que acabaron por valer a George Sand el apodo de la *bonne dame de Nohant*, la «buena señora de Nohant», en Francia y la relegaron durante mucho tiempo a un rincón de la literatura femenina trivial y un poco demasiado romántica. La gente olvidaba que había iniciado una revolución y prefería sonreírle como a una simpática señorita. Sin duda, les molestaba que, a pesar de su nombre, no hubiera querido ser un «tío de verdad», sino que hubiera utilizado su mano fuerte para inventarse un papel diferente. Un papel en el que hacer mermelada, escribir, llevar pantalones, fumar en pipa, amar con locura, ser romántica pero también autodeterminada pudieran coexistir y no se excluyesen mutuamente.

PALA DE LAVAR

Década de 1850

Una de las figuras más famosas y escalofriantes de la mitología matriarcal celta es la de la lavandera nocturna. Se la llama la *femme blanche*, la *lavandière* o la *chanteuse de nuit* y, según la leyenda, puede vérsela por la noche o al atardecer cerca de los grandes lavaderos, que hasta hoy forman el corazón de casi todos los pueblos bretones. Si un hombre pasa por delante de un lavadero de granito a la luz de la luna y ve a una joven vestida con una bata blanca, es aconsejable que se aleje de inmediato. De lo contrario, esta mujer le pedirá ayuda, dirá que necesita unos brazos fuertes para escurrir la ropa sucia, afirmará que es débil e indefensa, pero estará mintiendo. Como decía George Sand: «Se debe tener cuidado de no molestarla ni observarla, porque aunque midas dos metros y seas lo bastante musculoso, te agarrará, te golpeará contra el agua y te retorcerá el cuello como si fuera un calcetín».

Sand, que como es sabido sentía debilidad por los arroyos, los pantanos y otros lugares con una carga mística similar y le encantaban las leyendas rurales, escribió una vez que «a menudo oía los golpes de la lavandera por la noche». Probablemente, la mujer a la que oía usaba una pieza como la de la imagen: una pala de lavar la ropa, que formaba parte del equipamiento básico de toda mujer rural. Las leyendas en torno a las lavanderas nocturnas no decían mucho a su favor. Según las ideas de la época, eran mujeres «depravadas» que habían asesinado a sus hijos o maridos y por ello, creía la gente, no encontraban la «paz eterna». Se decía que por la noche lavaban la sangre de sus sábanas o, tal vez, limpiaban su conciencia, lo que explicaba por qué se encontraban allí, junto a los lavaderos. Pero quizá haya otra explicación para el hecho de que el lavadero y la lavandera con su pala aparecieran en la conciencia colectiva como una imagen espeluznante. Hasta finales del siglo XIX y principios del XX, cuando se implantaron las primeras lavadoras —esos extraños tambores de lavado hechos de madera o de metal, que aún funcionaban sin electricidad—, el lavadero era un importante espacio de socialización femenina, uno de los pocos lugares del pueblo que pertenecía a las mujeres. El mercado, el cementerio y la iglesia eran mixtos y, por lo demás, el espacio público estaba dividido por sexos: los bares y cafés eran masculinos, mientras que las fuentes, los arroyos y los lavaderos eran femeninos. Ya en la Antigüedad, la fuente era el único lugar al que las mujeres tenían permitido acudir fuera de sus casas, pero nunca se les dejaba quedarse demasiado tiempo allí. Gracias a la colada, unos siglos más tarde tenían una buena excusa para pasar una o dos horas junto al agua. Cuando los hombres querían charlar, iban al bar; cuando las mujeres tenían ganas de cotillear, iban al lavadero. Como mínimo una vez por semana. Por supuesto, el esfuerzo físico no era el mismo que con un vaso de cerveza, pero al menos podían chismear sin que las molestaran.

Se arrodillaban frente al lavadero, colocaban la colada previamente empapada en el agua, tiraban de la tela sobre la tabla de lavar, restregaban las manchas con un cepillo o golpeaban la tela con un utensilio de madera como este. Esta pala de lavar procede de la región del Loira y está decorada con un árbol y flores; otras palas estaban pintadas y algunas incluso llevaban grabados pequeños mensajes. Tal vez fuera un signo de prosperidad en tiempos de miseria poseer una pala de lavar más bonita, pero es probable que para el día a día solo se usaran las más sencillas y las otras sirvieran para adornar la pared. Para el caso, da lo mismo. Lo que importa es que se sentaban frente al agua y charlaban. De los vecinos, del pequeño Dupont, que era un completo inútil, del mozo de cuadra que se había fugado con la hija del panadero... la gente criticaba a los demás o hablaba de sí misma. De sus sueños, de sus preocupaciones, de sus miedos, del marido que no servía para nada, del embarazo no deseado, de los abortos, de las palizas, de los problemas de dinero. Y, a veces, la ropa sucia hablaba por sí sola. Las manchas de sangre revelaban esto o lo otro, o al menos dejaban intuirlo. No en vano, frases como «los trapos sucios se lavan en casa» se utiliza en casi todo el mundo, porque la ropa sucia da una idea de la intimidad. Sin duda, debía de resultar a menudo desagradable, pero a veces también era útil. Porque las demás podían entender lo que pasaba sin decir una palabra, porque quizá podían ayudarte si era necesario.

A algunos les gusta decir que la invención de la lavadora liberó a las mujeres, al darles más tiempo para hacer otras cosas y porque ya no tenían que arrodillarse en la plaza del pueblo con muchas otras mujeres para llevar a cabo un trabajo tedioso. Y, sin duda, llevan parte de razón. Pero también aisló a las mujeres, al menos a las de cierta clase social. De repente se encontraban solas frente a esas lavadoras de última generación, de repente no quedaba nadie con quien reírse de los demás o a quien contarle algo. El espacio público estaba ahora libre de sus «cotilleos». Muchos se alegraron de esto, sobre todo los hombres; las mujeres siempre hablaban demasiado para su gusto. Pero también significaba que se perdía un lugar para la socialización y la solidaridad femeninas. Ahora, si una mujer necesitaba consejo o ayuda, tenía que salir a pedirlo de forma activa. La barrera psicológica era mucho más grande, así que podemos imaginar que muy poca gente se la saltaba. Si pensamos en el mito de la lavandera nocturna y su supuestamente amenazadora pala de lavar, se nos ocurre una interpretación por completo distinta de la leyenda: se refiere menos a «mujeres malvadas» que al hecho de que los hombres tuvieran miedo de lugares tan exclusivamente femeninos. En todo caso, estas jóvenes no regresaban como la lavandera porque quisieran vengarse de los hombres, sino porque el lavadero había sido uno de los pocos lugares de sus vidas en los que se habían sentido seguras y comprendidas, uno de los pocos que les pertenecía por completo.

MÁQUINA DE COSER SINGER

1851

Si este libro no fuera una historia de las mujeres en cien objetos, sino una historia de las mujeres en dos objetos, en estas páginas aparecerían solo los siguientes: un huso y una aguja de coser. Para visualizar a las mujeres y sus vidas en una imagen concisa, es decir, que sea válida desde la Antigüedad hasta finales del siglo XIX, esta sería la de una mujer sentada sola o con otra mujer en una habitación o en un patio interior, con un huso en la mano o cosiendo trozos de tela. Las mujeres y el trabajo textil siempre han ido de la mano, incluso lingüísticamente. Desde el siglo XVI, en Inglaterra se llamaba *spinster* a una mujer soltera y de edad avanzada, porque hilar (*spin*) era la forma más fácil de ganar dinero para esas señoras.

Al menos hasta principios del siglo XIX. Después cambiaron las tornas, ya que el siglo XVIII trajo consigo revoluciones no solo políticas, sino también, y sobre todo, técnicas. De repente había máquinas que hacían justo lo que las mujeres habían estado haciendo en casa durante siglos, pero mucho más rápido y probablemente mejor. La Spinning Jenny, por ejemplo, convirtió la existencia de las *spinsters*, las hilanderas, en casi superflua. Muchas perdieron su empleo en aquella época, pero muchas también encontraron nuevos trabajos, y esta vez no encerradas entre sus cuatro paredes, sino en una fábrica. Este nuevo entorno laboral y la llegada de la producción en masa tenían algunas ventajas y algunos inconvenientes para la población femenina de Europa. Una de las ventajas era que salían de casa y pasaban el día con desconocidos, por lo que conocían a otras personas, otras historias y otras formas de pensar, ampliando así sus horizontes intelectuales. En el lado negativo, ahora estaban a merced de sus superiores, que por lo general creían que sus empleados eran de su propiedad tanto como sus máquinas. Por otro lado, se las consideraba trabajadoras de segunda clase en el nuevo mundo laboral; si una tarea era monótona y, por tanto, cruelmente agotadora, se dejaba en manos de las mujeres y se les pagaba un salario ridículo por ella; en general, se las excluía de los sindicatos porque los hombres no las querían allí.

Hasta aquí la primera mitad de este revolucionario siglo. En la segunda, se añadió otra máquina: la máquina de coser Singer, cuyo prototipo vemos en la imagen, que cambió la vida de muchas mujeres. Pero antes de que llegara el momento en que la Singer inundara los mercados de Estados Unidos y Europa y se convirtiera en la «mejor amiga» de las mujeres en todos los hogares, hubo una pequeña guerra. Un grupo de hombres se pelearon sobre quién era el rey de la máquina de coser, el inventor de este objeto o más bien de sus componentes. El asunto pasó a la historia como la «guerra de la máquina de coser». No es broma. En algún momento, los caballeros acordaron una patente dividida, y la Singer pudo finalmente emprender su camino hacia el éxito alrededor de 1851. Era el comienzo de la producción textil en masa, y esto exigía cada vez más costureras, muchas de las cuales trabajaban en talleres clandestinos llamados *sweatshops*. Si hemos de creer al *New York Herald*, las condiciones de trabajo de entonces eran tan terribles como las de la *fast fashion* de hoy, o como se decía sobre las costureras de la época: «No conocemos ninguna clase de mujeres a las que se pague menos por su trabajo y que sufran más privaciones y penurias que estas». Las señoras debían de estar entusiasmadas con esta primera versión de la máquina de coser. Esta no solo les permitía eludir las *sweatshops* (aunque aún existieran), sino que también podían ganar mucho más dinero. Al menos eso es lo que afirmaba el anuncio de Singer: «Se pueden ganar hasta mil dólares al año», rezaba. La máquina también ahorraba dinero y, sobre todo, tiempo; se podían coser vestidos nuevos unas tres veces más rápido que a mano, lo que permitía a la madame hacer otras cosas además de trabajar. Eso era un lujo y explica el éxito rotundo que tuvo la máquina. Sobre todo porque la empresa utilizó una inteligente estrategia de ventas: se dirigió a las mujeres y les dio la sensación de que todo giraba en torno a ellas y que esta máquina solo existía para ellas. «Se vende directamente del fabricante a la mujer de la familia», rezaba el eslogan publicitario. Se ofrecían cursos de formación en las tiendas y los técnicos de Singer acudían a los domicilios para hablar con la persona a cargo de la máquina de coser, es decir, con la mujer.

Esto debió de irritar a algunos hombres de la época. «¿Por qué comprar una máquina de coser cuando puedes casarte con una?» era quizá una frase común en los círculos masculinos. Algunos incluso le reprocharon a Isaac Singer: «Va a suprimir lo único que puede tranquilizar a las mujeres durante un tiempo prolongado», ignorando por completo cuáles eran sus intenciones, pues el hombre era de todo menos feminista. Otros, por su parte, sobre todo médicos, para quieres el vínculo entre la mujer y la máquina siempre había resultado fuera como fuese sospechoso, temían por la virtud femenina: «Un aparato como este provoca un delirio histérico por el movimiento continuado (del pie en el pedal)», decían. Otros afirmaban: «Provoca una irritación genital tan fuerte que las trabajadoras necesitan hacer una pausa y empaparse con paños fríos». En algún momento, esta preocupación de los hombres por que la máquina los sustituyera debió de ceder, pues la máquina de coser se convirtió en «el mejor regalo de bodas», un *must-have* para la mujer moderna. Y es que, a diferencia de la Spinning Jenny, la Singer llevaba a las mujeres de vuelta a casa para acercarlas al ideal de la madre y ama de casa. Es difícil determinar si el aparato vinculaba aún más a las mujeres con su situación de sumisión o si les daba la oportunidad de ganar dinero y ser creativas, con lo que en cierto modo las liberaba. Como mínimo, les ofrecía la sensación de que tenían una relación privilegiada con la modernidad y con el progreso, como escribió una vez un escritor francés en retrospectiva: «El hecho de que esta máquina fuera diseñada para mujeres les daba una soberanía definitiva sobre la casa. Los hombres aún se dedicaban a sus caballos y a sus carros, a sus grandes hazañas vestidos con pantalones rojos. El siglo XX se había decidido por las mujeres».

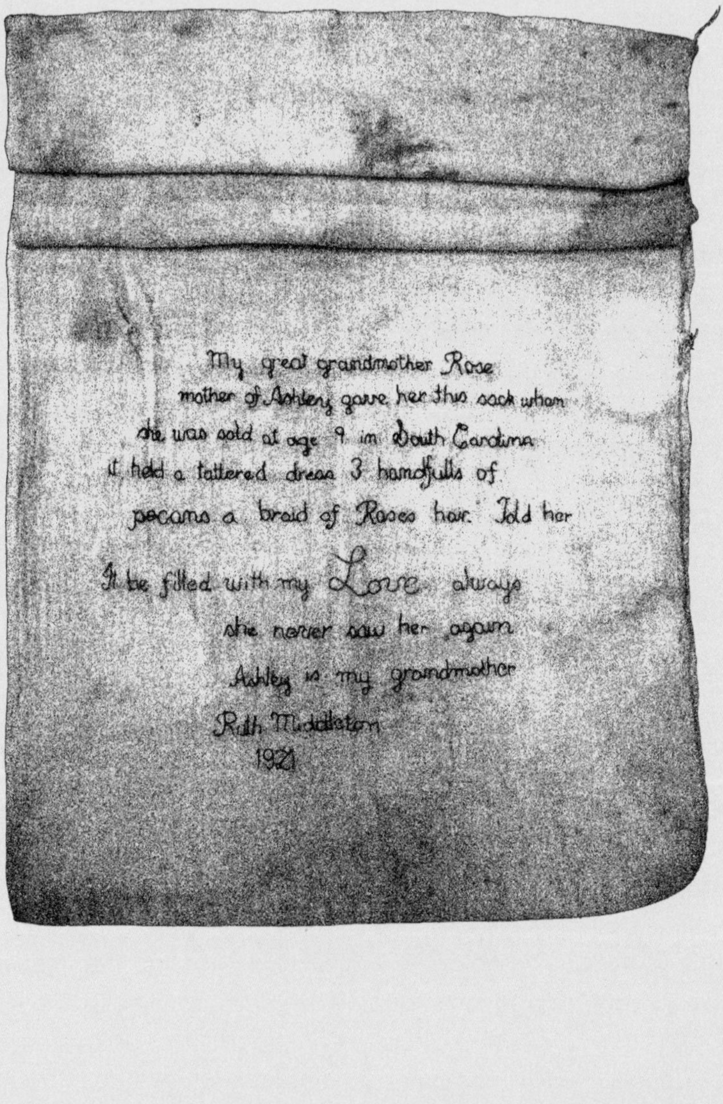
My great grandmother Rose
mother of Ashley gave her this sack when
she was sold at age 9 in South Carolina
it held a tattered dress 3 handfulls of
pecans a braid of Roses hair. Told her
It be filled with my Love always
she never saw her again
Ashley is my grandmother
Ruth Middleton
1921

EL SACO DE ASHLEY

1852/1921

Entre todos los objetos recogidos aquí, este, el saco de Ashley, tal vez sea el más conmovedor. Su residencia habitual se encuentra en Middleton Place, una antigua plantación de algodón convertida en museo situada en Charleston, Carolina del Sur. Junto a su vitrina, siempre hay una caja de pañuelos, por la simple razón de que son pocos los visitantes que pueden observarlo sin derramar una lágrima. Cuando el Museo Nacional Smithsonian de Historia y Cultura Afroamericana lo expuso durante cinco años en préstamo en Washington D. C., se dijo que el saquito era la pieza más desgarradora de esa colección, a la que no le faltan objetos e historias emotivos.

El saquito de Ashley mide ochenta y tres por cuarenta centímetros, está hecho de algodón y fue encontrado por casualidad en 2007 entre otras piezas de tela en un mercadillo de Nashville. Es único porque cuenta de una manera muy íntima e impactante un aspecto muy trágico de la trata de esclavos en Estados Unidos: la separación de las familias, en especial, la separación de las madres y sus hijos; como cuentan las líneas bordadas:

Mi bisabuela Rose,
madre de Ashley, le dio este saco
cuando ella tenía nueve años y la vendieron en Carolina del Sur.
Este contenía un vestido, tres puñados
de nueces pecanas y una trenza del pelo de Rose. Ella decía
siempre estará lleno de mi amor.
Nunca la volvió a ver.
Ashley es mi abuela Ruth Middleton, 1921

Debía de ser el invierno de 1852 cuando la Rose aquí mencionada sospechaba que pronto podrían separarla de su pequeña hija Ashley: su dueño, Robert Martin, acababa de morir, y para los esclavos ese era un momento delicado, pues significaba que su propiedad, también ellos mismos, iba a ser repartida. Los descendientes de su amo los elegirían por sorteo o los subastarían en un mercado, las posibilidades de permanecer juntos como familia eran escasas. Al igual que en 2018, bajo la política de «tolerancia cero» de Donald Trump, miles de familias fueron separadas a lo largo de la frontera con México y muchas de ellas no han podido reunirse hasta el día de hoy, varios miles de familias fueron truncadas en los doscientos años de trata de esclavos en Estados Unidos. Se estima que al menos uno de cada cuatro niños fue separado de sus padres, es decir, del padre, de la madre o incluso de ambos, la mayoría de ellos para siempre. El miedo a que esto ocurriera debía de estar siempre presente, sobre todo porque los dueños de esclavos lo usaban como medida de presión; en especial cuando se trataba de las hijas. No en vano Sethe, el personaje de la escritora Toni Morrison en *Beloved*, como tantas esclavas en la vida real, toma la impensable decisión de matar ella misma a su pequeña hija, su bebé, en lugar de someterla a una vida de esclavitud. ¿Qué abrumadora ha de ser la desesperación y qué terrible el destino para dar ese paso? La escritora Zora Neale Hurston escribió una vez que las mujeres afroamericanas eran las «mulas del mundo» en ese momento; se abusaba de ellas como esclavas sexuales, como nodrizas para los descendientes de los amos, se las obligaba a producir niños, es decir, material humano, para que pudieran entrar en posesión del amo o de la señora, como un nuevo pedazo de tierra. Y no dudaban en vender al bebé a cambio de un nuevo cultivo o incluso de un vestido elegante.

Por desgracia, como ocurre a menudo en la historia, faltan fuentes de primera mano en relación con las esclavas. Con excepciones como las memorias de Harriet Jacobs *Incidents in the Life of a Slave Girl*, casi ninguna exesclava ha escrito sobre su vida. La mayoría no sabían leer ni escribir, e incluso aquellas que sí podían hacerlo no esperaban que su vida le interesara a nadie. Los objetos que podrían haber proporcionado información sobre la vida de las mujeres también se perdieron o destruyeron con el tiempo. Por eso este saco es tan importante. Porque cuenta una gran historia de una manera muy discreta e íntima. Porque habla de la fuerza de esta madre que, a pesar de todo el miedo y el dolor, le dio a su hija algo que debía servir como un pequeño espacio de seguridad. Recogió lo que pudo encontrar: nueces pecanas, que entonces eran valiosísimas. Un mechón de pelo, que en el siglo XIX era el objeto de recuerdo más popular. Un vestido para abrigarse. Le dio este saco, como un kit de emergencia para el futuro, y lo llenó simbólicamente de coraje y de amor. El breve relato, bordado en hilo marrón, rosa y verde, no fue escrito hasta décadas más tarde, en 1921, por la nieta de Ashley, Ruth. A diferencia de

Rose y de Ashley, Ruth había nacido siendo una mujer libre; esta pequeña bolsa de algodón, que al parecer nunca se perdió y se transmitió en la familia con su historia, era el eslabón que conectaba a varias generaciones de mujeres. Ruth capturó el destino de su bisabuela y de su madre como un recordatorio de la historia personal de la familia, pero también como un testimonio de la gran historia. Después de la abolición de la esclavitud en la década de 1860, las búsquedas en los periódicos recorrieron todo Estados Unidos como un estruendo de voces. Los hombres querían saber el paradero de sus esposas, los hermanos buscaban a sus hermanas y las mujeres a sus hijos. Describían dónde se habían visto por última vez, en qué mercado los habían vendido a diferentes propietarios y pedían información. Por ejemplo, en un anuncio para encontrar a sus cuatro hijos, una tal Elizabeth Williams escribió: «No ha vuelto a ver a los niños mencionados. Toda la información será recibida con gratitud por alguien cuyo amor por sus hijos ha sobrevivido a la dureza y crueldad de tantos años de esclavitud». No sabemos si se reencontró con alguno de ellos. Rose y Ashley, según nos consta, nunca se volvieron a ver.

Kirby's Planchette.

TABLA ESPIRITISTA

1853

En tiempos de agitación e incertidumbre general, se buscan formas alternativas de vivir y de pensar. Esto siempre ha sido así. Hoy en día, está en auge el mercado de las piedras curativas, en la segunda mitad del siglo XIX eran piezas como esta las que inundaban el mercado: las llamadas *planchettes* o tablas espiritistas.

Se inventaron en Francia alrededor de 1853. Estaban compuestas por una tabla de madera en forma de corazón sobre dos pequeños rollos y un lápiz en la punta del corazón y servían para comunicarse con los muertos. Había que colocar un dedo en el tablero, solo o con otra persona, y esperar a que se moviera como por arte de magia y escribiera un mensaje (normalmente ilegible). Era una experiencia mística y un juego al mismo tiempo, y entusiasmaba tanto a la gente que se precipitaban en masa a las librerías para adquirir una pieza de estas. En Estados Unidos, la marca Kirby&Co. representada aquí vendió en pocos meses doscientas mil tablas de este tipo en 1868, convirtiendo un movimiento iniciado unos veinte años antes por dos chicas estadounidenses en un fenómeno de masas comercializado: el espiritismo.

La creencia en la posibilidad de comunicarse con los muertos nació en Hydesville, al norte del estado de Nueva York. Cuando Maggie y Kate Fox lo iniciaron en la década de 1840, se unieron a un desarrollo de la región, el llamado *burned over district*, que a principios del siglo XIX se había convertido en un centro de creencias y modelos de vida alternativos, como el de los mormones. Pero para las dos chicas todo empezó de manera muy poco espiritual, como un estúpido juego de niños: habían engañado a su madre haciéndole creer que se estaban comunicando con un hombre que habría sido asesinado en su casa. El diálogo se estableció mediante golpecitos. Un golpe significaba «sí», dos «no», el espíritu decía todo tipo de cosas que nadie podía comprobar, pero que después de poco tiempo todos creían. Primero los vecinos, después toda la región. Como ocurre a menudo, bastó con que una buena cantidad de personas pensaran que era cierto para que se extendiera como la pólvora y convenciera incluso a los más escépticos. Tal vez porque las muchachas, sin saberlo, habían dado con un punto débil de su tiempo. Los descubrimientos de la ciencia y los estilos de vida radicalmente nuevos habían sacudido las certezas religiosas sobre la vida y la muerte e inquietado a muchas personas; la tasa de mortalidad seguía siendo muy alta, sobre todo entre los jóvenes. La promesa de poder seguir hablando con los muertos ofrecía un consuelo y explicaba el increíble éxito de esta travesura. Después de que Leah, su hermana mayor, con una evidente mentalidad comercial, se llevara a las dos Fox Sisters durante el verano de 1848 para demostrar sus «habilidades» en sesiones públicas, Maggie y Kate alcanzaron tal fama que hicieron una gira por Estados Unidos. Actuaron en Nueva York y en Washington D. C., en Filadelfia, en St. Louis, en Columbus y, sin quererlo, difundieron un nuevo mensaje que ganó seguidores en todas partes. Y que también produjo imitadores. Los espiritistas surgieron como setas; de repente, todos creían haber descubierto en sí mismos una capacidad hasta entonces oculta: la de comunicarse con el más allá.

Lo interesante del caso es que la mayoría de estos nuevos salvadores eran mujeres. Ser médium era femenino, no porque las inventoras lo hubieran sido, sino porque así se consideraban las cualidades que se suponían necesarias para dicha comunicación: un alto nivel de sensibilidad, fragilidad, empatía. También la pasividad, porque lo de los golpecitos no duró mucho y pronto dejaban que los espíritus «hablaran a través de ellas». Para muchas mujeres esto fue una liberación: podían viajar con libertad, ganar dinero y aparecer en público sin que las vieran como a «chicas fáciles»; se las escuchaba y se las celebraba como portavoces de otro mundo. Como escribieron las famosas sufragistas Elizabeth Stanton y Susan B. Anthony en su *Historia del sufragio femenino*: «La única secta religiosa en el mundo que ha reconocido la igualdad de las mujeres es el espiritismo». Tal vez no sea una coincidencia que el movimiento de mujeres estadounidenses liderado por estas dos señoras, Stanton y Anthony, naciera el mismo verano que el espiritismo. Mientras las hermanas Fox golpeaban tablas de madera en julio de 1848, Stanton y Anthony estaban a unos cientos de kilómetros de distancia, en Seneca Falls, sentadas a otra mesa: la de la «Declaración de Sentimientos». El manifiesto, que firmaron junto con otras sesenta y ocho mujeres y treinta y ocho hombres, defendía la igualdad de derechos entre hombres y mujeres y fue el pistoletazo de salida del movimiento feminista en Estados Unidos. Por supuesto, ambos grupos no sabían nada el uno del otro en ese momento y, a primera vista, poco tenían en común. ¿Qué une a dos señoras maduras y políticamente activas con dos adolescentes rebeldes e inconscientes? Nada y mucho a la vez. Porque, aunque no todas las sufragistas fueran espiritistas, casi todas las espiritistas eran feministas. Porque el espiritismo como forma de entender el mundo tenía mucho en común con el movimiento de mujeres. Por ejemplo, ambos querían romper con el orden imperante y con las estructuras de poder del patriarcado, lo que se expresaba, por ejemplo, en el hecho de que ya no era necesario que los sacerdotes te explicaran el mundo; la comunicación con algo superior estaba al alcance de todos gracias a objetos como la tabla espiritista. Además, las espiritistas y las feministas se rebelaron contra la esclavitud, contra la violencia sexual, contra la obligación de la maternidad y contra la opresión de las mujeres fomentada por la Iglesia y sus representantes durante siglos. «El espiritismo marcó el comienzo de la era de las mujeres», dijo una vez una famosa espiritista. Y tenía razón. Casi ninguna otra fe ha inspirado y empoderado tanto a féminas de todo el mundo, desde artistas y pensadoras hasta amas de casa victorianas, como esta.

Sin embargo, a sus inventoras, las Fox Sisters, todo esto no les dio la felicidad. Después de años de viajes, abandonaron el negocio exhaustas y murieron bastante jóvenes, solas, pobres y olvidadas. Maggie Fox una vez intentó aclarar las cosas, fue en 1888 en la Academia de Música de Nueva York. Había convocado una última sesión para explicar que todo había sido una gran broma: los ruiditos provenían del crujido de su pie; las conversaciones con los muertos nunca habían ocurrido, dijo. Pero nadie quería creerla. El acceso al más allá y a la visión del mundo que implicaba se habían vuelto demasiado importantes como para dejar ir a los fantasmas, así que la gente se burlaba de Maggie. «¡Qué tontería!», decían, y volvían a sus tablas espiritistas.

LÁMPARA FANOOS

c. 1854

Cuando comenzó la crisis del coronavirus en 2020, las enfermeras salieron brevemente de la ciénaga de la indiferencia y se convirtieron en el centro de atención. Se les dedicaron aplausos y vítores antes de que volvieran a caer en el olvido. Hace más de ciento cincuenta años sucedió algo similar en Inglaterra. Una breve oleada de entusiasmo por la enfermería se extendió en la sociedad, pero sobre todo por una mujer que había dejado huella: Florence Nightingale, la famosa «dama de la lámpara».

«Cuando el silencio y la oscuridad descienden sobre los postrados, puede vérsela dando vueltas con una pequeña lámpara en la mano», escribió *The Times* en 1854 y así alimentó el mito de Nightingale que iluminó a toda Europa: «El rostro de cada uno de estos pobres muchachos se suaviza por la gratitud que sienten al verla». En los dibujos, Florence solía aparecer vagando en la oscuridad con una pequeña lámpara de aceite, pero, en realidad, debió de ser con un farol turco exactamente igual al que mostramos aquí, un *fanoos*, que deambulaba por el hospital de Crimea. La idea de una mujer joven con una lámpara que sacrifica su sueño para cuidar a los soldados heridos moldeó su imagen: se la imaginaba como dulce y maternal, como el «ángel de Crimea», el «ángel del cuidado», en general como un ángel, es decir, como la encarnación perfecta del ideal de la mujer abnegada que vive solo para los demás. Pero aquello no se correspondía con la realidad. Sin duda, era atenta, escribía largas cartas a los familiares y fue una de las primeras en comprender que la psique también desempeña una función en la curación. Pero también era rebelde, testaruda y buscaba el poder de una manera muy poco habitual en su época. Viajó a Roma para seguir formándose, dirigió en Londres el Institute for the Care of Sick Gentlewomen y, al fin, en 1854, a petición del ministro de Guerra británico Samuel Gridley Howe, fue a Constantinopla con un grupo de treinta y ocho enfermeras que ella misma escogió para cuidar a los soldados británicos heridos en la guerra de Crimea.

Esta no era la carrera que una podía conseguir en la Inglaterra del siglo XIX a base de pura dulzura y amabilidad, sobre todo siendo una mujer joven de clase alta. Si llevaba esa vida es porque se la había ganado a pulso. A fin de cuentas, el lugar de una dama en la sociedad victoriana era la casa y su influencia en la sociedad, al menos si una no se llamaba Emily o Charlotte Brontë, era nula. Florence debería haber pasado sus días en salones, jugando al bridge y tomando el té, en bailes y en otros sofisticados eventos, casándose y teniendo hijos. Pero obviamente no podía acostumbrarse a esa vida: «Prefiero morir que pasarme la vida en salones aburridos», escribió una vez cuando era niña, a pesar de que la casa de sus padres era frecuentada por pensadores británicos como Charles Darwin o la matemática Ada Lovelace. No debían de ser tan aburridos, pero ella quería algo diferente: ser enfermera. Un escándalo. Que quisiera cuidar de los pobres y los enfermos era normal y se aceptaba; una mujer de buena familia tenía que comprometerse, pero solo hasta cierto punto. Se les llevaba a los necesitados una pieza de fruta de vez en cuando, un trago de brandy o una manta, pero a los hospitales ni se acercaban. Las mujeres que allí trabajaban eran en su mayoría ancianas, pobres y tenían fama de vender no solo su buen carácter, sino también su cuerpo a los pacientes. «Enfermera» no sonaba a una profesión para mujeres jóvenes, sino más bien parecía referirse al final de una vida fracasada. Al menos hasta que Florence rompió el cliché; cuando empezaron a llegar las noticias de Estambul y los soldados le dedicaron himnos de alabanza en las cartas que escribían a sus familias, y después de que la madre de Florence hiciera un hábil trabajo de relaciones públicas, la «dama de la lámpara» se convirtió en una figura de culto, en la mujer más famosa del imperio, justo después de la reina Victoria. Se le ponía su nombre a las recién nacidas y a los barcos, se vendían estatuillas de Nightingale, se repartían folletos con su biografía por las calles de Londres y se cantaba una canción: *Listen Soldier to the Tale of the Tender Nightingale*. Incluso se dice que la reina le escribió una carta en la que le agradecía «el honor que le ha otorgado a su género».

En efecto, Nightingale había demostrado que las mujeres podían conseguir muchas cosas si por fin las dejaban salir de sus salones. Cuando se hizo cargo del hospital militar Scuderi durante la guerra de Crimea, la tasa de mortalidad de los soldados se redujo de forma drástica gracias a las medidas que introdujo. Por ejemplo, Florence descubrió que la mayoría de los combatientes no morían a causa de sus heridas, sino por las enfermedades que habían contraído en el insalubre hospital militar. Es por eso que ella y su equipo de mujeres implementaron nuevas medidas de higiene, con lo que pusieron de los nervios a los médicos varones: a partir de entonces, los pacientes se lavaban, se vestían con ropa limpia y se alimentaban adecuadamente; las habitaciones y los materiales se limpiaban de manera periódica, se ventilaban y, lo más importante, el lavado de manos se hizo obligatorio. A nosotros todo esto nos parece normal. Nadie ingresaría voluntariamente en un hospital donde se aplicasen reglas diferentes, pero esta normalidad se debe en gran medida a miss Florence Nightingale. En aquel entonces se la celebraba con razón como «la» heroína de la guerra de Crimea; incluso les hacía sombra a los propios soldados. Después fundó una escuela para enfermeras, que difundió sus enseñanzas por Inglaterra y Europa en las décadas siguientes. Hasta hoy se utilizan sus libros para enseñar los fundamentos teóricos, y el 12 de mayo, su cumpleaños, es el Día Internacional de la Enfermería. Y ¿quién sabe?, tal vez durante las largas noches de la pandemia alguna enfermera se sentó frente a su lámpara y se preguntó: «¿Qué haría Florence?».

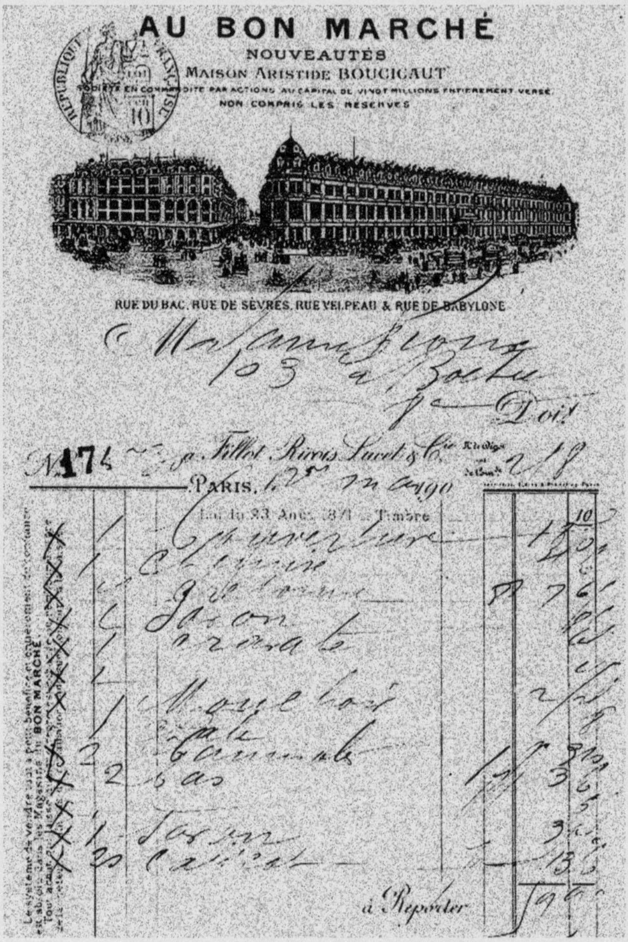

AU BON MARCHÉ

NOUVEAUTÉS

MAISON ARISTIDE BOUCICAUT

SOCIÉTÉ EN COMMANDITE PAR ACTIONS AU CAPITAL DE VINGT MILLIONS ENTIÈREMENT VERSÉ NON COMPRIS LES RÉSERVES

RUE DU BAC, RUE DE SÈVRES, RUE VELPEAU & RUE DE BABYLONE

Madame ...
103 ...
Doit

N° 174

PARIS, ... 190

Loi du 23 Août 1871 — Timbre

à Reporter

FACTURA DE «AU BON MARCHÉ»

Década de 1860

Una de las primeras páginas de la famosa novela de Émile Zola *El paraíso de las damas* reza: «En esta gran ciudad, que yacía negra y silenciosa bajo la lluvia torrencial, en este París desconocido, los grandes almacenes brillaban como un faro, parecían unir en sí toda la luz y toda la vida de la ciudad». Los grandes almacenes se le aparecen a Denise, la heroína de la novela, como lo que son en ese final de siglo XIX: el escaparate de la modernidad, el símbolo de una era naciente en la que la mujer desempeña un papel nuevo por completo: el de consumidora. El modelo de esta historia, que narra los inicios del consumo de masas, las montañas de mercancías, el frenesí de las compras, pero también su democratización, fueron los legendarios grandes almacenes parisinos que emitían esta factura por «una manta», «una camisa», «una corbata», «dos pares de medias» y otras cosas indescifrables: Le Bon Marché, antiguamente Au Bon Marché, los primeros grandes almacenes de su especie.

Con la Revolución industrial y las nuevas técnicas de producción, el comercio y los hábitos de compra habían ido cambiando de manera paulatina. La gente vivía cada vez más en la ciudad, cerca de los comercios, y a partir de entonces estaba dispuesta a comprar en las tiendas cosas que antes solía hacer en casa y utilizaba durante mucho tiempo. No una vez cada varios años, sino permanentemente, en constante renovación, razón por la cual se abrieron boutiques de «novedades» por toda Europa. Cuando Aristide Boucicaut y su esposa Marguerite (cuya estatua sigue en pie en la plaza frente a los grandes almacenes) abrieron Le Bon Marché en 1852, siguieron el principio de ofrecer productos siempre nuevos, siempre frescos, pero lo ampliaron con algunas ideas revolucionarias para la época. Los artículos se exponían en lugar de esconderse en el almacén, como se hacía antes. Esto significaba que ya no había que contar con la amabilidad del vendedor para ver las cosas, sino que todo podía tocarse y probarse sin problemas, y si algo no te gustaba o no te quedaba bien, podías devolverlo sin más. La entrada era gratuita, si la clienta no quería comprar nada, no tenía por qué hacerlo, estaba perfectamente permitido solo pasear por los pasillos y dejarse embriagar. Había ofertas especiales regulares, un servicio de entrega a domicilio, folletos publicitarios, podían pedirse productos por correo y visitar varias veces al año el popular «Mes de la colada doméstica». El Grand Magasin era un templo del consumo, o como decía Zola: «Una catedral del comercio moderno, construida para el pueblo de las clientas».

Si uno pasa por la plaza Boucicaut en el VII distrito de París y atraviesa las puertas de cristal dorado de la esquina de la rue de Sèvres y la rue de Velpeau para adentrarse en los pasillos color crema repletos de bolsos y sombreros y joyas, se sitúa en el centro del edificio, entre los puestos de cosméticos, y mira hacia las famosas escaleras mecánicas que se entrecruzan; si uno se detiene un momento, escucha el bullicio, ese ruido silencioso del lujo, inhala el olor a perfume y polvos y se baña en la cálida luz del salón, puede imaginar lo grandioso, lo increíblemente moderno que debió de parecer este edificio cuando se inauguró en la década de 1870. Y, sobre todo, lo orgullosas y emocionadas que debían de estar las mujeres de que esta modernidad bella y fastuosa, la reputación de este carguero del futuro, fuera ante todo para ellas. Aquello era algo nuevo. Hasta entonces, la única institución pública que se había molestado en dirigirse (y en manipular) a las mujeres era la Iglesia. Con grandes almacenes como Au Bon Marché, La Samaritaine, Les Galeries Lafayette y similares, se crearon en el paisaje metropolitano lugares que actuaban como un espacio intermedio entre el interior y el exterior, donde las mujeres podían pasar el tiempo y divertirse sin sus maridos y vivir su recién adquirido poder: el poder adquisitivo. Al fin y al cabo, a las madames les habían dado un nuevo trabajo en ese momento. Mientras que antes las mujeres contribuían mayoritariamente a los ingresos familiares, es decir, trabajaban ellas mismas, ahora las señoras de las clases media y alta se encargaban de la gestión del hogar. Producir es masculino, consumir es femenino: así rezaba más o menos la ideología de la época. Como dijo con acierto la artista estadounidense Barbara Kruger un siglo después: «Compro, luego existo». El hombre traía el dinero a casa, la mujer tenía que administrarlo sabiamente. Era una «trabajadora del consumo», como la llamaban. Consumir era su trabajo, su deber, el signo de su feminidad. Cuanta más cantidad de cosas bonitas compraba, más contribuía al prestigio de su casa y de su marido. En realidad, esto sigue sucediendo hoy en día. Los hombres adornan a sus mujeres jóvenes con todo tipo de vestidos y bolsos caros para presumir de su propio poder financiero.

Vista así, la cultura de los grandes almacenes que se inició con Au Bon Marché es como tantos otros logros de este siglo: es imposible decir con certeza si sirvió para liberar a la mujer o si la sometió a un nuevo y más perverso sistema de opresión. Por un lado, adquirió un nuevo significado y visibilidad en el paisaje urbano gracias al consumo de masas y a una publicidad que ahora contenía casi en exclusiva imágenes femeninas. Por otro lado, también se vio cada vez más forzada a encajar en imágenes idealizadas. Se convirtió en el objeto observado que siempre se comporta en relación con ese sentirse observado. Solo había un tipo de clienta que por nada del mundo quería ser vista ni observada, una categoría completamente nueva de ladrón en aquella época. Se trataba de señoras que, a pesar de que podían permitirse cualquier cosa, siempre acababan en manos de los detectives de las tiendas, que se las llevaban con frecuencia porque habían hecho desaparecer guantes, medias, corbatas o collares bajo sus abrigos. La abundancia y la valorización del papel del consumidor volvieron locas a muchas mujeres, que no robaban por necesidad, sino por lujuria. Este fenómeno inspiró en gran medida a los psiquiatras contemporáneos; en paralelo a los grandes almacenes surgió un cuadro clínico nuevo, en teoría exclusivo de las mujeres, la cleptomanía; el mal que sufrían aquellas señoras que salían de Au Bon Marché con un montón de productos preciosos, pero sin una factura como la de la foto.

ASESINATO DE EGISTO, JARRÓN DE FIGURAS ROJAS

500 a. C.

Os preguntaréis qué se le ha perdido a un jarrón de la Antigua Grecia entre el recibo de unos grandes almacenes y un cuchillo de cocina, y si no será un error; pues tranquilos, todo correcto. Porque vamos a hablar de los primeros arqueólogos y antropólogos que en el siglo XIX empezaron a reflexionar sobre la prehistoria de la humanidad, y al hacerlo trasladaron las normas de la época victoriana, la edad de oro del patriarcado, a nuestro pasado. La idea de que la distribución de los roles de género y del trabajo quizá no hubiera sido «siempre» así, sino que se había inventado en algún momento, es decir, que no se basa en las leyes de la naturaleza, sino en las de los hombres, les parecía tan abstrusa e irrisoria que ni siquiera era una posibilidad digna de exploración. El hombre había detentado el poder desde el principio, la mujer siempre había estado supeditada, así rezaba la suposición, un tanto exagerada, con la que todo el mundo, aparte de unas cuantas sufragistas molestas, podía estar de acuerdo. Todos excepto un individuo algo raro: Johann Jakob Bachofen.

A finales de siglo, el historiador y antropólogo suizo propuso una tesis muy atrevida: creía en un matriarcado original. Bachofen quizá tenía algunas cosas en común con el ya mencionado Charles Fourier, que también era un soñador y un excéntrico, pero no tan simpático como el francés. Porque, mientras Fourier creía en la buena arquitectura, en las mujeres, en la igualdad y en un El Dorado de liberación sexual para todos, el *mutterrecht* («derecho materno») de Bachofen, como se titulaba su libro, no pretendía en absoluto rehabilitar el poder originario de las mujeres, como creyeron más tarde las feministas, sino explicar el cenagal de la (no)civilización del que procedíamos. En su teoría, donde por cierto el término «matriarcado» no aparece ni por asomo (habla siempre de «derecho materno» o de «ginecocracia»), Bachofen explicaba, para espanto de sus camaradas, que las mujeres habrían tenido el poder, se las veneraba como madres, sacerdotisas y divinidades, pero su gobierno habría fracasado en tal medida que los hombres habían tenido que tomar el mando para salvar al mundo del caos y de la anarquía. Según él, el desarrollo tuvo lugar en tres etapas. Primero existió la etapa hetáirica, en la que la gente no vivía en parejas monógamas, sino en una confusión salvaje. Todo el mundo tenía relaciones sexuales con todo el mundo, por lo que los padres no podían ser claramente identificados, de modo que las mujeres actuaban como cabezas de familia y solo las hijas podían heredar. Como en esta etapa los hombres acometían a las mujeres a su antojo, estas acabaron rebelándose, lo que dio lugar a la siguiente etapa, la de las amazonas. Las señoras se unieron en grupos de mujeres y dejaron fuera a los hombres por completo, lo que, por supuesto, tampoco fue una solución a largo plazo. Y así se llegó a la tercera etapa, según Bachofen, la mejor: la de la monogamia, la sedentarización y la agricultura. También aquí las mujeres seguían teniendo poder, y creía que deidades como Deméter y la conexión entre las mujeres y la tierra eran prueba de ello. Pero esta fase no funcionó por mucho tiempo.

«La historia de la raza humana está determinada por la guerra de los sexos», afirmó, no sin parte de razón. En algún momento, según él, las mujeres habían sobrepasado su poder hasta tal punto que se desató un enfrentamiento sangriento. Este jarrón, que Bachofen no menciona directamente (por desgracia, la mayoría de las piezas que cita no se han conservado), pero que es similar a los que describe, simboliza la lucha entre el matriarcado «en decadencia» y el patriarcado que se rebela contra la «injusticia». En esta pieza, que se encuentra en la colección de antigüedades del Kunsthistorisches Museum de Viena, puede verse al joven Orestes, que acaba de matar a Egisto, el amante de su madre adúltera, Clitemnestra. Obsérvese la sangre que brota casi al estilo de Tarantino y recuérdese que, después de Egisto, le toca el turno a la madre misma. Orestes comete el peor crimen de todos, el de asesinar a su madre, y vengar así a su padre Agamenón. Este había sido víctima de Clitemnestra y de su amante, eso sí, después de que él mismo: 1) sacrificara a su hija común Ifigenia, solo para tener un poco de viento favorable que los llevara a Troya; 2) regresara de la Guerra de Troya con Casandra en su equipaje. Sin embargo, estos detalles no parecen relevantes en la *Orestíada* de Esquilo; el monstruo es y fue Clitemnestra, la encarnación de un matriarcado enloquecido que es capaz de cualquier cosa para mantener su amenazado reinado. El asesinato de la madre puso fin a esto de manera definitiva, según Bachofen. Era la sangrienta victoria del patriarcado. La originalidad y la sutil insensatez de esta hipótesis radica en el hecho de que no lee los mitos antiguos como leyendas, sino como una historiografía algo distorsionada, pero en general veraz.

Este punto de vista científicamente cuestionable y la idea entonces descabellada de que las mujeres habían tenido poder, le valieron las burlas y las carcajadas de sus colegas. A pesar de todo, su idea de alguna manera encontró un camino; casi ninguna teoría que se ocupe de cosas tan bellas pero poco relevantes como las leyendas, la fe y la intuición ha logrado nunca una marcha triunfal como la del matriarcado. Todos se han servido de Bachofen: los socialistas, sobre todo Friedrich Engels, los nacionalsocialistas, los antifeministas, el psicoanálisis. Pero, sobre todo, las representantes de la segunda ola del feminismo. En los años sesenta y setenta entendieron su idea del matriarcado originario como prueba del posible poder de las mujeres y se lo imaginaron como una forma idílica de gobierno en la que reinaban la paz, el amor libre y una vida en armonía con la naturaleza. El hecho de que Bachofen no hubiera querido decir tal cosa en absoluto no era ni es importante. Da igual si en él se ve a un soñador o a un macho, su teoría abrió la puerta a una idea que hasta entonces parecía imposible: que el patriarcado no es el único sistema posible ni está predeterminado por naturaleza.

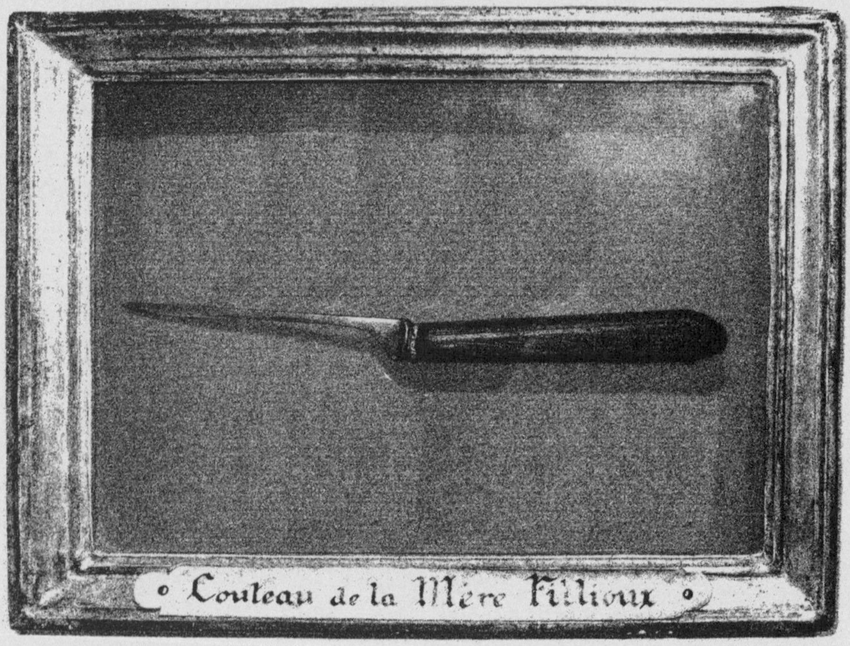
Couteau de la Mère Fillioux

CUCHILLO DE MÈRE FILLOUX

Finales del siglo XIX

En la década de 1970, el famoso chef francés Paul Bocuse, uno de los padres de la llamada *Nouvelle cuisine*, dijo en una entrevista, muy convencido, las siguientes tonterías: «El fuego es una profesión masculina, es la magia del fuego y son los hombres los que la hacen suya. Como les suelo decir a mis amigos: no me gusta acostarme por la noche con una mujer que huele a cocina». Lo que Bocuse quería corroborar con su torpe explicación era la opinión, difundida desde hacía muchas décadas, de que las mujeres sin duda pertenecen a la cocina, pero solo a la de su casa. No se les había perdido nada en las grandes cocinas, en la gastronomía, en la alta cocina y en el mundo gourmet. Esta creencia existía en Europa, y desde luego en América, pero también estaba presente en Asia, donde las mujeres siempre fueron excluidas de la cocina del sushi, porque supuestamente su temperatura corporal aumenta tanto durante su periodo que echan a perder el valioso pescado. Ahora bien, el señor Bocuse, por lo visto completamente cegado por su fama o por el vapor de sus ollas, olvidaba de dónde había aprendido en realidad su arte. Que precisamente era en la cocina de una mujer, de una cierta Eugénie Brazier, también llamada Mère Brazier.

Brazier, que era una celebridad en el mundo gastronómico de la década de 1930, seguía una tradición de mujeres que han marcado el paisaje culinario de Lyon y, por lo tanto, de toda Francia desde el siglo XVIII o, como muy tarde, desde la segunda mitad del siglo XIX: las llamadas *mères lyonnaises*, las «madres de Lyon». Existe la duda de que realmente tuvieran algo maternal. Aunque el término se utilizaba entonces en Francia para referirse a cualquier mujer que regentara un restaurante y alimentara a la gente como una madre, fue en Lyon donde se convirtió por primera vez en una expresión de aprecio hacia las restauradoras destacadas. Después de que la Mère Guy, la llamada *mère des mères*, la «madre de las madres», a principios del siglo XVIII diera el pistoletazo de salida, es decir, justo en la época en que las mujeres europeas publicaban cada vez más libros de cocina, como *Die wohl unterwiesene Köchin* («La cocinera bien instruida»), de Maria Sophia Schellhammer, al iniciar el siglo XIX fue Mère Brigousse quien tomó el relevo. Por una idea muy divertida, también era conocida en Francia como Mère des Amoureux, la «madre de los enamorados»: en lugar de servir las *quenelles*, esas albóndigas de pescado escalfado típicas de Lyon, en su forma tradicional de barca alargada, servía a sus clientes dos bolitas con botones. Dos pechos que allí se llamaban Tétons de Vénus, «pezones de Venus», descarados como debía ser el ambiente en el local de madame Brigousse. La gente venía de todos los rincones del país para compartir un par de pechos, medio avergonzados, medio divertidos, en una ruidosa despedida de soltero o en una primera cita cargada de insinuaciones.

El cuchillo que vemos en la imagen enmarcado parece un poco una versión culinaria del cuadro de René Magritte *Ceci n'est pas une pipe* («Esto no es una pipa»), o para el caso, *Ceci n'est pas un couteau* («Esto no es un cuchillo»), y pertenecía a Madame Fayolle, llamada Mère Filloux. Abrió su primer restaurante medio siglo después de Brigousse y fue una de las más célebres Madres de Lyon. Fue ella quien moldeó definitivamente la reputación de la ciudad, sobre la que Curnonsky, el crítico gastronómico más famoso del siglo xx que había declarado Lyon la «capital de la gastronomía», escribió que era «famosa como el Maréchal Foch, como Anatole France, como Kipling, como Charlie Chaplin, como Mistinguett». En Francia también se la conocía como la «Reina de la Pularda», porque ella perfeccionó, si no inventó, un clásico de la cocina francesa: la *poularde en demi-deuil*, la «pularda con medio abrigo de luto». Este plato de nombre tan maravilloso es una gallina a la que se le introducen láminas de trufa bajo la piel antes de cocinarla en un caldo. Al final, le queda un manto con manchas blancas y negras, o sea, mitad de luto, mitad alegre. Y, por lo visto, está delicioso. Comensales de toda Francia y Europa se desplazaban hasta el Bistrot Filloux para degustar el menú clásico: sopa de trufa, la mencionada pularda en *demi-deuil*, *quenelles* gratinadas, caldo de alcachofas con *foie gras*, helado de praliné, todo ello regado con Beaujolais y Châteauneuf du Pape.

Según la leyenda, a lo largo de los años Mère Filloux trinchó con este cuchillo unas quinientas mil gallinas. Porque, como relató un visitante: «Madame Filloux insistía en servir ella misma a sus invitados, entre los que se encontraban muchas celebridades del mundo de la literatura y la política. Cortaba el blanco de la pularda con un pequeño cuchillo de cocina delante de sus ojos». Alice B. Toklas, pareja de Gertrude Stein, escribió en su conocido *The Alice B. Toklas Cookbook*: «Mère Filloux era una mujer bajita y robusta, con un delantal a rayas atado a la cintura y un cuchillo corto y estrecho, pero formidable, que blandía mientras iba de mesa en mesa trinchando un pollo tras otro». Tras su muerte, Mère Brazier, que se había formado con Filloux y más tarde formaría a Bocuse, continuó la tradición de la pularda, que le valió seis estrellas Michelin en 1933. No solo fue la primera mujer cocinera, sino también el primer cocinero que recibía un homenaje tan lujoso, sesenta años antes que Alain Ducasse. Si se declara a Paul Bocuse padre de la cocina francesa, entonces Brazier es, sin lugar a dudas, la madre de la gastronomía *à la française*. Si estas madres se hubieran dado cuenta entonces de que pronto se expulsaría a las mujeres de las cocinas y se hablaría de ellas de forma tan condescendiente, habrían blandido sus cuchillos de pularda. Y echado a los hombres de sus cocinas.

MÁQUINA DE ESCRIBIR REMINGTON

1874

Uno de los primeros objetos que vienen a la mente de la mayoría de la gente cuando se habla de mujeres e historia es este. Haz la prueba durante una cena. Si preguntas qué objeto probablemente ha cambiado más la vida de las mujeres, la mitad de los presentes gritarán: «¡La máquina de escribir!». Porque dio a las mujeres nuevos empleos, porque les ofreció una nueva forma de expresarse.

Sin embargo, cabe cuestionarse si este aparato, inventado en Estados Unidos casi a la vez que la máquina de coser, en la segunda mitad del siglo XIX, animaba de verdad a las mujeres a plasmar sus pensamientos. La máquina de escribir, al menos en sus primeros tiempos, contribuyó no tanto a que las mujeres comunicaran sus propios pensamientos, sino más bien a que escribieran a una velocidad de vértigo las ideas supuestamente geniales de los hombres, sus superiores. Ahora bien, no cabe duda de que este dispositivo ofrecía a las mujeres, sobre todo a las de clase media y alta, oportunidades nuevas por completo de ganar su propio dinero y, por tanto, de ser más independientes. Además de los pocos empleos femeninos socialmente aceptados, como institutriz o maestra, la máquina de escribir generó toda una nueva rama de profesiones para mujeres que requerían un título: la de secretaria, taquimecanógrafa y oficinista. Como dijo una vez el historiador estadounidense Daniel J. Boorstin: «La máquina de escribir (junto con el teléfono) ayudó a sacar a las mujeres de la cocina e integrarlas en el mundo laboral». ¿Por qué? Muy fácil: porque los hombres no querían escribir con ellas. Cuando el fabricante estadounidense Remington la llevó al mercado en 1874 por 125 dólares, esta bonita máquina fue un auténtico fracaso. La idea de recibir una carta que no estuviera escrita de puño y letra por el o la remitente, por no hablar de escribirla uno mismo, resultaba extraña, cuando no desagradable, para la mayoría de la gente. Al contrario de lo esperado, la clientela masculina no se lanzó a por el novedoso aparato. Por lo visto, Mark Twain fue el único que se compró de inmediato uno de estos «accesorios de escritura futurista» para escribir *Tom Sawyer*, la primera novela redactada con máquina de escribir. Fue una bonita anécdota, pero a Remington no le sirvió de mucho.

Así que al departamento de marketing se le ocurrió un ingenioso golpe de efecto; si los hombres ignoraban el aparato, ¿por qué no vendérselo a las mujeres, esas nuevas reinas del consumo? Empezaron a enviar a señoritas a las tiendas para que hicieran demostraciones de la Remington y transmitieran el mensaje entre líneas: «La *type-writer* está diseñada para ser tan fácil de usar que *incluso* una mujer puede utilizarla». Como la jefa de secretarias Joan explica a su colega Peggy en la serie *Mad Men*: «No te dejes intimidar por toda esta tecnología. Los hombres que inventaron este aparato lo han diseñado de manera simple, para que también nosotras podamos usarlo». Podamos y debamos. Porque, en cierto modo, según se decía entonces, la máquina de escribir estaba hecha para las mujeres; todas las muchachas de la alta sociedad habían sido educadas para tocar el piano con cierto virtuosismo y así poder entretener a la alta sociedad en las veladas, y se pensaba que precisamente esa era su ventaja al teclear. Para los hombres, el movimiento de los dedos deslizándose sobre las teclas era inusual, pero no para ellas, según esta explicación. Incluso se llegó a afirmar que existía una relación «natural» entre las máquinas de escribir y las mujeres. Por ejemplo, en 1888 John Harris escribió en su *Manual of the Typewriter*: «La máquina de escribir se adapta a los dedos femeninos. Parecen casi hechos para la máquina de escribir. No supone un gran esfuerzo y no requiere más habilidad que tocar el piano». Para las mujeres, la Remington era la forma más fácil de conseguir trabajo, según se aseguraba en un anuncio de regalos de Navidad en el invierno de 1875.

Y era verdad. A finales del siglo XIX, entre 1880 y 1900, las mujeres se trasladaron en masa con sus máquinas de escribir a las oficinas hasta entonces ocupadas exclusivamente por hombres. La industria y el auge del capitalismo cambiaron los negocios y crearon tal abundancia de papeleo que el señor oficinista ya no era suficiente. Además, ellos aspiraban ahora a otros cargos: los hombres se convertían en jefes, las mujeres en secretarias. En 1880, en Estados Unidos un 40 por ciento de las taquimecanógrafas eran mujeres, en 1900 ascendieron a un 75 por ciento y en 1930 alcanzaron el 95 por ciento. La nueva tecnología había creado una nueva profesión y esta vez, incluso décadas después de su invención, ningún hombre vino a quejarse de que ellas les estaban quitando los buenos trabajos. Porque nadie quería ser secretario. Al fin y al cabo, como siempre que las mujeres son buenas en algo, se afirmaba que no era necesario ningún talento ni habilidad para escribir a máquina y que, por tanto, no era necesario pagarles un buen sueldo a las mecanógrafas. Además, apenas tenían la oportunidad de ascender, pero cada vez había más trabajadoras y empleadas domésticas que aprendían a mecanografiar porque esperaban conseguir un trabajo de taquígrafa mejor pagado que el de la fábrica y que ofreciera más independencia que el de empleada del hogar. A partir de entonces, las mujeres que tenían el graduado escolar prefirieron la oficina a las aulas porque era más fácil vivir como secretaria que como maestra: una maestra, una señorita, no podía beber, fumar ni relacionarse con hombres, y en muchos países, tenía que renunciar a su trabajo de maestra cuando se casaba. La oficinista solo tenía que saber teclear con rapidez, a nadie le interesaba lo que hiciera en su tiempo libre. Sin embargo, el puesto no resultaba satisfactorio a largo plazo, era monótono e impedía que las mujeres se desarrollaran profesionalmente, por lo que en la segunda mitad del siglo XX a muchas chicas se les desaconsejaba que aprendieran a escribir a máquina o se les recomendaba que no mencionaran que sabían hacerlo. En algún momento, empezó a estar mal visto que te tomaran por una «mera» mecanógrafa.

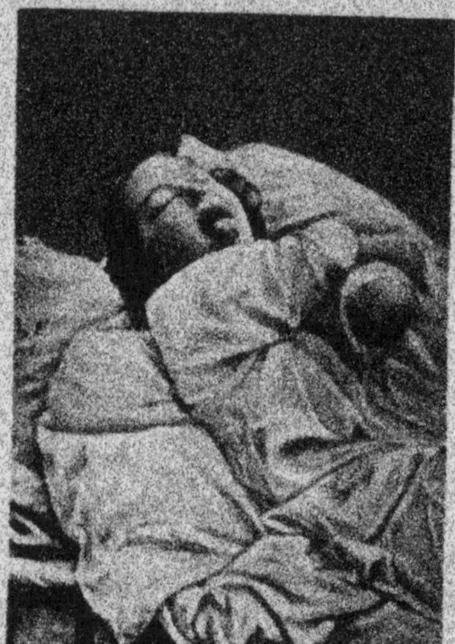

Planche XXVIII.

DÉBUT D'UNE ATTAQUE

CRI

PÁGINA DE *ICONOGRAPHIE PHOTOGRAPHIQUE DE LA SALPÊTRIÈRE*

1878

La mañana del 16 de agosto de 1882, muchos lectores de la revista francesa *Gil Blas* debieron de atragantarse mientras desayunaban su cruasán al leer estas palabras:

> Histeria, madame, esa es la palabra del momento. ¿Está usted enamorada? Entonces es usted una histérica. ¿Se siente ajena a las pasiones de sus contemporáneos? Entonces es usted una histérica, castamente histérica. ¿Engaña a su marido? Entonces es usted una histérica, sensualmente histérica. ¿Roba usted muestras de tela en los grandes almacenes? Histérica. ¿Miente usted sin parar? ¡Histérica! ¿Es usted codiciosa? ¡Histérica! ¿Es usted nerviosa? ¡Histérica! Si es esto o aquello, es usted como siempre han sido las mujeres. ¡Histérica! ¡Histérica, le digo! Todas somos histéricas desde que el doctor Charcot, ese gran sacerdote de la histeria, ese criador de histéricas, mantiene en su hospital de la Salpêtrière a una población de mujeres nerviosas a las que enloquece y convierte en diablesas.

El autor de este texto, Guy de Maupassant, tenía razón. «Histeria» era la palabra de moda en las postrimerías del siglo, desde París hasta Londres, Viena y Berlín, y se arrojaba por todas partes como si nunca hubiera habido otra explicación para todos los interrogantes que planteaba el «misterio de las mujeres», «el continente oscuro». Si una joven era melancólica, especialmente irascible o introvertida, era histérica. Si estaba ansiosa o angustiada, la gente pensaba que era tan histérica como alguien que oía voces o sufría ataques epilépticos. Y cualquiera que dijera cosas obscenas mientras deliraba era, por supuesto, sin duda, una histérica. El diagnóstico era tan novedoso y, en consecuencia, tan vago que podía describir cualquier arrebato emocional supuestamente inapropiado. Y ese significado tan difuso se mantiene en lo más básico hasta el día de hoy. El término en sí no era tan nuevo. Ya en la Grecia antigua, eruditos como

Platón e Hipócrates suponían que las mujeres estaban atormentadas por su útero, la *hystera*, que en teoría se desplazaba por su cuerpo, y por eso eran tan incomprensibles. En el siglo XVII, se creía que el útero, «revestido» de semen masculino, y en consecuencia, frustrado, ascendía por el cuerpo y se asentaba en la cabeza. Aquello no prometía nada bueno. Más tarde, la histeria se definió con simpleza como una «neurosis del aparato reproductor femenino» y se intentó ahuyentar los espasmos, desmayos y éxtasis con olores nauseabundos, porque se afirmaba que el útero evitaba los malos olores y, por tanto, volvía a su sitio como un perrito. La histeria de la segunda mitad del siglo XX era distinta. Inició su marcha triunfal desde un hospital parisino del XIII distrito: la Salpêtrière.

Jean-Martin Charcot, el médico jefe del centro, el «Napoleón de las neurosis», como lo llamaban, estaba convencido de que el problema residía no tanto en el útero, sino en el cerebro, es decir, en los nervios. Para demostrar su controvertida tesis, el cofundador de la neurología estudiaba a sus pacientes con minuciosidad. Las hipnotizaba y les inducía un ataque para poder plasmar con precisión sus posturas y contorsiones, la parálisis parcial, el párpado cerrado, las manos petrificadas en forma de garra. Pero, sobre todo, utilizó la tecnología moderna de la fotografía para captar los síntomas en imágenes. Quería demostrar que existía un patrón visual y para ello hizo montar un estudio fotográfico en su departamento; su colega Paul Regnard era el encargado de fotografiar a las jóvenes. Parece contradictorio pensar que, en la misma época, la fotografía era un medio que las mujeres estaban adoptando con autoconfianza y que las convertía por primera vez en observadoras y no en observadas. En la Salpêtrière, la mirada se había vuelto a «enderezar», por decirlo así: allí era un hombre quien las escudriñaba a ellas. Esta lámina de 1878, tomada de la *Iconographie Photographique de la Salpêtrière*, una especie de libro ilustrado de la histeria, muestra a la paciente más famosa de Charcot: Louise Augustine Gleizes. Se la ve, como dice el pie de foto, al «principio de un ataque». Tiene los brazos contorsionados, los ojos cerrados, la boca abierta y la lengua fuera. Grita, según afirma el texto. En las siguientes imágenes del libro, puede vérsela en postura de «éxtasis», «alucinación», «erotismo», «amenaza», «burla», «súplica enamorada» y «crucifixión». Visualmente es impactante, no es de extrañar que a la gente le fascinase este tipo de imágenes; el único problema es que es poco probable que fueran «reales». Para hacer una foto así, había que mantenerse quieto durante varios segundos, lo que contradecía la impulsividad de una convulsión. Cabe suponer, por tanto, que estas fotos fueron en gran parte escenificadas, es decir, que las pacientes de Charcot posaron para él y que su «histerismo» era actuado.

Como quizá también lo fueran sus legendarias «sesiones de los martes». El neurólogo hacía desfilar allí a sus pacientes como si fueran caballos de circo; su favorita era Augustine, a la que se muestra en la imagen. En la década de 1870, ella era la estrella del show de la histeria Charcot. Este balanceaba de un lado a otro un objeto brillante delante de los ojos de la paciente, en un momento dado su cuerpo empezaba a temblar, sus miembros se contorsionaban, arremetía con las manos y los pies en todas las direcciones, gritaba, blasfemaba, ponía los ojos en blanco, sacaba la lengua rígida, lanzaba los brazos al aire, se santiguaba y, al final, se desplomaba inconsciente. ¡Aplausos! Debió de causar furor. Los curiosos venían de todo el mundo para ver a las guapas histéricas. Médicos como Sigmund Freud y Gilles de la Tourette se encontraban entre el público, junto a gente que solo quería disfrutar del espectáculo. Espectadores, artistas, el glamuroso «Tout Paris», desde la diva de la interpretación Sarah Bernhardt hasta el dramaturgo August Strindberg y Guy de Maupassant; todos querían ver bailar a las «locas». Los límites entre el teatro y la ciencia aquí se difuminaban. La cuestión es qué papel desempeñaban las mujeres en esto. ¿Podría ser que exageraran sus posturas a propósito o adoptaran las que supuestamente expresaban su sufrimiento solo para que las invitaran a posar ante la cámara o para incluso subirse al escenario? ¿Reprodujeron las imágenes creadas por Charcot para hacerse famosas? ¿Contribuyeron a la invención de la «histeria», enfermedad para la que hoy existen una docena de diagnósticos específicos? No lo sabemos. Pero, por lo menos, Augustine en algún momento dijo basta. En 1880 huyó (¡vestida de hombre!) de la Salpêtrière. Cien años más tarde, el término «histeria» desapareció de los libros de diagnóstico de trastornos mentales.

MARIE BASHKIRTSEFF, *EN EL ESTUDIO*

1881

Cuando la creadora de esta imagen, la pintora ucraniana Marie Bashkirtseff, tenía doce años, escribió en su diario: «Si no muero joven, espero sobrevivir siendo una gran artista. Pero si muero joven, quiero que se publique mi diario. Será interesante». Bashkirtseff murió joven, a la edad de veintiséis años, y su deseo se cumplió: en 1887, tres años después de su temprana muerte, su diario se publicó y se convirtió en un libro de culto de su generación. Debería leerse incluso hoy en día. No solo por su maravillosa frescura, llena de observaciones atrevidas y coquetas de una mujer joven que se codea con la alta sociedad de Niza, Roma y París, sueña con un destino extraordinario y no desea nada con mayor anhelo que que se reconozca su genialidad, de la que está convencida. Sino, sobre todo, porque es muy revelador de la vida y los sufrimientos de las artistas de finales del siglo XIX. O, mejor dicho, de las mujeres que querían ser artistas.

Este cuadro ilustra un pensamiento que también anotó en su diario: «Todo desaparece en el estudio; no tienes ni nombre ni familia; ya no eres la hija de tu madre, eres tú misma; eres un individuo y tienes el arte delante y nada más». Muestra a mujeres estudiando pintura de desnudos. Están concentradas, conversando y ocupadas en algo que no tiene nada que ver con el hogar y con la crianza de los hijos. Ya no son hijas, hermanas, madres, ni siquiera mujeres, sino simplemente ellas mismas, y el caballete que tienen delante quizá por primera vez en su vida las incita no a callarse, sino a expresarse. Una escena como la que aquí se representa no solo era inusual en aquella época, sino también escandalosa a ojos de muchos, a pesar de que las mujeres llevaran ya mucho tiempo recibiendo clases de arte en el París del siglo XVIII, por ejemplo, en el estudio del famoso pintor histórico Jacques-Louis David o en el de Élisabeth Vigée le Brun. Aunque habían expuesto en los salones, en algunos casos con gran éxito, casi hasta el siglo XX se les siguió negando la inscripción en una academia de arte. La École des Beaux Arts, por ejemplo, no admitió a mujeres hasta 1897, y aunque la Royal Academy de Londres aceptó a algunas artistas femeninas ya en la década de 1860, en todas las academias europeas se les seguía prohibiendo una disciplina: la pintura de desnudo. Si las mujeres podían o no pintar a un hombre desnudo era el principal tema de controversia en los círculos artísticos de la época, una verdadera cuestión política que perturbaba la armonía de cualquier cena tranquila. Por aquel entonces, la mayoría de las jóvenes no sabían qué aspecto tenía un hombre sin pantalones hasta su noche de bodas, y al parecer la sociedad quería que siguiera siendo así. Es significativo que en este cuadro Marie decidiera pintar a un joven, es decir, a un niño en lugar de a un hombre, y ocultar su sexo con una tela. ¿Pintó una versión más aceptable de la realidad para poder exponerla en un salón? ¿Para evitar un escándalo? Al fin y al cabo, estudiaba en una de las únicas escuelas de Europa donde se permitía a las mujeres pintar desnudos: la Académie Julian, que abrió sus puertas en 1868.

Las mujeres acudían a París desde todos los rincones del mundo para aprender a pintar con Julian y sumergirse en la vida artística de la capital. Abigail May Alcott, por ejemplo, hermana de la autora de *Mujercitas*, Louisa May Alcott, estudió allí, aunque prefería ir a casa de la pintora estadounidense Mary Cassatt a tomar el té. Käthe Kollwitz también estuvo un tiempo detrás de los caballetes de la rue des Panoramas. Paula Modersohn-Becker se unió a ella un poco más tarde. Se dice que leyó con atención los diarios de Bashkirtseff antes de marcharse de Worpswede a París para saber más sobre el programa académico. Las alumnas dibujaban primero esculturas de yeso, luego eran admitidas en la clase de desnudo y Marie afirmaba que algunas se lanzaban inmediatamente con avidez a la pintura «al natural». Y quizá quedaban decepcionadas. Y es que, por lo visto, los hombres rara vez estaban desnudos del todo, la mayoría llevaba pantalones o, como aquí, un pequeño paño. Al menos, en la Académie Julian. Al otro lado del Sena, en la Académie Colarossi, donde estudiaba casi al mismo tiempo la pintora finlandesa Helene Schjerfbeck, las cosas eran quizá diferentes. A juzgar por las obras de Camille Claudel, la alumna más conocida de Colarossi, no se andaban con disimulos. Las esculturas de Claudel, que hablan de su relación amorosa y posterior separación del escultor Auguste Rodin, son quizá las más bellas y desgarradoras representaciones de la pasión y del dolor de la separación, pero quizá también confirman lo que Bashkirtseff dijo en una ocasión, y es que el medio artístico es peligroso para las mujeres: a los cuarenta años, tuvieron que sacar a Claudel de su estudio en la Île Saint-Louis para encerrarla en un psiquiátrico durante el resto de su vida. La habían encontrado entre los fragmentos de sus propias esculturas destrozadas y estaba convencida de que Rodin quería robarle su arte.

El mundo del arte parisino era duro, pero también uno de los pocos lugares donde las mujeres podían ser algo más que madres, hijas y esposas. Berthe Morisot, que nunca había asistido a una escuela, y mucho menos a una clase de desnudo, fue proclamada la reina de los impresionistas, mientras que la mencionada Mary Cassatt gozó de una reputación internacional, quizá también porque se centró en temas supuestamente femeninos, como la maternidad o la intimidad. Incluso Marie Bashkirtseff tuvo un breve reconocimiento como artista en vida, aunque ahora se la valora más por su diario. Porque da una idea de los pensamientos de las mujeres que, a principios de siglo, se atrevían a probar suerte en una vida diferente y no podían entender por qué a los hombres se les permitía pintar a mujeres desnudas, pero a las mujeres no se les permitía pintar a hombres desnudos. Anaïs Nin dijo una vez de Bashkirtseff: «Dice cosas que encuentro palabra por palabra en mi diario. Hasta tal punto que temo haberme vuelto loca y haberla copiado, o que el fantasma de Marie haya renacido en mí».

SAFETY BICYCLE

1889

En 1895, la activista de los derechos de las mujeres Elizabeth Cady Stanton, que entonces tenía ochenta años, dijo que, en su opinión, la bicicleta era el invento más importante del siglo XIX para la liberación de las mujeres. «La bicicleta animará a las mujeres a tener más coraje, más autorrespeto, más confianza en sí mismas...». Su amiga Susan B. Anthony, a quien Gertrude Stein solía llamar «la madre de todos nosotros», estuvo de acuerdo con Stanton y sentenció: «La bicicleta ha contribuido más a la emancipación de las mujeres que cualquier otra cosa en el mundo. Les da una sensación de libertad y de autodeterminación. Cada vez que veo pasar a una mujer en bicicleta me pongo contenta [...] la imagen de la feminidad libre e ilimitada».

La señora Anthony debió de ponerse contenta a menudo a partir de la década de 1890. Porque en aquel momento, las calles de Boston y de Nueva York, los parques de Londres y de París, y quizá también otros lugares ofrecían una estampa completamente nueva. De repente, se veían mujeres en todas partes, y ya no solo como figuras resplandecientes en carteles que anunciaban galletas, champán o artículos para el hogar, sino en la vida real. Mujeres de verdad que paseaban en bicicleta con alegría. Llevaban pantalones voluminosos y faldas cortas montadas en un armazón de alambre y pasaban a gran velocidad por delante de los peatones, con su pelo ondulado y, por dentro, seguramente tan contentas como Susan B. Anthony. Nunca antes se había visto algo así. En la época victoriana, las mujeres se quedaban en casa o iban a los nuevos grandes almacenes. Quizá de vez en cuando podían visitar un museo o una biblioteca, pero por la calle no se les había perdido nada. Al menos no solas. Podían ir en carruajes, tal vez caminar unos pasos, acompañadas de una institutriz o de un marido, pero ¿ir rondando solas por las calles? ¿Quizá incluso sin rumbo? No, esa posibilidad no existía. Incluso la bicicleta estaba diseñada en sus primeras versiones para que la mujer tuviera que compartirla con un hombre. Los caballeros podían moverse solos por el barrio en el monociclo a paso de tortuga desde la década de 1850, las mujeres debían compartir un tándem. Él se sentaba delante, ella detrás, él decidía adónde ir, y a qué ritmo, ella pedaleaba obediente. Hasta que finalmente se inventó la *safe bike*, una bicicleta «segura», como la de la imagen. Era más segura, y también más barata, y por lo tanto se extendió con rapidez entre las clases medias y altas. Se dice que en ese momento estalló una verdadera fiebre ciclista. Todos querían tener una, todos querían disfrutar de esta sensación, de la libertad de poder avanzar velozmente por su propia tracción, de dejarse llevar simplemente cuando y donde quisieran. Quizá fue una nueva actitud ante la vida incluso para los hombres, pero para las mujeres fue una revolución. Imaginémoslo por un momento: después de décadas de estar más o menos encerradas, subirse a un sillín, notar el viento en la cara y mover el cuerpo, sentir que estás viva, debió de ser grandioso. Una tal Annie Londonderry estaba tan entusiasmada que en 1894 partió de Boston sin un centavo, pero con un revólver en el bolsillo, dando la vuelta al mundo en su bicicleta. Tardó casi un año en hacerlo.

Ahora, con este nuevo medio de transporte, la moda también tenía que cambiar. Con las largas faldas victorianas y las tan poco prácticas prendas interiores no podían llegar muy lejos, el tejido se enredaba en las ruedas, era peligroso e incómodo. Es por eso que las damas recurrieron a una prenda que ya había causado revuelo y escándalo en Estados Unidos cincuenta años antes: los llamados *bloomers*. Pantalones abombados de estilo oriental que se ataban en la parte inferior, como hacen hoy en día las ciclistas que quieren ir seguras. Por encima llevaban una especie de falda corta y un *blazer* ajustado. Las defensoras de los derechos de las mujeres estadounidenses, en especial la que les dio nombre, Amelia Bloomer, editora en jefe de la revista *The Lily*, habían intentado iniciar una reforma de la moda alrededor de 1851 para que las mujeres ya no tuvieran que caminar con vestidos largos, sino que pudieran salir con estos *bloomers*. A las pocas mujeres que en ese momento fueron lo suficientemente valientes como para mostrarse en público con esta indumentaria, la gente las miraba como si estuvieran desnudas. Cuando aparecieron en mayor número, periódicos como el *New York Tribune* escribían con pánico: «Las *bloomers* salieron ayer en masa». Las fuerzas conservadoras lucharon con tanta obstinación contra esta reforma de la indumentaria que, en el fondo, nunca llegó a establecerse; las mujeres que llevaban *bloomers* siguieron siendo una minoría durante décadas. Hasta que apareció la *safe bike*. A partir de entonces, la gente se dio cuenta de que montar en bicicleta con faldas y corsés no era demasiado agradable, así que en varias ciudades se decretaron permisos oficiales para que las damas pudieran llevar pantalones. También aquí, como siempre, hubo obstinados detractores, y como otras tantas veces, muchos de ellos eran médicos. Algunos afirmaban que el ciclismo dejaría estériles a las mujeres, otros temían, como con la máquina de coser, que este movimiento constante excitara sexualmente a las ciclistas, mientras que otros lo veían como el fin de la mujer y el nacimiento de un «tercer sexo»: el ciclista.

Para nosotros, esta actividad se ha normalizado. Nadie se siente ya emancipada o libre por el simple hecho de montarse en una bicicleta. En otras culturas, sin embargo, este medio de transporte cotidiano sigue suscitando animados debates. En Irán, por ejemplo, sigue estando prohibido que las mujeres monten en bicicleta en público, y las que lo hacen se ponen en riesgo. Hace unos años, causó sensación la hermosa película *Wadjda*, la historia de una niña saudí que sueña con tener su propia bicicleta y rodar por las polvorientas calles igual que sus amigos varones. Fue la primera película de cine rodada en el país, la primera realizada por una mujer y se habló de ella como de un milagro. Y, en efecto, sirvió de algo; un año después del estreno de *Wadjda*, se permitió oficialmente a las mujeres saudíes montar en bicicleta. Ya sea en el siglo XIX o en el XXI, Stanton y Anthony tenían razón: la bicicleta es y será el chasis de la emancipación femenina.

NELLIE BLY
JULES VERNE
ALL RECORDS BROKEN
OVER A MILE A MINUTE

ROUND THE WORLD WITH NELLIE BLY, JUEGO

1890

En su ensayo *Flâneuse* de hace unos años, la escritora estadounidense Lauren Elkin contó de una manera muy divertida lo inexplicable que era que pasear, es decir, deambular, viajar, explorar el mundo con los ojos abiertos, se hubiera definido siempre como cosa de hombres: «Como si el pene fuera una especie de bastón, un accesorio necesario para caminar». En efecto, durante mucho tiempo, las mujeres que querían explorar el mundo hicieron bien en fingir que tenían pene.

Jeanne Baret, por ejemplo, que en noviembre de 1766 subió al barco naval real *La Boudeuse* como parte de la expedición del francés Louis Antoine de Bougainville, y se convirtió en la primera mujer de la historia en circunnavegar el mundo, fue «Jean» durante dos años. Se escondía el pecho, llevaba pantalones anchos, y cuando los más de cien hombres de a bordo se sorprendían de que este Jean nunca quisiera orinar delante de ellos, les explicaba que era un poco mojigato. Pero en algún momento el secreto se descubrió, y Bougainville, que se ganó la admiración y la fama gracias a esta expedición e incluso le pusieron su nombre a un arbusto (¡al parecer descubierto por Jeanne!), la buganvilla, escribió sobre esta mujer la siguiente frase maravillosamente errónea: «Será la única de su sexo [...] y su ejemplo apenas tendrá un efecto contagioso». Ahora podría hacerse una lista de grandes damas que viajaron por el mundo a partir del siglo XIX para explorarlo. Desde Isabella Bird, Mary Kingsley, Isabelle Eberhardt, Gertrude Bell o Alexandra David-Néel hasta la reina de las escritoras de viajes, Annemarie Schwarzenbach. Pero no es de esto de lo que queremos hablar, sino de un ejemplo que no tenía nada que ver con pasear ni con la investigación científica, tal vez ni siquiera con la literatura de viajes seria, pero que en su momento fue tan famoso y se siguió con tanto entusiasmo gracias al auge de los medios de comunicación que inspiró a mujeres de todo el mundo occidental a hacer las maletas y marcharse.

Tal vez la mejor prueba del éxito de esta aventura, a la que se sumó la periodista estadounidense Nellie Bly el 14 de noviembre de 1889 cuando partió de New Jersey para dar la vuelta al mundo en setenta y cinco días, sea este tablero de juego. Se realizó en 1890, poco después del regreso de Nellie. El 25 de enero de 1890 llegó a Jersey por la noche y fue recibida por una muchedumbre entusiasta. Ya en el camino de San Francisco a Nueva York su tren había sido acompañado por multitudes, como escribe en *Around the World in Seventy-Two Days*. La gente exclamaba: «¡Ahí está el tren de Nellie Bly!», «Nellie, ¿has montado en un elefante?», «Baja y te haremos gobernadora», «Nellie Bly, ¡tienes que tocarme la mano! ¡Triunfarás, tengo la pata trasera izquierda de un conejo en la mano!», y cosas igual de abstrusas. La mujer y el viaje causaron una enorme sensación. Se hablaba de ella, se escribía sobre ella, se apostaba por su éxito y, al final, se le dedicó un juego de mesa para seguir su aventura desde casa: *Round the World with Nellie Bly* («La vuelta al mundo con Nellie Bly»), decía en la parte delantera de la caja; en el interior, todo giraba en torno a una carrera: Nellie contra Jules, es decir, Jules Verne, el legendario escritor. Él, o más bien su libro, había inspirado a la joven. Bly ya era famosa como periodista de investigación del *New York World* en ese momento. En 1897, la entonces joven de veintitrés años se había internado durante diez días en un psiquiátrico de mujeres en Nueva York y había expuesto las condiciones de vida inhumanas de las pacientes en su texto *Diez días en un manicomio*. Ahora anhelaba unas vacaciones y así llegó a Julio Verne y su entonces nuevo best seller mundial *La vuelta al mundo en ochenta días*.

Al principio, su jefe se opuso. Encerrarse con enfermas mentales sin saber si volvería a salir estaba bien para una mujer, pero ¿viajar por el mundo? No. Era cosa de hombres. De alguna manera, sin embargo, ella lo persuadió y partió al cabo de poco tiempo. Al mirar este juego, enseguida llama la atención su vestimenta: a diferencia de Jeanne Baret, que tenía que ponerse ropa de hombre para explorar el mundo, Bly se embarcó en su aventura como una dama. Llevaba un vestido largo que había hecho especialmente para el viaje, un pequeño bolso y un sombrero; con su indumentaria, tenía el aspecto de una Sherlock Holmes femenina. Su misión: superar la fantasía de Julio Verne. De hecho, la casa del autor fue la primera parada de su viaje. Los Verne recogieron a Bly en el puerto por la mañana, por la tarde discutieron su itinerario frente a un gran mapa: de Calais a Brindisi, Ismailia, Port Said, Aden, Colombo, Penang, Singapur, Hong Kong, Yokohama, San Francisco y de vuelta a Nueva York. Verne marcó con un lápiz los puntos en los que Bly se apartaba de las estaciones de su héroe, Phileas Fogg, brindó con ella por su «inusual proyecto» y la despidió con un «*Bonne chance*, Nellie Bly!».

Jules no creía que Nellie fuera a lograrlo, según ella misma escribió más tarde en *La vuelta al mundo en setenta y dos días*. Pero la verdad es que consiguió circunnavegar el globo incluso más rápido de lo previsto, en solo setenta y dos días. Los textos que produjo durante esta aventura no son demasiado buenos, pues Bly era una gran periodista de investigación, pero no una escritora de viajes. Le faltaba empatía, o tal vez solo interés, no pretendía sumergirse en las culturas, solo estaba de paso. Sin embargo, la imagen de una mujer en 1890 recorriendo a toda velocidad el Imperio británico para demostrárselo a Julio Verne y al mundo es única. Y, a diferencia de lo que predijo Bougainville en el siglo XVIII, la gente en el siglo XIX sabía perfectamente que este juego y la sed de aventura de Bly contagiarían a otras mujeres.

CINEMATÓGRAFO

c. 1900

Hasta no hace mucho tiempo, en el cine existía la regla tácita de que la mujer debe ser la que es mirada, no la que mira. La idea de que una mujer pudiera estar no solo delante de la cámara, sino también detrás de ella, no solo en películas independientes, sino también en producciones de gran presupuesto, al parecer resultó muy extraña para la mayoría durante mucho tiempo. Y ello a pesar de que los inicios de este arte estuvieron dominados por las mujeres.

Una de ellas fue Alice Guy, quizá la primera directora de la historia, la primera persona que inventó una ficción para la cámara. Por aquel entonces, en el París de la década de 1890, Alice trabajaba como secretaria de Léon Gaumont, el posterior fundador de los estudios cinematográficos Gaumont. Después de que su jefe la llevara una tarde a una proyección del flamante Cinématographe de los famosos hermanos Lumière y decidiera empezar a comercializar cinematógrafos, es decir, aparatos como el de la imagen, a la joven se le ocurrió una idea: ¿por qué esta nueva y apasionante tecnología, este gran artilugio, iba a utilizarse exclusivamente para filmar cosas tan aburridas como gente saliendo de una fábrica o trenes llegando a una estación? ¿Por qué no inventar una historia, algo divertido, para promocionar mejor el invento? «Adelante, mientras no afecte a mi correspondencia —habría dicho Gaumont—, esto sí que es cosa de mujeres jóvenes». En aquella época, nadie creía que esta nueva y extraña tecnología se convertiría en «el cine» y en una industria multimillonaria. Los breves filmes que podían hacerse en ese momento les parecían bastante divertidos, *sketchs* graciosos, pero nada más. Una película era algo nuevo e intrascendente y, por tanto, como solía ocurrir, el terreno perfecto para las mujeres.

El primer cortometraje de Guy, la primera historia filmada del mundo, se realizó en 1896 y se tituló *La Fée au Choux*, «el Hada de la Col». Se rodó con un aparato exactamente igual al de la foto. La película mostraba a una mujer sacando bebés de grandes coles y riéndose. En Francia hay un dicho que reza: «Los niños nacen en las coles, las niñas en las rosas». El conjunto resultó entretenido, simpático y fue un gran éxito, lo que a su vez ayudó a Guy a conseguir su nuevo puesto: a partir de entonces sería la responsable de las películas de Gaumont. Rodó obras breves, en episodios que sentaron las bases del estudio Gaumont que tanto éxito sigue teniendo hoy en día, la mayoría de las cuales eran comedias y estaban centradas en mujeres. Por ejemplo, *Los deseos de madame* del año 1906. En ella, una señora en estado avanzado de embarazo y con un hambre voraz deambula por la ciudad arrebatándole la comida y bebida a la gente, mientras su marido corre impotente tras ella con su cochecito y su bebé. Le quita una piruleta a una niña en el parque, casi le roba un arenque de la boca a un mendigo y le arrebata un vaso de absenta a un hombre en un restaurante. Guy la filmó en primer plano después de cada robo mientras devoraba su botín con fruición y sin una pizca de vergüenza. Ese mismo año es probable que rodara *Las consecuencias del feminismo*. Una representación cinematográfica del miedo que atormentaba a los hombres desde la Antigüedad: el «mundo al revés» en el que las mujeres mandan y los hombres son sus súbditos que cocinan y limpian. La directora se burlaba de los roles de género en la sociedad, mostraba a los hombres bailando coquetamente frente a los espejos y charlando con sus amigos mientras bebían té o planchaban camisas, mientras sus esposas se sentaban a fumar y a leer periódicos. Cuando querían relajarse en el parque después de todas las tareas domésticas, apenas podían librarse de los molestos avances de las damas. Era una delicia.

Alice no lo sabía en aquel momento, pero su película era una especie de símbolo del Hollywood primitivo que no tardaría en surgir. Mientras el cine seguía considerándose una ocupación de bichos raros y excéntricos y los alrededores de Los Ángeles no eran un bulevar glamuroso, sino polvorientas tierras de labranza, fueron las mujeres quienes dirigieron a los hombres en el plató. Guy incluso enseñó a una de las más famosas. Después de emigrar a Estados Unidos en 1910 y de fundar su propio estudio en Fort Lee, cerca de Nueva York, junto con todos los grandes, contó con una tal Lois Weber para hacer películas. Pocos años después, Weber se convertiría en la directora mejor pagada del cine mudo y en una de las personas más poderosas de Hollywood. Era la jefa de su propio estudio, producía, filmaba, se encargaba del montaje, del vestuario, del casting y a veces incluso actuaba ella misma en la película. Pensemos por un momento en lo anacrónico que era aquello: las mujeres no podían votar, tener una cuenta bancaria, divorciarse y hacía poco que habían empezado a llevar pantalones. Pero se les permitió rodar películas, generar imágenes y, por tanto, nuevos mundos con aparatos como este. Hasta la década de 1930, había más directoras y productoras en Hollywood que directores y productores. Debió de ser una época dorada. Pero entonces llegó el cine sonoro y con él el dinero de verdad. Cuando los hombres se dieron cuenta de que el cine había llegado para quedarse y de que uno podía hacerse rico con las películas, asumieron los trabajos de las mujeres y transformaron el Hollywood antaño libre de jerarquías, en el que todas o todos aceptaban cualquier trabajo, en un negocio de estudios profesionales.

Y como si no fuera suficiente con el hecho de que a las mujeres les mostraran la puerta de malas maneras, los hombres además reescribieron un poco la historia del cine. Ya no se habló más de las mujeres pioneras como Alice Guy y de sus primeras historias para la cámara de cine; a partir de entonces y durante mucho tiempo, la leyenda de Hollywood se contó como si hubieran sido los hombres quienes hubieran inventado y desarrollado el negocio. De hecho, en el Hollywood de los años cincuenta solo había una mujer entre todos los directores masculinos. Se llamaba Ida Lupino y en 1950 filmó *Outrage*, probablemente la primera película sobre las consecuencias psicológicas y sociales de la violación. Según se cuenta, las conferencias de la Academia en aquellos años empezaban así: «Caballeros. Y la señorita Lupino».

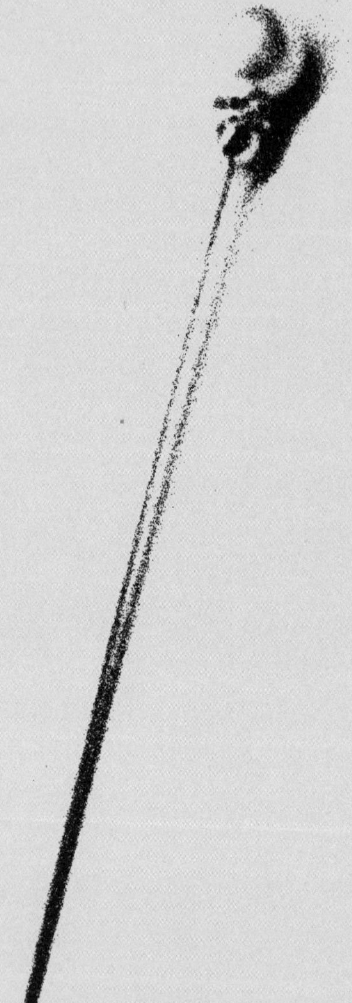

ALFILER DE SOMBRERO

1900

Alrededor del 1900, un miedo terrible se extendió por las principales ciudades europeas y estadounidenses. A los hombres les temblaban las rodillas cuando iban por la calle, no se sentaban con las piernas abiertas como hoy, sino acurrucados y apocados y rezaban en secreto, sobre todo, para no cruzarse con una mujer que llevara un gran sombrero. Y es que, aunque hoy en día los sombreros adornados con todo tipo de plumas, lazos y flores artificiales no nos parecen más que una tendencia poco favorecedora que confiere a su portadora las ínfulas de un pavo real exaltado, en aquella época se veían como algo distinto. Eran el escondite de una peligrosa arma: el alfiler de sombrero.

La imagen del hombre asustado es una exageración, pero estaba presente en los medios de comunicación del momento. Se hablaba del «peligro del alfiler del sombrero» y de la «amenaza creciente» en las ciudades, y se temían los «asaltos violentos cometidos con el arma mortal de la mujer». Las caricaturas mostraban a pobres tipos empalados en agujas gigantescas y a mujeres persiguiéndolos con ellas. ¿Qué estaba pasando? Desde que, por primera vez, las mujeres caminaban cada vez más por las calles solas y sin vigilancia, los hombres debieron de sentirse invitados por esta nueva presencia en «su» esfera, el espacio público, a dirigirse a las jóvenes que pasaban o se sentaban a su lado en el autobús, a acribillarlas con preguntas y miradas penetrantes, a seguirlas sin que nadie se lo hubiera pedido o incluso a tocarlas. El problema, los llamados *catcalling*, o los clásicos piropos, sigue existiendo hoy en día; en enero de 2018, después de la primera ola de #MeToo, un grupo de escritoras y actrices francesas retomó este tema en el insólito manifiesto de las cien. Sin embargo, lo que hacían en él era lamentar que el acoso hubiera disminuido y que los hombres fueran cada vez menos propensos a tocar las nalgas a las mujeres en el metro sin que se lo pidieran, lo que a algunas de estas señoras les parecía una lástima.

Probablemente, las mujeres de finales del siglo XIX y principios del XX les habrían dado un corte de mangas a estas parisinas. No percibían estos ataques como un juego de seducción, ni como una posible variante del flirteo, sino como una afrenta intolerable. Empezaban a conquistar el espacio público por sí mismas, y no pretendían que las tocaran como si fueran parte del mobiliario urbano. Y, por fortuna, encontraron un inesperado aliado en la moda de su tiempo; en ese momento, se consideraba muy elegante dar un volumen exagerado a la melena, rellenarla con pelo postizo o incluso con una bola de tela, de modo que se formara un gran montículo o una torre de pelo en la cabeza. Era imposible ponerse el sombrero obligatorio sobre aquello, había que fijarlo con algo, y para ese fin había unas agujas muy robustas, de hasta diez centímetros de largo, que perforaban las capas de cabello y, como pronto se descubriría, servían no solo para fines estéticos. Las revistas de mujeres elogiaban el accesorio como el mejor medio de defensa personal, junto con el paraguas, que también era muy eficiente. Si un hombre no quiere dejarte en paz, atácalo con el alfiler de tu sombrero o golpéalo con tu paraguas. En 1903, Leoti Blaker, una joven de Kansas, eligió el alfiler. Era el 28 de mayo de ese año, Blaker se subió a un bus repleto de gente en la Quinta Avenida de Nueva York y, tras algunas paradas, se dio cuenta de que el señor que estaba a su lado se iba acercando a ella. Cuando tomaron una curva, la gente se amontonó y el hombre aprovechó el breve caos para pasar su mano peluda por la espalda de la señorita Blaker. «Las mujeres de Nueva York quizá puedan soportar este acoso, nosotras, las chicas de Kansas, no», dijo más tarde para explicar lo que hizo a continuación. En lugar de quedarse paralizada en estado de shock y soportarlo, la señorita Blaker sacó un alfiler de ocho centímetros de largo de su sombrero y lo clavó en el brazo del hombre. El caso aterrizó en la portada del *New York World* de Joseph Pulitzer.

En ese momento, cada vez más mujeres salían en los periódicos con historias similares. Por ejemplo, Elizabeth Foley, empleada bancaria de dieciocho años. Cuando la atacaron una tarde mientras caminaba con su compañero de trabajo por la calle Bleecker, no se dejó atemorizar de inmediato, a diferencia de su compañero, sino que se abalanzó armada con el alfiler de su sombrero sobre el atacante, que se dio a la fuga. *The New York Times* escribió: «Un ingenio rápido, un coraje femenino y un alfiler de sombrero pusieron en fuga a un intrépido asaltante a plena luz del día entre las calles Bleecker y Broadway». El *Los Angeles Herald* juzgaba con razón que estos hombres que acosan a las mujeres, los llamados *mashers*, son simplemente cobardes, «como puede demostrar cualquier mujer con un alfiler de sombrero y un poco de valentía». Durante un breve periodo de tiempo, las señoras con sus alfileres fueron las vengadoras de la calle. Eran heroínas que no necesitaban a un Superman, ni a un Batman, ni a un Spiderman, ni a ningún otro *man*, sino que recurrían a sus propias armas. Ya entonces, estos incidentes suscitaron discusiones sobre la seguridad de las mujeres en la calle, y se buscaba la manera de mejorarla. En Nebraska, se aprobó una ley que condenaba a los hombres a pagar multas si se dirigían a las mujeres en público llamándolas *baby doll* o *chicken*.

Curiosamente, las cosas cambiaron cuando las sufragistas se ocuparon del tema. Las mujeres con alfileres de sombrero ya no eran valientes e ingeniosas, sino un peligro. Ahora no dejaban de publicarse noticias sobre mujeres que le habían clavado el alfiler a su marido por accidente, se oía hablar de hombres inocentes a los que les habían arañado la cara o incluso les habían sacado un ojo en el autobús, se hablaba de envenenamiento de la sangre y de dramas similares. A partir de la década de 1910, se adoptaron nuevas normas sobre los alfileres de sombrero en Nueva York, en París, en Hamburgo y en otras grandes ciudades; las agujas tenían que ser más cortas, a veces incluso estaban prohibidas por completo y era necesario poseer una especie de licencia de armas, un permiso para las piezas más largas. En Sídney, se dice que sesenta mujeres acabaron en la cárcel solo por llevar alfileres de sombrero sin permiso. De repente, el tema ya no tenía que ver con la seguridad de las mujeres, sino con la de los demás, principalmente la de los hombres. Menos de diez años después, el asunto se resolvió por sí solo con la nueva moda de las *flappers*. En lugar de peinados altos como una torre y sombreros de pavo real, ahora se llevaba el pelo corto y la cabeza despejada; la aguja había desaparecido. A partir de entonces, a las damas solo les quedaba el paraguas para defenderse de los hombres molestos.

CLAUDINE
à l'école
par Willy
à Paris
par Willy
un volume 3f 50
un volume 3f 50
EDITÉS par la LIBRAIRIE OLLENDORFF
50 Chaussee d'Antin
PARIS
EN VENTE Chez Tous les LIBRAIRES & dans les GARES
POLAIRE
DANS CLAUDINE
A PARIS
Claudine
Paris
L. LUCIEN FAURE

CARTEL *CLAUDINE EN LA ESCUELA*

1900

En el 1900, cualquiera que caminara por París y mirara los escaparates de las librerías y los anuncios en las aún nuevas columnas publicitarias probablemente leyera muy a menudo este nombre: «Claudine». Era el año de la Exposición Universal, de la primera línea de metro y del indulto al capitán Alfred Dreyfus y, sin embargo, cuando se agudizaba el oído en el entreacto de la ópera y se escuchaban las conversaciones del París mundano, lo más seguro es que se oyera hablar sobre todo de ella: «Claudine esto», «Claudine aquello», «¿Ha leído usted ya a Claudine?». Dependiendo de quién hablara, era un escándalo absoluto, horrible, de mal gusto, o en cambio, algo encantador, refrescante, divertido y deliciosamente malvado. Si se le hubiera preguntado a una mujer joven, habría dicho que Claudine era fantástica; ¡un personaje en el que las mujeres jóvenes de hoy (¡1900!) pueden sentirse identificadas!

Claudine y el libro que protagonizaba como heroína, *Claudine en la escuela*, fueron en Francia la sensación de este primer año del nuevo siglo. O se la odiaba o se la amaba, pero no dejaba a nadie indiferente. Al menos, no si lo que uno quería era participar en el debate. Sin embargo, la historia era bastante banal: una niña de quince años de provincias contaba sus experiencias durante su último año de escuela, su vida cotidiana entre extensos campos y estrechos bancos escolares, sus travesuras, amistades, sueños y primeros amores. Es decir, nada especial. Pero ella lo contaba como nadie lo había leído hasta entonces; en un lenguaje fresco y libre, que sonaba como si una joven te hablara de forma directa, como si de verdad estuvieras acompañando a esa alumna inteligente y sinvergüenza. Además, trataba temas sobre los que no se hablaba en ese momento, y mucho menos se escribía: el deseo de una chica muy joven, que no por fuerza se dirigía siempre a un chico, sino tal vez también a mujeres. Era emocionante, excitante, y sin duda un auténtico escándalo.

La sociedad pudibunda estaba indignada: ¿desde cuándo las chicas jóvenes se interesaban por el sexo? Y, por si fuera poco, eran homosexuales. Pero, sobre todo: ¿desde cuándo sabían tanto sobre el tema? ¿Acaso las mujeres jóvenes del nuevo siglo no eran ya ingenuas y ajenas a ello? ¿Se acercaba el final de la «chica buena»? París hervía de indignación y éxtasis secreto ante esta figura escandalosamente moderna. Ante todo, causaba furor entre las adolescentes; por fin, una joven escribía lo que realmente pensaban y sentían, lo confusa que era esa fase entre ser niña y mujer. Al fin, alguien en el mundo revelaba que las chicas también tienen sexualidad y no carecen de deseo. Que quieren cosas y a veces incluso se atreven a hacerlas. Pero, sobre todo, que las jóvenes también poseen una opinión y una voz. En dos meses, se vendió la increíble cantidad de cuarenta mil ejemplares de este libro. En las calles, parques y plazas de París, de repente se veían Claudines por todas partes, chicas que se enfundaban su antiguo look de colegiala, llevaban vestidos negros, medias largas y el típico cuello redondo blanco, que en Francia se llama *col Claudine* a causa de esta novela hasta el día de hoy. Había polvos de Claudine, sombreros de Claudine, cigarrillos de Claudine, perfume de Claudine. La pastelería La Boétie incluso elaboraba un pastel Claudine y un helado Claudine.

París se vio envuelta en una fiebre de Claudine, todas las chicas querían ser tan atrevidas y libres como ella, admiraban a Willy, cuyo nombre aparece tan grande en este cartel, debido a su éxito legendario. Pero una pregunta flotaba siempre en el ambiente: ¿cómo podía Henry Gauthier-Villars, llamado «Willy», saber tanto sobre los pensamientos y las vivencias de una colegiala? La respuesta, por supuesto, era obvia: a través de su esposa, Sidonie Gabrielle Colette, llamada Colette. Esta tenía entonces veintisiete años, provenía de un pequeño pueblo de Borgoña y había aterrizado en París siete años antes para casarse con Willy. *Claudine à l'école*, al igual que *Claudine à Paris*, *Claudine en Ménage*, *Claudine s'en va*, que aparecieron en los siguientes años y fueron recibidos con el mismo entusiasmo, estaba inspirada en su infancia poco convencional. A decir verdad, era ella quien las había escrito. Tras la primera lectura, Willy concluyó que el manuscrito carecía de valor, pero, según la misma Colette refirió un año después, cuando volvió a sacarlo del cajón gritó: «*Mon dieu!* ¡Soy un idiota!» y corrió a buscar al editor más cercano. En ese momento, seguía vigente la regla que ya había empujado a las Brontë, a George Eliot y a George Sand a escribir bajo seudónimo, según la cual, un libro se vendía mejor con un nombre masculino. Así que las aventuras de Claudine se publicaron como si fueran obra de Willy. Lo que siguió fue un ejemplo de la situación imposible de las mujeres escritoras en la época. Willy no solo cosechó la fama de este best seller, sino que también se embolsó todo el dinero. Incluso después del divorcio, cuando se sabía desde hacía mucho tiempo que Colette era la autora real, se lo llevó todo él hasta que al final vendió los derechos de Claudine. Ella misma nunca recibió ni un centavo, y pasaron varias décadas hasta que su nombre apareció como autora de la obra.

Por suerte, se tomó la revancha en las décadas siguientes. Nadie sabe qué hizo Willy después de Claudine, muchos quizá ni siquiera conozcan su nombre, pero Colette se convirtió en un icono. Fue venerada por su estilo de vida autodeterminado, por su bisexualidad declarada abiertamente, por sus muchos matrimonios y relaciones escandalosas, por su trabajo como periodista, actriz y más tarde incluso como propietaria de un salón de belleza. Pero, sobre todo, por las casi cincuenta novelas que creó después de Claudine y que la convirtieron en modelo para muchas escritoras de la primera mitad del nuevo siglo. En *El segundo sexo* de Simone de Beauvoir, es el nombre más citado, veintidós veces para ser exactos; fue, según Beauvoir, la primera en describir en sus novelas todas las etapas de la vida de la mujer, desde la adolescencia hasta la madurez, y en poner en palabras todos los sentimientos propios de dichas etapas. Cuando Françoise Sagan, cincuenta y cuatro años después, describió en su novela *Bonjour Tristesse* qué era ser una mujer joven en la década de 1950, envió uno de los primeros ejemplares a su modelo, Colette. Le escribió: «Para madame Colette, con la esperanza de que este libro le traiga una centésima parte de la alegría que sus libros me han dado a mí. En su honor, Françoise Sagan».

MADAM C.J. WALKER'S
TRADE MARK REGISTERED
WONDERFUL HAIR GROWER
NET CONTENTS 2 OZ
MADE BY
THE MADAM C. J. WALKER
MANUFACTURING Co
INDIANAPOLIS, IND.
PRICE 50 CENTS

WONDERFUL HAIR GROWER

1906

Cuando el actor estadounidense Will Smith subió inesperadamente al escenario durante la ceremonia de los Oscar en Los Ángeles en marzo de 2022 y le dio una bofetada al presentador Chris Rock por burlarse de la cabeza rapada de su esposa, Jada Pinkett Smith, durante los siguientes días, se generaron dos debates: uno sobre el modelo obsoleto de masculinidad violenta y protectora y otro, quizá más interesante, sobre el pelo de las mujeres afroamericanas.

Es bien sabido que el cabello y la identidad femenina están vinculados de una manera especial, y no en vano el afeitado de la cabeza siempre ha sido un castigo popular, una forma de quitarle la dignidad a la mujer. Pero esto afecta en especial al pelo de las mujeres afroamericanas. Sus rizos, su peinado afro, coletas, moños y trenzas siempre han sido un tema político. En la década de 1960, activistas como Angela Davis dieron la primera señal de liberación de la norma del pelo «blanco», es decir, liso, con su afro, que llevaban con orgullo. En la década de 2010, Solange Knowles, la hermana de Beyoncé, cantaba *Don't touch my hair* contra la agresión, que, al parecer, muchos blancos cometen cuando ven el pelo afroamericano. Y la ley CROWN, que ya se aplica en casi todos los estados de Estados Unidos, penaliza la «discriminación del pelo por motivos de raza». En realidad, la importancia del pelo afroamericano no llegó primero por oposición al pelo «blanco», sino que se remonta mucho más atrás. Los peinados eran importantes en África occidental mucho antes del comienzo de la esclavitud y del encuentro con los propietarios de esclavos. Trenzar el cabello, adornarlo con perlas, plumas u otros accesorios, darle forma de escultura capilar o simplemente llevarlo suelto era algo así como una tarjeta de visita, una forma de decir quién eras, de dónde venías, a qué familia o tribu pertenecías. En especial para las mujeres, el peinado y el cuidado era un objetivo muy importante para reunirse y formar comunidades. Uno estaba orgulloso de su pelo hasta que llegaron los europeos y decidieron que estas melenas supuestamente tan «salvajes» no eran bonitas, sino una expresión de lo animal e inferior. A muchos esclavos y esclavas se les afeitó la cabeza y, con el tiempo, la importancia de los peinados se fue perdiendo; con una vida tan dura y unas condiciones higiénicas tan lamentables, la mayoría de las mujeres dejaron de lado sus costumbres capilares.

En aquel momento, muchas mujeres afroamericanas, como hoy Jada Pinkett Smith, sufrían de infecciones graves en el cuero cabelludo y pérdida de cabello. No existían tratamientos específicos para ellas, pues su pelo encrespado, salvaje y diferente se consideraba un error a ojos de la industria de la belleza y en ningún caso se quería tomar en cuenta. La belleza solo existía para las mujeres blancas, las demás tenían que buscarse la vida. Hasta que Annie Malone se hizo cargo de las cabezas descuidadas de sus hermanas; para ser justos, hay que decir que con su producto para el crecimiento del cabello, solo sentó las bases. Madam C. J. Walker llevó la idea más allá con su Wonderful Hair Grower, que vemos en la imagen, y que fue todo un éxito de ventas. Porque, al contrario de lo que afirma la serie de Netflix *Self Made*, Sarah Breedlove (alias Madam C. J. Walker) trabajó durante algún tiempo para Malone. Iba de puerta en puerta como «agente poro» para promocionar su Hair Grower hasta que decidió fundar su propia marca. Como se sabe, con éxito histórico. Madam C. J. Walker se convirtió en la primera millonaria hecha a sí misma en Estados Unidos, su Wonderful Hair Grower fue un triunfo absoluto, un salvavidas para muchas mujeres afroamericanas. La receta de esta arma milagrosa, según se dice, se le apareció en un sueño a Madam, cuya cara aparecía en la lata que vemos en la imagen. La voz que supuestamente le dictó la mezcla le encargó una misión adicional: hacer la vida de las mujeres afroamericanas mejor, más fácil, más bella y darles una oportunidad de independencia y de autorrealización a través de su imperio de belleza. Sin duda, la señora Walker era versada en la narración de historias. Sí, se le podría reprochar que de alguna manera siguiera los estándares de belleza de la época. Aunque no es cierto el rumor de que inventó la plancha y, por lo tanto, que quería instaurar el pelo liso, es probable que nunca se la viera caminar por la ciudad de Nueva York con un peinado afro. Pero no se trata de eso.

Con esta pequeña lata amarilla, las mujeres negras a las que les interesaba la belleza no solo tenían en sus manos por primera vez un producto diseñado especialmente para ellas, para su pelo y su cuerpo, sino que también se les abrían nuevos caminos profesionales: en lugar de trabajar como empleadas domésticas, trabajadoras agrícolas o niñeras sin ninguna posibilidad de ascenso, ahora podían hacer carrera como «culturistas de cabello de Madam C. J. Walker». Alrededor de 1910, había unas veinte mil jóvenes trabajando para Madam en Estados Unidos, casi todas eran afroamericanas, muchas de ellas de orígenes humildes. Abrir nuevas perspectivas a las mujeres y fomentar su autoestima, contribuyendo a que se sintieran guapas, pero sobre todo demostrándoles que el éxito, aunque difícil de conseguir, era posible, era la principal preocupación de Madam C. J. Walker. Antes de morir, decretó que en el futuro su empresa solo podría estar dirigida por mujeres. Cuando su hija A'Lelia asumió por fin el mando, utilizó la riqueza generada para apoyar la cultura afroamericana más allá de las cuestiones de belleza y cabello; se convirtió en una de las mecenas más importantes del Renacimiento de Harlem, el emocionante movimiento artístico y literario que propagó imágenes de la vida afroamericana en la Nueva York y en el París de los años 1920 y 1930, lejos de los clichés y de las ideas ajenas. En el legendario salón de la Dark Tower de A'Leila se reunía el Manhattan afroamericano, *queer* y libre. Sus fiestas estaban, como apuntó el escritor Langston Hughes una vez, «llenas como el metro de Nueva York». Habían dado a la anfitriona el sobrenombre de «the Joy Goddess of Harlem's 1920», algo así como «la diosa de la alegría de los años veinte de Harlem», una mujer que, como su madre antes que ella, comprendía que una cultura afroamericana segura de sí misma nunca podría separarse por completo de las cuestiones capilares.

Burkbraun
RADIUM
SCHOKOLADE
NACH Dr. SENFTNER
DEUTSCHES REICHSPATENT u. AUSLANDSPAT.
RADIUM

CHOCOLATE RADIUM

Sin fecha

«El regalo más valioso que nadie haya hecho jamás al mundo es quizá el descubrimiento del radio por madame Curie en 1898», decía un folleto publicitario de Burkbraun, fabricante del chocolate Burkbraun Radio e inventor del eslogan musical en los años treinta: «Todo el año en el baño de radio con el chocolate Burkbraun Radio».

La Cottbusser Haus tenía varios chocolates con una pizca de radio en su surtido: chocolate para beber, tabletas para comer y pequeñas chocolatinas que prometían que el dulce no solo sabía bien (porque estaba hecho con «granos de cacao muy maduros» y el radio se utilizaba de tal forma que no alteraba el sabor), sino que además era increíblemente saludable: «El secreto de su efecto rápido y penetrante está en que el radio de este chocolate fino alcanza de inmediato el torrente sanguíneo y, por tanto, todos los órganos, el sistema nervioso central, las glándulas, los nervios y hasta las últimas ramificaciones y células». Hoy pensamos: «¡Qué horror!». Pero entonces les parecía algo bueno. Desde principios de siglo se le añadía un poco de radio a casi todo: crema facial, pasta de dientes, barra de labios, polvos, champú. Había supositorios de radio para aumentar la potencia sexual; un «aplicador ocular radiactivo», gafas radiactivas que supuestamente aliviaban los dolores de cabeza y los problemas de visión; se aconsejaba a la gente beber agua de radio (había vasos y botellas fabricados ex profeso para este fin, que aún pueden encontrarse hoy en los vertederos alemanes); y se ofrecían baños de radio en los balnearios para tratar el reumatismo, los dolores articulares y males similares. E incluso las empresas que no podían permitirse el radio auténtico, o pensaban que nadie notaría la diferencia, escribían «radio» en su producto para hacerlo más atractivo y acorde con el espíritu de la época. Había cigarrillos de radio, una mantequilla cremosa de la marca Radium, incluso preservativos que no contenían radio, pero llevaban escrito «radio» para sugerir potencia. El componente era la tendencia número uno en salud y belleza, un poco como las semillas de chía hoy en día, pero mucho más versátil y excitante. Al fin y al cabo, era algo nuevo.

También era novedoso el hecho de que el nombre asociado a esta fuerza elemental supuestamente curativa fuera femenino: Marie. La historia es bien conocida. Corría el año 1897 cuando Marie Curie, Maria Salomea Skłodowska, que había emigrado de Polonia a Francia, comenzó sus investigaciones en un laboratorio legendariamente destartalado de la calle Lhomond (según el químico alemán Wilhelm Ostwald, «un cruce entre un establo y un almacén subterráneo de patatas»). Un año antes, el físico francés Henri Becquerel había descubierto que el uranio emite radiaciones; Curie quiso investigar más a fondo para su tesis doctoral y descubrió, más o menos por casualidad, que la pechblenda contiene otros elementos mucho más radiactivos: el polonio, al que dio el nombre de su Polonia natal, y, por supuesto, el radio. Fue el principio de un cambio de época. En 1903, fue la primera mujer en recibir el Premio Nobel por este descubrimiento, junto con su marido y compañero de investigación Pierre y el científico Henri Becquerel. Pese a todo, Francia no había mencionado su nombre en absoluto en la candidatura al premio y solo atribuía el descubrimiento al señor Becquerel y a Pierre Curie. Por fortuna, las suecas probablemente ya eran más feministas que sus homólogas del sur en aquella época e insistieron en corregir este error misógino. Y así, Marie Curie, muy a su pesar, se convirtió en la primera «superestrella científica» femenina.

Cuando pronunció su primera conferencia en la Sorbona en noviembre de 1906, poco después de la muerte de su marido, se dice que una multitud enardecida irrumpió en el auditorio. Políticos, condesas, profesores, todo el mundo estaba allí para presenciar este acontecimiento. Cuando por fin apareció la «mujer vestida de luto», el público aplaudió «larga y efusivamente», según informó al día siguiente el diario *Le Figaro*. Fue toda una sensación, una revolución. Siempre había habido mujeres investigadoras, muchas, sobre todo en aquella época, pero muy pocas habían sido reconocidas de manera oficial por las instituciones. Solían trabajar en un segundo plano, en algún rincón, rara vez se las aclamaba en público y la historia terminaba olvidándose de ellas. A principios de siglo, que una mujer como Marie impartiera cursos y dirigiera un laboratorio universitario era algo del todo inusual. Desgraciadamente, su fama pronto le estallaría en la cara. La viuda de luto recibió los aplausos, la consideraron fuerte y admirable, pero cuando salió a la luz que tenía una aventura con un hombre casado, y que además era uno de los alumnos de Pierre, la gente se indignó. ¡Una mujer tan famosa! ¡Qué vida tan inmoral! El asunto llegó tan lejos que, en 1911, cuando iba a recibir el segundo Premio Nobel, esta vez en solitario y en la disciplina de la química, le aconsejaron que no asistiera a la ceremonia. Demasiado escándalo. Demasiado drama. Si lo hubieran sabido, no le habrían concedido el premio, le escribió entonces un camarada, a lo que Marie respondió con sequedad que se la premiaba por su trabajo científico, no por su vida privada.

Tal vez fuera la marca de chocolate Burkbraun, que con tanta afabilidad alababa a madame Curie en sus anuncios, sin importar lo que la científica hiciera en su tiempo libre. Pero tal vez la empresa nunca hubiera oído hablar del tema. Así como tampoco conocía, por lo visto, el escándalo de las Chicas del Radio, que hizo tambalear la popularidad del nuevo ingrediente en Estados Unidos a finales de la década de 1920. Las historias de estas chicas causaron gran horror en su momento. Después de meses o incluso de años pintando las esferas de los llamados «relojes Undark» con pintura radiactiva y, según les aconsejaban, humedeciendo el pincel con la punta de la lengua o incluso pintándose las uñas con el precioso color luminoso, algunas de ellas empezaron a brillar por la noche. Algo más tarde, murieron de anemia, con fracturas óseas y síntomas agudos de intoxicación similares. Fue el principio del fin de la manía por el radio que había desencadenado el descubrimiento de Marie y, cabe esperar, el fin del brevemente popularísimo chocolate con radio Burkbraun.

FOR VALOUR
MARCH 1st 1912
HUNGER
STRIKE

MEDALLA DE HUELGA DE HAMBRE

1912

El 13 de noviembre de 1913, la líder británica de las sufragistas Emmeline Pankhurst estaba en Hartford, Connecticut, ante varios cientos de mujeres estadounidenses y pronunció uno de los discursos más célebres de la historia del sufragio femenino: «Libertad o muerte», como más tarde se llamaría su alegato, era un estudio de la situación en Inglaterra. Se hallaban en una guerra civil, explicaba la entonces mujer de cincuenta y cinco años, las mujeres estaban tan cansadas de esperar el cambio que solo les quedaba una salida: la libertad o la muerte. Con sus constantes huelgas de hambre, plantearían al Gobierno británico una difícil elección: ¿dejamos morir a estas mujeres o cedemos? ¿Les concedemos la libertad o nos hacemos responsables de sus muertes?

La Medalla de la Huelga de Hambre, que hoy se encuentra en el Museo de Londres y que fue concedida a Emmeline Pankhurst en 1912 después de dos meses de encarcelamiento e inanición, da testimonio de este método de lucha que empleaban las sufragistas británicas. En el anverso de la medalla puede leerse «Huelga de hambre» y, en el reverso, el nombre de la activista. Se dice que casi cien mujeres recibieron una de ellas entre 1909 y 1914. Por lo general se les entregaba en un desayuno de recepción tras su salida de la prisión de Holloway. Este premio, que, al igual que el broche Holloway y otras joyas sufragistas similares, fue diseñado por la hija de Pankhurst, Sylvia (con los colores de las sufragistas, verde, blanco y morado), es importante porque subraya lo que Pankhurst dijo en Estados Unidos: no eran mujeres con pancartas pidiendo amablemente sus derechos, sino soldados a los que se condecoraba con honores militares. A diferencia de las otras sufragistas, que llevaban haciendo campaña por el sufragio femenino desde la década de 1890 con la Unión Nacional de Sociedades por el Sufragio Femenino de Millicent Fawcett por medios pacifistas, es decir, con pancartas y panfletos, Pankhurst y sus sufragistas estaban convencidas de que nada cambiaría si no se llevaban a cabo acciones impactantes, vandalismo y, si era necesario, violencia. Como se decía en sentido figurado en Connecticut: si dos bebés tienen hambre, pero uno grita mucho mientras que el otro aguarda con paciencia, ¿a cuál de los dos dará de comer la madre primero? La Women's Social and Political Union, que Emmeline y sus hijas Sylvia y Christabel Pankhurst habían fundado en 1903, abogaba por «hechos en lugar de palabras». Las mujeres organizaron protestas y bloqueos sin previo aviso y se encadenaron frente a edificios públicos.

Cuando vieron que eso tampoco servía de nada, recurrieron a métodos más drásticos. Cientos de ellas se paseaban por las calles comerciales y, al oír la señal, destrozaban a pedradas todos los escaparates. Prendían fuego a buzones y después a casas, ponían bombas en edificios públicos, cortaban cables telegráficos e incluso atacaron con un hacha obras de arte en los museos. La prensa habló de «terrorismo sufragista», activistas de un clima de miedo que creaban deliberadamente. Hicieron todo lo posible para que las vieran y las escucharan. Sabían que un juicio ofrecía una tribuna y que las detenciones, sobre todo si eran brutales, podían utilizarse con efectos públicos. Igual que las huelgas de hambre. La primera persona a la que se le ocurrió esta idea no fue la propia Pankhurst, sino una tal Marion Wallace-Dunlop. En julio de 1909, se negó a comer durante días porque había sido catalogada como criminal en lugar de como presa política, así que cuando el médico le preguntó de qué quería alimentarse, ella contestó enseguida: «De mi determinación». «Difícil de digerir —le dijo él—, pero dura, desde luego». Tres días después, la liberaron. A partir de entonces, la huelga de hambre se convirtió en una treta, la mejor manera de salir rápidamente de Holloway. Pero claro, aquello no duró mucho; el Estado no quería ponérselo tan fácil. En lugar de liberar a las mujeres, se decidió obligarlas a comer. Debió de ser una verdadera tortura. Ataban a la prisionera a una silla, dos médicos y varias ayudantes la sujetaban, le abrían la boca con unos alicates, le introducían un tubo de plástico por la garganta y le vertían una mezcla de leche y harina a través de un embudo. Si le dolía demasiado la boca y le sangraban las encías, se le introducía el tubo por la nariz hasta la garganta; con frecuencia terminaban vomitando el líquido; a veces, el mejunje acababa en los pulmones. Algunas mujeres perdieron un diente cuando intentaron oponer resistencia. Tuvo que ser algo espantoso. La opinión pública, a la que pronto las sufragistas se ocuparon de informar, se indignó por la brutalidad con que se las trataba. Muchos médicos publicaron peticiones contra los abusos y algunos diputados incluso dimitieron. El argumento contra el sufragio femenino había sido a menudo que las mujeres no lo necesitaban, que los hombres estaban ahí para protegerlas. ¿Cómo había que entender aquel giro en los acontecimientos? ¿Era esta la protección prometida? ¿En serio? Llegó un momento en que la indignación fue tan grande que el Gobierno tuvo que idear algo nuevo: la Ley de Prisioneros de 1913 o la liberación temporal por mala salud, también conocida entre las británicas como la «Ley del Gato y el Ratón». Dejaban a las mujeres pasar hambre, las ponían en libertad y las volvían a detener en cuanto podían mantenerse más o menos en pie. Como un gato que deja a su víctima correr por la habitación una vez más antes de matarla.

El primer ministro y sus asesores debieron de creen que así conseguirían que renunciaran a su derecho al voto, pero eso solo demuestra lo poco que sabían sobre las mujeres, como dijo Pankhurst en su discurso en Hartford: «Las mujeres pueden tardar un poco, pero una vez que se rebelan, nada en el mundo puede detenerlas». Tenía razón. Aunque la autoagresión por inanición como método de protesta contra la propia impotencia es tan cuestionable como la violencia contra los demás, funcionó. En 1918, las mujeres británicas obtuvieron el derecho al voto (a partir de los treinta años). Ochenta años después, la revista *Time Magazine* nombraba a Emmeline Pankhurst una de las cien personas más importantes del siglo XX y afirmaba: «Ha cambiado nuestra sociedad de manera irrevocable».

ESTATUILLA DE ATENEA DE SIGMUND FREUD

Siglo I o II a. C.

El propietario de esta estatuilla de bronce quizá habría diagnosticado una anorexia nerviosa aguda a las sufragistas del entorno de Emmeline Pankhurst. Para Sigmund Freud, las jóvenes que se negaban a comer, algo que empezó a pasar cada vez más a partir del siglo XIX, no rechazaban tanto la comida en sí como la sexualidad femenina, esa (según él) recepción pasiva del otro, y con ello le hacían un reproche a su madre; como no les había dado un pene, les había provocado una carencia, un hambre insaciable. Probablemente no sea necesario aclarar aquí que la mayoría de las sufragistas no eran anoréxicas. Se rebelaban, sí, pero no contra la carencia de falo, sino contra el orden existente. Utilizaban su cuerpo porque no tenían otras armas a mano, lo que envidiaban a los hombres no era el pene, sino el poder.

Si observamos con interés esta pequeña estatuilla de Atenea, de unos diez centímetros de altura, una copia romana basada en un original griego del siglo V a. C., enseguida nos llamará la atención que le falta un arma; lleva un cuenco de sacrificio en la mano derecha, el pecho cubierto con una cabeza de Medusa (supuestamente para ahuyentar la lujuria de los hombres) y un casco en la cabeza. Y aunque su brazo se alza en un gesto belicoso, donde se supone que debería haber una lanza no se ve nada más que un espacio vacío. Esta estatuilla, una de las casi dos mil piezas de la colección de antigüedades que Freud empezó a reunir de manera frenética tras la muerte de su padre en 1896, no solo hace referencia a su teoría sobre la envidia del pene, sino que debió de desempeñar un papel muy especial para el psicoanalista. En su despacho de la Berggasse 19 en Viena, siempre estaba en el centro de su escritorio; cuando él y su familia huyeron de Austria en junio de 1938, Atenea fue una de las dos piezas que su novia, la psicoanalista francesa Marie Bonaparte, sacó del país a petición de él. Desde entonces, ha estado y sigue estando en el escritorio londinense de Sigmund Freud. Se sabe que él, como muchos de su generación, tenía una pasión especial por la Antigüedad. Los nombres de muchos de sus diagnósticos están tomados de mitos antiguos y a él le gustaba referirse a su trabajo como una forma de arqueología del yo. Lo que tal vez sea menos conocido es que sus estatuillas, como esta de Atenea, las de Isis, Osiris y Sachmet, o las figuras de arcilla de Artemisa y de otros dioses griegos y romanos, también se utilizaban durante sus tratamientos.

Tal vez haya que hacer una breve digresión aquí y comparar a Freud con el neurólogo Charcot mencionado en capítulos anteriores; ambos fueron igual de importantes para el estudio de la psique femenina, solo que su forma de proceder era muy diferente. No hay duda de que Freud admiraba a su famoso homólogo francés; en París había asistido a una de sus demostraciones y le había escrito, muy impresionado, una carta sobre ello a Martha. Más tarde, colgaría en su habitación de Londres, sobre el diván, un grabado que mostraba a Charcot trabajando. Aparecía de pie frente a un grupo de colegas, su paciente estaba inconsciente en los brazos de un asistente, el espectáculo acababa de terminar, el médico la había usado de ejemplo para lo que pretendía demostrar. Justo en eso se diferenciaba Freud del francés: mientras que Charcot usaba su ojo y miraba a sus pacientes cuando categorizaba sus dislocaciones y posiblemente las animaba a exagerar un poco, Freud empleaba su oído. Escuchaba a las mujeres y escribía sus historias. Incluso podría decirse que las convirtió en heroínas de un nuevo género: Anna O., Emmy von N., Lucy R., Katharina, Elisabeth von R. o Dora son las protagonistas de su propia novela. No existían por las fotografías que se tomaban de ellas, sino por las palabras y pensamientos que compartían con el médico. El objeto del psicoanálisis no debía ser la superficie, sino lo que estaba enterrado bajo tierra. El terapeuta, en este caso Freud, tenía que ser, en el fondo, solo el que proporcionara la pala a las pacientes, pero eran ellas las que habían de cavar.

Quien dice una pala dice una estatua de Atenea. La historia más famosa de la obra fue escrita por una paciente, la escritora estadounidense Hilda Doolittle, en su texto *Writing on the Wall*. Corría la primavera de 1933, H. D. había viajado a Viena por consejo de su pareja para que Freud le tratara su bloqueo creativo. Un día, el «profesor» no le pidió que fuera a su famoso diván cubierto de alfombras orientales, sino a su estudio, y le entregó esta figura: «Esta es mi pieza favorita. Es perfecta, aunque ha perdido su lanza», dijo. Su paciente quedó un poco confundida con esta información. Sabía lo mucho que H. D. se interesaba por la antigua Grecia, pero ¿por qué le mostraba precisamente esta figura? ¿Quería ver cómo reaccionaba ante el simbolismo de Atenea, esa diosa virgen de la guerra y la sabiduría, que había salido de la cabeza de su padre Zeus? ¿Quería desconcertarla? ¿Aludir a su bisexualidad? ¿O quizá, y esto es lo que le parecía más probable, referirse a su teoría sexual, según la cual las mujeres padecen envidia del pene debido a su falta de «lanza»? Sea lo que fuere lo que quisiera decir, H. D. se enfadó. Por mucho que apreciara a Freud, le gustaba muy poco la teoría de la envidia del pene. El hecho de que considerara al hombre como la normalidad sexual y a la mujer como una desviación deprimida y envidiosa la molestaba, al igual que molestaría a muchas estudiantes de Freud y a las primeras psicoanalistas en las siguientes décadas y convertiría a Freud en la imagen de un enemigo de la emancipación para las feministas de la década de 1970. La indignación hizo olvidar por completo a algunas de ellas que el psicoanálisis había sido el primer campo médico en el que las mujeres no solo habían sido escuchadas, sino también en el que habían podido hacer carrera desde el principio. Doolittle, sin embargo, continuó sus reuniones con Freud y se liberó de su bloqueo de escritura. No obstante, nunca olvidó el episodio de Atenea. En *The Master* escribió: «Estaba furiosa con aquel viejo / con su discurso de la fuerza masculina», y terminó su poema rectificando la afirmación de Freud de que la diosa era perfecta, «pero» le faltaba la lanza: «La mujer es perfecta». Sin peros.

Gruss aus Osnabrück
Der Held kämpft fern im West' und Osten, Die Frau steht treu im Land auf Posten.

POSTAL DE LA PRIMERA GUERRA MUNDIAL

1914-1918

El 16 de noviembre de 1917, un tal Karl Friede escribió a su novia algo molesto desde el frente: «Dime, ¿por qué últimamente solo me escribes postales? ¿Tan ocupada estás que no tienes tiempo para escribir una carta?». Obviamente, Karl no era consciente de que las mujeres mantenían la vida y el país en marcha después de que los hombres se hubieran marchado a la guerra para dar berridos seguros de su victoria y para volarse los sesos unos a otros. Es probable que, en efecto, su novia tuviera mucho que hacer.

A la gente le gusta decir que la Primera Guerra Mundial liberó a las mujeres porque les dio nuevos empleos. A menudo, la historia se cuenta de tal manera que parece que la emancipación no hubiera empezado tanto por el hecho de que las mujeres de Alemania, Inglaterra, Francia y Estados Unidos unieron sus fuerzas mucho antes de la guerra, casi sesenta años antes, y lucharon por su libertad de todas las formas imaginables, como por el hecho de que los hombres redujeron el mundo a escombros y arrastraron a las mujeres a esta locura. Quizá cabría preguntarse por qué se cuenta esta versión de las cosas. Porque, aunque no sea falsa del todo, tampoco es del todo cierta. No es cierto que la guerra obligara a las mujeres a trabajar por primera vez; aparte de algunas damas muy adineradas de la burguesía, las mujeres siempre han trabajado en todas las épocas de la historia. Las estadísticas muestran que el empleo femenino ya había aumentado en todos los países europeos antes de la guerra y que esto no cambió durante la contienda. Lo que varió fueron los puestos que se les asignaban. Eran carteras, como la simpática señora de la imagen, maquinistas de tren, conductoras de autobús o trabajaban en las fábricas de armamento y en la industria metalúrgica como parte de la movilización general. Se produjo, si se quiere, un cambio de género en el trabajo; lo que antes se consideraba una actividad masculina ahora también podía ser realizada por mujeres, y el argumento de que «las mujeres no pueden hacerlo» quedó brevemente invalidado por la guerra. Las carteras como esta eran escasas; en cuanto a la industria, la mayoría de ellas habían trabajado antes en el sector textil, y en las grandes ciudades muchas eran empleadas en el sector servicios. Es discutible que la transición temporal a la industria de defensa, donde siguieron trabajando bajo la supervisión de hombres, mejorara sus condiciones de vida y su imagen de sí mismas. Sobre todo porque la equiparación salarial se invirtió de inmediato después de la contienda y las mujeres fueron devueltas al lugar que les «correspondía»: de nuevo a los salarios bajos y a una opresión aún mayor después de la guerra.

Pero quizá lo que realmente las cambió de una forma más existencial que meterse en la piel de un hombre durante unos años fue su soledad. Nadie estaba allí para decirles quiénes eran, qué podían hacer, qué debían y qué no debían hacer. Las postales, que al parecer se enviaban en grandes cantidades en aquella época, testimonian en cierto modo esta calma, esta falta de eco y de espejo, lo cual incitaba a la autorreflexión. Cuanto más duraba la contienda, más tarjetas patrióticas de este tipo se producían y enviaban tanto en Alemania como en Francia. En Francia, los motivos eran a menudo lascivos; en Alemania, la mujer permanecía, como se dice allí, «fiel a su puesto en el campo» o sentada en el sofá soñando con su soldado: «Solo quien conoce la añoranza sabe lo que sufro». Se calcula que en los cuatro años que duró la guerra se enviaron al frente casi dieciocho millones de postales. Se explica que fue la primera guerra literaria, la primera en la que la mayoría de la gente, de todas las clases sociales, sabía leer y escribir. En una época en la que podían matarte en cualquier momento, era importante comunicarse. Se animaba a las mujeres a escribir a sus seres queridos, marido, novio o hermano, con la mayor frecuencia posible, para apoyarlos y levantarles la moral. ¡Pero nada de «cartas lastimeras»! Los artículos de los periódicos recordaban a las que se habían quedado en casa que solo debían informar de las buenas noticias. La mayoría de las cartas eran, por tanto, triviales, aunque algunas también contaban cosas que nunca se habrían atrevido a decir de tú a tú. Guillaume Apollinaire no fue el único que escribió cartas eróticas a su Lou; otras personas menos dotadas para la poesía también lo intentaron. El anhelo era grande, el miedo probablemente también, la gente tenía poco que perder, lo que permitió durante un breve lapso una comunicación que tiró por la borda la decencia y las jerarquías. Algunos, con gran ingenio, escribían dos cartas: una, trivial, para toda la familia; la segunda, íntima, para la esposa.

Pero, aparte de eso, redactar cartas y postales tenía un efecto especial en las mujeres ya desde el siglo XVIII; era una forma de comunicarse como persona, como sujeto, y de analizar los propios pensamientos. De hecho, muchas mujeres declararon después de la guerra que habían llegado a conocerse a sí mismas durante este tiempo de soledad. Poco después del Armisticio, una francesa escribía en las páginas pastorales de la revista *La Femme de France*: «He descubierto que tengo personalidad e intereses», y temía cómo sería recibido ese «yo» por parte de su marido. No era la única que tenía tal preocupación. En aquel momento, muchas pusieron negro sobre blanco que se alegrarían del regreso de su marido, pero que también temían cómo reaccionaría ante su nueva confianza en sí mismas. Aunque sea mera especulación, ¿no cabría imaginar que esta extensa correspondencia, esta escritura, contribuyó a este autoconocimiento de muchas mujeres además de sus trabajos? Por desgracia, las preocupaciones de la señora de la revista francesa no eran infundadas; muchos de los hombres que regresaron no vieron con buenos ojos el cambio en sus esposas o, peor aún, se asustaron. El regreso de muchos héroes fue tormentoso, escribió una vez Clara Malraux. Alemania quizá sea el peor de los casos, ya que no solo se envió a las mujeres a casa, sino que también se las consideró en parte responsables de la derrota, porque, según se decía, habían arruinado la moral de los soldados alemanes. ¿Con qué? Por supuesto, con su correspondencia, con sus «cartas lastimeras».

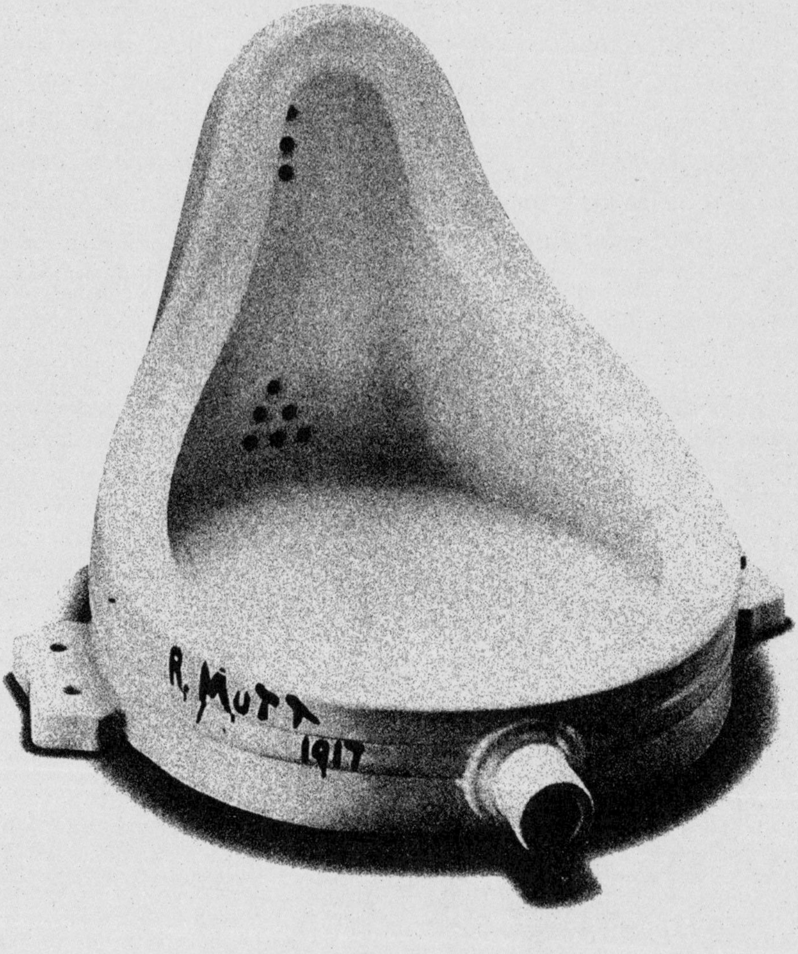
R. MUTT
1917

LA FUENTE

1917

En marzo de 2019, la escritora estadounidense Siri Hustvedt publicó un artículo en el periódico británico *The Guardian* con el significativo título de «Una mujer en el baño de hombres». La autora explicaba con cierta indignación que este objeto, *La fuente*, una de las obras más famosas de la historia del arte, no pertenecía a Marcel Duchamp, como se pensaba hasta ahora, sino a cierta baronesa llamada Elsa von Freytag-Loringhoven: «¿Por qué a la gente le resulta tan difícil aceptar la autoridad intelectual y creativa de una mujer? [...] Las pinturas, las novelas y la filosofía de los hombres, por alguna razón, parecen más sublimes, serias, mientras que las obras de las mujeres parecen más débiles y emocionales. [...] ¿Qué pasaría si el cerebro detrás del urinario no fuera Marcel Duchamp, sino la poetisa y artista alemana Elsa von Freytag-Loringhoven?».

Recapitulemos brevemente a este legendario episodio de la historia del arte. Corría el año 1917, Europa seguía en guerra, en Nueva York un grupo de artistas había ideado un nuevo salón con nuevas reglas y se autodenominaban American Society of Independent Artists. A diferencia de los salones europeos clásicos, en los que se aplicaban normas estrictas y una concepción definida de lo que es y no es buen arte, la idea era exponer todas las obras presentadas, sin criterio de selección y sin censura. Pero entonces llegó esta obra, un urinario, titulada *The Fountain* y firmada con el nombre críptico de «R. Mutt». Presentar un urinario de cerámica comprado en cualquier tienda como obra de arte fue más que escandaloso en aquel momento, mucho antes de las latas de sopa, las heces de los artistas y los rincones grasientos. Era una forma de burlarse del arte, de sus creadores y de sus espectadores, de retratarlos como idiotas. Un objeto terminado no puede ser una obra de arte, así lo decidió el jurado (que en origen no pretendía serlo) y no expuso la obra. ¡Qué escándalo! ¡Indignante! De repente, toda Nueva York ya no hablaba del arte que se mostraba en el *big show*, sino del objeto que faltaba: este urinario, cuya versión «original» probablemente acabó en la basura, lo que no importaba mucho. La discusión que se desató en torno al objeto era más trascendental que la pieza en sí misma. ¿Qué es el arte? ¿Basta con que alguien diga que es arte? Entonces ¿qué importa el artista si no ha de saber hacer nada y puede solo comprarlo? Fue una ruptura con todas las normas vigentes hasta entonces. En 2004, *La fuente* fue elegida la obra más influyente del siglo xx. Sin el urinario no habría arte pop ni arte conceptual, nuestras galerías y lo que hay en ellas ahora serían distintos. Después de esta obra, nada volvió a ser como antes. Después de él y de su supuesto autor, Marcel Duchamp.

¿Duchamp o Elsa von Freytag-Loringhoven? Hustvedt toma la prueba para demostrar esta teoría, que ya existía desde antes, de una biografía de la baronesa: «Una de mis amigas, que adoptó el seudónimo masculino R. Mutt, envió un urinario como escultura», escribió supuestamente Duchamp a su hermana Suzanne en ese momento; otro indicio sería que la tienda que Duchamp mencionó muchos años después como el lugar donde en teoría había comprado el objeto nunca había vendido tales urinarios. Además, la firma «R. Mutt 1917» se parecería a la de Freytag-Loringhoven, y con más razón porque ya había creado un *ready made*: una tubería de agua a la que tituló *Dios*. Por aquel entonces, Duchamp ya había «inventado» su secador de botellas, de modo que este argumento no es del todo convincente, y resulta imposible saber un siglo más tarde quién tuvo la idea, quién compró y firmó el urinario y quién lo presentó al final. Tal vez fuera la baronesa, tal vez fuera Duchamp. Tal vez ella se lo había regalado y él lo presentó. Tal vez el trabajo de ella le habría inspirado. O tal vez, simplemente, alguien dijo: «¡Oye, Duchamp, ese R. Mutt, eres tú!», y él no quiso negarlo. Es probable que nunca se sepa con certeza, y quizá no importe. La obra existe, su influencia también, ya sea de un hombre o de una mujer. ¿Qué cambia eso? Nada y mucho a la vez.

Por un lado, uno puede preguntarse si se hubiera hablado tanto de ello si la obra se hubiera atribuido a una mujer. ¿No habría provocado risas, más bien? ¿No se habría dicho: «Mirad, las mujeres claramente no están hechas para el arte, pueden comprar, pero no pueden producir nada por sí mismas»? Por otro lado, nos hubiera gustado saber cómo habríamos escrito la historia del arte si hubiéramos pensado que la creación «más importante» de esta nueva época es obra de una mujer. ¿Acaso entonces se habrían conocido y reconocido antes los nombres de Unica Zürn, Jacqueline Lamba, Leonora Carrington, Leonor Fini, Lee Miller, Dora Maar, Frida Kahlo y los de todas las demás? ¿Habrían tenido las mismas exposiciones y la misma difusión que Max Ernst, Man Ray, André Breton, Hans Bellmer, Picasso y compañía? Tuvo que pasar más de medio siglo para que las mujeres de la vanguardia fueran siquiera medianamente reconocidas como artistas, y no como musas. Y aunque el caso de Duchamp-Freytag-Loringhoven no sea fácil de resolver, ha habido bastantes otros ejemplos en los que la obra de una mujer se ha atribuido a un hombre. Por ejemplo, la Villa E.1027 en Roquebrune-Cap-Martin. Durante décadas, se dijo que esta hermosa casa de la Riviera francesa era obra de Le Corbusier. En algún momento, se descubrió por casualidad que en realidad había sido obra de la diseñadora y arquitecta irlandesa Eileen Gray. Se sospechaba lo primero porque Le Corbusier, antaño amigo de Gray, había marcado la casa, es decir, había dejado su rastro artístico como un perro que marca el terreno. En una ocasión que ella se ausentó, él pintó uno de sus frescos en la pared sin que nadie se lo pidiera, atribuyéndose la obra de ella, arruinando el concepto de una apariencia blanca y brillante sobre el mar y, desde luego, usurpando la autoría de la casa, seguramente de forma no del todo involuntaria. En este sentido, no importa quién compró, etiquetó y envió el urinario, pero Hustvedt tiene razón al menos en una cosa: debemos reescribir la historia del arte y el lugar que las mujeres ocupan en ella.

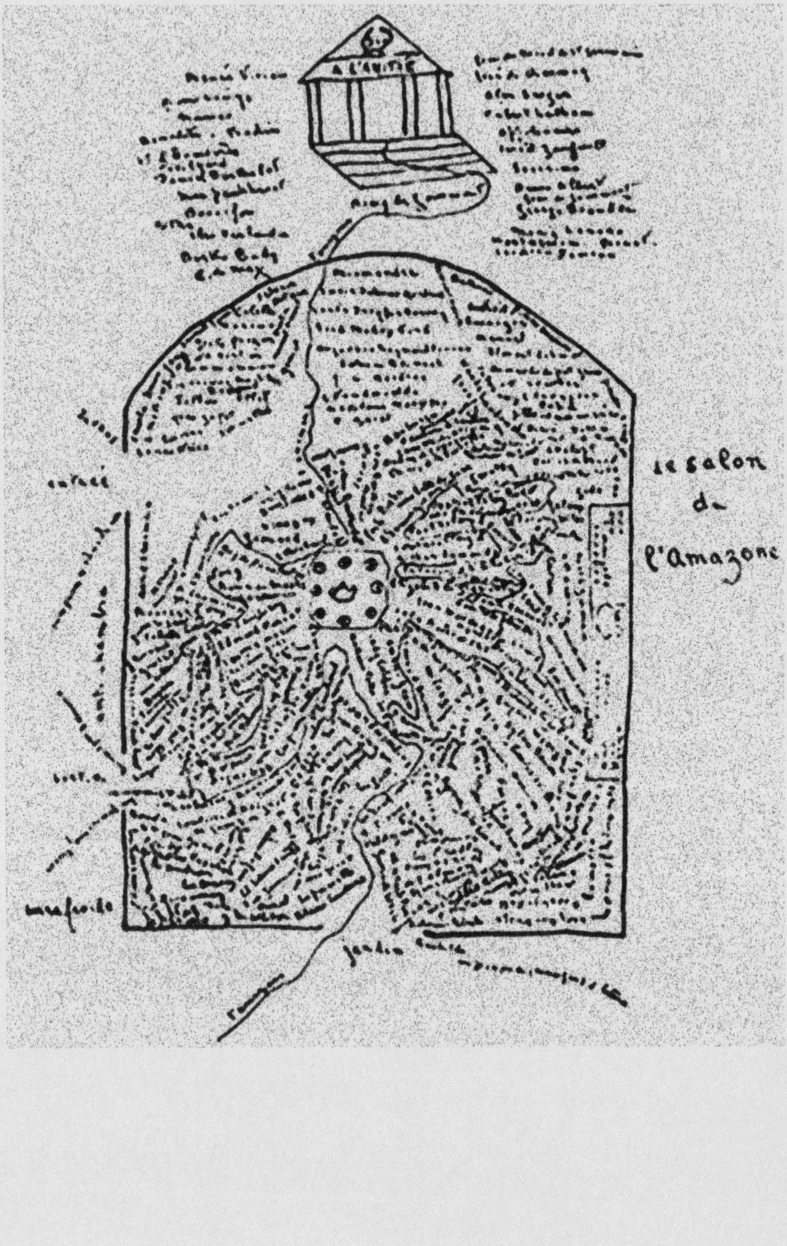
le salon de l'Amazone

MAPA DEL «TEMPLO DE LA AMISTAD», EL SALÓN DE LA AMAZONA

Desde 1910

Cada vez que estalla una guerra en algún lugar porque algún hombre cree que necesita ampliar su zona de poder, cabe preguntarse si el mundo sería un lugar mejor si gobernaran más damas y menos caballeros. Durante la Segunda Guerra Mundial, la escritora británica Charlotte Perkins Gilman se hizo la misma pregunta y la respondió con una novela. *Herland* es una utopía exclusivamente femenina, una isla donde solo viven mujeres que se reproducen por sí solas y desconocen a los hombres, sus valores y las consecuencias de los mismos, es decir, la lucha por el poder, la guerra y la opresión. La novela parece una descripción del mundo paradisiaco original de Wonder Woman y da testimonio de una tendencia a la que muchos hombres siempre han temido, sobre todo desde la guerra, y que ahora se ha hecho realidad, al menos en ciertos círculos: las mujeres ya no los necesitan. Ni siquiera para el amor.

Como hemos visto antes, desde el siglo XVIII las amistades (amorosas) entre mujeres empezaron a ganar terreno y algunas, como las señoritas de Llangollen, vivían en pareja. En Estados Unidos se lo llamaba el «matrimonio Boston». A finales del siglo XIX, cada vez más mujeres, sobre todo las que tenían un título universitario, se decidían por esta forma de convivencia. La mayoría de ellas nunca se casaron y prefirieron vivir con una compañera. Esto no parecía molestarle a nadie. No porque la gente fuera de mente abierta, sino porque a nadie se le ocurría que estas mujeres, aparte de leer y de cocinar juntas, mantuvieran también relaciones sexuales. La homosexualidad femenina pasó desapercibida durante muchísimo tiempo. Incluso cuando surgió el campo de la investigación sexual a mediados del siglo XIX, el interés se centró en la homosexualidad masculina, pero nunca en la femenina, tal vez porque se creía que el impulso sexual femenino era casi inexistente. ¿Por qué iban a relacionarse con mujeres cuando ni siquiera les apetecía hacerlo con hombres? No tenía sentido. De hecho, hubo que esperar hasta finales del XIX para que se nombrase, investigase y categorizase la homosexualidad femenina como tal, aunque, por desgracia, también se patologizó, es decir, se consideró como una desviación patológica de la norma. Lo positivo del asunto es que esto provocó que muchas mujeres homosexuales se percataran de que no estaban solas y se formó una animada subcultura lésbica, especialmente en las grandes ciudades, sobre todo en París, que no hizo más que aumentar con la *garçonne*.

El «mapa del visitante» de la imagen habla de esta nueva cultura y de uno de sus centros más importantes: el grandioso y legendario salón lésbico Temple de l'Amitié («Templo de la Amistad»), situado en la rue Jacob de Saint-Germain-des-Près. Este mapa lo dibujó la anfitriona, una tal Natalie Clifford Barney, una de las muchas mujeres estadounidenses que vivían en la Rive Gauche de París en busca de libertad, y que llevaron allí la diversión y el escándalo. Djuna Barnes pertenecía al grupo; Gertrude Stein, por supuesto, también; la actriz Louise Brooks, Mina Loy, Sylvia Beach, cuya librería Shakespeare and Co. ofrecía un hogar espiritual a la generación perdida; pero también Janet Flanner, que escribía para *The New Yorker* sobre el bullicio parisino, los chismes, la política y, en general, sobre todo lo que fuera interesante y divertido. Los nombres de todas estas mujeres, ya fueran lesbianas o bisexuales, o simplemente estuvieran abiertas a todo, pueden encontrarse con una buena lupa en este extraño mapa que el amigo de Barney, André Rouveyre, dibujó. Todas estaban invitadas a casa de mademoiselle Barney, que se autoproclamó L'Amazone. Aquello debía de ser un fantástico enredo, mucho más loco que el de Stein en la rue de Fleurus, a pesar de que Natalie recibía a plena luz del día, siempre los viernes por la tarde. Se encontraban en el interior, como en la imagen, o en el jardín frente al pequeño templo, el Templo de la Amistad, que todavía se encuentra allí hoy en día. En el centro de la habitación estaba el té, a los lados sándwiches de pepino y ternera asada, pasteles tan buenos que los invitados lo contaban después en sus memorias: merengues, *éclairs*, pasteles de chocolate y vainilla, fresas confitadas y queso. Se bebía champán, chocolate caliente, cócteles, whisky, ginebra, ponche.

Por alguna razón desconocida, la anfitriona trazó aquí su difícil camino entre la multitud. En la entrada, pasa junto a Gertrude Stein, Alice B. Toklas y el escritor suizo Blaise Cendrars, ve a Fitzgerald y Zelda, a Isadora Duncan, a la que le gustaba realizar un baile espontáneo (en el que a menudo acababa desnuda), a la veloz Tamara de Lempicka, a Rilke, a nuestra amiga sufragista Emmeline Pankhurst, a pintoras como Marie Laurencin, por supuesto a Colette y a la amante de Barney, la poetisa Renée Vivien. A veces también se dejaban caer por allí Peggy Guggenheim, Nancy Cunard o Somerset Maugham. Durante la guerra, se dice que incluso Mata Hari se paseó desnuda por el patio sobre un caballo blanco, aunque esto suena más a leyenda. Se hablaba de política, de arte, de amor y, por supuesto, de Safo. Con el fin de dar a las mujeres el lugar que merecían en la vida cultural, Barney y sus amigas fundaron en algún momento la Academia de las Mujeres, que debía ser una especie de contraproyecto a la Academia Francesa, que entonces todavía era exclusivamente masculina.

Las mujeres siempre fueron las protagonistas del salón, pero, a diferencia de lo que ocurría en *Herland*, los hombres eran del todo bienvenidos. Porque la anfitriona pensaba que los caballeros debían conocer un poco mejor a estas nuevas mujeres y su estilo de vida alternativo y elegante, en lugar de quedarse en sus clichés. Se dice que incluso Marcel Proust estuvo allí una vez para inspirarse para su *Sodoma y Gomorra*; Barney le contó su forma de vivir y de amar, aunque parece que el escritor no vio ni escuchó con suficiente atención. Al final, prefirió describir sus figuras lésbicas tal y como él se las imaginaba. No como las que tenía delante de sus narices en el Salon de l'Amitié.

«ABRIGO DE 100 KM/H»

1920

Después del horror de la guerra, tras diez millones de soldados caídos y varios cientos de miles de heridos de guerra, a los hombres jóvenes que regresaban a casa con las caras destrozadas, sin brazos ni piernas, les urgía seguir viviendo. Y mucho. Cuanto más se intentaba devolver a las mujeres al lugar de donde las habían sacado en 1914, es decir, a la sumisión, más resistencia se encontraba, especialmente entre las generaciones más jóvenes de las grandes ciudades. Muchas de ellas, de todos modos, nunca habrían encontrado un esposo a causa de los abundantes muertos, y las ciudades les ofrecían nuevas oportunidades para ganar su propio dinero como taquígrafas, telefonistas o vendedoras en los grandes almacenes que empezaban a proliferar. Entonces ¿por qué encajar en un modelo de rol obsoleto? ¿No acababan de quitarse el corsé? ¿Por qué renunciar a la libertad por una supuesta seguridad que ahora sabían que podía ser bombardeada en cualquier momento? Querían salir del estancamiento de la vida familiar, querían bailar, amar, divertirse, perderse en la embriaguez de la noche. Vivir. A todo gas.

Este abrigo tan vistoso, diseñado en 1923 por la casa parisina Dornac de la rue de la Paix, encarna el nuevo estilo de vida *à la perfection*. Es corto, más corto que hasta entonces, poco femenino para los estándares de la época, de corte casi andrógino y con mangas anchas y abombadas. Su tejido grueso y su cuello alto revelan que no te lo pones para estar sentada en tu terraza esperando algo, sino que estás en movimiento, al aire libre, quizá incluso fuera de la ciudad. Quién sabe, quizá incluso sola. Pero, sobre todo, tiene un nombre maravilloso: *manteau 100 à l'heure*, es decir, «abrigo de 100 km/h», y se refiere así a una nueva afición de las damas. En aquella época, por primera vez, no solo conducían coches unas pocas, sino muchas. Habían dejado atrás sus bicicletas en 1900, junto con sus largas trenzas, faldas largas y modales serviles; ahora eran modernas. Y modernidad significaba pelo corto, sombreros divertidos, líneas andróginas, pintalabios rojo, un cigarrillo en la comisura de los labios y, sobre todo, velocidad, velocidad y más velocidad. En Escocia, Dorothée Pullinger, tras demostrar su valía durante la guerra, se incorporó a la empresa familiar de su padre, fabricante de automóviles, y en 1921 fue una de las primeras ingenieras en diseñar el primer automóvil para mujeres de la historia: el Galloway Car. Combinaba los diseños de su padre con las líneas del Fiat 501, y una revista describió el nuevo modelo de la marca (que bajo la dirección de Pullinger lucía ahora los colores de las sufragistas, morado, verde y blanco) como «un coche construido por las damas para las damas». Como la mayoría de las cosas de entonces y bastantes de las actuales, los coches no se diseñaron para el cuerpo de la mujer. En los primeros automóviles, las conductoras no solían tener acceso al acelerador ni al volante, o al menos no a ambos al mismo tiempo. Esto iba a ser cosa del pasado. A partir de ese momento, conducir también era cosa de mujeres, como diría Françoise Sagan cincuenta años después: «Prefiero llorar en un Jaguar que en un autobús».

Eileen Gray, la arquitecta ya mencionada, quizá lo habría expresado en términos similares. Cuando tenía veinte años, se paseaba escandalosamente por Saint-Germain-des-Près con la pantera de su amante en la parte trasera de su descapotable, provocando muchas exclamaciones de «¡Oh!» y «¡Ah!», mucho asombro y sacudidas de cabeza. Sobre todo por parte de los hombres, a los que no convencía en absoluto la nueva afición de la mujer por los coches. Tal vez el rumor de que las mujeres eran demasiado tontas para conducir se remonte a esta época, al menos la periodista berlinesa Ruth Landshoff-Yorck relató en su artículo «Das Mädchen mit wenig PS» («La chica con pocos caballos») lo estupefactos que se quedaban los hombres cuando una mujer pasaba conduciendo a su lado. Había que dejarles que se hicieran la ilusión y actuar un poco como desvalidas, entonces todos se apartarían de manera galante y una podría atravesar la avenida de los hombres a toda velocidad y dando gritos de júbilo. Así lo describió en *Die Dame* por aquel entonces: «Un coche femenino debe parecer tan apetitoso como un bebé». Hablando de *Die Dame*, una de las imágenes icónicas de la nueva mujer, que muestra justamente el susodicho abrigo, fue pintada para esta misma revista femenina alemana. Se trata de la famosa *Tamara en el Bugatti verde* de la pintora polaca Tamara de Lempicka, conocida también como *Autorretrato*. Se dice que una redactora de la revista elogió el aspecto desenfadado de Tamara en su coche y sugirió que pintara un retrato así para la portada de la publicación. Por lo visto, a Lempicka le gustó la idea, pero no le encantaba tanto su coche, así que en lugar de su Renault amarillo, se pintó en un Bugatti verde. Solo aparece un fragmento, como si pasara demasiado rápido como para ser captada, con el cuello cubierto por un abrigo como este.

En el cuadro, que aún hoy se considera un símbolo de la mujer de los años veinte del siglo pasado, se la ve exigente y segura de sí misma, sentada al volante de su propia vida. Como hasta ahora solo podía verse a un hombre.

¿Un hombre? No, un *garçon*. La «nueva mujer» era joven. No en vano, el escritor francés Victor Margueritte llamó *garçonnes* a las muchas mujeres que ahora se paseaban del brazo por los bulevares y bailaban el charlestón por los clubes nocturnos de París. Cuando escribió su novela *La garçonne* en 1922, dio nombre a la nueva generación de mujeres y desencadenó un escándalo nacional. Fue despojado de su Legión de Honor y acusado de mancillar a las mujeres francesas con sus creaciones. Incluso las feministas se indignaron porque pensaban que retrataba a la mujer emancipada como una yonqui obsesionada con el sexo (a diferencia de las inglesas y las alemanas, en Francia las mujeres aún no tenían derecho a voto y, por tanto, seguían preocupadas por su reputación). En realidad, el libro es más divertido que otra cosa, pero eso no importa demasiado, el título y la actitud ante la vida que transmitía encajaban a la perfección, pues la verdad es que las nuevas mujeres no solo querían comportarse como un *garçon*, también querían parecerlo. Josephine Baker, que conducía ella misma un Delage D-6, contó una vez que, cuando llegó a París, las mujeres aún estaban rellenitas y llevaban el pelo largo; de repente, todas adelgazaron, se cortaron el pelo y salieron a toda velocidad en sus modernos coches: a los entonces habituales 60 km/h con un «abrigo de 100 km/h».

Nº5
CHANEL
PARIS

CHANEL N.º 5

1921

Las *garçonnes* pueden ser libres, pueden bailar, fumar y conducir, pueden ser divertidas, pero, *mon dieu*, ¡apestan! La escritora Colette dijo una vez algo así. Por desgracia, como suele ocurrir, esta revolucionaria de antaño no se llevaba bien con las revolucionarias posteriores. A ella, que veinte años antes había persuadido con sus libros a las mujeres de que se atrevieran a vivir según su propio gusto, le resultaba difícil tratar con las jóvenes que ahora hacían precisamente eso. Sin embargo, su comentario un tanto condescendiente puede que fuera cierto. Aunque la marca O'Dorono lanzó sus primeras versiones modernas de desodorante en Estados Unidos en 1919, no fue hasta después de la Segunda Guerra Mundial cuando estos pequeños frascos rosas y azules llegaron a Europa. Por fortuna para Colette y las malolientes *garçonnes*, en Francia no se desarrolló ningún desodorante por la misma época, 1921, aunque sí un perfume que rompía todos los códigos del olor: Chanel N.º 5, o, como decían algunos un poco pomposamente: «La fragancia del siglo».

El tema del aroma del pasado es delicado. Nos resulta difícil imaginar los vapores en los que vivía la gente antes que nosotros, lo que les disgustaba y lo que les gustaba. Se cuenta, por ejemplo, que Napoleón escribió a su Josefina hacia 1800, tras la victoria en la batalla de Morengo: «Llegaré en ocho días, *chérie*: ¡no te laves!». En la década de 1920, en cambio, a la gente no le parecía tan sexy que una mujer no se lavara en ocho días; se perfumaban, pero las fragancias eran muy diferentes a las de ahora. La mayoría de los perfumes eran unidimensionales y se limitaban a reproducir el aroma de una flor. Se olía a rosa o a jazmín, a lirio de los valles o a gardenias. Hasta que una mujer decidió cambiar los hábitos olfativos de los franceses y, poco después, del mundo: mademoiselle Coco Chanel. Se dice que, casi diez años después de abrir su primera tienda en la rue Cambon de París, seis años antes del «vestido corto negro», quiso crear una fragancia que «oliera a mujer, no a flor». Para ella, esto significaba, por un lado, que el olor debía ser más complejo que el de una simple rosa, es decir, adecuado para esa nueva mujer que ya no se limitaba a sonreír con amabilidad, y, por otro, que debía oler a «piel recién lavada».

Hay muchas leyendas sobre la creación de este perfume. Una de ellas cuenta que, a finales del verano de 1920, Coco estaba de viaje por el sur de Francia con su amante de entonces, el gran duque ruso Dmitri Pávlovich, y una tarde fue a parar al laboratorio de Ernest Beaux, un perfumista también ruso. Beaux había trabajado como nariz en Rallet & Co., la firma del antiguo perfumista de la corte del zar, y tras la Revolución un fabricante francés de fragancias de Grasse lo compró junto con la casa. En 1913, entonces todavía en el Imperio zarista, había elaborado el Bouquet de l'Impératrice Catherine II, también conocido como «Rallet N.º 2», con motivo del tricentenario de la dinastía Romanov. Se dice que Chanel N.º 5 es una variación, un plagio si se quiere, de esta fragancia homenaje a Catalina la Grande. Ernest Beaux, según algunos, intentó adaptar su Bouquet a las narices francesas y desarrolló diez fórmulas diferentes. Mademoiselle eligió la quinta variante, que dio nombre al perfume. Como lo describió Beaux: «Mademoiselle Chanel, que tenía una casa de modas de gran éxito, me pidió que creara un perfume para ella. Le mostré una serie de los números 1 al 5 y del 20 al 24. Eligió algunos, entre los cuales se hallaba el N.º 5. "¿Cómo podríamos llamar a este perfume?", le pregunté. Mademoiselle Chanel respondió: "Presento la colección el día 5 del quinto mes, en mayo. De modo que le dejaremos al perfume el número que lleva. Este número 5 le trae suerte". Debo admitir que no se equivocó».

No, en efecto no se equivocó. En Francia les gusta decir que cada treinta segundos se vende un Chanel N.º 5 en algún lugar del mundo. Y aunque eso sea sin duda una exageración, el perfume fue un éxito desde el principio. Con su inusual mezcla de rosa, ylang-ylang, sándalo, jazmín y —¡muy importante y novedoso!— aldehído, transformó el mundo olfativo de todo un siglo. Chanel N.º 5 supuso un cambio de paradigma olfativo tras el cual nada volvió a ser igual; el «espíritu de la mujer moderna» se expresaba en este perfume, escribía *Vogue* en octubre de 1923. Además, no solo la fragancia era especial, misteriosa pero ligera, muy diferente al escandaloso perfume Opium creado por Yves Saint Laurent unas décadas más tarde, sino sobre todo también su envase. En lugar de zarcillos florales o arabescos, en lugar de adorables rostros femeninos y títulos líricos, este perfume era tan tecnológico como la época en que se creó; con su cristal anguloso, parecía recién salido de un laboratorio. «N.º 5» sonaba como un experimento científico. Era cálido y fresco al mismo tiempo, tal como se veían a sí mismas las mujeres modernas. Se cuenta que, tras la liberación de París, los soldados americanos corrieron directamente a la rue Cambon para hacerse con unas botellas del aroma de la libertad. La mujer estadounidense más famosa a día de hoy que llevó Chanel fue Marilyn Monroe. Su frase «solo unas gotas de Chanel N.º 5», que se publicó en 1952 en la revista *Life*, pasó a la historia, pero puede que se tratara de un malentendido. En una grabación de archivo desenterrada por la Casa Chanel, Monroe dijo más tarde que le habían preguntado con bastante impertinencia cómo dormía: «¿En pijama? ¿Con la parte de arriba? ¿De abajo? ¿En camisón?». Entonces ella respondió que llevaba este perfume: «Dije "Chanel N.º 5" porque era la verdad. Pero con eso no pretendía decir que dormía desnuda. No. Pero es la verdad».

Milady Décolletée Gillette
SAFETY RAZOR
Gillette
GILLETTE
SAFETY RAZOR CO.
BOSTON, U.S.A.

MILADY DECOLLETÉE GILLETTE

Década de 1920

Cuando *Notting Hill* se estrenó en los cines británicos en abril de 1990, probablemente nadie esperaba que este magnífico melodrama se asociara en el futuro con cuestiones relacionadas con el feminismo. En la película, Julia Roberts decía frases como «solo soy una chica delante de un chico pidiendo que la quieran», y aunque ella interpretaba a la estrella y Hugh Grant solo al torpe librero, el romance en principio no pedía a gritos la emancipación. Hasta que hace algún tiempo sacaron del cajón algunas fotos del estreno en Londres y convirtieron a Julia Roberts en una luchadora contra las normas de belleza habituales. Porque entonces sucedió algo inesperado: cuando esa noche Roberts posó frente al cine con un vestido rojo de lentejuelas y saludó a sus fans, en sus axilas no se veía una piel blanca y lisa, sino, ¡oh, horror!, pelo castaño. Hoy en día, cuando una de cada cuatro mujeres menores de veinticinco años ya no se afeita las axilas e Instagram nos propone un desafío de «enero peludo», el aspecto de las axilas de Roberts de entonces se considera una declaración de intenciones. Como una forma de decir: «¡Hola, patriarcado, que te zurzan!». Aunque, al parecer, no era eso lo que quería decir. Hace un tiempo, en un *talk show*, explicó que había calculado mal la longitud de las mangas y que no contaba con que se le viera todo.

En efecto, las mujeres comenzaron a afeitarse las axilas debido a la nueva longitud de sus mangas. Hasta bien entrado el siglo XX o, mejor dicho, hasta la década de 1920, apenas había una prenda de vestir que descubriera una axila femenina fuera del dormitorio. La versión más corta de las mangas cubría al menos un tercio de la parte superior del brazo, por lo que nunca permitía avistar las axilas. No importaba cuántas veces una saludara a sus fans, no había nada que ver. Solo con la nueva moda de la nueva mujer, los vestidos de solapa sueltos de Coco Chanel y Jeanne Lanvin, que dejaron al descubierto no solo la pierna y la espalda, sino también los brazos, los hombros y, por lo tanto, las axilas, surgió la pregunta: ¿qué hacemos con este pelo? ¿Podemos mostrarlo o es demasiado íntimo?

Se veía en la danza del charlestón, en el tenis, en la natación, en la conducción, en todos esos nuevos pasatiempos que las mujeres tenían de repente y que exigían movimiento y amplitud, gestos generosos en lugar de brazos ajustados al cuerpo. Desde este punto de vista, el afeitado era un efecto secundario de la liberación de la moda, pero también de un nuevo ideal de belleza. En aquel entonces se apostaba por que este arquetipo presentara más un aspecto infantil que el de una mujer; es decir, el de una criatura que aún no había alcanzado la pubertad: sin pechos, sin trasero y, por supuesto, sin vello en las axilas.

La industria y las poderosas revistas de moda de la época aprovecharon esta tendencia de corta duración para crear una nueva norma y vender productos. A principios de la década de 1920, revistas como *Harper's Bazaar* estaban llenas de anuncios que abordaban el «problema» del vello axilar y presentaban la solución salvadora: esta maquinilla de afeitar especialmente desarrollada para mujeres, la Milady Décolletée Safety Razor de Gillette. Estaba al servicio de la «mujer moderna» que quiere estar perfecta y la salvaba de situaciones desagradables: «Ahora que la buena apariencia implica mantener las axilas blancas y lisas, la Milady Décolletée Gillette será recibida con alegría por las mujeres de todas partes», rezaba uno de los primeros anuncios de 1917. El aparato era un regalo perfecto para la mujer moderna, una necesidad para todas las que querían avanzar con su tiempo. Gillette era entonces la marca más conocida en el negocio del afeitado. Alrededor del 1900, la casa había desarrollado la Safety Razor para hombres y la suministró al Ejército estadounidense durante la Primera Guerra Mundial. Se dice que las primeras mujeres tomaron prestadas las maquinillas de afeitar de sus maridos hasta que la empresa se enteró y ocupó el mercado del afeitado femenino con este elegante ejemplar, especial para *milady*. Ahora había que vender el producto. Y no solo a las pocas *garçonnes* que meneaban los brazos en el aire en los bailes y que pronto desaparecerían, sino a todas las mujeres. Así que decidieron crear presión; en las páginas publicitarias de la revistas de mujeres se enfatizaba una y otra vez lo «bochornoso» que sería que alguien viera un pelo; la palabra «vergüenza» se repetía a menudo. Tan a menudo que el afeitado del vello de las axilas se convirtió en una necesidad, con independencia de la moda y de la longitud de las mangas.

Y poco después, también las piernas, que pasaron a primer plano durante la guerra: como en aquella época era difícil encontrar medias de seda y la gente tenía que andar con las piernas desnudas, Remington aprovechó para deshacerse del vello de las piernas con una maquinilla especial. En los años cincuenta, paralelamente a la invención del bikini, la gente fue abriéndose paso poco a poco hacia el afeitado íntimo, que estalló en los años ochenta y noventa. La idea básica era siempre la misma: la piel blanca y lisa parece limpia y pura, es decir, atractiva; tener pelo en cualquier sitio que no sea la cabeza es repulsivo. Y, basándose vagamente en el ideal de los años veinte, una mujer es sexy si parece una niña en lugar de una mujer. En la década de 1960, el 98 por ciento de las mujeres estadounidenses de entre quince y cuarenta y tantos años afirmaba afeitarse, independientemente de la moda. Esta norma inventada por el mercado hace casi cien años no ha cambiado mucho. Cuando la activista feminista Gloria Steinem hizo campaña a favor de la «pierna liberada» a principios de los setenta y declaró la guerra al «ideal lampiño» de nuestra cultura, las mujeres solo la siguieron durante uno o dos años. Ya en 1974, *The New York Times* escribía: «De vuelta a rasurarse las piernas». Las jóvenes, según el reportaje, volvían a echar mano de la maquinilla de afeitar. Hoy se leen ensayos como «Es solo pelo» en el mismo sitio, diciendo que deberíamos celebrar nuestra belleza natural y ver nuestros cuerpos como los «milagros» que son: «con pelo y todo». Como la heroína accidental Julia Roberts.

MÁSCARA DE DANZA DE BRUJAS

c. 1926

Una persona con una amplia túnica y una máscara en la cara se sienta en un escenario y se mueve al son de un gong. Tiene las rodillas levantadas, está ligeramente agazapada como un animal al acecho. Al ritmo del gong, levanta ahora un brazo, ahora otro. Arriba, abajo, arriba, abajo. Un poco como si estuviera escalando. Tensa los dedos en forma de garras, tiembla al ritmo de las ondas sonoras, se inclina hacia delante, separa despacio las rodillas como si revelara un secreto. Se retuerce sobre este regazo extendido, luego se desliza toscamente sobre sus nalgas hasta la parte delantera del escenario y gira sobre su propio eje, pisoteando. Cada vez más rápido, cada vez con más intensidad. Hasta que de repente se detiene y envía algo al público con manos temblorosas.

Esta representación, que puede verse en una grabación cinematográfica de los años treinta en Youtube, se llama *Danza de las brujas*, y la criatura que se esconde tras la máscara es una mujer: Mary Wigman, la coreógrafa de esta legendaria pieza. Cuando la bailarina alemana interpretó la insólita danza por primera vez en la década de 1910, Suzanne Perrottet, su amiga y colega de la comuna de Monte Verità, observó que Mary tenía un aspecto espantoso aquella noche y que, con sus toscos movimientos y su aterradora máscara, contrastaba por completo con la imagen ideal de la bailarina y las reglas del ballet. De hecho, desde la invención de la danza en puntas en el siglo XIX y de las primeras bailarinas *à la* Marie Taglioni, estas dictaban que una mujer tenía que ser bella, ligera y frágil. Lo que se entiende por una «sílfide». Debía ser un ser pasivo, ligero como una pluma, que el bailarín masculino, rebajado a un mero mecanismo de elevación, hacía girar en el aire, como a un niño. Solo podía tocar el suelo con las puntas de los pies, como máximo. Wigman, en cambio, estaba allí en cuclillas como un saco de harina, pesado y tosco. Pisoteaba, hacía ruido, abría las piernas sin pudor, no parecía pura, sino animada por una lujuria salvaje, sexual, incluso animal. Pero no como un hermoso cisne moribundo, sino como algo vivo y exigente. La máscara, que seguramente había sacado de los cuadros de su amigo Emil Nolde y que el artista Victor Magito creó para ella, formaba parte del concepto. Debía ayudarle a soltarse por completo, a liberarse y, como en un rito, a ascender a una especie de trance. «No hay baile sin éxtasis», era el lema de Wigman. Con el tiempo, ganaría reconocimiento. Cuando actuó en el Carnegie Hall de Nueva York en 1932, se escribió sobre la representante de la Nueva Danza Alemana que había «hechizado» a la sala. Pero en la década de 1910, todavía no estaban tan avanzados. Al público no le gustó nada; como Mary Wigman recordaba años después: «La gente decía: "Esta mujer tendría que estar en un manicomio, no en un escenario!"».

Claro. Una mujer cuya actitud, mirada y movimientos no eran los que se esperaban de ella, que no era encantadora, sino que daba más valor a expresarse que a ser bella, siempre era considerada una loca o una bruja, o ambas cosas. En el siglo XVI, a las señoras que bailaban de manera extraña y ponían muecas se las quemaba como amantes del demonio, en el siglo XIX se las encerraba en un manicomio. A principios del siglo XX, algunas lograron salir de allí para subirse a un escenario. Jane Avril, por ejemplo. En el París de fin de siglo, la joven consigue escapar del psiquiátrico del mencionado doctor Charcot y hacerse un nombre sobre las tablas del Moulin Rouge. Fue la musa de Toulouse Lautrec, la «reina del cancán francés» y demostró con sus bailes (muy inspirados en los movimientos exaltados de sus antiguas compañeras de infortunio, las «enfermas de histeria») que muchas de estas mujeres encerradas quizá no estaban locas en absoluto, sino que simplemente expresaban con sus cuerpos lo que no eran capaces de decir con palabras. Y eso es justo lo que pretendía la danza expresiva que estaba surgiendo en aquella época; la gente quería decir con su cuerpo lo que no podía o no se le permitía decir en voz alta. Dar rienda suelta a las emociones que solían reprimirse por educación, liberarse, rebelarse contra una forma demasiado restringida de existir y de moverse. No es de extrañar que este nuevo estilo de danza fuera inventado por mujeres y que aún hoy esté dominado por coreógrafas; al fin y al cabo, fueron ellas las que tuvieron que liberarse de las ataduras demasiado estrechas de la vida. El ballet solo era un reflejo de las rígidas normas. La bailarina Isadora Duncan, por ejemplo, dijo en una ocasión que su contribución más importante había sido liberar a las mujeres de sus corsés, y quien piense: «Tonterías, eso fue Chanel», se equivoca. Duncan (con quien Chanel tomó clases de baile, por cierto) ya había mostrado antes que la diseñadora de moda cómo se movería el cuerpo de una mujer cuando por fin se liberara. En lugar de verse obligada a llevar corsé y zapatillas de punta, se paseó por los escenarios del mundo con vestidos vaporosos y los pies descalzos, sentando las primeras bases de la revolución.

Pero, por supuesto, Duncan seguía luciendo un aspecto de ensueño y una gran belleza. Mary Wigman, en cambio, aportó algo diferente con su «danza de las brujas», con su máscara y sus movimientos toscos: una dimensión más salvaje de la feminidad, algo crudo, sin filtro. También una cierta valentía para ser fea. Bajo el nacionalsocialismo, a pesar de sus, por desgracia, persistentes intentos de ganarse el reconocimiento de los nuevos gobernantes (¡en 1936 creó la coreografía para la inauguración de los Juegos Olímpicos!), pronto se la desterró a la categoría de «arte degenerado» y se le prohibió actuar. Su imagen de la mujer no se correspondía con la de la Alemania nazi; era demasiado libre, demasiado inconformista, demasiado diferente. Wigman creía que la bruja era «un ser arraigado en la tierra, de instinto irrefrenable, de insaciable lujuria por la vida, animal y mujer al mismo tiempo» y se preguntaba lo que hoy vuelven a abordar algunas feministas: «¿No hay una bruja escondida en cada una de nosotras?».

TINA MODOTTI, *WORKER'S PARADE*

1926

Este objeto, una foto polaroid titulada *Worker's Parade* («Desfile obrero»), es un regalo de una mujer a otra mujer. Una de ellas era Tina Modotti, fotógrafa italiana, que creía firmemente en el comunismo y dedicó todo su arte a esta idea; la otra era la revolucionaria rusa Alexandra Kolontái, que había contribuido a darle forma y, por tanto, inspirado a muchas mujeres a implicarse. Es probable que Modotti le hiciera entrega de la foto en 1926. Kolontái acababa de trasladarse a México desde su primer puesto en el extranjero, en Finlandia, y suministraba a los artistas locales, a Tina, a su amiga Frida Kahlo, a su marido Diego Rivera y a otros, películas de Sergei Eisenstein y otras novedades estéticas similares procedentes de la madre patria ideológica. Sin embargo, su verdadera preocupación era otra, como escribió en julio de ese mismo año, quién sabe si tal vez con la foto de Modotti en mente, en su *Autobiografía de una comunista sexualmente emancipada*: «La liberación completa de la mujer trabajadora y la creación de las bases de una nueva moral sexual serán siempre el objetivo más elevado de mi trabajo, de mi vida».

Rebobinemos unos años para entender lo que quiere decir. Kolontái tenía veintiséis años cuando decidió dejar a su marido y a su hijo para estudiar en Suiza y se familiarizó con las ideas marxistas y feministas. Aunque... ¿feminismo? Bueno... aunque leía a George Sand con entusiasmo (en algún momento incluso sería acusada del mencionado «sandismo»), esta nunca se había etiquetado ni había querido ser etiquetada como feminista. Tampoco Kolontái. Para los bolcheviques, con los que Alexandra simpatizaba cada vez más, el feminismo sonaba a burguesía, a mujeres que piensan desde sus privilegios y no entienden que las mujeres del pueblo tienen preocupaciones más acuciantes que el derecho al voto: una vida mejor, más libre y una sociedad más justa, cambios en la realidad, no sobre el papel. Kolontái anhelaba defender estos ideales junto con mujeres como sus amigas Rosa Luxemburg y Clara Zetkin. En 1907 acompañó a Zetkin a la primera conferencia socialista internacional de mujeres en Stuttgart; en 1909 viajó con ella a Inglaterra, para apoyar al partido socialista británico en la lucha contra las sufragistas. Como ya se ha dicho, las sufragistas estaban mal vistas como burguesas ajenas al mundo que gritaban un poco, pero ignoraban los verdaderos problemas, los del proletariado. Se trataba de la gente, de las masas, como en la polaroid de Modotti, no solo de la mujer. Se trataba de una nueva comunidad.

Cuando, en febrero de 1917, casi cien mil obreras marcharon por Petrogrado para exigir la democracia y la dimisión del zar, dando así el pistoletazo de salida a la Revolución, Kolontái regresó de su exilio para ayudar a dar forma a la nueva Rusia como «comisaria del pueblo de Bienestar Social». La cuestión de cómo apoyar mejor a las mujeres en su papel de madres, que nunca se ha cuestionado realmente, preocupaba a las socialistas desde hacía mucho tiempo y se debatía con regularidad en los congresos internacionales de Mujeres Socialistas. Kolontái puso en práctica de inmediato algunos de los puntos planteados: «Entre sus planes más importantes estaba la creación de una casa para mujeres embarazadas, llamada el Palacio de las Madres. A sugerencia de Kolontái, el Gobierno bolchevique decidió proporcionar a las mujeres asistencia gratuita durante un total de cuatro meses antes y después del embarazo. Después de ser reempleadas, las mujeres solo trabajan cuatro horas al día durante el primer mes. Esta regla se aplica a todas las mujeres, casadas o no», escribió la periodista Louise Bryant, que cubrió la Revolución rusa para un periódico estadounidense y admiraba a Kolontái. La idea que había detrás de estas medidas también era genial: por un lado, se suponía que facilitarían la vida de las mujeres al garantizar que la crianza de los hijos no fuera responsabilidad exclusiva de la madre, sino que pudiera llevarse a cabo de forma colectiva, al estilo de Charles Fourier, gracias a las guarderías, los jardines de infancia, los comedores públicos, etcétera. Por otro, el objetivo era, como en el caso de Fourier, liberar sexualmente a la mujer. Cuando tener hijos dejara de ser una carga tan terrible, y el Estado y la sociedad fueran más solidarios, entonces las mujeres no tendrían tanto miedo a los embarazos no deseados y podrían por fin tener relaciones sexuales sin tantas preocupaciones, según esa idea.

Y eso lo cambiaría todo. Alexandra Kolontái, que veía en la versión algo claustrofóbica de la vida mamá-papá-hijo el origen del mal capitalista, creía que había que liberar la sexualidad y desechar la idea anticuada de que las mujeres solo debían tener una pareja, para por fin salir de los límites de la familia nuclear. Por eso abogó por la legalización del aborto en 1920 y, sobre todo, por la simplificación del proceso de divorcio. A partir de 1926, podía informarse a la pareja por tarjeta postal de que el matrimonio había terminado de manera oficial. Es un poco duro, sí, recuerda al episodio del *post-it* en *Sexo en Nueva York*, pero a ella le parecía bien: el matrimonio era una esclavización de la mujer y suprimía sus instintos en favor del egoísmo masculino, la narrativa previa del amor hacía que la mujer se amoldara a los deseos del hombre o, al menos, trabajara en ello durante un tiempo innecesariamente largo. Había que practicar sexo como quien «bebe un vaso de agua», con la misma facilidad, con la misma frecuencia, pensaba ella, que supuestamente había sido la modelo de la *Ninotschka* de Ernst Lubitsch. Había que liberar al amor, y por tanto también a los individuos, de sus categorías en exceso limitadas; por supuesto, estas ideas no fueron recibidas de forma unánime con amistosa aprobación. Fue atacada, incluso amenazada, y algunos la acusaron de ser vergonzosamente burguesa con sus proclamas sobre el amor libre. En algún momento, se convirtió en una molestia tan grande para los hombres que la rodeaban que fue apartada del centro del poder. Y así aterrizó finalmente en México, junto a Modotti. Es probable que sus opiniones sobre el sexo y el amor la vincularan con la fotógrafa bisexual y con su amiga Frida Kahlo. Ni ella misma sabía con exactitud qué surgiría al final de este nuevo mundo sexual: «¿Cómo será este Eros modificado? Ni la imaginación más valiente es capaz de responder a esta pregunta».

le
rouge
baiser
PERMET LE BAISER

PINTALABIOS LE ROUGE BAISER

1927

Si hay una suposición que une a la gente que lleva su misoginia con el mismo orgullo que un traje a medida, es quizá la siguiente: las feministas son solo feministas porque son «demasiado feas» para gustar a los hombres (que, como es sabido, son el punto de referencia para todo). Por lo general, los hombres que defienden esta opinión no se encuentran entre los más atractivos, aunque eso es otra cosa. La idea de que las feministas son feas, frustradas, frígidas, apestan, se visten con trapos, nunca se peinan y simplemente no se prestan atención a sí mismas, porque las mujeres hacen todo esto solo para seducir a los hombres, mientras que las feministas odian con inquina a los hombres y son seres sin sexo, es muy antigua. Con ella, los machos alfa inseguros pretenden confirmar que al final esta lucha, el feminismo, solo se trata de ellos y de su mirada llena o vacía de deseo sexual.

Así, ya a principios de siglo, a las sufragistas se les reprochaba en un gesto de pura impotencia, que sencillamente eran estériles o frígidas o ambas cosas y, que por eso hacían tanto ruido y estaban tan amargadas. Justo entonces, en las décadas de 1910 y 1920, se construyó un puente estable entre la floreciente industria de la belleza y el movimiento sufragista. Al fin y al cabo, estas mujeres querían que las escucharan y las vieran, nunca quisieron ser discretas e invisibles. Una de las mejores historias sobre esto es la siguiente. Corría el 6 de mayo de 1912, las sufragistas americanas se habían manifestado por Manhattan, desde la avenida Cincuenta y Nueve hasta Washington Square, a gritos de: «¡Derecho al voto para las mujeres! ¡Derecho al voto para las mujeres!». En ese día de primavera, se dice que casi veinte mil mujeres y quinientos hombres estuvieron allí presentes. Todas iban vestidas de blanco, y tenían los labios, como se publicaría más tarde en todos los periódicos, pintados de rojo. ¿Es necesario destacarlo? Sí, porque era una ruptura con las normas civiles de la moralidad. Según el *Ladies' Home Journal*, este rojo seguía siendo considerado por la mayoría de los hombres como «un signo de sexo y pecado». Quien llevaba pintalabios era una prostituta o no le importaba que la confundieran con una. Cuando la multitud se manifestaba por la Quinta Avenida, Elizabeth Arden, la reina del negocio de la belleza, estaba en su salón inaugurado dos años antes y parecía tan entusiasmada con este grupo que, sin decir una palabra, preparó unas cuantas barras de labios de su Red Door, dejó a sus clientas desconcertadas y salió corriendo afuera para participar en la protesta. De paso, aprovechó para repartir algunas barras de labios y esto le sirvió para promocionar con éxito su marca.

Los labios pintados de rojo se convirtieron entonces en una señal, en una forma de decirles a los hombres que en el futuro a las mujeres ya no les importaría cómo un tipo pudiera interpretar su apariencia. Ahora tomarían el control de su aspecto y se mostrarían tan impetuosas, sexuales y libres como quisieran. Destacaron sus bocas de manera tan radical que los hombres probablemente temblaron al ver aquellos labios: ¿cuál sería la siguiente consigna combativa que saldría de ahí? ¿Qué había pasado con los labios pálidos, que siempre permanecían cerrados y silenciosos? La marca que vemos aquí salió al mercado un poco más tarde, en 1927, pero de inmediato se convirtió en un producto de culto. Después de que ya el primer pintalabios, que apareció en la última década del siglo XIX, el No me olvides de Guerlain, en el que la mera fantasía del nombre se asociaba con un estilo de vida desenfadado, Le Rouge Baiser fue un paso más allá. La dama de esa época, así lo sugería el nombre, no solo no quería ser olvidada, no: quería besar. *Embrassez qui vous voulez!*, «¡Besa a quien quieras!», algo así parecía gritar esta barra de labios a las mujeres, y con ello tocó la fibra sensible de la época; las féminas de los años veinte ya no querían ejercer una misteriosa moderación, sino experimentar y vivir su sexualidad con libertad. Por lo tanto, este lápiz de labios prometía: «Permite besar». Literalmente. Qué descaro. En el famoso cartel publicitario de la marca, una ilustración de René Gruau, se veía el contorno de la cabeza de una mujer, los ojos vendados con un ancho pañuelo negro, solo destacaba su boca de color rojo brillante. Fuera lo que fuera lo que esta mujer estaba haciendo, no estaba cenando con su familia. La antigua preocupación de las sufragistas, es decir, llamar la atención por el derecho al voto, quedaba ya muy lejos. Con Le Rouge Baiser se trataba de otro derecho: el derecho al sexo. El hecho de que muchos hombres temieran esta potencia sexual simbólica de la mujer con los labios rojos puede entenderse en la figura hollywoodiense de la *femme fatale*, la mujer de ojos negros y boca roja oscura es seductora, pero también un poco mortífera. Ha cambiado su «naturaleza» y con ella todas las características asociadas a la feminidad. Ya no es la encarnación de la dulzura, la bondad y la calidez, sino una pícara acicalada y ambiciosa. Sexy, sí. Pero también *scary*.

Y como, por desgracia, suele ocurrir en la historia de las mujeres, la industria de la belleza (al fin y al cabo, la primera en la que empresarias como Helena Rubinstein y Elizabeth Arden pudieron labrarse carreras estelares y ganar millones como mujeres hechas a sí mismas mucho antes que Kylie Jenner) en algún momento también pasó de cómplice a enemiga. Mientras que las sufragistas y las *flappers* de los años veinte se pintaban en los labios el poder y el coraje y utilizaban la belleza como arma para empoderarse, las mujeres se sometieron a estrictos cánones de belleza y a nuevas imágenes ideales a partir de los años cuarenta. Desde entonces, y durante varias generaciones, pintarse los labios fue lo contrario de un acto rebelde de autoafirmación y se convirtió en el deber de toda mujer «decente y bien arreglada».

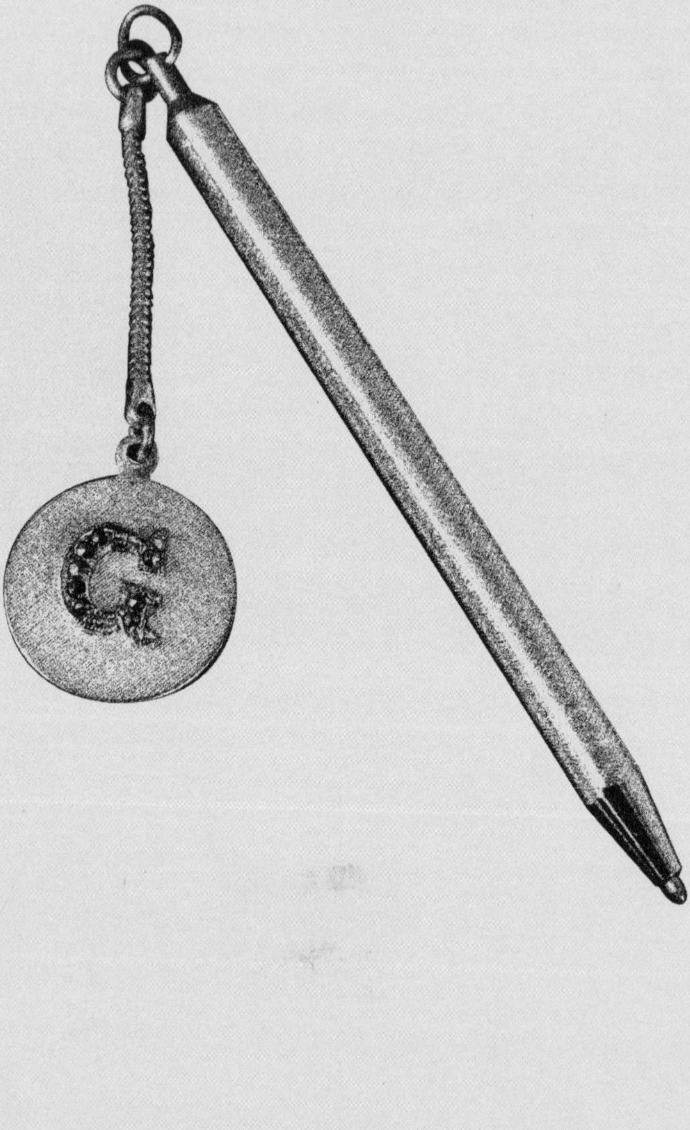
G

BOLÍGRAFO DE GRETA GARBO

1927

En 1934, la revista estadounidense de cine *Picture-Play* escribió en un artículo titulado «The battle of the Sexes» («La batalla de los sexos»): «Aunque este sigue siendo un mundo de hombres, Hollywood es una ciudad de mujeres, una Amazonia moderna gobernada por mujeres bellas y astutas que extienden sus estándares desde sus glamurosos tronos hasta los rincones más recónditos del mundo». Y: «Hollywood es una ciudad de mujeres porque las mujeres hicieron Hollywood antes de que este las hiciera estrellas... y reinas».

El personaje de ficción Norma Desmond lo dice de otra manera en *Sunset Boulevard*: «Enseña modales a tu compañero. Sin mí, no tendría trabajo, porque sin mí, no existirían los estudios Paramount». En los primeros años de Hollywood, las mujeres eran, como ya hemos visto, directoras, productoras, camarógrafas, montadoras, inventaban métodos para captar el sonido y colorear la imagen. Sin embargo, lo más importante es que las historias las escribían mujeres. Frances Marion, por ejemplo, la mejor amiga de la estrella del cine mudo Mary Pickford, fue la guionista femenina mejor pagada en las primeras décadas, por encima de todos los hombres. El clásico de George Cukor *Dinner at Eight* surgió de su pluma; fue la primera en ganar dos Oscar al mejor guion, incluso con temas supuestamente «poco femeninos»: uno por el drama carcelario *Big House*, otro por la película de boxeo *The Champ*. También fue quien escribió el primer papel de cine con sonido para la estrella de cine mudo Greta Garbo. En aquella época, la película *Anna Christie* se anunciaba a bombo y platillo: «¡Garbo habla!», y quizá a Marion no le fuera ajeno el hecho de que la sueca realizara la transición del cine mudo al sonoro de forma diferente a muchos otros. A fin de cuentas, puso en su boca las legendarias primeras palabras de la gran pantalla: «Ponme un whisky, ginger ale al lado, y no seas tacaño, cariño». Ese mismo año, la actriz fue nominada a su primer Oscar. ¡Gracias, Marion!

Este precioso bolígrafo dorado con la «G» brillante perteneció a la Garbo. Hay que reconocer que no es un elemento realmente significativo de la gran historia. Más bien debería ser representativo de la influencia que tuvieron las actrices, pero sobre todo también de los guionistas que les escribieron papeles interesantes. Los primeros personajes femeninos del cine no eran unas muñequitas, sino tan fuertes y seguras de sí mismas como las mujeres que los interpretaban. Garbo, por ejemplo, en 1927 no podía entender por qué su compañero de rodaje masculino ganaba ocho veces más que ella, y exigía el mismo salario. Si era tan testaruda, la devolverían a Suecia, le dijo Louis B. Mayer. «No hay problema, entonces me iré», respondió ella, hasta que Mayer y su estudio MGM cedieron y acordaron pagarle la friolera de cinco mil dólares semanales en el futuro. Solo por diversión, imaginemos que Garbo firmó ese contrato con este bolígrafo. Con esta «jugada» habría impresionado a todo Hollywood, dijo una vez Louise Brooks; Samuel Goldwyn, también de MGM, afirmó resignado en *The New Movie Magazine*: «Las mujeres mandan en Hollywood».

Sin embargo, por aquel entonces, en 1935, no se refería a que dirigieran, escribieran o exigieran gigantescos cheques de pago, sino a que ellas, las mujeres, eran el público objetivo. Eran ellas las que se sentaban por la tarde en cuartos oscuros y se identificaban con los personajes de la pantalla. En los años treinta y cuarenta, el setenta por ciento de los espectadores eran mujeres. Sin ellas, no había industria cinematográfica, así que había que dirigirse a ellas. Lo que querían era ver a mujeres. Claudette Colbert, Norma Shearer, Greta Garbo, Joan Crawford, Bette Davis, Katharine Hepburn. Al igual que la mayoría de las historias se escribieron para mujeres cuando apareció la novela, la mayoría de las películas de la época dorada también se hicieron para ellas. Muchos de los filmes de esta época, desde *It Happend One Night* hasta *Philadelphia Story*, básicamente no son más que *chick flicks*: historias de amor, una mujer desea a un hombre, el hombre también la desea a ella, todo tipo de cosas se interponen, hasta que al final se encuentran. Pero los personajes de entonces eran diferentes de lo que cabría esperar. Eran descaradas, testarudas, valientes, a veces malas, increíblemente ingeniosas y no tragaban con nada. Si el marido las engañaba, ellas también lo engañaban, como en *The Divorcee*. En *The Woman*, escrita por Anita Loos y rodada por George Cukor, el hombre en cuestión era tan irrelevante que ni siquiera aparecía en pantalla y toda la película se las apañaba con un reparto solo femenino. Quizá estas películas habrían pasado incluso la prueba de Bechdel, que comprueba si las mujeres en las películas hablan de algo que no sean los hombres. Al menos Greta Garbo, Katharine Hepburn o Bette Davis nunca se sentaron a llorar con una tarrina de helado junto a un teléfono como hacían las actrices en los años ochenta y noventa, esperando la llamada de un hombre que no las quería.

Es interesante. En la vida real, las mujeres estaban rodeadas de normas y de prohibiciones; en la gran pantalla, demostraban a su público femenino una nueva imagen de sí mismas, libertad espiritual e independencia. También porque las actrices luchaban por ello. Si los papeles les parecían demasiado estereotipados o poco complejos, rápidamente llevaban al estudio a los tribunales, como hizo Bette Davis en 1936. Los roles femeninos se habían vuelto más llanos con el tiempo, dijo una vez la guionista Nora Ephron, y lo atribuía a aspectos económicos; el público era diferente después de la guerra. Ya no eran las mujeres las que querían que se les mostrara lo que ellas mismas aún no se atrevían a exigir, sino sobre todo los hombres destrozados por la guerra que deseaban ver en el cine la confirmación de que el viejo orden, las torres de clichés de la masculinidad y de la feminidad, seguían en pie. De repente, las mujeres ya no eran divertidas, románticas, interesantes y seguras de sí mismas, ya no eran complejas, sino unidimensionales: sexys y peligrosas o monas e ingenuas. Las opciones se reducían a vampiresa, *femme fatale* o tontita mona. Durante mucho tiempo, esto no cambió, ni siquiera con la segunda ola del feminismo; al contrario, según dijo una vez Callie Khouri, la guionista de *Thelma y Louise*: «Es como si la revolución feminista en la pantalla hubiera producido personajes cada vez más débiles y estereotipados». Hasta que, en los últimos años, cada vez más mujeres han retomado la pluma y escrito papeles buenos y complejos para sus compañeras.

INTERNATIONALER
FRAUENTAG
MÄRZ 1930
ZUM KAMPF UM ARBEIT UND BROT

PIN DEL DÍA MUNDIAL DE LA MUJER

1930

Desde hace algunos años, ha aparecido en el calendario internacional un día festivo que existe desde hace siglos, pero que en Occidente se ha ignorado durante mucho tiempo: el 8 de marzo, el Día Internacional de la Mujer. Hasta no hace mucho, el Día de la Madre era el día de la mayoría de las mujeres. Aparte de su cumpleaños, era el día en que le comprabas flores a una mujer, hacías una tarta y escribías una tarjeta diciendo algo como «es genial que seas mi madre». Los padres felicitaban a sus esposas o novias por traer un hijo al mundo. Eso estaba bien, pero también era un poco mezquino para todas las mujeres que no eran madres, ya sea por elección propia o por razones impuestas por la vida.

Por eso es mucho mejor que, desde hace un tiempo, la gente vuelva a acordarse de este 8 de marzo. Aunque para el mercado se trate de vender unos cuantos ramos de flores, eso no cambia el hecho de que este día vaya dirigido a todas las mujeres del mundo al mismo tiempo. A las jóvenes, a las mayores, a las que tienen hijos o no, a las que tienen órganos sexuales femeninos o a las que se sienten mujeres y ya está. No se trata de tenerlas contentas con pasteles o con tulipanes cuando, por lo demás, se las trata como a señoras de la limpieza más acomodadas, sino de recordarles que hay otras mujeres fuera de su esfera que son como ellas. Decirles que hay una conexión internacional para luchar por sus derechos y dar un golpe en la mesa cuando estos estén en peligro. Al menos, esa fue la idea en algún momento. Hoy en día, hay unos veinticinco países donde este día es realmente festivo: Armenia, por ejemplo; Georgia, Nepal (solo para las mujeres), China, Cuba, Burkina-Faso, Bielorrusia, Rusia, por supuesto; Vietnam, Uganda, Turkmenistán y algunos más. Incluso en Alemania se ha debatido hace poco si no era hora de dedicar un día festivo propiamente dicho a las mujeres, como ya ocurre en Berlín. Tendría sentido si se considera que todo el asunto se remonta a la idea de una activista alemana, la famosa Clara Zetkin, de la que hemos hablado unas páginas atrás.

Era el 27 de agosto de 1910, el último día del II Congreso Internacional de la Mujer en Copenhague, cuando Zetkin, junto con la socialdemócrata

Käte Duncker, propuso a las cien delegadas de diecisiete países que votaran a favor o en contra de una jornada en la que las mujeres de todo el mundo se movilizasen para manifestarse por su derecho al voto y por unas mejores condiciones de vida y de trabajo. La respuesta fue un «¡A favor!» unánime, pero en ese momento aún no se había acordado la fecha. Se dice que las mujeres estadounidenses dieron a Zetkin la idea de una jornada de protesta. Dos años antes, en marzo de 1908, casi quince mil trabajadoras textiles, entre ellas muchas jóvenes emigrantes de Europa, se habían lanzado a las calles de Manhattan para manifestarse por unas mejores condiciones laborales, el derecho al voto, la supresión del trabajo infantil y salarios más justos. El Comité de Mujeres del Partido Socialista de Estados Unidos convocó entonces un Día Nacional de la Mujer en solidaridad con las trabajadoras. El primero tuvo lugar el 28 de febrero de 1909, después le siguió Europa en 1911: «¡Camaradas! ¡Mujeres y chicas trabajadoras! El 19 de marzo es vuestro día. Es vuestro derecho». Esto se proclamaba el 13 de marzo en el periódico *Die Gleichheit*, dirigido por Zetkin, que llamaba a la movilización. El 19 de marzo pretendía subrayar la ambición revolucionaria de la jornada y conmemorar a los «mártires de marzo» de la Revolución de Marzo de 1848 en Viena y Berlín. Inicialmente, solo Alemania, Suiza, Dinamarca, Austria y Estados Unidos participaron en la primera edición de aquel Día Internacional de la Mujer, pero Zetkin lo consideró, de todas maneras, como «la manifestación por el sufragio femenino más importante que la historia del movimiento por la emancipación del sexo femenino ha registrado hasta la fecha». Cuando unos días más tarde se produjo un incendio en una fábrica de Nueva York que les costó la vida a casi ciento cincuenta trabajadoras, el día cobró aún más importancia y a partir de entonces se celebró todos los años con agitación y manifestaciones.

Fue necesaria la intervención de las rusas para que el 8 de marzo quedara establecido como el Día de la Mujer. Su levantamiento del 8 de marzo de 1917 había puesto en marcha la Revolución rusa, ¿qué mejor fecha para simbolizar el ocaso de los viejos sistemas y un espíritu femenino de resurgimiento? Además de eslóganes sobre el sufragio femenino, estas «Jornadas de la Mujer» eran también un momento para cantar por «pan y rosas». Pan, porque muchas de ellas pasaban hambre en su vida cotidiana; rosas, porque se pronunciaron a favor de que se valorara a las mujeres en una sociedad dominada por los hombres. Este pin del Día de la Mujer del año 1930 atestigua que el derecho al voto, que las mujeres alemanas ya habían conquistado desde 1918, distaba mucho de ser suficiente, y que el campo de derechos y libertades por los que luchar se había ampliado en la mente de las activistas. Habían ganado confianza en sí mismas y sabían que no debían conformarse con poco, que podían y debían exigirlo todo, porque las mujeres no solo tenían derecho a unas migajas de libertad e igualdad aquí y allá, sino al lote completo. Sin embargo, también refleja el hecho de que las mujeres ahora se veían a sí mismas como agentes políticas a las que había que tomar en serio, que ya no solo querían luchar por las mujeres y las trabajadoras, sino sobre todo contra la guerra y el fortalecimiento del fascismo. Tres años después de que las alemanas recorrieran las calles con esta insignia para manifestarse contra el clima político, la jornada de lucha llegó a su fin con la llegada al poder de los nacionalsocialistas. Entre 1933 y 1945, el Día de la Mujer estuvo estrictamente prohibido. Ahora ya no se celebraba a las mujeres que se rebelaban, ni a todas las mujeres, sino solo a las arias y solo a las que eran madres. El Día de la Mujer, a partir de entonces y durante un par de décadas más, volvió a ser el Día de la Madre.

1
SUR

REVISTA *SUR*

1931

Cuando Coco Chanel visitó por primera vez a Victoria Ocampo, la editora de esta revista, publicada por primera vez en Buenos Aires en 1931, le pareció una persona bastante extraña. Una de sus mejores amigas, la modelo Misia Sert, la había empujado a este encuentro. Desde luego, sonaba interesante: una rica heredera argentina, muy francófila, buscaba una posible clienta. Pero mademoiselle no entendía por qué esta señora, que evidentemente no andaba corta de dinero, decoraba un piso en el elegante XVI distrito de París solo con muebles blancos y cosas baratas de los grandes almacenes La Redoute. Es probable que el apartamento que Ocampo alquiló por un tiempo se pareciera un poco a esta revista: blanca y verde. Verde por las plantas colocadas aquí y allá, blanco por los muebles de aquella irritante simplicidad, según Chanel. Blanco como la luz penetrante de Sudamérica, verde como la naturaleza exuberante de los numerosos parques de la capital argentina. No en vano la revista se llamaba *Sur*; era un aviso, una llamada del sur.

En Argentina la revista es famosa y su fundadora algo así como una heroína nacional: está Evita y está Victoria. Dos mujeres que venían de rincones muy diferentes de la sociedad y que marcaron la cultura de su país, en especial la feminista. Evita venía de abajo, Victoria de arriba; una del llamado «pueblo», la pampa argentina, la otra de la oligarquía sudamericana y del elegante barrio de San Isidro. Ambas defendieron a las mujeres de su país, ambas lograron cambiar las cosas, cada una a su manera. Pero en realidad no queríamos hablar de este tema. Sino, más bien, de la función mediadora que tuvieron esta revista y su fundadora. En la historia temprana de la literatura, de la filosofía, de la gastronomía, de la moda, de casi todo lo que es estimulante y bello, a menudo fueron las mujeres quienes llevaron una idea, una costumbre, un gusto o una leyenda de un lugar a otro. Eran ellas las que se mudaban del país A al país B por matrimonio, porque la alianza parecía favorecer a sus familias, y por eso eran también ellas las que acarreaban en sus maletas y en sus mentes hábitos e ideas de la vieja patria a la nueva. Eran las que tendían puentes con más facilidad, y rara vez unían a los países a través de grandes contratos, sino a través de elementos sensoriales y culturales, una canción infantil, un olor, un sabor, una forma de vestirse o de ver el mundo. Antes de que se les permitiera escribir, las mujeres eran traductoras. Transferían pensamientos de un idioma a otro y, aunque a veces se olvida por el culto al autor, transferir y traducir es tan importante, tan valioso y tan arduo como escribir uno mismo. ¿Qué es una idea o una nueva visión del mundo si nunca logra llegar más allá de sus fronteras nacionales? ¿Si no es posible comunicársela a nadie? ¿Cuál será su influencia?

Ocampo, que había sido educada en inglés y en francés acorde a su posición, debió de preguntarse a menudo: ¿Por qué las buenas frases e ideas deben permanecer encerradas en un país? ¿Por qué sus compatriotas no podían saber lo que se pensaba y se escribía en Europa? ¿Por qué Europa no podía escuchar las nuevas voces del nuevo mundo? ¿Por qué no nutrirse mutuamente para hacer que el mundo fuera más amplio, más grande, y estuviera más conectado? *Sur* era la respuesta a estas preguntas, una revista para todas las «almas sin pasaporte». Hoy en día, a veces se dice que Victoria Ocampo era una musa, pero eso es un disparate. En todo caso, era una constructora de puentes. Una *salonnière* transatlántica que unía a las personas y gritaba a uno y otro lado del océano: «Creo que deberíais conoceros. Deberíamos hacer algo juntos». Este «algo» era *Sur*. Debía unir a los mejores escritores y pensadores de Europa y América y permitir que estas voces diferentes dialogaran entre sí. Para los años treinta, para una mujer además, esta era una empresa megalómana, pero tuvo éxito. El mejor ejemplo es Jorge Luis Borges. En ese momento, cuando esta edición de *Sur* apenas se estaba desarrollando, el joven y debutante autor estaba en el equipo de redacción fundacional, en la casa blanca como la nieve de Ocampo. Se dice que la relación entre él y Ocampo era complicada. El carácter fervoroso de Victoria y su admiración excesiva, casi de *groupie*, por los literatos irritaban al autor, que, en cambio, sentía especial simpatía por su hermana, la ingeniosa e inusual escritora Silvina Ocampo. Y, sin embargo, Borges sabía cuánto le debía a esta mujer y a su loca idea de la revista *Sur*. En primer lugar, porque fue la primera que realmente creyó en él y le dio un trabajo. En segundo lugar, porque solo a través de sus conexiones llegaron sus obras a Francia y, por ende, a toda Europa. Podría decirse que esta mujer llevó a este hombre difícil y su obra a través del océano con sus propias manos.

A cambio, le obligó a trasladar a algunos autores europeos en la dirección opuesta, mediante sus traducciones. La primera fue una tal Virginia Woolf. En 1936, *Una habitación propia* fue publicada en español por

Sur, seguida un año después por *Orlando*. A Woolf también le costó acostumbrarse a la argentina, que hablaba demasiado alto, no dejaba de mencionar nombres y llevaba unos pendientes que a ella le parecían nidos de polillas. Pero de algún modo acabaron llevándose bien. Woolf escribió divertidas cartas en las que describía cómo imaginaba la vida en Argentina, «la tierra de las grandes mariposas y los amplios campos abiertos»: «Cada vez que salgo de casa, invento una Sudamérica diferente. Se sorprendería si pudiera ver su casa como yo la visualizo». Es difícil decir hasta qué punto la publicación de una autora como Woolf cambió de repente la vida de las mujeres en Sudamérica o si el descubrimiento de Borges en Europa trajo algo nuevo. Tal vez *Sur* fuera el sueño loco de una mujer privilegiada y apasionada, pero mucha gente en Buenos Aires coincide al menos en que se puede pensar lo que se quiera de esta mujer, pero la cultura del país, sobre todo en lo que se refiere a la hoy pujante escritura femenina, hubiera sido distinta sin ella y sin esta revista, *Sur*.

Virginia Woolf

PLATO, *THE FAMOUS WOMEN DINNER SERVICE*

1932

Una de las obras más célebres de la historia del arte feminista del siglo xx es la llamada *Dinner Party* de la artista norteamericana Judy Chicago; una mesa redonda, o más bien triangular, alrededor de la cual se sientan muchas mujeres importantes del pasado: Safo, las amazonas, Christine de Pizan, Hildegard von Bingen, Leonor de Aquitania, Artemisia, Isabel I, Margaret Sanger, Sojourner Truth, Susan B. Anthony y otras. Todas están representadas por un plato en el que se anuda una vulva pintada o moldeada en cerámica. Por aquel entonces, en los años setenta, cuando se expuso la obra por primera vez, justo en el momento en que las historiadoras empezaban a contar la historia desde una perspectiva femenina, la instalación se consideró el primer homenaje a las heroínas de la historia.

En realidad, casi cuarenta años antes de la obra de Judy Chicago, una tal Vanessa Bell, hermana de Virginia Woolf, había hecho algo muy parecido con su amante Duncan Grant. Este plato de la imagen es una de las cincuenta piezas de la *Famous Women Dinner Service* creada en 1932, en la que Woolf estaba acompañada por Pocahontas, Greta Garbo, Safo de nuevo, la bailarina de ballet Anna Pávlova, Sarah Bernhardt, Jezabel, la pionera de la novela japonesa Murasaki, George Sand, Cristina de Suecia, las amigas madame de Staël y madame Récamier, Charlotte Brontë y Catalina la Grande. La historia de cómo se creó esta inusual vajilla es curiosa: a principios de los años treinta, el historiador del arte británico Kenneth Clark y su esposa Jane encargaron a los dos artistas Bell y Grant que diseñaran una vajilla para ellos. En 1913, ambos habían abierto su Omega Workshop en el Bloomsbury londinense, una especie de boutique de arte colectivo en la que se fusionaban diseño, pintura, *happenings*, es decir, arte y vida; es de suponer que Clark esperaba algo de la estética Omega. Pero la pareja artística tenía otros planes. ¿Por qué comer siempre en platos con una decoración insulsa? La idea era que no solo era importante lo que uno comía, sino también dónde lo comía, y además ello podía suscitar un debate político. Entonces ¿por qué no mostrar a las heroínas olvidadas de la historia? Jane Clark sabía de qué iba la cosa y el proyecto le parecía estupendo, pero Kenneth debió de poner una cara rara cuando por fin llegó su vajilla. El resultado era diferente de lo que esperaba, dijo más tarde, y opinó que la elección del tema era la forma que tenía Vanessa de extender el matriarcado que había impuesto en el llamado Grupo de Bloomsbury. Es difícil decir hasta qué punto esta comunidad, que se formó en el barrio londinense homónimo y que estaba compuesta por Vanessa Bell, Virginia Woolf, su marido Leonard Woolf, Duncan Grant, Roger Fry, el marido de Vanessa, Clive Bell, y algunos otros personajes que iban y venían, era realmente un matriarcado. Como mínimo, allí las mujeres ocupaban un lugar diferente que en la estricta sociedad victoriana.

Al parecer, nadie reclamaba a nadie en propiedad. Aunque Vanessa estaba casada, vivía más con su compañero Grant y con la hija de ambos. Grant, que en realidad prefería a los hombres, invitó a su amante a vivir con él, Vanessa y los niños durante un tiempo. Clive, el marido de Vanessa, tenía sus propias historias. Y si alguien se atrevía a ver y a juzgar esta forma de vida y de amor a través del filtro de la moral social o de la norma, era reprendido de inmediato: «A mi entender, no hay nada que sugiera que quienes se obligan a sí mismos a ajustarse a las convenciones sociales o a los deseos de los demás sean necesariamente "mejores" que quienes eligen vivir como les parece», escribió una vez Vanessa Bell a un conocido demasiado curioso. Sabemos que Virginia Woolf también mantuvo una relación fuera de su matrimonio con la escritora Vita Sackville-West. No está tan claro quién inventó este principio, que Dorothy Parker llamó en una ocasión «vivir en cuadrados, amar en triángulos». ¿Fue Vanessa o fue uno de los hombres? Es difícil saberlo. Todos parecían estar de acuerdo en que uno debe vivir según su propio criterio, no según las ideas de los demás. Y eso es justo lo que habían hecho todas las mujeres que Vanessa pintó en sus platos. Pero, aparte de eso, esta vajilla, que hace referencia a la importancia de la comunidad, de la comida y de la sensualidad en la vida del Grupo de Bloomsbury, también es interesante en relación con Virginia como autora.

A veces uno se imagina a Woolf como una escritora etérea y anoréxica que tenía poco que ver con la «vida material», especialmente con la comida. Sin embargo, es un tema constante en sus libros. No solo en *Mrs. Dalloway*. En *Una habitación propia*, las situaciones relacionadas con la comida dan pie incluso a reflexiones sobre la vida como mujer. Woolf come una vez en un colegio de hombres y otra en uno de mujeres y se da cuenta de lo diferente que es la alimentación de unos y de otras: para los hombres, el almuerzo (del que, en su opinión, los escritores masculinos nunca dicen una palabra, como si no tuviera sentido) es abundante. Hay vino y lenguado, perdices, salsas, ensaladas, patatas, coles de Bruselas y un postre que «sobresale de las olas como una montaña de azúcar». Para las mujeres, la cena es una comida insípida. Un caldo, puré de verduras, carne fibrosa. No se puede pensar, amar o dormir bien si no se ha comido bien; esta frase de Woolf es bien conocida. Pero tampoco se puede escribir bien: «La comida y la cena habían desencadenado un enjambre de preguntas: ¿Por qué los hombres bebían vino y las mujeres agua? ¿Por qué un sexo era tan rico y el otro tan pobre? ¿Qué efecto tiene la pobreza en la literatura?». Como parte del espacio doméstico, es decir, femenino, los platos siempre se han considerado poco importantes, como decoración; pero, en realidad, siempre han sido un campo de batalla. Durante mucho tiempo se ha servido a los hombres, sobre todo a los jóvenes, la mejor parte del asado, y en algunas partes del mundo sigue siendo así. Las mujeres se comían las sobras. Los platos y lo que hay en ellos eran y son, por tanto, cualquier cosa menos un asunto menor. Vanessa y Virginia lo entendieron muy pronto.

Live Alone
AND LIKE IT
A GUIDE FOR THE EXTRA WOMAN
110th to 120th Thousand
By MARJORIE HILLIS

MARJORIE HILLIS, *EL PLACER DE VIVIR SOLA*

1936

A mucha gente aún le cuesta imaginar que una mujer pueda vivir sola y que le guste. Si una no tiene marido ni esposa, es decir, vive sola, la gente suele mirarla con vergüenza. Dicen «pobrecita», «vaya»; piensan que, por supuesto, es culpa suya que «no sepa hacerlos durar» e intentan endosarle a alguien, si hace falta, a ese compañero de Fulanito que tiene pocas luces. No importa cuántas veces la mujer pueda asegurarte que ha elegido estar sola e incluso que disfruta de ello la mayor parte del tiempo, que no se siente sola en absoluto, sino libre, tú le dirás: «Ajá, sí, sí», y pensarás que no es feliz, sino solo muy buena reprimiéndose, pero que en realidad está muy triste. Como decía hace poco la escritora británica Deborah Levy: «Nos han dicho constantemente que tenemos que vivir en pareja porque si no todos moriremos de soledad. Qué tontería».

La historia de la mujer soltera es interesante porque no existió como modelo durante mucho tiempo. A lo largo de los siglos, una mujer solo era alguien en relación con un hombre: era hija, hermana, sobrina, esposa y, si estaba sola, era al menos viuda. Un individuo femenino sin un homólogo masculino como punto de referencia era impensable; cualquiera que no se ajustara a este esquema no existía a ojos de la sociedad. En algunas épocas, las mujeres solteras eran perseguidas porque se las consideraba una amenaza para la norma; a partir de la Edad Media, las mujeres que no querían marido ni familia se metían en un convento para escapar de la persecución y las preguntas molestas. Las monjas fueron, si se quiere, las primeras «solteras» de la historia, aunque, estrictamente hablando, estuvieran «casadas» con Jesús. Esto se aceptó durante mucho tiempo, hasta que a partir de los siglos XVII y XVIII cada vez más gente se preguntaba si de verdad tenía que ser así. ¿No podría una mujer vivir sin un hombre y seguir estando en el centro de la sociedad, no al margen? En el 1700, la filósofa francesa Gabrielle Suchon, por ejemplo, en *Du célibat volontaire*, se manifestaba a favor de que las mujeres pudieran elegir vivir solas sin tener que enterrarse en un convento. Su reivindicación de la vida de «soltera», sin embargo, no tuvo mucho éxito.

A diferencia de Suchon, Marjorie Hillis, la autora de este precioso libro que vemos en la imagen, consiguió un best seller dos siglos después con el mismo reclamo: *Live alone and like it... A guide for the extra woman* («El placer de vivir sola. Una guía para la mujer extra») fue una de las obras de autoayuda de mayor éxito en la ya floreciente literatura de este género en el año 1936. Se dice que incluso el presidente Roosevelt leyó el texto durante sus vacaciones de verano, y circula una foto suya riéndose a carcajadas de Hillis y de sus descaradas sugerencias. También es realmente divertido: estamos a caballo entre la primera y la segunda ola del feminismo, las sufragistas y las *garçonnes* poco a poco van desapareciendo, la Gran Depresión de 1929 ha sacudido todas las certezas y revitalizado las actitudes ultraconservadoras. Entonces, una mujer de cuarenta y siete años, redactora de *Vogue*, se levanta y les dice alegremente a las mujeres que dejen de preocuparse, que dejen de esperar a un hipotético príncipe y que, en su lugar, se ocupen ellas mismas de alegrarse la vida. Su libro no pretende decir a nadie que es mejor estar sola que en pareja —cada una debe decidirlo por sí misma—, sino demostrar que, como mujer, no es imprescindible un hombre para ser feliz. La vida en soledad podía ser más satisfactoria que la vida con la pareja equivocada, opinaba Hillis, y es obvio que tocó una fibra sensible: vendió varios cientos de miles de ejemplares y recorrió Estados Unidos con su sabiduría sobre las ventajas de estar sola.

Sus argumentos eran los siguientes. Primero, si vives sola, no tienes que rendir cuentas a nadie: «De la mañana a la noche, puedes hacer lo que te dé la gana, lo cual es algo bastante bueno en este mundo en el que constantemente te piden que te adaptes». Puedes leer, dormir, beber, bailar, hacer lo que quieras, cuando quieras, y tienes el baño para ti sola, «sin duda, una de las mayores bendiciones». Segundo: una aprende a celebrarse a sí misma. En lugar de esperar siempre de forma pasiva a que otro lo haga, deberías celebrar el momento contigo misma y ponerte especialmente guapa para cenar contigo, por ejemplo. Si tienes que limpiar, hazlo con unos pantalones que te hagan sentir singularmente sexy, y para dormir ponte camisones muy bonitos, pero cómodos. Y para el obligado desayuno en la cama (¡otra bendición!), vístete con una bata elegante. Hillis se desentendió de la idea de que nadie estaba mirando y que, por tanto, no podía importarle menos: «No lo haces por los demás, y menos por los hombres, sino por ti misma». ¿Quizá esto le suene a alguien a tedioso autocuidado? Tal vez, pero, como decíamos, estamos hablando del año 1936. La idea de que una mujer pudiera cuidar de sí misma y no solo de los demás no era entonces un estilo de vida, sino algo casi subversivo.

Sobre todo porque Hillis suena mucho más divertida y segura de sí misma que los consejos algo deprimentes de muchas de las revistas femeninas actuales. En su libro, por ejemplo, no menciona ni una sola vez cómo la mujer (a la que no describe como soltera, sino como una *live-aloner*, es decir, una mujer que vive sola) puede conseguir un hombre. Por qué iba a hacerlo, la vida ya es lo suficientemente entretenida: organizas cenas divertidas, te conviertes en un as del cóctel, desayunas en la cama, cruzas Nueva York a pie y solo haces cosas que te hagan feliz. La mujer que Hillis describió en un tono ligero a lo Dorothy Parker sonaba como una mezcla de Holly Golightly y Carrie Bradshaw. Lo único que no estaba muy claro era el tema del sexo. Entre líneas, explicaba que se pueden tener aventuras, pero no hay que jactarse de ello; el capítulo «Pleasures of a Single Bed» («Placeres de una cama individual») quizá hablara por sí solo. Helen Gurley Brown, la futura redactora jefe de *Cosmopolitan*, casi veinte años después, en 1962, daría continuidad a *Live Alone and Like it* con *Sex and the Single Girl* y abordaría de forma más directa la cuestión del sexo que Hillis había dejado sin concretar. Su libro se convirtió en un éxito, al que siguieron otros, y más tarde series como *Sex and the City* y *Girls*. Sin embargo, la mujer soltera había sido realmente reconocida y retratada bajo una luz favorable por primera vez mucho antes, en esta ingeniosa guía de los años treinta.

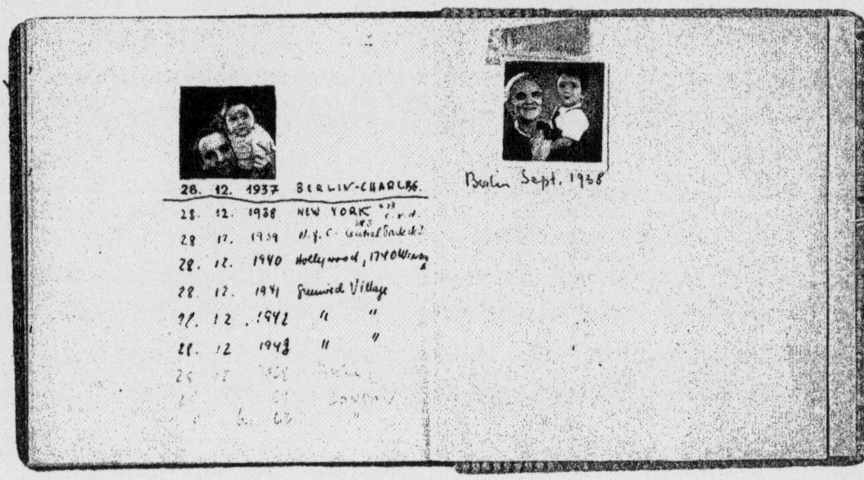
28. 12. 1937 BERLIN-CHARLBG.
28. 12. 1938 NEW YORK
28. 12. 1940 Hollywood
28. 12. 1941 Greenwich Village
Berlin Sept. 1938

DIARIO DE EXILIO DE MASCHA KALÉKO

1941-1944

Antes, cuando se hablaba de refugiados, generalmente se hablaba de hombres. De chicos jóvenes que se habían marchado para huir de la guerra, de la persecución o de la pobreza y buscar una vida mejor y más segura. El exilio era de alguna manera masculino; sin embargo, ya sabíamos desde antes de febrero de 2022, cuando estalló la guerra de Ucrania, que las mujeres también se marchan y que siempre lo han hecho. Que ellas también se suben a barcas o salen corriendo, solas o con sus hijos en brazos, sin saber con exactitud adónde van y qué les espera en el extranjero. Que se entregan a los peligros del viaje y que, aunque se queden en casa y envíen a un marido o a un hermano, la mayoría de las veces son ellas las que han impulsado y organizado esta huida.

Al menos así era en la Alemania nazi. Las mujeres fueron en muchos casos las primeras en sufrir en carne propia la política del nuevo régimen a partir de 1933. La ley de esterilización aprobada en julio del mismo año establecía que, aunque se querían más niños para Alemania, no todos eran bienvenidos. Entre 1933 y 1939, se esterilizó a la fuerza a alrededor de 150.000 mujeres, judías, gitanas, las consideradas discapacitadas mental o físicamente o portadoras de cualquier tipo de «impureza». El modo de tratar sus cuerpos era un presagio de lo que vendría después. Las judías resultaron ser buenas amigas si ignoraban a sus amigas por la calle y se mantenían alejadas de la tertulia de café para no poner en peligro a las demás; como madres, tuvieron que ver cómo sus hijos en la escuela a menudo se enteraban por primera vez de que eran de origen judío a través de insultos; como empleadas perdieron sus trabajos ya durante los primeros meses. Y tal vez por eso a menudo eran ellas más clarividentes que los hombres y las que más prisa tenían en huir. O como Marta Appel, la esposa del entonces rabino de Dortmund, explicó una vez: «¿No es el futuro de nuestros hijos mucho más importante que una resistencia completamente inútil frente a la ideología y los crímenes de los nazis? Todas las mujeres, sin excepción, estaban de acuerdo... mientras que los hombres se posicionaban con mayor o menor vehemencia en contra. No era raro que las mujeres mostraran más energía y espíritu emprendedor que los hombres». Tenían menos que perder, según Appel, menos estatus, menos dinero y, por lo tanto, menos tiempo para mantener la esperanza de que todo volvería a la normalidad y podrían salir de aquella locura.

En el caso del libro que aquí se muestra, no está del todo claro quién de los dos instó a marcharse, probablemente fueran ambos. Perteneció a la poeta germano-polaca Mascha Kaléko y es un diario que había creado para su pequeño hijo Avitar. Hay que leerlo de atrás hacia delante, las dos páginas que se muestran aquí están al final, es decir, al principio. La imagen de la derecha, donde dice «Berlin, Sept. 1938», en la que se ve a Avitar en los brazos de una mujer mayor, debe de haber sido una de las últimas que hicieron en su casa de Charlottenburg. Ese mismo mes, Kaléko, su hijo de dos años, su «pequeño emigrante», como ella lo llamaba, y su esposo, Chemjo Vinaver, huyeron a Nueva York a través de Hamburgo, París y Le Havre en un barco herrumbroso. Chemjo, que era músico, regresó rápidamente al escenario y se hizo un nombre. Como poetisa en un país extranjero, en un idioma extranjero, era más difícil: «Me llevó de Berlín a América / un pasaje de la historia reciente. / Ahora estoy en la lejana Nueva York, EE. UU., / y escribo allí – poemas alemanes». Kaléko tenía más que perder que su marido. En el Berlín de los años veinte, en el Berlín del Romanisches Café, había sido una estrella, la cronista de la vibrante capital; ahora, sentada en el otro extremo del mundo, era Mrs. Chemjo Vinaver. Esto les sucedió a muchas mujeres que habían sido independientes: en la huida y en el exilio, incluso en la guerra, a menudo se reactivan los roles tradicionales. Las entradas puntuales de este diario, que registra las estaciones en la vida de Avitar, como su cambio de nombre a «Steven» (que sonaba más fácil para los estadounidenses), atestiguan una gran desesperación y soledad: «Cada vez es peor. Nos hemos quedado sin dinero. Sin amigos. Sin conexiones. Sin esperanza. Tener dinero no es bonito. Pero no tener dinero es terrible. No tenemos para el billete de autobús. Ni para zapatos. Ni para medicamentos para Steven. La escuela no lo mantendrá si no podemos pagar». En su poema «Monólogo del emigrante», escribió:

Yo una vez tuve patria hermosa.
Así cantaba Heine el fugitivo.
La suya estuvo junto al Rin,
la mía en tierra de La Marca.
Todos tuvimos una (¡ver arriba!)

que consumió la peste, que se ha desmoronado.
Oh, rosa de los páramos pequeña,
te ha tronchado la Alpoderporlaalegría.
Los ruiseñores han enmudecido,
buscan una guarida más segura,
y solo buitres gritan
por encima de hileras de sepulcros.
Nunca será de nuevo lo que fue
aunque cambiara,
aunque sonara la campana amada
y no vibrase más espada alguna.
Ocurre a veces que me siento
como si el corazón se me rompiera.
Tengo nostalgia algunas veces
*y yo no sé de qué.**

El libro resulta interesante y conmovedor porque, al anotar etapas y fechas, intenta que el camino entre el hogar quizá perdido para siempre, arrebatado de repente, y la nueva vida, que se basará siempre en la pérdida, parezca de algún modo tangible y, por tanto, menos brutal. Es como si quisiera tejer un fino hilo entre Alemania y América para su hijo y preservar así un sentido del origen que de otro modo se habría perdido por el camino. Especialmente en la huida y en el exilio, eran y suelen ser las mujeres las que actúan como vínculo con su antigua patria, con sus historias, su comida, sus canciones y sus rituales; a menudo son las guardianas de un mundo perdido. Hannah Arendt escribió en *Nosotros, refugiados* que hace falta un gran optimismo para construir una nueva existencia. Y parece que las mujeres en particular lo han demostrado y han motivado a sus familias con ello. Cuando en 1940 un congreso trató la cuestión de «la mujer en la emigración», el periódico alemán del exilio *Aufbau*, para el que entonces también trabajaba Mascha Kaléko, escribió: «La carga que recae sobre los hombros de la familia emigrante [...] siempre se distribuye por igual, y muy a menudo la parte más pesada recae sobre los hombros de la mujer. [...] El destino de una familia que emigra muy a menudo depende más de la mujer que del hombre».

* M. Kaléko, *Tres maneras de estar sola*, Sevilla, Renacimiento, 2012. Traducción de Inmaculada Moreno. *(N. de la T.)*

Ständige Ausstellung

Das NAZI-PARADIES

Krieg Hunger Lüge Gestapo

Wie lange noch?

NOTA ADHESIVA DEL GRUPO DE RESISTENCIA ORQUESTA ROJA

1942

En la primavera de 1933, Betty Scholem, que vivía en Berlín, escribió a su hijo, el pensador judío-alemán Gershom Scholem, que había emigrado a Palestina: «No puedo entender por qué no hay diez mil o solo mil cristianos decentes que no se sumen a esto y protesten en voz alta». La resistencia al régimen nazi fue escandalosamente débil, como por desgracia sabemos, sobre todo en aquellos primeros años; incluso la gente que al principio esperaba que «la época del terror acabara pronto» se subordinó al cabo de muy poco tiempo. Sin embargo, también hubo quien prefirió arriesgarlo todo antes que tirar sus principios por la borda. Eran cristianos, comunistas, socialdemócratas, conservadores... procedían de todos los rincones y estratos de la sociedad. Y sobre todo, no solo eran hombres, sino también mujeres.

En Alemania, se conmemora cada año desde mediados de la década de 1950, es decir, desde que la Resistencia fue reconocida como tal, el ataque fallido del 20 de julio de 1944 contra Adolf Hitler. Conocemos el nombre de Claus Schenk Graf von Stauffenberg, en torno al cual se organizó el ataque, quizá también los nombres de Helmuth Graf von Moltke, Peter Graf Yorck von Wartenburg y algunos otros hombres del Círculo de Kreisau. Pero apenas se recuerdan los nombres de las esposas de los casi doscientos hombres que fueron ejecutados como traidores en las semanas y meses siguientes. Se llamaban Marion, Freya, Nina, Clarita, Elisabeth, Anna, Rosemarie, Annedore... Eran varias docenas, tal vez centenares, todas ellas habían sido informadas de los planes y algunas habían participado directamente y habían aceptado la posibilidad de perder a sus maridos, ser encarceladas ellas mismas, interrogadas, torturadas y separadas de sus hijos, que fueron llevados casi sin excepción al hogar infantil de Bad Sachsa.

Cuando se piensa en la Resistencia, se piensa, o al menos se pensaba durante mucho tiempo, en hombres armados. Se suele tener menos en cuenta que las formas de resistencia son muy diversas, que la resistencia también incluye ofrecer a los conspiradores un lugar donde reunirse, diseñar, imprimir y distribuir panfletos, acoger y esconder a los perseguidos, proporcionarles papeles, mantener redes de contactos, traducir, procurar información y alimentos, etcétera. Las mujeres han hecho todo esto, pero rara vez se las recuerda. Apenas se habla de las luchadoras de la Resistencia, si acaso solo de Sophie Scholl. Hace apenas unos años, en 2019, los Partidos de la Unión (CDU/CSU) y el Partido Socialdemócrata de Alemania (SPD) presentaron una moción conjunta para «homenajear a las mujeres luchadoras de la Resistencia contra el nacionalsocialismo»: «La resistencia alemana no estaba formada solo por hombres cuyos nombres conocemos, sino también por mujeres. Sus nombres y su obra son muy poco conocidos. Y eso es precisamente lo injusto», declaró Elisabeth Motschmann, la diputada del Bundestag que lanzó la iniciativa, y añadió: «Es del todo incomprensible que sigan llevando una existencia en la sombra después de setenta y cinco años; figuran entre las heroínas olvidadas de nuestra historia».

Liane Berkowitz fue una de estas heroínas. Tenía diecinueve años y todavía iba a la escuela cuando, el 5 de agosto de 1943, dos días antes de cumplir veinte años, fue ejecutada en la guillotina en Plötzensee, la prisión berlinesa. Cinco meses antes, Liane había dado a luz a una niña en la cárcel; la recomendación del Tribunal de Guerra del Reich de liberar a la embarazada había sido rechazada por el propio Adolf Hitler. Liane y más de un centenar de miembros del grupo de resistencia Orquesta Roja fueron acusados de «complicidad en la preparación de alta traición para favorecer al enemigo», en concreto, durante la noche del 17 al 18 de mayo de 1942, Liane, junto con un compañero del grupo, pegó un centenar de estas notas adhesivas en las paredes del metro entre Kurfürstendamm y Uhlandstraße: «Exposición permanente – El paraíso nazi – Guerra – Hambre – Mentiras – Gestapo – ¿Cuánto tiempo más?», decían las notas. La inscripción se dirigía contra la exposición propagandística *El paraíso soviético* organizada entonces en el Lustgarten, que pretendía mostrar la miseria y la pobreza en la Unión Soviética e intensificar la imagen del enemigo. Unos meses más tarde, en septiembre, Liane fue detenida al mismo tiempo que los demás miembros de la red. Libertas Schulze-Boysen, su marido Harro Schulze-Boysen y Arvid Harnack, los «fundadores» del que probablemente fue el grupo de resistencia más importante de Berlín, fueron asesinados en diciembre de 1942; la esposa de Arvid, una estadounidense, les siguió en febrero. Cuando Liane murió el 5 de agosto en Plötzensee, fueron ejecutadas también Hilde Coppi, de treinta y cuatro años, Cato

Bontjes van Beek, de veintidós, la escultora Oda Schottmüller, de treinta y ocho, Maria Terwiel, de treinta y tres, y muchas otras.

Hilde Coppi, que también había dado a luz a un niño en prisión, fue una de las primeras integrantes del grupo. Había conseguido el papel para estas octavillas y esa misma noche, en otro rincón de Berlín, había empapelado el metro con ellas. Por otra parte, Cato Bontjes van Beek es considerada una de las autoras del panfleto «La preocupación por el futuro de Alemania recorre el pueblo», en el que se afirmaba: «Todos aquellos que han conservado un sentido de los valores genuinos se estremecen al ver cómo el nombre alemán cae cada vez más en descrédito bajo el signo de la esvástica. Hoy en día, en todos los países, cientos, miles de personas son fusiladas o ahorcadas arbitrariamente cada día, personas a las que no se puede acusar de otra cosa que de ser leales a su país». Y: «¡Castigad a las SS con el desprecio! Que sientan que el pueblo aborrece a los asesinos y a los delatores desde el fondo de su alma». Debemos recordar los nombres de las mujeres activas en este u otros grupos, pero también a las que a título individual distribuyeron octavillas como esta para despertar los espíritus de sus semejantes y murieron por ello. No eran muchas, no eran ni mucho menos la mayoría, ni siquiera una mayoría silenciosa. Pero existieron. Y su valor era aún mayor en este clima de sometimiento y de mirar hacia otro lado.

319TH AAFFTD

CONDECORACIÓN «WOMEN AIRFORCE SERVICE PILOTS»

1943–1944

Mientras Mascha Kaléko y otros emigrantes intentaban encontrar su sitio en su nueva vida en Nueva York, las Fuerzas Aéreas se percataron con preocupación de que, aunque tenían suficientes aviones bombarderos en reserva tras la entrada de Estados Unidos en la guerra, pronto no habría más pilotos para pilotarlos. Si todos los hombres estaban luchando en el frente, ¿quién quedaría en su lugar para llevar las máquinas de la fábrica al lugar de lanzamiento? ¿Quién estaría allí para realizar vuelos de prueba, efectuar controles de seguridad, volar en los aviones y formar a los pilotos en los nuevos modelos?

Mientras los hombres reflexionaban sobre estas cuestiones sin hallar una respuesta, dos mujeres piloto muy famosas en aquella época, Jackie Cochran y Nancy Love, lanzaron una idea descabellada: ¿qué tal enseñar a mujeres a pilotar aviones militares? El hecho de que ellas pudieran subir a los aviones e incluso pilotarlos no era habitual en esa época, pero tampoco era del todo nuevo. La estadounidense Amelia Earhart ya era una estrella; en 1928 fue la primera mujer en cruzar el Atlántico, en aquel momento todavía como pasajera o, como ella decía, como «saco de patatas»; en 1932 fue la primera mujer piloto en recorrer esa ruta en solitario. Escribió libros y columnas, viajaba por Estados Unidos y, cuando hablaba a las jóvenes en las escuelas, las animaba a matricularse en la universidad en asignaturas «masculinas» como ingeniería y a posponer la vida matrimonial hasta más tarde. El día de su propia boda, escribió a su marido una frase tan hermosamente honesta que debe citarse aquí: «Tal vez tendré que tener un lugar donde pueda ser yo misma de vez en cuando, pues no puedo garantizar que pueda soportar el confinamiento de una jaula, por atractiva que esta sea». En 1937, escapó por última vez de su «atractiva jaula», su matrimonio, a bordo de su Lockheed Electra. Quiso ser la primera persona en circunnavegar el ecuador, pero por desgracia desapareció el 2 de julio del mismo año en algún lugar del Pacífico. A partir de entonces, a lo sumo, se convirtió en una leyenda y en modelo para muchas jóvenes que anhelaban algo más que una jaula, por muy bonita que esta fuera. Tal vez fuera su ejemplo, tal vez solo había llegado el momento o la necesidad era acuciante, pero lo cierto es que en 1942 se abrió el primer campo de entrenamiento femenino de las Fuerzas Aéreas. Veinticinco mil mujeres estadounidenses presentaron su solicitud, y algo menos de mil completaron con éxito la formación.

Las llamaban WASP, Women Airforce Service Pilots, y este personaje de la foto, que dibujó Walt Disney, era su mascota. Se llamaba Fifinella, «Fifi» para abreviar, y se remontaba a la historia de *Gremlins* de Roald Dahl. Dahl había sido piloto de la Royal Air Force en ese momento, los gremlins eran problemas técnicos, pequeños monstruos que querían dificultar la vida de los aviadores. Pero, por supuesto, Fifinella era diferente. Era más hada que monstruo, uno se daba cuenta enseguida: es una mezcla de ángel, supermujer y piloto y, en su afortunada función, no solo adornaba las chaquetas de vuelo de las mujeres, sino también el techo del primer campamento de Texas. «Keep them flying, Fifinella!» era el título de un reportaje de la época sobre las *Wasp ladies* que habían entrado «en el mundo de los hombres porque los hombres las necesitaban», que habían «entrado como simples chicas y salido como pilotos del Ejército estadounidense». Pero nunca se les debía decir que volar no era cosa de mujeres: «¡De todos modos no lo creerían!», según afirmaba la publicidad. ¿Por qué iban a hacerlo? Claramente no era cierto. En los dos años que duró este inusual experimento, las WASP volaron con Fifinella en el pecho recorriendo casi sesenta mil kilómetros por todo el país. Pilotaron todas las máquinas militares disponibles en ese momento, más de setenta tipos diferentes, las transportaron a través de Estados Unidos a varias bases, realizaron vuelos de prueba y de entrenamiento. Y, en parte, también asumieron tareas a las que ni siquiera los hombres se atrevían. Por ejemplo, volar el B29 Superfortress. En ese momento, este bombardero de largo alcance (el más pesado y eficiente de la guerra) era nuevo y se consideraba un vehículo inseguro. Algunos pilotos habían muerto en los primeros vuelos de prueba, lo llamaban el *widow maker*, el «hacedor de viudas», lo que significaba que nadie quería meterse en algo así. Hasta que se les ocurrió la idea de que fueran las WASP las que pilotaran el monstruo de cuatro motores. El mensaje era muy claro: si hasta una mujer puede pilotarlo, ¡vosotros lo podéis hacer de sobra! Por lo visto, los caballeros se tragaron de inmediato este argumento absurdo. Después de que dos señoras pilotaran el bombardero en todas las bases, el B29 entró en servicio en mayo de 1944. Por desgracia, la máquina se hizo tristemente famosa más tarde con el lanzamiento de las bombas atómicas sobre Hiroshima y Nagasaki.

Cuando cayeron las bombas atómicas en el verano de 1945, las WASP ya hacía mucho que habían sido olvidadas: los primeros hombres habían regresado de sus misiones en el extranjero en 1944 y se habían sorprendido de que las mujeres se sentaran en sus puestos, por lo que se había pedido, amable pero decididamente, a las jóvenes pilotos que se marcharan por donde habían venido. La promesa de que serían admitidas en el Ejército nunca se cumplió, y se sugirió a quienes intentaron contratarlas como pilotos de líneas aéreas que lo hicieran como azafatas, que era más femenino. Ya nadie sabía que Estados Unidos «no habría podido ganar» la guerra sin las WASP y Fifinella, como dijo una vez un general. Simplemente se eliminaron de la historia hasta que la Fuerza Aérea de Estados Unidos admitió de forma oficial a las mujeres en sus filas en la década de 1970 y los periódicos escribieron que eran «las primeras mujeres en pilotar aviones militares». Entonces las damas de la «Orden de Fifinella» reventaron: «Las primeras fuimos nosotras. Y de eso hace treinta años», decían, y a partir de ese momento se fueron recordando cada vez más, hasta que en 2010 se les concedió la Medalla de Oro del Congreso, la máxima condecoración civil del país. Esto estuvo muy bien y era importante, pero a muchas mujeres les importaba otra cosa, como explicó una veterana de la WASP siguiendo a Amelia Earhart y su ansia de libertad: «No me importaban los honores, siempre y cuando me dieran estos aviones para volar».

FOTOGRAFÍA DE ROBERT CAPA *LA RAPADA DE CHARTRES*

1944

Tal vez en este lugar debería haber otra historia. Tal vez aquí deberíamos hablar sobre los muchos miles de mujeres asesinadas en el campo de concentración de Ravensbrück, sobre los millones de víctimas judías. Quizá también sobre las que sobrevivieron al Holocausto. Es decir, aquellas que pudieron esconderse, pero a las que, como poco a poco se va descubriendo, muchas veces no se les ofrecía el escondite por puro amor a la humanidad. Sin embargo, no queremos hablar de la guerra, sino de su final, no de las víctimas evidentes, sino de aquellas que también fueron culpables. De las mujeres cuyo cuerpo se convirtió en el escenario del desgarro, de un fenómeno que existía en todas partes, pero que se vivió especialmente en Francia y que, sobre todo, en los meses posteriores a la Libération, a partir del verano de 1944, se extendió como un reguero de pólvora. Y eso es lo que capta esta fotografía de Robert Capa, *La rapada de Chartres*.

Capa era «el» fotógrafo de la liberación cuando la tomó en el verano de 1944. El 6 de junio había aterrizado con los aliados en Normandía y había fotografiado a los soldados arrastrándose por el mar, bajo la lluvia de balas alemanas, desde los barcos de desembarco y vadeando fuertemente armados. Había asistido a la liberación de París y se había sentado en uno de los coches que desfilaron victoriosos por los Campos Elíseos. Las imágenes de este día en la capital nos muestran hoy lo que cabría esperar de un momento así: multitudes asaltando las calles y avenidas o asomadas a los balcones y ondeando banderas. Gente alzando los brazos en el aire, vitoreando, riendo y abrazándose. Enfermeras besando a soldados, niños sentados en tanques americanos hurgándose la nariz. Es decir, imágenes de felicidad y de alivio. Pero aquel agosto, pocos días antes de la de París, Capa había tomado otra fotografía de la liberación. Esta que mostramos aquí. Es interesante que, por un lado, estuviera la que podríamos llamar «liberación feliz», en la que se veían sobre todo hombres: policías, soldados, héroes asaltando las calles. Por otro, sin embargo, estaba la que representaba todo lo que era vergonzoso y debía ser castigado: el colaboracionismo, la cobardía general, el hecho de que la mayoría de los franceses, al contrario de lo que afirmaría el general De Gaulle a partir de ese momento y durante muchas décadas, no estaban en absoluto en la Resistencia; allí se mostraba a una mujer. Una madre, además.

La fotografía se tomó el 16 de agosto de 1944 a menos de cien kilómetros de París en línea recta, en Chartres. Muestra a Simone Touseau, de veintitrés años, con su bebé de tres meses. Lleva el «corte de 1944», la cabeza rapada. La niña, cuya melena oscura contrasta con la calva de su madre, era hija de un soldado alemán, un tal Erich Göz. Touseau se había convertido aquel día en víctima de la llamada *épuration sauvage*, la «purga salvaje» que castigó sin juicio a todos aquellos que supuestamente habían colaborado o simpatizado con el enemigo. A los hombres simplemente se los fusilaba, en algún lugar detrás de un muro, con discreción; a las mujeres se las marcaba, se les afeitaba la cabeza, a veces incluso el pubis, y se las hacía desfilar en público. La práctica de rapar la cabeza no era nada nuevo. El pelo siempre ha sido sinónimo de feminidad y la feminidad, a su vez, ha sido durante mucho tiempo la única identidad de una mujer, así que quitarle el pelo era robarle su identidad. Incluso en la Antigüedad, las mujeres infieles eran rapadas, también en la Edad Media. Durante la caza de brujas, se afeitaban las partes íntimas de las mujeres para encontrar la «marca del diablo» u obligarlas a confesar mediante la humillación. Durante la Primera Guerra Mundial, a las mujeres alemanas acusadas de tener aventuras con los franceses se les rapaba la cabeza, y en Dinamarca y en Noruega las *tyskertøs* («chicas alemanas») sufrieron el mismo trato a partir de 1940. Sin embargo, el fenómeno adquirió proporciones sin precedentes en Francia. En los meses anteriores y sobre todo posteriores a la liberación, en el mencionado verano de 1944, unas veinte mil mujeres, quizá incluso más, habrían sido sometidas a este bárbaro ritual.

Las sacaban a rastras de sus casas, les cortaban el pelo, las afeitaban ante los ojos del pueblo y les hacían fotos y posaban junto a ellas como si fueran muñecas. Les pintaban una esvástica roja en la frente, las metían en un camión en el que estaba escrito *Poules à boches*, «Putas nazis», y las exponían frente a la multitud enfurecida. Las insultaban, se reían de ellas, les escupían y les arrojaban objetos. Después, solían tener que abandonar su pueblo y esconderse durante meses hasta que les volvía a crecer el pelo, como describe Marguerite Duras en *Hiroshima, mon amour*. Se ha dicho que las *tondues*, como se las conoce, eran culpables sobre todo de una cosa: del amor, o la «colaboración horizontal». George Brassens cantó una vez «La bella que se acostó con el rey prusiano», pero no todas se habían acostado con un «prusiano» por amor ni por oportunismo. La mayoría de estas mujeres habían sido simplemente como la mayoría de los hombres: no heroicas, a veces incluso activamente crueles, pero en la mayor parte de los casos fueron solo cobardes y se centraron en su propia supervivencia. Resulta significativo que justo ellas fueran castigadas con tanta rapidez y, sobre todo, de forma tan pública, y que se convirtieran en un símbolo del colaboracionismo, sobre todo si se tiene en cuenta cuántos agresores salieron impunes sin sufrir daño alguno.

Muchas de las emociones que surgieron tras la liberación tuvieron que soportarlas las mujeres: la vergüenza de la capitulación de 1940, la desgracia del colaboracionismo estatal, el miedo y la humillación de los últimos años, quizá también el horror de su propia cobardía o de los actos que ellas mismas habían cometido. Castigar a las mujeres era una forma de reconstruir la masculinidad dañada: había que dar a la Resistencia un rostro masculino y al colaboracionismo uno femenino. Pocas semanas después de que Capa publicara su fotografía a doble página en la revista *Life Magazine*, el poeta francés Paul Éluard escribió uno de sus poemas más bonitos en memoria de estas mujeres: «El que quiera entender que entienda. / En cuanto a mí, mi remordimiento fue / esta desgraciada que se quedó / sobre los adoquines. / La víctima razonable / con el vestido desgarrado, / con la mirada de niña perdida. / Destronada desfigurada / aquella que se asemeja a los muertos / que murieron para ser amados».*

* Traducción de Stella Maris González Balbuena, <https://palpitoconstante.com/2017/05/03/paul-eluard-1895-1952/>.

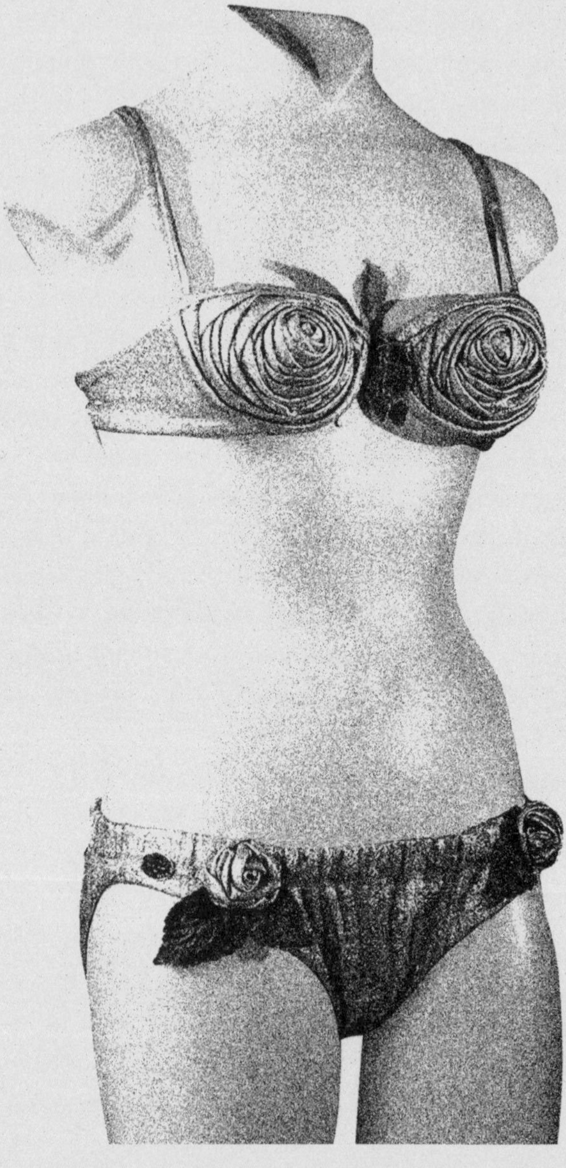

BIKINI

1947

Básicamente, cada año pasa lo mismo. De octubre a, pongamos, junio, el cuerpo de las mujeres se deja en paz, pero en cuanto el sol vuelve a brillar más de unas tacañas horas al día y el aumento de las temperaturas deja un poco más de piel al descubierto, las mujeres apenas pueden salvarse de los consejos de autooptimización. Incluso en tiempos de la llamada *body positivity*, muchas revistas femeninas siguen sin poder resistirse a sus «cuatro pasos para lucir una figura de bikini», y hasta las que ya no utilizan esos términos acaban aconsejando lo mismo: castigarse un poco en verano para hacer honor a esta prenda, el bikini.

Este dos piezas hizo su primera aparición en julio de 1946. Fue en la piscina Le Molitor de París, donde la bailarina de revista francesa Micheline Bernardini había aparecido con un modelo de Louis Réard, el inventor del bikini moderno, y había escandalizado bastante a sus contemporáneos con la ausencia de tela, aquellos tres pequeños triángulos sobre su cuerpo. Unas décadas antes, la nadadora Annette Kellerman había sido detenida por causar molestias públicas porque supuestamente nadaba con un bañador de una pieza demasiado ajustado. Y aunque la gente ya no era tan mojigata y las mujeres llevaban cada vez más bañadores en las playas desde los años veinte tras la invención del concepto de «vacaciones de verano», el bikini seguía siendo muy atrevido. «Explosivo», podría decirse, al menos así lo había imaginado Réard; unos días antes de la aparición de Molitor, Estados Unidos había lanzado sus pruebas de armamento nuclear en el atolón de Bikini, y el nuevo bañador se llamaba así en homenaje a este «progreso». El modelo presentado por Bernardini apareció incluso en los periódicos junto a los titulares sobre el acontecimiento nuclear. Se suponía que era un símbolo de la modernidad y de la liberación de la mujer; al fin y al cabo, a la bailarina la miraban de reojo, pero al menos no la detenían. Pese a todo, muchos se opusieron al bikini. España e Italia, por ejemplo, lo prohibieron, el papa se escandalizó por la visión del ombligo femenino y la revista estadounidense *Modern Girl* opinaba que era innecesario malgastar una sola palabra en ese pingajo, ya que es «impensable que una mujer joven con un mínimo de tacto y decencia se ponga algo así». Sin embargo, parece que algunas estaban dispuestas a cambiar el tacto y la decencia por la sensación del sol en la barriga. Por ejemplo, Brigitte Bardot, Marilyn Monroe, la «chica Bond» Ursula Andress y muchas otras estrellas. Pusieron de moda el «Itsy Bitsy Teenie Weenie Bikini» apto para la playa a finales de los sesenta. E hicieron que el bañador pareciera bastante viejo durante unas décadas.

Este modelo dorado fue inventado en 1947 para la ganadora del concurso de belleza Miss Réard y caracteriza así la segunda fase del bikini. Aunque este descarado traje de baño se interpretó durante un tiempo como un signo de liberación, pronto se hizo evidente que también podía utilizarse de un modo completamente distinto, a saber, como un medio para sexualizar y cosificar el cuerpo de las mujeres. Para la *pin-up girl*, por ejemplo, esa figura femenina hipererotizada de los años cincuenta con la que soñaban sobre todo los hombres que envolvían a sus mujeres en feos delantales de cocina, el bikini es algo así como un atuendo profesional. Y en los concursos de belleza que aparecieron más o menos al mismo tiempo, llevar bikini se convirtió en la disciplina suprema. Allí se veía a las mujeres, semidesnudas, presentando sus cuerpos ante un jurado casi exclusivamente masculino y temblando mientras esperaban el juicio de los hombres: ¿Soy guapa? ¿Sí? ¿No? La primera Miss Mundo en 1951 incluso subió al podio en bikini. Y aunque esto fue suprimido y se permitió a las candidatas recibir su banda vestidas, seguían teniendo que presentar el trasero en «triángulo», lo que irritó cada vez más a las feministas a partir de mediados de los sesenta. Sus protestas, que aún hoy son famosas, no iban dirigidas contra la prenda en sí, sino que se oponían con vehemencia a lo que esto hacía de las mujeres: ganado para ser escrutado.

Al menos eso es lo que se podía leer en las pancartas que mostraron en 1968 en la calle antes del concurso Miss América en New Jersey. Protestaban contra la «subasta de ganado» que se estaba organizando allí sin ningún tipo de inhibiciones. Se dice incluso que una de las casi trescientas manifestantes llevaba una oveja con ella; el animal corría entre la multitud con una banda de Miss América al cuello. Otras mujeres alzaban carteles en los que el cuerpo de una mujer desnuda estaba dividido como la carne de un carnicero: en costillas, cuello, lomo, etc., sobre los que estaba escrito: «Abajo la costumbre del filete». La anécdota de la supuesta quema de sujetadores se remonta a esta protesta, pero parece ser más leyenda que realidad; las mujeres arrojaron sus sujetadores al cubo de la basura, nada ardió salvo su rabia. Aún más famosa que esta protesta fue la del 20 de noviembre de 1970. Aquel día, varias feministas se habían colado entre el público de la final del concurso Miss Mundo en el Royal Albert Hall de Londres vestidas como elegantes señoritas y portando accesorios insólitos en sus bonitos bolsos: pistolas de agua, bombas de harina y un sonajero para dar el pistoletazo de salida. El plan era sabotear el concurso de bikinis, la actuación más humillante. Sin embargo, esa noche el presentador soltó un chiste misógino tras otro, de modo que las señoritas se enfurecieron rápidamente y el jaleo empezó antes de lo previsto. De repente, llovieron harina y bombas fétidas sobre el escenario y se oyó al público gritar: «¡No somos guapas! ¡No somos feas! ¡Estamos FURIOSAS!». Las jóvenes fueron detenidas y esa misma noche en el Royal Albert Hall ganó la primera miss de color. Curiosamente, la prueba del bikini se suprimió en 2014, porque se dijo que de allí en adelante sería más importante la cabeza de las señoritas que sus traseros, pero con el tiempo la sección se restableció por la caída en los índices de audiencia.

Mientras tanto, continúan los debates sobre los trajes de baño femeninos y, por tanto, sobre el cuerpo de las mujeres. Donde antes la gente se escandalizaba por la falta de tela en los bikinis, en agosto de 2016 los titulares de los periódicos franceses estaban dominados por el «demasiado»; por aquel entonces, el «burkini», el traje de cuerpo entero de la llamada «ropa casta», provocó un escándalo veraniego. Hubo detenciones en la playa, carteles de «No burkini» en las piscinas y muchas discusiones en las que casi solo participaban hombres. No llegaron a ninguna conclusión satisfactoria, ya que la respuesta a la pregunta de qué puede ponerse una mujer en la playa o en la piscina solo puede ser una: tanto o tan poco como le apetezca.

ALBERTO GIACOMETTI, *RETRATO DE SIMONE DE BEAUVOIR*

c. 1946

También aquí hablaremos de frases y de igualdad de derechos: «Miré la hoja de papel blanco que tenía delante. Sentí la necesidad de escribir en la punta de mis dedos y el sabor de las palabras en mi lengua, pero no sabía por dónde empezar o cómo». Así lo escribió la filósofa y escritora francesa Simone de Beauvoir en *La fuerza de las cosas*, el tercer volumen de sus memorias. En él recordaba una tarde de 1948 en el café Les Deux Magots. Su amigo Alberto Giacometti estaba sentado frente a ella y le dijo: «¡Pareces furiosa!». «Es porque quiero escribir, pero no sé qué», dijo Beauvoir. «Escribe lo que sea», dijo Giacometti. En ese momento supo que quería escribir sobre sí misma, sobre la vida como mujer, según cuenta Beauvoir. Este breve y lapidario intercambio entre el artista y la escritora iba a influir en la redacción del libro *El segundo sexo*, que se publicaría al año siguiente.

Giacometti y Beauvoir se habían conocido antes de la guerra, en la década de 1930. Su melena salvaje y su forma de actuar «fuerte como una roca» y «más libre que un elfo» la fascinaban tanto como su espíritu. Va directo al grano y se ocupa de las cosas con infinita paciencia e inagotable curiosidad, dijo una vez, y de alguna manera pueden verse estas cualidades en la pequeña escultura que Alberto hizo alrededor de 1946. Va al núcleo de su modelo, a la parte que se sigue admirando hasta el día de hoy: la cabeza de Simone. A sus rasgos finos, a veces estrictos, a su legendario peinado. Beauvoir ya había publicado tres novelas en ese momento, era conocida en ciertos círculos, pero todavía estaba a un ensayo revolucionario de la fama mundial que pronto alcanzaría. Sin embargo, su amigo parece haberla visto ya entonces como el icono que sería unos años más tarde. La mostró tal como se la ve hoy en día: como una cabeza, no como un cuerpo, como una pensadora brillante, una mujer un poco estricta que parecía mayor para su edad. Como alguien cuya cabeza descansa sobre un pedestal y que analiza todo con frialdad, desde arriba, y que rara vez parece realmente afectada por algo. A veces se acusaba a Simone de Beauvoir de ser desapasionada, cerebral, en cierto modo distante. Casi al mismo tiempo, la gente se maravillaba de la franqueza con la que hablaba sobre el sexo, o como François Mauriac escribió una vez a la revista *Les Temps Modernes* después de la publicación de *El segundo sexo*: «Ahora lo sé todo sobre la vagina de su jefa». Hasta entonces no existía una filósofa que escribiera sobre el primer periodo, la primera relación sexual, sobre el cuerpo de las mujeres. Fue algo revolucionario e impactante.

Y, sin embargo, Beauvoir parece haberse preocupado mucho por dar en su vida, a diferencia de en sus libros, la imagen de los intelectuales algo fríos y contenidos. La gente se toma más en serio a las mujeres sin cuerpo, siempre ha sido así, y es probable que Simone lo supiera muy bien. Como muy tarde, desde que su amiga de la infancia, Zaza, había fallecido por su anhelo de pasión, sabía que para una mujer es mejor vivir con distancia, sola en su cabeza, con un corazón no demasiado exuberante. Cuando se habla de ella y de su vida amorosa, siempre aparece en primer lugar el personaje de Jean-Paul Sartre. Sartre, el compañero de vida, Sartre, el colega, Sartre, ese tipo extrañamente genial al que conoció en la universidad y a quien nunca más abandonó. Sartre, el filósofo con el que compartió una relación de por vida, satisfactoria en el ámbito intelectual, pero nunca un amor apasionado. Si en realidad «solo» hubiera conocido eso, «solo» esta profunda amistad que ocupaba su cabeza, pero no el resto del cuerpo y de su ser, su reflexión sobre la feminidad tal vez habría sido diferente. Después de todo, en *El segundo sexo* se trataba, entre otras cosas, de que «la mujer» en nuestras sociedades se define en relación con «el hombre» como lo otro, lo segundo, y por lo tanto siempre suponía un peligro para ella entrar en esta relación. Porque inevitablemente empujaba a la mujer a un papel antiguo, a menudo sin que ella misma lo supiera. Las mujeres de su generación podían ir a trabajar, estudiar, conducir y montar en bicicleta por París, podían ser independientes y tener aventuras, pero ¿qué pasaba cuando establecían una relación? ¿Una relación estrecha, estable? ¿Podían seguir existiendo de forma libre o volvían a ser empujadas discreta e insidiosamente a la posición de sumisión y abandono de sí mismas? ¿Las mujeres, a diferencia de los hombres, no tenían que seguir eligiendo entre amor o ambición?

Mientras escribía *El segundo sexo*, es probable que se hiciera justo estas preguntas, porque quizá por primera vez estaba, como suele decirse, perdidamente enamorada; de un estadounidense, el escritor Nelson Algren. Beauvoir lo conoció en 1947 durante un viaje a Estados Unidos

—un año después de posar para su amigo Giacometti—, y se enamoró de él hasta la médula. Con él, como le confió a su biógrafo, experimentó su primer orgasmo, con él era una mujer completamente diferente. Quien tenga en mente a Simone como la amante fría y del todo despreocupada de Sartre se sorprenderá al leer sus cartas a Algren. Es una Beauvoir distinta. Se muestra entusiasta, enamorada, exaltada, vulnerable. A veces resulta incluso cursi y sueña con la vida hogareña, aunque cueste creerlo. De repente, ella, que siempre ha estado en contra del matrimonio, quiere ser su *wifey*, ponerse frente a los fogones y cocinar para él, dárselo todo. Quizá sea solo una suposición, pero es obvio que en esta relación (que le afectó de forma muy diferente a su relación con Sartre) sintió por primera vez lo profundamente arraigados que están los modelos de conducta, lo difícil que es expulsar siglos de abnegación de la mente de las personas y lo rápido que incluso una mujer tan reflexiva como ella puede volver a caer en patrones que en realidad son muy ajenos a ella y a todo lo que espera de la vida. Tal vez en esta relación se diera cuenta de que las mujeres de su época, a pesar de todos sus progresos, tenían que hacer una elección a veces dolorosa: él o yo. Un «nosotros» verdaderamente libre e igualitario no existiría por el momento. Es bien sabido por qué se decantó Simone de Beauvoir. Un año después de terminar *El segundo sexo*, dejó a Nelson Algren: «Te di mi corazón, pero no mi vida —escribió, y añadió—: Así que mi vida amorosa está cerrada para siempre, un pensamiento que no es muy agradable cuando te ha sido dado un corazón caliente y un cuerpo vivo». Por fortuna, estaba equivocada. Poco después, conoció a Claude Lanzmann, diecisiete años menor que ella, y no renunció ni a su corazón ni a su cuerpo. Sin embargo, también tenía razón: los hombres, el amor y el deseo eran fugaces, lo que siempre permanecía era su fuerte cabeza. La versión de ella que hizo Giacometti estuvo sobre su mesa hasta el fin de sus días.

GRUNDGESETZ
FÜR DIE
BUNDESREPUBLIK
DEUTSCHLAND

CONSTITUCIÓN DE LA REPÚBLICA FEDERAL DE ALEMANIA

1949

Cuando el 1 de septiembre de 1948, el llamado Consejo Parlamentario empezó a trabajar en este libro, la Constitución de la recién creada República Federal de Alemania, con una ceremonia en el Museo Koenig de Bonn, había un invitado especial sentado en un rincón. Ni más ni menos que una jirafa. Cuenta la leyenda que el animal, que normalmente permanecía en este atrio con muchos otros animales disecados, se asomó desde detrás de una cortina durante toda la ceremonia, escuchando la *Obertura en re mayor* de Bach, la *Obertura Leonora* de Beethoven y los discursos en los que se pedía a los sesenta y cinco delegados con derecho a voto que fueran conscientes de sus responsabilidades. Y quizá la jirafa debió de preguntarse, ante el mar de caballeros que se extendía frente a ella: «¿Pero dónde demonios están las mujeres?».

Si se observan las fotos de ese día, pero también las de las conferencias que se celebraron en Bonn en los meses siguientes, se tiene la impresión de que solo había hombres. Parece como si, una vez más, hubiera sido un grupo de portadores de corbatas quienes redactaron el texto básico de la «nueva Alemania». También había mujeres. Cuatro, para ser exactos. Sus nombres eran Frieda Nadig, Elisabeth Selbert, Helene Weber y Helene Wessel, las llamadas «Madres de la Constitución». Se sabe, aunque apenas salgan en las fotos. Se sabe porque justo al principio de ese libro, en el artículo 3 párrafo 2, poco después de «La dignidad humana es inviolable», «Toda persona tiene derecho al libre desarrollo de su personalidad» y «Todos son iguales ante la ley», hay una frase que no estaría ahí y de esta forma sin ellas, sin las señoras Nadig, Weber, Wessel y sobre todo Selbert. Dice así: «Hombres y mujeres tienen los mismos derechos». Así de simple. Así de fácil. Y, sin embargo, tan difícil de conseguir. En origen, aquí iba a escribirse otra cosa, una formulación de la República de Weimar: «Hombres y mujeres tienen los mismos derechos y deberes civiles».

Suena parecido, pero su significado es distinto. Habla sobre la relación con el Estado, pero no alude a la relación de poder entre hombres y mujeres. No sacude, ni siquiera con cautela, el principio establecido por la ley desde la época imperial de que el hombre es el cabeza de familia y tiene la última palabra en todos los asuntos importantes de la vida. La abogada Elisabeth Selbert, autora de esta sentencia de gran alcance, quiso cambiar esta perspectiva totalmente anticuada. Durante la República de Weimar, Selbert, madre de dos hijos, había terminado bachillerato y se había licenciado en Derecho; y en 1934 había sido una de las últimas mujeres admitidas en el colegio de abogados antes de que los nazis negaran a las mujeres el acceso a la profesión. Había representado a personas perseguidas por el régimen nazi, pero también a menudo a mujeres a punto de divorciarse: «Qué terrible era para estas mujeres salir de casa con las manos vacías cuando se divorciaban, porque según el Código Civil estaban obligadas a trabajar en el negocio o empresa de su marido sin recibir parte de los beneficios ni de los bienes que habían contribuido a crear».

En la fundación del nuevo Estado debía establecerse la igualdad de derechos para permitir a las mujeres cierto grado de independencia, argumentó Selbert. Y, como era de esperar, fue recibida con indignación y ceños fruncidos. Se la acusó de retrasar o incluso de poner en peligro todo el proceso de redacción de la Constitución con esta exigencia. Además, los ciudadanos deseaban estabilidad, y aquel era el peor momento posible para sacudir la sagrada institución de la familia. Y sobre todo: ¿de verdad era necesario volver aún más inseguros a los hombres, ya de por sí inseguros? Incluso Frieda Nadig pensó que la propuesta de su compañera del SPD era poco realista al principio. Como especialista en derecho de familia, sabía que este párrafo podía parecer insignificante, pero que exigiría la reformulación de toda una serie de leyes. Las otras dos mujeres, Helene Weber, que había trabajado como primera consejera ministerial en la República de Weimar y que había sido destituida por los nazis en 1933 por «falta de fiabilidad política», y Helene Wessel en particular, se mostraron en un principio totalmente en contra. La primera moción fue rechazada por 11 a 9 votos, y la segunda tampoco se aprobó. Pintaba mal para nuestra igualdad, pero Selbert no aflojó. Como sus colegas no querían escuchar, informó a la opinión pública; habló en fábricas y en grupos de mujeres, pronunció discursos en la radio, escribió textos en periódicos y explicó a las mujeres exactamente lo que estaba en juego para ellas. Hasta que el Consejo Parlamentario se vio inundado de cartas. Las mujeres (quizá incluso algunos hombres) defendieron con tanta fuerza el artículo 3 apartado 2 que en enero de 1949 los diputados votaron a regañadientes a favor de la nueva redacción: el principio de igualdad se incluyó en este libro como un derecho fundamental inalienable y sirvió de base para todo lo que vino después.

Aún tardó mucho tiempo en conseguirse la igualdad real; de hecho, a día de hoy todavía no se ha logrado. En la actualidad, las mujeres en Alemania ganan alrededor de un 18 por ciento menos que los hombres, y la mayor parte de las tareas domésticas o de cuidados siguen recayendo en ellas. En un principio, quizá también porque las Madres de la Constitución habían luchado por la igualdad de derechos, casi nadie tenía interés en hacerlos cumplir. Durante los primeros años de la República Federal, el progreso económico parecía más importante para la mayoría de la gente —incluidas la mayoría de las mujeres— que los derechos de la mujer; hubo que esperar hasta 1957 para que la ley estipulara que una mujer podía trabajar sin el consentimiento de su marido e incluso contra su voluntad. Después de la reunificación alemana en 1990, una comisión volvió a examinar este libro, la Constitución, y amplió el párrafo 2 del artículo 3 para incluir una frase decisiva que aún no se ha cumplido del todo: «El Estado promoverá la aplicación efectiva de la igualdad de derechos entre mujeres y hombres y trabajará por la eliminación de las desventajas existentes».

CITY EDITION

DAILY NEWS

NEW YORK'S PICTURE NEWSPAPER®

4¢

Vol. 34. No. 136 New York 17, N.Y., Monday, December 1, 1952

EX-GI BECOMES BLONDE BEAUTY

Operations Transform Bronx Youth

A World of a Difference

—Story on page 3

PÁGINA DEL PERIÓDICO *DAILY NEWS*

1 de diciembre de 1952

En 1952, el señor y la señora Jorgensen recibieron una inesperada carta de Dinamarca que decía: «La naturaleza ha cometido un error, yo lo he corregido y ahora soy vuestra hija». Firmada por: «Christine». Los Jorgensen debieron de tardar unos minutos en entender lo que quería decir aquello. Hasta entonces, la pareja del Bronx tenían una hija y un hijo: Dolly y George. El tal George había viajado a Copenhague el año anterior, supuestamente para visitar a una tía y establecerse como fotógrafo, pero ahora la pareja se enteraba de que el viaje había tenido otro objetivo y George no iba a volver como tal: George era ahora Christine, el hijo era una hija. De niño, George le había preguntado una vez a su madre por qué no podía ser como Dolly, por qué él no era también una niña. Tras veinte años de dudas y enfado consigo misma, Christine por fin se había dado cuenta: hacía tiempo que era una niña, no eran sus sentimientos, sino su cuerpo lo que estaba mal, y había llegado el momento de corregirlo.

Por aquel entonces, a principios de los años cincuenta, en plena era de posguerra, con la adoración de la testosterona y de los héroes, esto era algo nuevo. La investigación sexual, sobre todo el médico alemán Magnus Hirschfeld, había reconocido e investigado la existencia de «géneros intermedios» o, como él lo llamaba, un «tercer género». En los años veinte, su Instituto de Investigación Sexual de Berlín ofrecía refugio a todas aquellas personas que se sentían «diferentes»; homosexuales, transexuales, bisexuales. Sin embargo, las operaciones seguían siendo experimentales, peligrosas y, por lo tanto, poco frecuentes. En 1930, el colega de Hirschfeld Kurt Warnekros había llevado a cabo la reasignación sexual de la pintora danesa Lili Elbe, pero la paciente murió tras sufrir complicaciones. Y aunque hubiera habido algunos casos más, aún no eran conocidos por el gran público. Sobre todo no en Estados Unidos, donde la investigación sexual con Kinsey apenas estaba llegando lenta y silenciosamente y a la gente no le gustaba hablar de ello. El mensaje de Christine Jorgensen era tan espectacular en este contexto que no podía seguir siendo un asunto privado. Incluso antes de volver a casa, se había corrido la voz, lo que provocó que la joven, adelantándose setenta años a la portada de *Vanity Fair* con Caitlyn Jenner, aterrizara en los titulares de todos los periódicos: «Ex-GI se convierte en una belleza rubia», escribió el *New York Daily News* el 1 de diciembre de 1952, como podemos ver en la imagen. Unas páginas más adelante, el periódico mostraba la carta de Christine a sus padres (el periodista les había hecho creer que publicar material de primera mano iba en interés de su hija). Junto al artículo y la carta había fotos de cómo era ella antes y después: George, el GI,* Christine, la belleza glamurosa.

Es significativo que este titular utilice dos estereotipos para hacer que la «transición» de un género al otro resulte más espectacular: El «GI», que se erige como la encarnación de la masculinidad en la América de posguerra, frente a la «belleza rubia», el cliché del esplendor de Hollywood y las *pin-ups*. Según esta representación, Christine se había transformado de la categoría de género claramente cerrada de «hombre» a la opuesta, «mujer». El hecho de que estas categorías no siempre estén manifiestamente separadas, sino que puedan ser fluidas, aún no se comprendía en aquella época. La propia Jorgensen respondió así a la pregunta «¿Eres una mujer de verdad ahora?» en una entrevista en 1957: «Siempre damos por sentado que todo el mundo es hombre o mujer, no queremos aceptar que todos somos ambas cosas a la vez». La narrativa que proponían los periódicos —lo militar, por ejemplo— era de todos modos exagerada por completo; sonaba como si Christine hubiera partido un día como GI para salvar a Europa y hubiera regresado como mujer tras la victoria. Pero no fue así en absoluto. Por un lado, ella nunca había estado en el frente y, por otro, su operación tuvo lugar después del final de la guerra, pero así el cambio parecía más nítido e interesante. Otros periódicos, como el *Boston American*, escribían de forma menos escabrosa, pero con ironía: «Pareja de Nueva York se alegra de que su hijo ahora es hija» y decían que los Jorgensen estaban muy contentos de tener una hija sana, rubia, atractiva y de veintiséis años.

Cuando Christine aterrizó por fin en Nueva York unas semanas más tarde, fue recibida por una multitud en el aeropuerto. Curiosos, periodistas, aficionados, la «belleza rubia» era una sensación. La instaron a dar una

* Acrónimo utilizado para referirse a los miembros de las fuerzas armadas de Estados Unidos. *(N. De la T.)*

rueda de prensa improvisada, y si la joven había tenido alguna vez la ilusión de poder llevar una vida «normal», quizá aquel día de febrero de 1953 se dio cuenta de que por el momento aquello no sería posible: «Al principio me sorprendió que la gente se interesara tanto por mi vida [...]. Después de algún tiempo me di cuenta de que era un paso importante para el mundo». Su historia ya no era suya, de repente pertenecía a todo el mundo, dijo muchos años después, cuando hacía tiempo que se había hecho amiga de su fama, de las numerosas entrevistas, de la filmación de su vida, de su propio espectáculo, de Broadway y de Hollywood. Cuando se le hacían preguntas íntimas, detalles sobre su órgano sexual, solía responder muy a la ligera: «Estoy más o menos en la misma situación que una mujer que se ha sometido a una histerectomía. Puedo tener relaciones sexuales normalmente, pero no puedo engendrar un hijo». Si uno mira las entrevistas de entonces, es doloroso descubrir con qué franqueza le preguntaban por las partes más íntimas de su cuerpo, aunque también parece que no la interrogaban para exponerla o por voyeurismo, sino porque querían hacer comprensible algo que la mayoría de la gente aún no entendía. Jorgensen se convirtió en una portavoz. Aprovechaba cualquier oportunidad para explicarse, en 1967 incluso volvió a escribir su historia en *Christine Jorgensen. A Personal Autobiography* y, a través de su presencia mediática, inventó un lenguaje sobre las sensaciones, el cuerpo y la autopercepción para los que entonces no había palabras. Se dice que su popularidad no solo ayudó a muchas personas a aceptarse a sí mismas, sino que también hizo avanzar investigaciones, como la del pionero estadounidense en el campo de la transexualidad Harry Benjamin. En los años setenta, cuando el «género» se estaba convirtiendo poco a poco en un problema, Christine dijo en una conferencia en la UCLA: «Puede que no hayamos empezado la revolución sexual, ¡pero creo que le dimos una buena patada en el culo!».

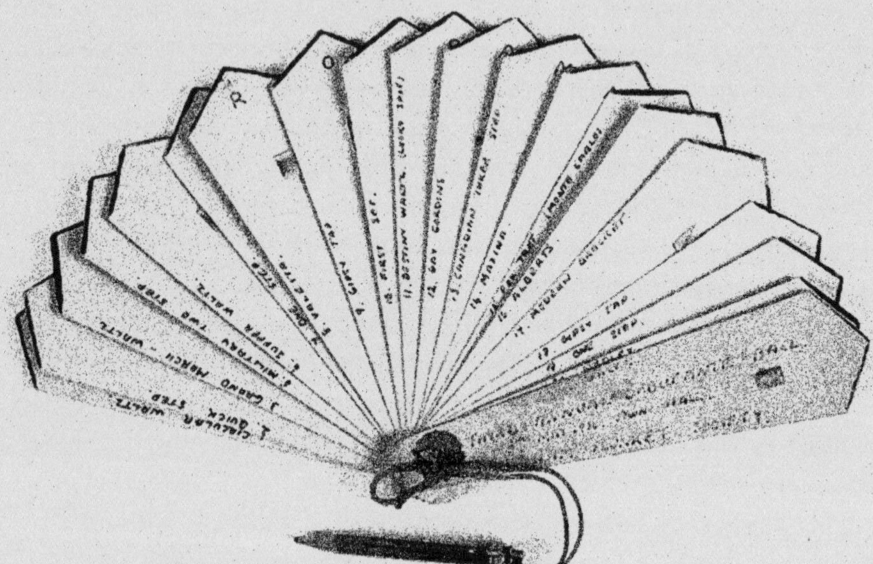

1. Circular Waltz
2. Quick Step
3. Grand March - Waltz
4. Military Two Step
10. First Set
11. Destiny Waltz
12. Gay Gordons
13. Canadian Three Step
16. Alberts

CARNÉ DE BAILE COMO ABANICO

Década de 1950

En 1939 la escritora y pintora británica Leonora Carrington escribió un relato breve tan extravagante y raro que es digno de ser contado. Se llamaba *The Debutante* y cuenta más o menos lo siguiente. El día de su baile de debutantes en el zoo, una joven se detiene delante de la jaula de su amiga, una hiena, y maldice: «Qué mierda, esta noche tengo que ir a mi baile». El animal se sorprende, a ella le encantaría ir: «No sé bailar, pero podría divertirme», dice, y entonces llegan a un acuerdo; la hiena ocupará el lugar de la joven. La mete en su traje de baile, le enseña a caminar con tacones, sus patas quedan ocultas por unos guantes, pero hay un problema: ¿qué hacemos con la cara? El dúo encuentra una solución hasta para eso: la hiena mata a la camarera (resulta ser una buena idea, de todas formas tenía hambre) y «toma prestada» su cara. Todo podría salir de maravilla, pero entonces el animal da un paso en falso durante el evento. Mientras la niña se sienta tranquilamente en su habitación y lee *Los viajes de Gulliver*, la hiena en la mesa anuncia algo críptico: «Huelo un poco fuerte, ¿eh? Bueno, es que yo no como pasteles». Luego se quita la cara prestada, se la come y se lanza por la ventana con un gran salto.

La historia de Carrington es un poco inquietante, pero aborda de forma algo exagerada lo que muchas mujeres jóvenes debieron de sentir desde el siglo XVIII por la tradición de los bailes. Al igual que la niña disfrazaba a su amiga, la hiena, las madres obligaban a sus hijas a desempeñar un papel que tal vez no les correspondía en absoluto: el de la perfección femenina. El disfraz tenía que ser el correcto, daba igual lo que hubiera debajo de la fachada, siempre y cuando la niña no hiciera lo mismo que la hiena y no estropeara la bonita estampa. Seguramente a algunas les hubiera gustado mostrar su «verdadera cara» o escaparse por la ventana, pero la mayoría se quedaban calladas y aguantaban. Este objeto, un abanico que es al mismo tiempo un carné de baile, habla del rito de puesta de largo que convertía a las mujeres jóvenes en algo así como animales de zoológico. Procede de Nueva Zelanda en los años cincuenta.

Los abanicos como este existieron a partir del siglo XIX. A menudo eran más fastuosos, más artísticos, de marfil o incluso de oro, a veces venían como un pequeño cuaderno y, otras, parecían una joya. La idea era anotar en cada uno de los bailes enumerados el nombre del caballero al que se le había prometido la ronda, para que al final de la noche ella y sus madres pudieran comprobar en el carné del baile cómo se llamaba el joven con el que se había echado un fantástico foxtrot o un vals.

La tradición de la puesta de largo, o debut, se inventó en la Inglaterra reformada; como las mujeres jóvenes no podían heredar en ese momento, era importante asegurarse de que no se enamoraran de los guapos mozos de cuadra, sino de un caballero respetado. Y para que eso sucediera, se colocaba a las casaderas de la temporada en una sala con dichos señores, con la esperanza de que algo sucediera durante el baile. Hay que imaginárselo como una cita rápida bailada: no tenían ni cinco minutos para convencer y a su lado había muchas otras mujeres jóvenes, bonitas y ricas. Había que hacer un esfuerzo para destacar y, en general, tener candidatos cuyos nombres pudieran anotarse en tu carné de baile, por lo que las madres se lanzaban a gastos locos y aterrorizaban a sus hijas durante semanas con normas de comportamiento y consejos sobre cómo seducir a un hombre. A diferencia de lo que ocurría más tarde en la boda, camino al altar, en el baile eran las madres las que presentaban a sus hijas. Los hombres, por supuesto, acudían solos. No iban de punta en blanco, no tenían que complacer a nadie, sino que estaban allí para ojear la nueva mercancía y hacer una elección. O tal vez no. Un hombre podía pasar todo el tiempo que quisiera en los bailes de debutantes, una mujer joven debía ser literalmente llevada al hombre después de la temporada si no quería sentir que había pasado su fecha de caducidad y tener que cargar pronto con el calificativo de «solterona».

En origen, la puesta de largo era exclusiva de la nobleza, pero la tradición continuó mucho después de la caída de la aristocracia. Especialmente en Estados Unidos, la élite adinerada se entusiasmó en el siglo XX por esta ceremonia, que la mayoría de las mujeres jóvenes describían como un tormento y un estrés infernal. Eleanor Roosevelt, por ejemplo, quien celebró su *coming-out* alrededor de 1902 en el Waldorf Astoria de Nueva York, lo odiaba: se había sentido muy estúpida y se había ido a casa temprano. Edith Wharton lo percibió como una «larga y tortuosa agonía de timidez». Un poco más tarde, el baile se convirtió en una oportunidad para que las familias ambiciosas se hicieran famosas gracias a sus hijas; Branda Frazier, por ejemplo, fue la primera debutante conocida en todo el mundo, una llamada «celebutante». Era una especie de Paris Hilton de finales de la década de 1930; era rica, o más bien nueva rica, y famosa por el simple hecho de ser famosa. El baile que su madre organizó para ella fue tan espectacular que Frazier incluso llegó a aparecer en la portada de la revista *Life*. Por desgracia, todo eso no le dio la felicidad. Se volvió adicta a las drogas y al alcohol, sufría de anorexia y murió joven. Sobre su debut dijo una vez: «Ser una debutante es, en pocas palabras, un negocio... no una diversión». Pero eso daba igual: en los años cuarenta y cincuenta del siglo XX siguió creciendo el entusiasmo por la búsqueda de novia; en algunos círculos la tradición existe hasta el día de hoy, y al parecer en los últimos tiempos más que nunca. Curiosamente, este abanico especial de mayo de 1956 tiene un nombre para cada baile, pero no masculino, sino femenino. Tal vez había una Leonora Carrington dormitando en esta debutante o, quién sabe, una hiena rebelándose contra este ceremonial.

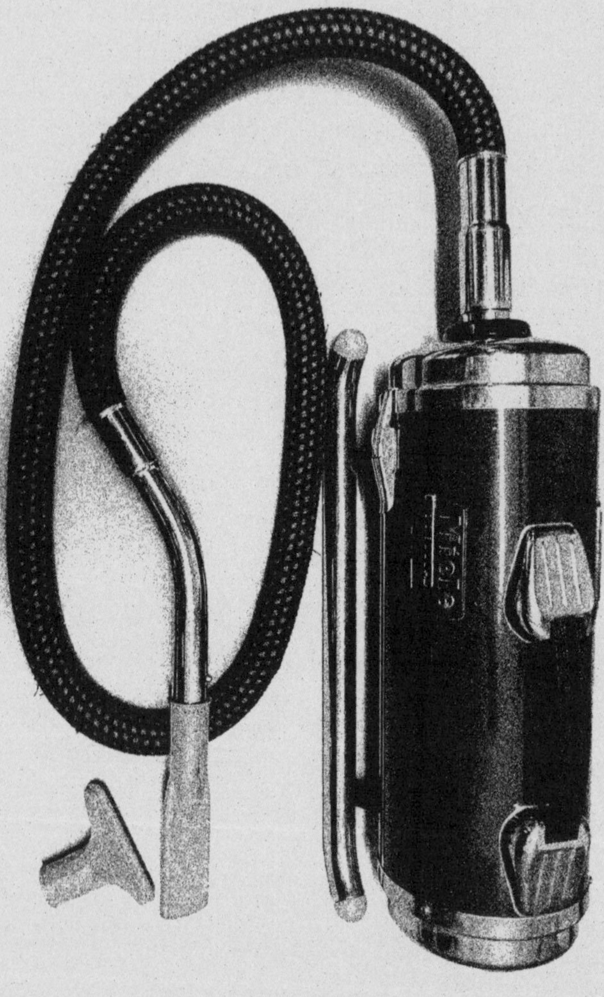
Miele

ASPIRADORA MIELE MODELO A

1951–1961

En los años cincuenta, algunas revistas para amas de casa sugerían en clave de humor el siguiente escenario para el final de su jornada: cuando su marido volviera a casa por la noche, como antaño el cazador a su cueva, ella debía recibirle en la puerta, maquillada como es debido y vestida con elegancia, ofrecerle una copa con una sonrisa y preguntarle cómo le había ido el día. Pero lo más importante era no molestarle con sus insignificantes preocupaciones y pensamientos. Al fin y al cabo, había estado trabajando todo el día. Ella no.

Esta imagen es sin duda exagerada, pero quizá la realidad no se alejara mucho de esto. La década de 1950 fue quizá el momento en que nuestra idea más estereotipada de la vida del ama de casa se pareció más a la realidad. Sobre todo en Alemania y en Estados Unidos, sobre todo en la clase pequeñoburguesa, muchas mujeres pasaban la mayor parte del tiempo ocupadas con las tareas domésticas, los niños y entreteniendo a su marido. Después de que las mujeres hubieran participado en todos los ámbitos del mundo durante la guerra, las habían mandado de vuelta al hogar, con amabilidad pero también con decisión, y se había creado un marco social que a partir de entonces las mantendría allí. Incluso las que habían estudiado se pusieron un delantal como muy tarde después de licenciarse. Por un lado, porque apenas tenían acceso a los trabajos interesantes y las leyes fiscales, como la división conyugal, estaban diseñadas de tal manera que su trabajo les ocasionaba más gastos que beneficios. Por otro, porque en el siglo XIX se reavivó el ideal del ama de casa y se le dio un nuevo look. «Poder permitirse» quedarse en el hogar se consideró desde entonces un «avance». Se compadecía a las mujeres que habían luchado por la independencia a principios de siglo. ¿Qué podría ser más lujoso que ser ama de casa? El argumento era sencillo e incluso convincente, y todavía hoy lo utilizan algunas jóvenes que, autodenominándose «TradWives» en las redes sociales, siguen haciendo honor a viejos modelos de conducta; las mujeres siempre han tenido que trabajar, incluso las adineradas debían perseguir a los empleados, ahora por primera vez podían hacer lo que en teoría las mujeres prefieren hacer, es decir, holgazanear.

La persistente suposición hasta la fecha de que las tareas domésticas no son un trabajo está relacionada, entre otras cosas, con aparatos como este, la aspiradora Miele Modelo A, también conocida en Alemania por el eslogan *Mutti macht's mit Miele* («Mamá lo hace con Miele»). Sin duda, todo el mundo comprendía que llevar una casa antiguamente era un trabajo duro; lavar y escurrir la colada, un trabajo físico, y barrer y fregar toda una casa o batir claras de huevo sin batidora equivalía a una sesión de Pilates. Pero ahora todo sería distinto. Gracias a los célebres «ayudantes domésticos», limpiar, fregar, lavar, cocinar eran tareas que se hacían solas. Eran pasatiempos agradables, o aún mejor, una diversión. Era casi imposible librarse de las imágenes publicitarias en las que las mujeres abrazaban su aspiradora, su flamante frigorífico, su lavadora y otros electrodomésticos similares como si fueran amantes. Al parecer, a nadie se le pasaba por la cabeza que había que estar muy sola y también un poco triste para abrazar una aspiradora. Al contrario, lo que se entendía era que las mujeres eran felices porque tenían aparatos que lo hacían todo por ellas como un buen amigo.

Este vínculo de las mujeres con los electrodomésticos como imagen de la modernidad no era nuevo. Se remontaba a la década de 1920. Mientras algunas *garçonnes* se desplazaban por París a toda velocidad en sus rápidos bólidos, otras se paseaban por las recién inventadas ferias de electrodomésticos y escuchaban las bondades de la nueva plancha Calor. En un cartel publicitario de la misma época, se anunciaba la primera aspiradora, una tal Vampyr de la empresa AEG, con el siguiente eslogan: «Toda una dama y, sin embargo, ama de casa». En él se veía a la actriz Edmonde Guy con un moderno corte de pelo y un pijama dorado con estola roja, elegante en su casa, con la mencionada aspiradora que parecía un tapir de metal. Lo que se pretendía transmitir era más o menos que la aspiradora y la emancipación iban de la mano. Cosas así todavía se siguen oyendo en nuestros días: los electrodomésticos liberaron a la mujer, gracias a ellos por fin tenían más tiempo para sus propios asuntos. Y algo de verdad había en ello. Sin embargo, estos dispositivos también devaluaron de forma drástica el trabajo de la mujer en el hogar y crearon nuevos y más elevados estándares. La perfección ahora era una obligación, o mejor dicho, si alguien, con toda esta «ayuda», no tenía un hogar reluciente, así como un aspecto también reluciente, es que era una auténtica vaga. «Pocos trabajos son tan similares al de Sísifo como el de ama de casa», escribió en una ocasión Simone de Beauvoir. Y así es. Si además le hubieras gritado a Sísifo que aquello de hacer rodar la piedra cuesta arriba en realidad no era nada, una tontería, probablemente se habría puesto triste o se habría enfadado, o ambas cosas.

Lo mismo ocurría con las amas de casa. A finales de los años cincuenta, una encuesta internacional reveló que las mujeres del mundo occidental eran muy infelices, y las alemanas las más infelices de todas. Esto sorprendió mucho. Cómo podía ser, lo tenían todo, enaguas, niños monos, un marido, la casa, el jardín delantero y todos esos fantásticos electrodomésticos. ¿Qué más quería una mujer? Nadie escuchaba sus respuestas o las minimizaban como si fueran un problema del lujo. Las mujeres decían que se sentían solas y vacías, tenían la sensación de ser inútiles y de que no existían. En su ensayo *The Feminine Mystique*, Betty Friedan describió cómo las amas de casa estadounidenses de las periferias corrían en masa al psiquiatra porque sentían un malestar difuso, apatía, melancolía y no le encontraban una explicación. También ellas creían tener todo lo que una mujer «normal» podía desear y se avergonzaban de no estar satisfechas con ello. Friedan lo llamó entonces «el problema sin nombre». Su ensayo, ahora controvertido, se convirtió en la piedra angular de la segunda ola del feminismo, que no tardaría en llegar. Otras como las feministas italianas de la campaña «Wages for Housework» del año 1972 planteaban el problema de otra manera: exigían un salario por el trabajo doméstico y decían que las mujeres no estaban esencialmente en contra de realizar los cuidados y las tareas domésticas, alguien tenía que hacerlo, el problema era más bien que la gente actuaba como si estas tareas no fueran trabajo, porque el trabajo se remunera. Así que tenían que pagarles. Si no lo hacían, parecía que estas actividades, los cuidados, no fueran esenciales para la vida social y el progreso económico, como si se pudiera prescindir de ellos. Está claro, o al menos debería estarlo, que, sin las amas de casa, que pasaban la aspiradora por la casa gratis, el tan alabado milagro económico nunca se hubiera producido.

TUPPERWARE

Década de 1950

En la vida de una mujer, según rezaba un anuncio de los años cincuenta de la marca Dr. Oetker, hay dos preguntas: «¿Qué me pongo?» y «¿qué voy a cocinar?». En esta publicidad se veía a una mujer muy joven, como mucho de treinta años, corriendo a la cocina cargada con la compra. Llevaba una falda larga, una melena castaña por la barbilla y muy bien peinada; hacía poco que había conseguido el supuesto objetivo de todas las mujeres: había pescado un marido. ¡Yuju! Pero, como advertía el anuncio, «si alguien cree que ahora la mujer puede dormirse en los laureles, se equivoca de cabo a rabo: a un hombre hay que ganárselo cada día». ¿Sabe cómo? Con un pastel hecho en casa. Porque «el pastel ablanda al hombre, así podrá gastarse tranquilamente 100 marcos más en un vestido nuevo».

Es bien sabido que la vida del ama de casa de los años cincuenta y principios de los sesenta estaba marcada por la monotonía, la melancolía (y a menudo un problema de alcoholismo). Y esto no lo podían cambiar ni Betty Friedan ni el Xanax. Y, a primera vista, podría pensarse que este objeto, el tupperware, no era más que otro clavo en el ataúd de la libertad femenina, otro artículo que ataba a las mujeres a su cocina y que, básicamente, solo servía para responder a la tercera pregunta en la vida de una mujer: «¿Qué hago con las sobras?». Todos conocemos estos objetos de plástico de colores pastel de nuestra infancia. De las cocinas de nuestras abuelas o madres muy ambiciosas que empezaban a cocinar el almuerzo en bata por la mañana después del desayuno. El tupperware era el accesorio del ama de casa y, a bote pronto, no parece clamar por la independencia y la emancipación de la mujer. Y, sin embargo, era lo contrario de la aspiradora, no una máquina de opresión encubierta, sino un elemento emancipador muy discreto. Al menos para las mujeres que en los años cincuenta vivían en la periferia de Estados Unidos.

Rebobinemos brevemente hasta el principio para ponernos en situación. Después de la Segunda Guerra Mundial, Earl Tupper, un fabricante de plástico de Massachusetts, había comprado grandes cantidades de restos plásticos de la guerra y pensó que se le ocurriría algo que hacer con ello. Tras unos meses de pruebas y de experimentos, así fue: el señor

Tupper tenía su primer tupperware en la mano. Un recipiente muy ligero con una tapa que se abría con un *tupperware burp*, como un pequeño eructo, y expulsaba el exceso de aire, todo de plástico color pastel. Tupper patentó su invento, presentó una pequeña colección y la sacó al mercado en 1949 bajo el nombre de Millionaire Line. De joven se había jurado que sería millonario a los treinta; hasta entonces no lo había logrado y tampoco parecía que fuera a cambiar nada en ese sentido. En cuanto al diseño, el tupperware resultaba interesante, moderno, práctico y contemporáneo. A la gente le gustaban las líneas sobrias y los colores frescos, pero, por lo visto, nadie los quería en su cocina. Los recipientes acumulaban polvo en las estanterías de las tiendas hasta que llegó Brownie Wise y convirtió este fracaso en una increíble historia de éxito. Brownie, que al parecer se llamaba como un pastel a causa de sus grandes ojos marrones, era una madre soltera y en su trabajo como vendedora a domicilio de productos para el hogar ya había demostrado que era capaz de vender casi todo. Para Tupper desarrolló su talento innato para el marketing y lo convirtió en un sistema. Todo el mundo conoce las *tupper parties*, esas reuniones en las que las amas de casa se reunían tomando ponche y canapés para que les mostraran y explicaran las ventajas de los tupperwares, beber un poco, charlar y, al final del día, embriagadas por su agradable tarde, volver a casa con una larguísima hoja de pedido de tupperwares o incluso con unos cuantos artículos bajo el brazo. Hoy en día se hace lo mismo con los juguetes sexuales, pero esta idea genial se le ocurrió por primera vez a Brownie Wise para el tupper. Con un éxito enorme.

Wise vendió tantos productos en tan poco tiempo que la producción no podía seguirle el ritmo. El señor Tupper, por su parte, que no era ningún genio de las ventas, pero claramente sabía reconocer a uno: cuando la tuvo delante convirtió a la joven en directora general de las «fiestas caseras» y se dejó convencer por Wise de que podía olvidarse de las tiendas de artículos para el hogar y concentrar toda su energía en estas fiestas. Aquí es donde por fin entra en juego el aspecto emancipador. Brownie Wise no solo se convirtió en una empresaria de tanto éxito que fue la primera mujer en aparecer en la portada de la revista de negocios *Business Week*, sino que también atrajo a muchas otras mujeres. Por todo Estados Unidos, las señoras que antes se sentaban aburridas y deprimidas en sus cocinas se convirtieron en trabajadoras autónomas como organizadoras de fiestas Tupper. Ganaban dinero, más dinero que en la mayoría de los trabajos que podían conseguir, era una tarea que les permitía conciliar bien la vida laboral y familiar y, de este modo, alimentaban una revolución tan tranquila y supuestamente acorde con su papel que casi ningún marido se oponía a ella. Algunos señores incluso dejaron su propio trabajo para sumarse al negocio de sus esposas con los tupperwares. Por la simple razón de que era muy lucrativo. A primera vista, Brownie Wise y sus *tupper ladies* no encarnaban lo que las feministas soñaban. Lo que vendían seguía vinculando a las mujeres a la cocina y a la casa, pero gracias a Wise, que les dio una posición, dinero y, por tanto, un nuevo sentido de la autoestima, pudieron llenar sus viviendas de un nuevo significado. Las mujeres tupperware no tenían que hacerle un pastel a su marido cuando querían comprarse un vestido nuevo, no tenían que ablandarlo ni pedirle nada. Si querían un vestido nuevo, se lo compraban ellas mismas.

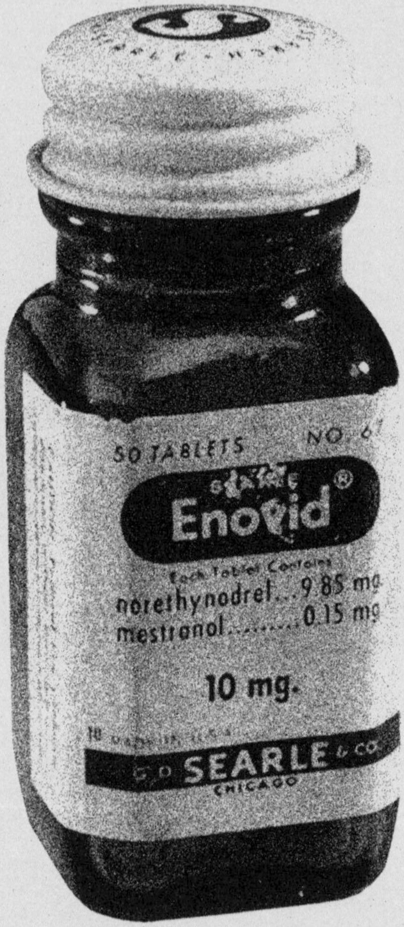
50 TABLETS
Enovid®
norethynodrel....9.85 mg
mestranol..........0.15 mg
10 mg.
SEARLE
CHICAGO

PASTILLA *ANTIBABY* ENOVID

1957

Este objeto, el Enovid, fue el primero de todos los de su especie. La empresa Searle & Company lo lanzó oficialmente al mercado de Estados Unidos el 18 de agosto de 1960. Su historia comienza en dos momentos muy concretos. Por un lado, en 1951, en una cena en Nueva York, en la que la fundadora de Planned Parenthood Margaret Sanger (que, por cierto, también fue modelo para la *Wonder Woman* de William Moulton Marston) preguntó al biólogo Gregory Pincus de forma un tanto abrupta entre el plato principal y el postre: «¿Cuánto cree que costaría desarrollar una píldora anticonceptiva?». Y así dio un empujón a la investigación y al producto final.

Y, por otro, casi cuarenta años antes, en 1914, con la publicación de un folleto de ocho páginas que tenía el bonito nombre de *The Woman Rebel*. Sanger, que ya entonces sabía que, aunque el derecho al voto era importante, las mujeres solo serían realmente libres cuando tuvieran control sobre sus cuerpos, en especial sobre su fertilidad, escribió contra la ignorancia con la que se seguía sometiendo a las jóvenes y abogó por su educación sexual. Se dice que el término *birth control* habría aparecido por primera vez en este folleto rebelde. Por desgracia, solo se publicaron unos pocos números antes de que se proclamara la llamada «Comstock Law», que prohibía difundir información sobre el tema de la contracepción. Cuando, más tarde, Sanger abrió la primera clínica anticonceptiva del mundo en Brooklyn y ya no solo daba consejos a las mujeres, sino que les proporcionaba diafragmas, fue demandada en un proceso escandaloso. En aquella cena de 1951, todo esto debía de parecer muy lejano. Desde hacía algunos años, Planned Parenthood ofrecía asesoramiento a las mujeres en Estados Unidos de manera legal y exitosa. Al año siguiente, la organización extendería el concepto de planificación familiar a escala internacional. No obstante, Sanger siguió soñando con un fármaco anticonceptivo que protegiera de forma fiable a las mujeres de los embarazos no deseados y esa misma tarde embarcó al señor Pincus en la aventura. Él, a su vez, se alió con el ginecólogo John Rock, y así salió al mercado en 1957 el Enovid.

Pero no como pastilla anticonceptiva. El medicamento se vendía en un principio como remedio contra el acné y las molestias menstruales, el aspecto anticonceptivo se presentaba como un efecto secundario. Incluso cuando se admitió por fin abiertamente lo que era la píldora, es decir, una *antibaby* (lo que algunos consideraron una combinación de palabras «grosera y ofensiva»), al principio solo se prescribía a mujeres casadas, y solo a las que ya tenían hijos. Las mujeres no se liberarían con tanta facilidad de su papel «natural», y la píldora no detendría el *baby boom* hasta más tarde, cuando la tasa de natalidad descendió a partir de finales de los años sesenta. A pesar de ello, la revista alemana *Stern* escribió ya entonces, en 1961, cuando llegó a las farmacias de la RFA la primera versión alemana llamada Anovlar, que era «un día histórico». Y lo era. Era una revolución femenina. Tal vez la más importante de la historia. Hasta entonces, las mujeres disponían de pocas opciones si querían mantener relaciones sexuales pero no tener hijos. Podían elegir entre la abstinencia, las esponjas empapadas en heces de cocodrilo que se introducían en la vagina y los amuletos contra el embarazo. Podían lavarse en los mencionados bidets, explicarle al hombre que un condón no era en absoluto «castrante» o un ataque a su masculinidad, y esperar que él también lo viera así. Podían ponerse de cuclillas y estornudar o dejar el problema para más tarde y pagar el breve momento de descuido, en el peor de los casos, con su vida en un aborto ilegal.

Ahora, gracias a esta pequeña píldora, la pasión ya no tenía por qué poner en peligro la propia vida. La sexualidad podía ser algo fácil y despreocupado, sin consecuencias, ya no solo para los hombres, sino también para las mujeres. Por primera vez en la historia de la humanidad, la sexualidad y la fertilidad ya no estaban necesariamente vinculadas y la preocupación por causar efectos irrevocables ya no era omnipresente. Hoy ya no nos lo podemos imaginar, pero el sentimiento de libertad debió de ser abrumador. También porque el cuerpo para las mujeres por fin ya no tenía por qué ser un enemigo. Ya no era algo que, como lo describió la escritora Annie Ernaux, pudiera «frenarte» e impedirte progresar. «Disfrutar del sexo» y «tener ambiciones» ya no eran opuestos. El primer año se vendieron 400.000 botellitas de Enovid en las farmacias, y cuando el precio bajó en 1963, el número de usuarias ascendió a 2,3 millones y siguió aumentando hasta la década del 2000. Para gran disgusto de la Iglesia. Durante siglos se había dicho a la gente, en especial a las mujeres, que el sexo era un pecado que solo debía cometerse si podía dar lugar a un hijo, pero ahora esta botellita echaba por tierra ese duro trabajo de persuasión. En 1968, el entonces papa Pablo VI condenó en la encíclica

Humanae Vitae el control de la natalidad mediante anticonceptivos porque, según dijo, fomentaría las relaciones sexuales extramatrimoniales y contribuiría al «ablandamiento de la disciplina moral». ¿Era así? ¡Seguro! Y ya estaba bien. Al diablo con la disciplina moral, que de todas maneras solo se aplicaba a las mujeres.

Por desgracia, la historia de esta píldora tiene un lado oscuro. Después de que Sanger y su amiga, la bióloga Katharina McCormick, Pincus y Rock hubieran incitado a ocuparse del tema anticonceptivos, los científicos muy pronto llegaron a la conclusión de que había que engañar al organismo haciéndole creer que estaba embarazado para evitar un «nuevo» embarazo, lo que en última instancia condujo a la producción artificial de la hormona del embarazo, la progesterona. Ahora tocaba probarlo en alguien. Y aquí es donde la cosa se puso muy fea. En la década de 1950, en Estados Unidos la gente no quería saber nada de anticoncepción, estaba fuera de lugar abusar de las mujeres estadounidenses como conejos de laboratorio, pero nadie se oponía a hacerlo con la población de otros países. En aquella época, la explosión de la natalidad en el territorio externo de Estados Unidos, Puerto Rico, era un problema tan grave que la esterilización forzada no les parecía descabellada, y las pruebas con la píldora, a su lado, parecían casi inofensivas. Es probable que muchas mujeres se ofrecieran voluntarias porque esperaban evitar así la esterilización, lo que sin duda conseguían; pero no tenían ni idea de a qué se estaban exponiendo. No se las informó de que estaban participando en un estudio, ni tampoco de que cabía esperar efectos secundarios desconocidos. Tres mujeres murieron a causa del producto, que en ese momento contenía dosis muy altas; muchas sufrieron depresión, náuseas y otros «efectos adversos» que más tarde se barrieron debajo de la alfombra. Esto no cambia en nada la importancia de la píldora. Pero nos recuerda que la liberación de las mujeres, por desgracia, muy a menudo tiene lugar a costa de otras mujeres.

BROCHE DE HANNAH ARENDT

Sin fecha

Hace unos años, en la revista estadounidense *The New Yorker* podía leerse una divertida anécdota sobre la filósofa Hannah Arendt y su relación con el feminismo. La autora del texto dio una charla sobre una historia que le había contado su profesora. Fue a principios de los años setenta en Chicago, Arendt enseñaba teoría política en la universidad y dicha profesora era su alumna. Un día, ambas coincidieron en el ascensor y estaban mirando al suelo, calladas, como suele pasar en los ascensores, hasta que Arendt descubrió un pin del Chicago Women's Liberation Union en la chaqueta de su alumna. Al parecer, Arendt señaló el broche, frunció el ceño y proclamó con su acento alemán: «¡Esto no es *serrio*!».

Este broche, un broche de oro, nácar y tres diamantes brillantes, no hace referencia a un movimiento, mucho menos al feminista, por el que la pensadora sentía poco aprecio, sino solo a la propia Arendt. Si se quiere exagerar un poco, podría decirse que es el broche más famoso de la historia de la filosofía femenina. Al parecer, era la pieza favorita de Hannah Arendt, la llevaba puesta el 28 de octubre de 1964 en una de sus apariciones más famosas, en el programa *Zur Person* de Günter Gaus. En YouTube, la grabación de más de una hora se ha visto más de un millón de veces; casi ninguna entrevista con un intelectual tiene una audiencia tan alta. Cuando Arendt llegó al programa, el formato existía desde hacía más de un año. Se le pidió a Willy Brandt que se sentara en el sillón frente a ella, sería la única mujer entrevistada en el programa: «Señora Hannah Arendt, usted es la primera mujer que va a ser retratada en esta serie. La primera mujer, aunque, según la creencia popular, con una ocupación muy masculina. Usted es una filósofa», dijo Gaus, y pasó directamente a su primera pregunta: «¿Siente su papel en el círculo de los filósofos como una peculiaridad, a pesar del reconocimiento y el respeto que se le tributa, o estamos hablando de un problema de emancipación que nunca ha existido para usted de esta manera?».

Quien solo tenga a Arendt en la cabeza como una persona que fumaba mucho, que se dedicaba a reflexionar sobre conceptos complejos como «totalitarismo» y «libertad» y que acuñó el concepto de «banalidad del mal», puede descubrirla aquí como ser humano: irradia una autoridad fabulosa y, al mismo tiempo, posee un encanto irresistible. No es una filósofa, dice, para aclarar de inmediato que su campo es la teoría política. Y sin embargo: «Dice usted que es una ocupación por lo general masculina, bueno, no tiene por qué seguir siendo una ocupación masculina. Una mujer también puede perfectamente ser filósofa». Ella misma sabía a los catorce años que la filosofía sería su terreno, la lectura de Kant le había descubierto entonces lo que quería lograr en la vida: comprender. Comprender a través del pensamiento, comprender a través de la escritura: «Para mí la cuestión era... puedo estudiar filosofía, o puedo tirarme a un río, por así decirlo». Y aunque, como ella misma sabía, estaba «chapada a la antigua» y pensaba que había cosas que no eran necesariamente apropiadas para una mujer, al menos no si una estaba apegada a su «feminidad», como por ejemplo «dar órdenes». Ella misma nunca se preocupó en especial por este decoro: «Yo solo hacía lo que quería hacer, y nunca pensé en el hecho de que normalmente lo hacen hombres y ahora lo hace una mujer. Nunca me he preocupado por este asunto», dice en el estudio. Y todo el tiempo este broche brilla en la solapa de su chaqueta. Aquí se ve a Hannah Arendt como pensadora, pero también como mujer de su tiempo. No solo por este accesorio, sino también por su divertida forma de mirarse las uñas mientras habla, como si estuviera en un salón de manicura. Uno se da cuenta de inmediato de que ella no era en absoluto una de las intelectuales que pensaban que había que borrar u ocultar de alguna manera su feminidad y mostrarse lo más masculina posible para que la tomaran en serio. Sin embargo, también se nota que, a diferencia de Simone de Beauvoir, no era una de aquellas cuya comprensión y reflexión sobre el mundo partía de su ser mujer. Para Arendt, su género era un hecho. No un tema.

Y en cierto modo, esta entrevista, la forma en que aparece en ella, resulta tan significativa precisamente por eso: ella es la única mujer invitada, pero no la entrevistan como tal. No tiene que hablar sobre los «problemas de las mujeres», la emancipación, la igualdad de derechos o la anticoncepción, sino expresar sus pensamientos sobre uno de los temas más importantes, difíciles y complejos de la época: la superación del Holocausto. Arendt estaba allí ese día porque había sido una de las primeras en tratar de entender lo que había sucedido en su antigua patria, Alemania; cómo había podido tener lugar ese genocidio, qué mecanismos habían funcionado. Ella estaba allí porque ese año, el de 1964, el libro *Eichmann en Jerusalén. Un informe sobre la banalidad del mal*, un informe muy controvertido sobre el proceso a Eichmann, apareció en alemán. Cuando esta recopilación de artículos se había publicado anteriormente en la mencionada revista *The New Yorker*, había recibido muchas críticas. Se la había acusado de todo tipo de cosas, algunas quizá con razón, pero a pesar de todo (o quizá justo a causa del debate), fueron sus reflexiones las que realmente pusieron en marcha el debate sobre la Shoah, Auschwitz y las cámaras de gas. En la entrevista con Gaus, habló de lo que sintió cuando se enteró de la existencia de Auschwitz en 1943: «Fue realmente como si se abriera el abismo. Porque la gente, de alguna manera, tenía la idea de que todo lo demás podía compensarse de alguna manera, igual que hay que compensar todo en política. Esto no. Esto no tendría que haber pasado. [...] Ha ocurrido algo que ya no podemos soportar». No puedes aceptarlo, pero puedes intentar comprenderlo. Sus artículos y el debate que suscitaron, como esta entrevista, crearon una base semántica, palabras para hacer de algún modo concebible lo impensable. Para que nunca más fuera posible apartarlo y asfixiarlo en silencio.

VESTIDO MINI

1966

En Washington, en la segunda mitad del siglo XIX, había un dicho. Se decía que la llegada de la primavera se reconocía por dos cosas: el regreso del Congreso a la capital y la bufanda roja de Susan B. Anthony en las calles. El chal rojo era el sello distintivo de esta mujer y también un emblema de la primera ola del movimiento de mujeres. En Inglaterra en la década de 1960, sin embargo, las británicas liberadas tiraron la estola de mujer junto con sus enaguas y los rulos en un rincón y se dieron a conocer con otra prenda: una falda muy corta, la minifalda. Las discusiones sobre quién inventó la pieza que incluía tan poca tela, ya sea el francés André Courrèges o la inglesa Mary Quant, no han cesado hasta el día de hoy. Ambos lanzaron colecciones con faldas y vestidos que terminaban por encima de la rodilla casi al mismo tiempo, ambos sorprendieron y entusiasmaron por igual. Solo que el ejemplar de Quant se hizo más famoso que el look Space Age de Courrège, y su nombre pasó a la historia de la moda como el de la mujer que inventó la minifalda para sus amigas.

Tal vez se debió a que las inglesas, como decía Quant, son las que tienen mejores piernas. Las francesas llevaban la ventaja en todas las demás áreas, tenían un gran busto, una cintura bonita y un buen trasero, pero en lo que respecta a las piernas, las británicas eran imbatibles: «La chica Chelsea tenía las piernas más bellas del mundo», opinaba, y los años sesenta fueron, si se quiere, la década de las piernas. Aunque el pecho, la cintura y los glúteos, esas áreas del cuerpo con las que estrellas como Marilyn Monroe, Sophia Loren y Brigitte Bardot brillaban en la década de 1950, todavía eran bastante importantes, los *swinging sixties* acabaron con la feminidad prominente y con el *sex appeal* en forma de reloj de arena y se entusiasmaron más por las formas andróginas. La nueva modelo que seguir, Lesley Hornby, de solo dieciséis años, llamada Twiggy, era joven, delgada, casi desgarbada y nada femenina. No era misteriosa, sino descarada; no impresionante, sino accesible, alegre, divertida y, sobre todo, muy libre. Perfecta para la minifalda. Porque con una falda así nadie debería pavonearse seriamente. Con una minifalda alrededor de las caderas, había que bailar, saltar, correr, lo que fuera, pero no ser femenina. No, por favor. El mismo año en que Twiggy se convirtió en la primera modelo adolescente de la historia en ser declarada «el rostro de 1966», Quant mostró sus piezas cada vez más cortas en un desfile de moda en París. Las fotografías de entonces muestran una habitación bastante vacía y caras desconcertadas y, durante la cena posterior en el famoso restaurante Maxim's, se cuenta que toda la sala quedó en silencio cuando apareció el grupo de Quant con sus minivestidos. Uno de sus colegas dijo una vez: «Nunca supe si estaban conmocionados, disgustados o impresionados». Si le hubiera preguntado a Coco Chanel, ella le habría dado una respuesta clara: la minifalda es, según Chanel, absolutamente repugnante.

Así se veía tal vez en París, mientras que en Londres la prenda triunfaba. Como también triunfaba Quant. Mientras que los franceses pusieron verde esta actuación por su falta de elegancia y por el «mal gusto» de los británicos, Mary fue galardonada con la Orden del Imperio Británico por la reina ese mismo año. Para recibirla, Mary Quant, entonces de treinta y dos años, llevaba exactamente este vestido, y así se destacaba entre la multitud de damas y caballeros vestidos de negro, corbatas, trajes, sombreros y pieles. Pero nadie dijo nada. Nadie se indignó, quizá porque se sabía que su look era el futuro. Desde que la profesora de arte había abierto su primera tienda, Bazaar, en la calle King de Londres en 1955 y enseguida se dio cuenta de que la ropa que quería vender no existía, había conquistado los corazones del «Chelsea Set» y del movimiento juvenil de la capital con sus prendas de diseño propio. Quant utilizaba materiales nuevos e ignorados como el jersey o el PVC, colores brillantes como el rojo, el amarillo o el violeta, y ofrecía en su tienda no solo ropa, sino un estilo de vida: la música era diferente a la de cualquier otro lugar y su estética también lo era. Terence Conran se hizo cargo de la decoración de su tercera boutique, convirtiéndola en una especie de sala de estar. Se podía pasar por la noche para tomar una copa y charlar, todo era fresco, joven y moderno. Perfecto para los mods, pero también para las mujeres jóvenes que ya no tenían ganas de mostrarse más serias y adultas de lo que eran. Ahora que la mujer, entre otras cosas gracias a la píldora, ya no tenía que esperar el primer hijo a los veinte años, podía ser más joven e irresponsable y vestirse en consecuencia. Más joven, más corta, más deportiva, más llamativa. La minifalda fue la prenda de la revolución sexual.

Por desgracia, la minifalda ha corrido la misma suerte que tantas otras prendas antes y después. Primero dio a las mujeres una nueva libertad, la de sentirse jóvenes y divertirse, pero después la mirada masculina la degradó para convertirla exactamente en lo contrario. En los primeros años, por ejemplo, los periódicos informaban una y otra vez de que un tipo había chocado por detrás al coche que tenía delante, supuestamente porque había visto salir del coche a una mujer en minifalda. «Verá, inspector, en realidad no fue culpa mía: fue de la minifalda». Más tarde, la falda corta se utilizó cada vez más como explicación para el acoso o incluso la violación: «¿Por qué paseas por la noche con una falda tan corta? ¿No lo has provocado tú también un poco?». A principios de la década del 2000, Amnistía Internacional descubrió que más de una cuarta parte de las víctimas de agresiones sexuales eran declaradas cómplices si llevaban minifalda. Solo porque poca tela y mucha piel se equiparan, al parecer, a disponibilidad sexual. No se sabe qué pensaba Mary Quant de este triste giro que se le dio a su invento tan vitalista. Nunca se pronunció al respecto.

ARETHA FRANKLIN
RESPECT
Dr. Feelgood
ATLANTIC

LP *RESPECT* DE ARETHA FRANKLIN

1967

Germaine Greer, la activista y autora feminista de la que Mary McCarthy se burló una vez en una carta a Hannah Arendt diciendo que era una «absurda giganta australiana», se manifestó una vez en una entrevista sobre el tema del feminismo y la música: «Todas las generaciones deberían descubrir a Nina Simone. Ella es la prueba de que el genio femenino existe». Todo movimiento necesita su sonido, como ocurrió con las sufragistas. En los años 1920, las obreras cantaban canciones sobre «pan y rosas» durante sus manifestaciones. En los años sesenta, el Movimiento por los Derechos Civiles y, sobre todo, el Movimiento de las Panteras Negras fueron acompañados por el piano rabioso y la voz furiosa de Nina Simone. En 1964 cantó en *Mississippi Goddam*: «You don't have to live next to me, just give me my equality», y denunció en sus letras al mismo tiempo los asesinatos de activistas afroamericanos por los derechos civiles y la agenda no violenta del movimiento de Martin Luther King.

Simone, de quien Toni Morrison dijo una vez que salvaba la vida de todos, despertó un inmenso espíritu de lucha, en parte porque ella misma tenía muchas ganas de pelea. Aretha Franklin, casi diez años más joven y cuyo perfil podemos ver en la imagen, creó un sentimiento diferente a través de su música: el de comunidad. Al menos así lo describió la activista Angela Davis poco después de la muerte de Franklin: «Antes incluso de que existiera el feminismo negro, ella planteó la cuestión con *Respect* y contribuyó así al impulso de libertad. Aretha fue la encarnación del soul. Su música te hacía sentir que formabas parte de algo más grande». De hecho, a finales de los sesenta, cualquiera que sintiera interés por la libertad y por la igualdad en cualquiera de sus formas, pero también por el soul y los derechos civiles, tenía este disco apoyado en la pared y girando en su tocadiscos. La historia de la canción por sí sola es genial; no la escribió originalmente Franklin, sino Otis Redding. Este la había grabado en 1965 y su versión es la de un marido pasivo-agresivo que le dice a su mujer que puede engañarle cuando él está fuera, pero que, cuando vuelva a casa, le muestre un poco de respeto. «Oí la canción por la radio y me encantó. Quería grabarla yo misma —dijo una vez Aretha en una entrevista—: Mi hermana Carolyn estaba conmigo, estábamos sentadas al piano en mi pequeño piso de Detroit, mirando a la calle, y de repente nos vino a la cabeza la ya famosa frase "Sock it to me", y el resto ahí salió solo». Quizá sea necesario escuchar la canción un momento para recordar lo que quiere decir. Añadió esta expresión que las chicas de su comunidad utilizaban entonces en la calle, cambió algunas otras líneas, agregó «R-E-S-P-EC-T / Find out what it means to me» y convirtió esta canción nada feminista en un himno de la mujer fuerte.

En su versión, no es el hombre quien le dice a su mujer que tiene lo que él necesita, eso ya lo sabe ella: «What you want / Baby' I got it». Tampoco es él quien lleva dinero al hogar, sino ella: «I'm about to give you all my money». Lo que ella quiere no es su permiso para que «la dejen» engañarle, lo que quiere es: respeto. «Just a little bit». Cuando la canción se publicó en 1967 en Atlantic Records, se convirtió rápidamente en un éxito, haciendo a Franklin famosa a escala mundial al instante y empoderando no solo a las demás, sino sobre todo a sí misma; tras cantar en su primer single de éxito *I never loved a man the way I love you* sobre una relación violenta de la que no podía salir —como tantas mujeres (incluida Nina Simone)— porque quería al tipo (o al menos eso creía), a su marido Ted White, ahora cantaba con sus hermanas Carolyn y Erna en los coros sobre lo que toda mujer debería exigir para sí misma: respeto. Al parecer, la cosa también iba un poco de «atención sexual», porque Aretha Franklin a menudo hablaba del poder, del cuerpo y del sexo. Pero eso no era tan importante en esta ocasión. El caso es que la canción se escuchó inicialmente menos como un clamor feminista que como una sucesora de *Mississippi Goddam*: como un himno del Movimiento por los Derechos Civiles y una clara reivindicación del respeto hacia su gente. También era de esperar: Aretha conocía al doctor Martin Luther King desde su infancia, era íntimo amigo de su padre, y desde muy joven le había acompañado a varios actos y había cantado para él. Sin embargo, como dijo una vez, con *Respect* se refería más al «tema hombre-mujer», como contribución al debate de género. Pero lo uno no excluía lo otro.

La canción acompañó al amplio movimiento político, así como al emergente feminismo negro, del mismo modo que Aretha caminó con ambos. Quizá de forma menos explícita que Nina Simone, pero no menos intensa. Cuando Angela Davis fue detenida en 1970, los hijos de la RDA le enviaron postales con rosas, Nina Simone la visitó en prisión con un globo rojo gigante y Aretha sugirió públicamente en una conferencia de prensa que se pagara la fianza de Davis, por muy alta que fuera: «Mi *daddy* dice que no sé lo que estoy haciendo. Y por supuesto que lo respeto, pero mantengo mis convicciones. Angela Davis tiene que ser liberada. Los negros serán libres. Yo misma fui detenida en Detroit por alterar el orden público, y sé que si no consigues la paz, tienes que alterarla». Dos años más tarde, Franklin grabó *Young Gifted and Black*, una canción que Simone había escrito para su amiga, la escritora de teatro Lorraine Hansberry, que había muerto muy joven, y fue aún más lejos que *Respect*. Porque estaba diciendo a la juventud afroamericana: no tenéis que esperar el respeto de los demás, el futuro es vuestro, podéis tomarlo. *You are young, gifted and black / We must begin to tell our young / There's a world waiting for you, you!* Parece lógico y coherente que fuera Franklin quien se subiera al escenario de Washington en 2008 y acompañara con su voz la ceremonia de investidura del primer presidente afroamericano de la historia de Estados Unidos. Unos años después, haría que ese mismo presidente, Barack Obama, cantara *You Make me Feel like a Natural Woman* con lágrimas en los ojos. Pero eso ya es otra historia.

TIJERAS

Década de 1970

En la historia de las mujeres, las tijeras ocupan un lugar especial, al igual que la aguja o el huso. Podría decirse que desde la Antigüedad hasta la segunda mitad del siglo XX estuvieron íntimamente ligadas a la vida de las mujeres, que siempre las tenían a mano. En el siglo XIX victoriano, por ejemplo, la mayoría de las señoras llevaban consigo unas tijeras pequeñas y con bonitos adornos en su *chatelaine*, una especie de cadena de uso múltiple, la navaja suiza femenina. Más tarde, a menudo llevaban las tijeras colgadas del cuello para tenerlas más a mano en caso de que tuvieran que coser, cortar o reparar alguna cosa.

En este sentido, el objeto que nos ocupa no ha sido sinónimo de liberación durante siglos. Hablaba de la domesticidad y de la discreción, de mujeres que actuaban en el trasfondo, a las que nadie veía, pero sin las cuales nada quedaba bien del todo. Esto fue así hasta que, en los años sesenta y, sobre todo, en los setenta, las tijeras empezaron a aparecer cada vez con menos frecuencia en el contexto doméstico y, en cambio, se hicieron mucho más famosas en un ámbito diferente: el arte corporal y escénico. En casi ningún otro movimiento artístico las mujeres habían tenido tanto poder o al menos tanto que decir como en este. Esta disciplina abordaba la cuestión de los roles, de los cuerpos, de quién realmente mira a quién y de qué hace esta mirada con el que se mira, cómo se comporta con él o ella, pero también de lo que la reacción dice sobre quien mira. Las mujeres dieron la vuelta a la tortilla con esta nueva tendencia artística; la mirada masculina había convertido su cuerpo en un objeto, por lo que empezaron a utilizarlo de esta manera. Como lienzo, como material. Lo expusieron, lo ridiculizaron, se hirieron a sí mismas, se dejaron herir por otros, casi anticiparon lo que las amenazaba de forma permanente como mujeres en el espacio público de todas las maneras. Y así perturbaron el orden de los roles. Le arrancaron todas las vestiduras y rompieron con la clásica imagen de la mujer bella, limpia y silenciosa que se sentaba a esperar a que alguien le hiciera algo. Ahora las mujeres hacían algo consigo mismas, a menudo cosas poco agradables. Su cuerpo ya no era el de una musa, sino el de una agente que confrontaba a su público consigo mismo.

Una de las actuaciones más famosas en las que se utilizaron las tijeras tuvo lugar en 1964 en un pequeño teatro de Kioto. Una mujer joven, de treinta y un años, estaba sentada allí en el escenario con un traje negro, delante de ella había una de estas herramientas de corte, el público estaba informado de las reglas: a los espectadores se les permitía subir individualmente y cortar un pedazo de ropa y llevárselo; todo seguiría así hasta que la artista, una tal Yoko Ono, decidiera que había terminado. En las grabaciones de vídeo de entonces puede percibirse que la gente se siente incómoda al principio; se ríen con nerviosismo, cortan trozos pequeños, con suavidad y cuidado. Pero entonces las cosas cobran impulso. La vergüenza cede ante una cierta excitación, los recortes son cada vez más grandes, las risas enmudecen, el público se vuelve más seguro de sí mismo, algunos giran alrededor de Ono, que está sentada y rígida, como si fuera una presa. Al final, un joven obviamente enojado le corta toda la camiseta y los tirantes de su sujetador, de modo que Ono se sienta con el brazo delante del pecho, frágil, visiblemente afectada y a punto de llorar. Parece sentirse atacada, pero aquí ella es víctima y verdugo a la vez. Ha iniciado y dirigido el juego y ha decidido exponerse a él con plena conciencia.

Algo similar, solo que mucho más extremo y con una mayor pérdida de control, sucedió también cuando Marina Abramović, que entonces tenía veintitrés años, diez años más tarde, en 1974, realizó la actuación de seis horas *Rythm 0*. «Hay setenta y dos elementos sobre la mesa, puede usarlos en mí como desee. Yo soy el objeto. Asumo toda la responsabilidad durante este tiempo», decía en la presentación al público. Entre estos objetos, además de agua, vino, pan, rosas, cuchillos, zapatos, esposas, navajas de afeitar, aceite de oliva, uvas y una pistola con una bala, había varias tijeras. Al igual que con Yoko Ono, los visitantes se mostraron amables y vacilantes al principio, entregándole agua y rosas, pero al cabo de muy poco tiempo el ambiente cambió por completo y los participantes casi enloquecieron, como Abramović relató a menudo más tarde. Le cortaron la ropa, le clavaron espinas de rosa en el estómago, un hombre le hizo un corte en el cuello y bebió su sangre, la tumbaron sobre la mesa y le clavaron un cuchillo entre las piernas; alguien incluso cogió un revólver y el galerista tuvo que arrebatarle el arma y casi se llegó a las manos. Cuando la artista por fin volvió a moverse tras seis horas siendo una muñeca e intentó acercarse a la gente, todos huyeron. Huyeron porque no podían soportar su mirada, porque le habían mostrado un lado de sí mismos que tal vez ni siquiera ellos conocían o, al menos, nunca habían mostrado a los demás.

Abramović y Ono abordaron con sus actuaciones, muy diferentes entre sí, mediante tijeras y otros objetos puntiagudos, la forma en que la sociedad trata los cuerpos de las mujeres cuando se les deja hacer, y señalaron el deseo ardiente y subliminal de violencia, que de lo contrario suele ser silenciado. La brasileña Anna Maiolino abordó este silencio en una serie de fotografías en 1974. En ellas, se la veía cortarse la lengua con unas tijeras enormes. Podrían citarse aquí muchos más ejemplos de artistas que o bien utilizaron las tijeras de una forma muy concreta —como Ana Mendieta, quien, por cierto, en 1985 cayó desde el piso 34 de su apartamento en Nueva York en circunstancias desconocidas, con la obra *Transplante de pelo facial* (1972)— o mujeres para las que las tijeras, el corte, tenían lugar de manera metafórica porque, como Hannah Wilke en *S.O.S. - Starification Object Series*, Carolee Schneemann en *Interior Scroll* o la austriaca Valie Export, no llevaban ropa. En 1969, esta última se sentó con las piernas abiertas ante la cámara para *Genital Panic*, con la entrepierna de los vaqueros cortada para que se viera su sexo (peludo). Export describió en una ocasión las tijeras como una expresión de fragilidad y de agresividad en relación con su escultura de tijeras *Doppelgängerin*. Para la artista Louise Bourgeois, era un símbolo de feminidad y un medio de aislarse de todo lo que causa sufrimiento. Una herramienta para liberarse.

But can she type?

PÓSTER DE GOLDA MEIR

c. 1970

Cuando en 1979, pocos días antes de su elección como primera ministra de Gran Bretaña, le preguntaron a Margaret Thatcher en una entrevista cómo determinaría su sexo sus posibilidades de éxito, no se refirió a Isabel I, la reina, o a mujeres británicas poderosas similares, sino a una mujer que también fue descrita como «de hierro» y que marcó la imagen de la mujer de Estado en el siglo xx: la primera ministra de Israel, fallecida el año anterior, Golda Meir. Había liderado su país a través de una de las fases más difíciles de su joven historia, dijo Thatcher. La describió como *marvellous*, una primera ministra fantástica y un modelo que seguir para todas las mujeres que la sucederían. Después de ella, ya no sería un problema para ninguna mujer alcanzar tal posición de poder.

Hoy sabemos que eso no es del todo cierto y, de algún modo, este cartel indica que muchas ya lo sospechaban entonces. Tal vez llegarían al poder algunas como Meir, como Thatcher, como otras en casos aislados, pero ¿cambiaría eso realmente algo para «las mujeres»? ¿No serían más bien consideradas como excepciones y el resto, por muy competentes que fueran, seguirían confinadas a actividades subordinadas? ¿No se acabaría siempre diciendo: «Qué bien que tenga tantos diplomas y tan buenas ideas, pero, dígame, ¿sabe escribir a máquina?»? El póster es obra de una tal Linda B. Miller para la National Organization for Women. Debió de ser enormemente popular en los grupos feministas de la época y circularon varios miles de ejemplares por todo Estados Unidos, sobre todo en las universidades. En él se ve a Golda Meir, entonces una de las mujeres más poderosas del mundo, la tercera jefa de Gobierno de la historia que llegó al poder de forma democrática (después de Sirimavo Bandaranaike e Indira Gandhi) y cofundadora del Estado de Israel. A primera vista, con su bolso aferrado, su collar, su broche y toda su expresión facial, parece más bien una simpática anciana; no en vano, Golda era llamada «la abuela de Israel». Al contrario que muchas otras mujeres poderosas como Thatcher, Meir había conseguido de algún modo no ser vista como un monstruo o como una aparición antinatural, sino despertar simpatía. Al menos hasta la guerra del Yom Kipur, que le costaría el cargo tres años después de la publicación de este cartel. Pero eso entonces todavía no se sabía.

En 1970, según una encuesta, Meir era la mujer más popular en Estados Unidos. No porque fuera la señora simpática que parece en esta foto, sino porque era, ante todo, una política dura con una agenda muy clara.

Por ejemplo, Nixon contó una vez cómo cruzó despreocupadamente las piernas tras una rueda de prensa conjunta, encendió un cigarrillo y dijo: «Entonces ¿qué quería hacer con los aviones que necesita Israel?». Su amarga pelea con Bruno Kreisky es bien conocida; como secretaria de Estado, hizo que John F. Kennedy le garantizara que la relación entre Estados Unidos e Israel sería «muy especial», solo comparable a la que tenía con Inglaterra. «Solo quiero ver una cosa antes de morir: que mi pueblo ya no dependa de la buena voluntad de los demás». El mundo no es necesariamente antisemita, pero se quedaría de brazos cruzados si se atacara a los judíos, como ha demostrado la historia reciente, razón por la cual el pueblo judío necesita su Estado. «Algún día, cuando se escriba la historia, se dirá que hubo una mujer judía que recaudó el dinero que hizo posible la fundación del Estado», dijo en una ocasión David Ben-Gurión, el llamado «padre» de la nación israelí. Se refería a la gira de recaudación de fondos con la que Golda Meir en 1948 había reunido en pocas semanas cincuenta millones de dólares para defender a Israel contra los estados árabes. Cuando Ben-Gurión, el viernes 14 de mayo de 1948, en el Museo de Tel Aviv, en el bulevar Rothschild, leyó la Declaración de Independencia del Estado de Israel y pidió a los veinticinco representantes del Consejo Popular presentes que firmaran el documento fundacional de la nueva nación, Golda era uno de ellos. Se dice que lloró terriblemente cuando puso su nombre en el papel.

Al parecer, a Meir le hizo mucha gracia este póster que la organización de mujeres estadounidenses le envió a Israel. Le complacía ser un modelo que seguir, aunque no le interesara el feminismo. Se dice que cuando la periodista italiana Oriana Fallaci le preguntó una vez por el Women's Movement, Golda respondió irritada: «¿Te refieres a esas locas que queman sus sujetadores y odian a los hombres?». Como tantas mujeres poderosas que habían luchado por llegar a la cima más o menos solas, el movimiento no le servía de nada, aunque admitía que una mujer por lo general tenía que ser el doble de buena que un hombre. Pero, sobre todo, abordó de forma repetida una dificultad aún más íntima de la que rara vez se hablaba en aquella época: siendo madre, aspirar a algo más que la vida que le asigna este papel. A menudo se sentía mal, decía, porque era una de esas mujeres que simplemente «no podían quedarse en casa».

Porque la vida como ama de casa y madre no era suficiente para ella, porque quería formar parte de algo más grande. Hacía falta un «esfuerzo sobrehumano de voluntad» para soportar la «mirada de reproche» de sus hijos y, aun así, salir de casa e ir a trabajar. Y quizá Golda estaba abordando la mayor dificultad en la vida de muchas mujeres; al final, la mayoría de ellas tenían que sobreponerse de algún modo al machismo de los hombres y su deseo de reducirlas a secretarias mecanógrafas. Muchas han librado y siguen librando la batalla más dura contra las voces de su interior: la mala conciencia que les dice que su lugar no está ahí fuera ni en lo más alto.

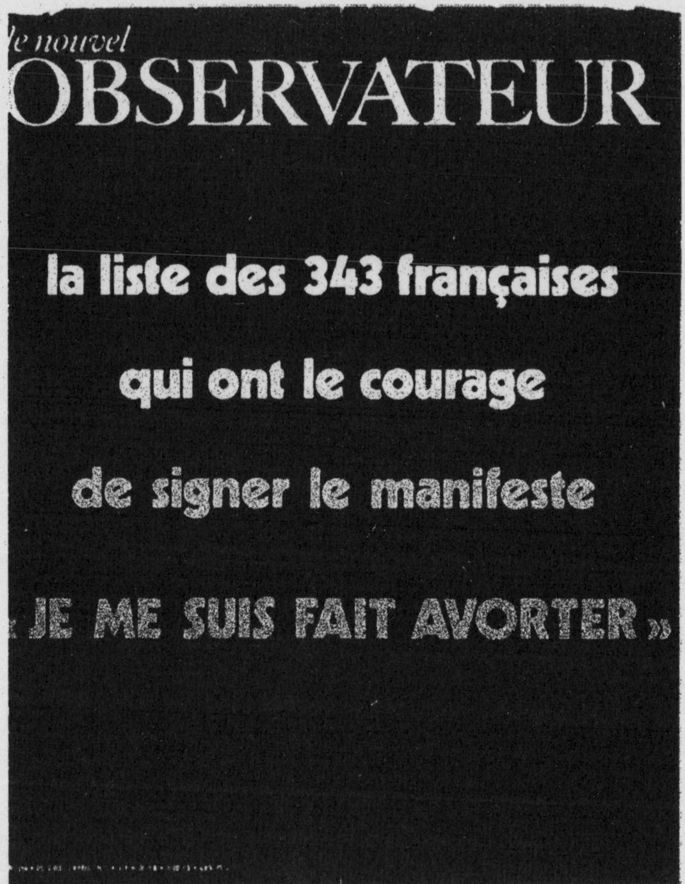

le nouvel

OBSERVATEUR

la liste des 343 françaises

qui ont le courage

de signer le manifeste

« JE ME SUIS FAIT AVORTER »

PORTADA DE LA REVISTA *LE NOUVEL OBSERVATEUR*, «MANIFIESTO DE LAS 343 GUARRAS»

5 de abril de 1971

El 5 de abril de 1971, cualquiera que se parara delante de un quiosco francés debió de poner los ojos como platos. Mientras *Le Monde* informaba con sobriedad de que el crecimiento económico seguía estancado, *Le Nouvel Observateur* gritaba a la gente algo mucho más íntimo: «He abortado». Para ser más exactos, «La lista de 343 mujeres francesas que han tenido el valor de firmar el manifiesto "He abortado"». La lista incluía nombres famosos, como el de las escritoras Françoise Sagan, Marguerite Duras, Violette Leduc, Monique Wittig, las actrices Catherine Deneuve, Jeanne Moreau, Bulle Ogier, Delphine Seyrig, Anne Wiazemsky; la directora de cine Agnès Varda y su colega directora de teatro Ariane Mnouchkine; la filósofa Simone de Beauvoir y su hermana Hélène; la abogada Gisèle Halimi, la cantante Brigitte Fontaine y muchas otras. Allí se leían los nombres de mujeres destacadas, pero tal vez era posible descubrir entre las 343 francesas también a su vecina, a la profesora de sus hijos, a la secretaria de su marido, a su compañera de trabajo, a su panadera o a su señora de la limpieza. Porque, como Halimi dijo en una entrevista de la época: «Todas las mujeres abortan. También las mujeres de los diputados y las amantes de los ministros. Todas. Solo que nadie lo dice, por eso lo decimos nosotras ahora».

Las palabras que dejaron por escrito en *Le Nouvel Observateur* fueron redactadas por Simone de Beauvoir por encargo de la revista y del grupo feminista Mouvement de Libération des Femmes, o MLF para abreviar. El texto rezaba: «En Francia abortan un millón de mujeres cada año. Lo hacen en condiciones peligrosas porque están condenadas al secreto, aunque este procedimiento es muy sencillo si se lleva a cabo bajo supervisión médica. Se guarda silencio sobre estos millones de mujeres. Aquí declaro que yo soy una de ellas. Declaro que he abortado. Igual que exigimos el libre acceso a los anticonceptivos, también exigimos el aborto libre». El manifiesto exigía, un poco como el #MeToo hoy en día, que se acabara el mirar hacia otro lado; este problema, según las firmantes, no afecta solo a un par de casos aislados, sino a toda la sociedad. Era una forma de poner este tema, que hasta entonces las mujeres habían hablado en voz baja, en la mesa del desayuno de los hogares de clase media y decir: ¡Basta de hipocresía! El asunto no puede seguir ignorándose, estamos en el año 1971, el Estado debe hacer algo. Ya no era aceptable que las afectadas abortaran por su cuenta con agujas de tejer, perchas o, como se hacía en la República Democrática Alemana, con lavadoras sónicas Bosch, arriesgando su vida por ello. Decirlo era una muestra de valentía. No solo porque estas mujeres arriesgaban su reputación, y en el caso de las artistas, su popularidad y por tanto su puesto de trabajo, sino también porque podían ser procesadas. Lo que admitían haber hecho era ilegal en Francia, Alemania Occidental y muchos otros países occidentales y se castigaba con multas o incluso penas de cárcel. En 1943, se había ejecutado a la última mujer por participar en un aborto.

Pero ¿qué eran estos castigos al lado del miedo, de la impotencia y de la soledad de una situación así? ¿Qué era el dinero o una denuncia policial comparados con los peligros de un aborto ilegal o con el trastorno que un hijo no deseado causaba en la vida de una joven? Cuando la escritora Annie Ernaux se quedó embarazada de forma involuntaria en 1963, fue como si su cuerpo le dijera: este es el final, no llegarás más lejos a pesar de tus esfuerzos. En *El suceso*, describe su traumático aborto, durante el cual casi muere desangrada, y la horrible sensación de estar a merced de su cuerpo. Esto es exactamente lo que quería atajar el manifiesto: «Nuestro vientre nos pertenece», escribieron las mujeres del MLF unas páginas después de la lista en cuestión, e hicieron del lema «Un hijo si yo quiero, cuando yo quiera», una consigna que pronto resonó por las calles de París y de Berlín. Dos meses después del número de *Le Nouvel Observateur*, salió la revista alemana *Der Stern*, iniciada por Alice Schwarzer, el 6 de junio de 1971 con el título «¡Hemos abortado!», y enumeraba los nombres de 374 mujeres: Romy Schneider, Senta Berger, Veruschka von Lehndorff y muchas otras. También ellas afirmaban haber infringido el artículo 218 del Código Penal y pedían que se levantara la prohibición del aborto.

Pocos números de revista han tenido tanta influencia en la vida de las mujeres como estos. En Francia, el derecho a la autodeterminación corporal solo entró en la agenda política como consecuencia de él: tres años después del llamado «Manifiesto de las 343 guarras», el 26 de noviembre de 1974, la entonces ministra de Sanidad, Simone Veil, presentó ante la Assemblée Nationale su proyecto de ley del aborto. Habló ante un público casi exclusivamente masculino, lo que lamentó nada más comenzar su intervención, y explicó a los caballeros: «Ninguna mujer se decide por un aborto a la ligera, siempre es una tragedia personal», pero no se puede seguir ignorando a las cien mil mujeres que cada año son mutiladas por abortos ilegales. Veil, superviviente de Auschwitz, fue acusada de querer meter fetos en «cámaras de gas» y la entrada de su casa apareció pintada con esvásticas. Pero no se dejó intimidar. Impulsó su ley, la llamada Loi Veil, que establece que el aborto es legal en Francia hasta la duodécima semana. En Alemania, la ley se modificó en este sentido ese mismo año, aunque el artículo 218 aún no se ha derogado. El aborto sigue siendo en teoría ilegal y solo se «tolera» previo asesoramiento hasta la duodécima semana de embarazo.

Más de cincuenta años después de que el manifiesto sacudiera la sociedad, el derecho al aborto sigue sin estar garantizado y se cuestiona de vez en cuando, sobre todo en tiempos de crisis. En Polonia, la ya restrictiva ley del aborto se endureció hace unos años hasta tal punto que equivale a una prohibición; en Texas y en Oklahoma, vuelve a estar en vigor desde hace algún tiempo la medieval «ley del latido del corazón», que establece que solo es posible abortar hasta que comienza el latido del corazón del feto, es decir, normalmente antes de que la mujer sepa que está embarazada. En 2022, el Tribunal Supremo de Estados Unidos anuló la sentencia de 1973 «Roe contra Wade», que garantizaba a toda mujer el derecho constitucional al aborto. Por otra parte, el aborto solo se ha legalizado hace poco tiempo en lugares como la católica Irlanda y en Argentina. Como dijo Alice Schwarzer con motivo del cincuentenario del manifiesto: «Ayer como hoy, la batalla por la emancipación se libra en nuestro propio cuerpo».

DEEP THROAT
STARRING
LINDA LOVELACE
HARRY REEMS
DIRECTED BY
GERARD DAMIANO
RATED X
DEEP THROAT

CINTA DE VHS *DEEP THROAT*

1972

Quizá esta película, la mítica cinta porno *Deep Throat* de 1972, es la culpable de que muchos hombres sigan sin saber exactamente dónde se encuentra el clítoris de su pareja y, ante la duda, asuman que quizá está en algún lugar de su garganta. Porque eso es justo lo que sugieren la mayoría de las películas porno. Allí, la felación, la mamada o, en algunos casos, la «garganta profunda», bautizada así por este clásico, es el alfa y el omega de todo encuentro sexual, el principio y el fin de la acción. Se puede (según estas películas) omitir casi todo: *cunnilingus*, besos, penetración, incluso tocarse, pero las mamadas son imprescindibles. No porque al hombre le guste, no, resulta que la mujer también se corre así.

Eso no es del todo incorrecto, pero en realidad tampoco es correcto. Es de suponer que esta afirmación se remonta a esta cinta, supuestamente la película más lucrativa de todos los tiempos (costó veinticinco mil dólares y facturó seiscientos millones, *Titanic* tiene que aceptarlo). Después de todo, anunció el triunfo de la felación e incluso dio nombre a la práctica de empujar el pene tan profundamente en la garganta de la mujer que ella grita su nombre: «garganta profunda». La trama es sencilla: Linda Lovelace, una joven de aspecto poco espectacular para los estándares del porno de la época, tiene un problema, le gusta el sexo; podría, como ella dice, «follar toda la vida», solo que nunca ha tenido un orgasmo, al menos no uno que «haga sonar campanas, romper presas, explotar bombas». La señora Lovelace no quiere conformarse con menos y sufre mucho por ello. Incluso cuando su amiga Helen organiza una orgía para que Linda descubra lo que le gusta, no siente más que un cosquilleo durante todo el sexo. «No puede ser», piensa, y busca a un médico, a un tal doctor Young. El hombre la examina, le pregunta por posibles traumas que hayan podido arruinar su deseo sexual, le pregunta dónde siente la excitación y, al final, hace un descubrimiento increíble: ¡el clítoris de Lovelace no está entre sus piernas, sino en su garganta! La solución es entonces obvia: para lograr el orgasmo solo tiene que «profundizar en la garganta» adecuadamente y encontrar al hombre que pueda alcanzar con su miembro su clítoris oculto en la garganta. Por fin lo hace y oye el ansiado «repique de campanas, rotura de presas, explosión de bombas». ¡El *happy end* de toda peli porno!

Si crees que suena más a comedia que a porno duro, no vas por mal camino; a diferencia de lo que ocurre en la mayoría del porno contemporáneo, con esta película no puedes parar de reírte. Por ejemplo, cuando Helen le pregunta al hombre con la cabeza entre las piernas: «¿Te importa si fumo mientras comes?». O cuando Lovelace le dice al risueño doctor Young: «¿Cómo te sentirías si tuvieras las pelotas en las orejas?». Y él responde: «¡Entonces oiría cómo me corro!». Y quizá fue precisamente esta ligereza la que contribuyó a que la felación se convirtiera de repente en un fenómeno cultural socialmente aceptado a principios de los años setenta. Cualquiera que quisiera participar en una conversación en Estados Unidos en 1972, tenía que ver la película de casi una hora en un cine porno. Junto con el asunto Watergate, que estalló casi al mismo tiempo, fue el principal tema de conversación de todos los estadounidenses informados; incluso un periódico serio como *The New York Times* reseñó el fenómeno bajo el título «Porn Chic». En las filas de los cines te encontrabas con pocos tipos sórdidos con gabardinas brillantes y muchas señoras mayores, estudiantes, estrellas de cine, políticos, presentadores de televisión, incluso Jackie Kennedy fue vista saliendo de una proyección de *Deep Throat*. «El sexo estaba saliendo del armario», dijo una vez la escritora Erica Jong. La película formó parte de la revolución sexual, un símbolo de liberación, no solo para los hombres, sino también para las mujeres. Al fin y al cabo, Lovelace estaba aquí en busca de su propio placer; al fin y al cabo, ya entonces se mencionaba el significado del clítoris, que se olvidó durante mucho tiempo después; al fin y al cabo, la película decía que las mujeres pueden tener un sexo trascendentalmente bueno y no deberían conformarse con menos. Pero también decía que la clave está donde más conviene a los hombres: en el fondo de la garganta.

En aquella época, el Estado emprendió acciones legales contra la película y una parte conservadora de la sociedad se echó a la calle. Pero no fueron los únicos. Feministas como Catharine MacKinnon, Gloria Steinem y el grupo Women Against Pornography también vieron *Deep Throat* y la ola de entusiasmo pornográfico que la siguió como una amenaza para las mujeres. Sobre todo porque el cine porno que siguió a *Deep Throat* se volvió más extremo y más barato, lo que se debió en parte a la invención del videocasete VHS poco después, es decir, de este objeto que mostramos aquí. A partir de entonces, la gente ya no veía las «películas sucias» junto a otros en el cine, sino sola en casa, lejos de cualquier censura, donde se podía mostrar lo que a uno le diera la gana. Cuanto más duro, mejor. Se dice que, sin el porno, este medio, el videocasete, podría no haber llegado a ponerse de moda; al menos la mitad de las cintas VHS vendidas en los años setenta y ochenta mostraban contenido pornográfico. Incluso antes de *Deep Throat* y de la oleada del porno VHS, se hablaba de pornografía de vez en cuando; Susan Sontag, por ejemplo, escribió un ensayo sobre ella en los años sesenta, pero no fue hasta el éxito rotundo de esta película que se convirtió en un tema sociopolítico y, sobre todo, en un asunto feminista que había que tomarse en serio. La cuestión de hasta qué punto las mujeres son siempre víctimas en el porno y el impacto de esta imagen en la sexualidad cotidiana, así como la de si se permite o no a las feministas disfrutar de cierto grado de subyugación, siguen siendo objeto de acalorados debates hasta el día de hoy. Existen múltiples respuestas al respecto. Sasha Grey, por ejemplo, una estrella del porno de los años 2000 que se caracterizaba por sus actuaciones de garganta profunda y sexo en grupo, veía el porno *hardcore* como una forma de autoempoderamiento. Las autoras prosexo como la francesa Virginie Despentes opinan algo parecido. Linda Lovelace, por su parte, que tanta influencia tuvo en el género, declaró pocos años después de su éxito, junto a activistas como Steinem, que la habían obligado a todo esto, que la película no era más que una larga violación. Más tarde volvió al porno y reveló que las feministas la habían manipulado y forzado a hacer esa declaración. Con independencia de lo que uno piense al respecto, de si se prefiere el «porno feminista» de Erika Lust, nada de porno o las versiones más duras, una verdad básica debería quedar clara para el mundo fuera de la burbuja del porno, y es que el clítoris de una mujer no se encuentra en su garganta.

VITRUM

1977

En octubre de 1937, *The New England Journal of Medicine* anunció: «Concepción en la placa de Petri: *Un mundo feliz* de Aldous Huxley podría estar cerca». En ese momento, dos investigadores habían fecundado los óvulos de un conejo *in vitro*, habían reintroducido los embriones y, por lo tanto, habían iniciado un embarazo. Si lo que se había probado con éxito en un mamífero pudiera transferirse a los humanos, es decir, a la mujer, pronto podrían crearse embriones fuera del cuerpo femenino, según la revista. Cuarenta años y muchos intentos fallidos de investigación después, esta predicción que entonces sonaba a ciencia ficción se hizo realidad: el 25 de julio de 1978 a las 23.47, bajo la supervisión de los dos pioneros de la medicina reproductiva, Robert Edwards y Patrick Steptoe, nació el primer bebé *in vitro* del mundo en Manchester, Inglaterra. Se llamaba Louise Joy Brown, pesaba 2,6 kilos y, según cuenta la leyenda, tenía los dedos manchados de tinta negra cuando se la entregaron a su madre, debido a que los médicos le habían tomado las huellas dactilares nada más nacer para investigar este milagro.

Al igual que en los años treinta, en los años setenta se consultaba a Aldous Huxley. *The New York Times*, por ejemplo, escribió que, aunque aún no se había llegado a las granjas humanas de la distopía de Huxley, no se hallaban muy lejos de ella, y que desde la invención del arma nuclear pocos avances científicos habían dividido tanto las opiniones como el nacimiento del primer bebé probeta. Y así era. Algunos lo veían como una especie de realización del *Frankenstein* de Mary Shelley, otros, como el *Times*, lo consideraban el «nacimiento más esperado de los últimos 2000 años», un segundo Jesús, solo que esta vez era una mujer. Para el gran rabino de Israel era «inmoral»; para los clérigos islámicos estaba perfectamente bien, después de todo, los padres estaban casados. El Vaticano, que se suponía que debía aprobar aquella «inmaculada concepción», no estaba de acuerdo en absoluto, porque este proceso reemplazaba la «unión natural del hombre y la mujer». Para las parejas que, como una vez los Brown, habían intentado en vano durante años tener un hijo «por la vía natural», era ante todo un rayo de esperanza. Louise Brown les parecía, como lo tituló entonces el *Evening News*, una «superbebé», una superheroína en versión bebé. Su fuerza sobrehumana consistía en redefinir la procreación y sus injustas reglas, pero también en anunciar el posible fin del miedo a la infertilidad. A menudo se olvida —porque el tema de la anticoncepción fue muy importante en la historia de la emancipación—, pero ser estéril fue para las mujeres durante siglos casi tan malo como quedarse embarazadas de forma involuntaria; en épocas anteriores, era absolutamente legítimo que un hombre repudiara a su esposa si esta no podía «darle» un hijo, y cuando las parejas no tenían hijos, el problema siempre se achacaba primero a la mujer. En el peor de los casos, se le negaba la feminidad y, por lo tanto, su razón de ser: ¿qué era una mujer que no podía ser madre? El tema comportaba mucha vergüenza y dolor, por lo que el nacimiento de Louise Brown prometía el comienzo de una nueva era. Para hombres y mujeres.

Este avance tan increíble tuvo su origen en un recipiente insignificante. Parece un tarro de mermelada, podría estar en el armario de tu casa, pero en realidad este *vitrum* es donde el óvulo de la madre de Brown se fusionó con el semen de su padre. La probeta en la que se desarrolló el embrión que poco después (junto con otros dos) se introdujo en el útero de Lesley Brown y que, si adelantamos a cámara rápida, salió de su vientre nueve meses después como Louise. Ya de adulta, se fotografiaba a menudo a Brown con este recipiente de vidrio en la mano o inclinada junto a él, como en una foto de familia. Cuando la primera bebé probeta del mundo cumplió treinta años, ya no solo aparecía el frasco en la foto, sino también Robert Edwards, el médico al que debe su vida (por desgracia, Steptoe ya había fallecido), como parte de una nueva forma de familia en la que la reproducción es un trabajo en equipo, entre los óvulos, el semen, las probetas y los médicos, y se redefinen los conceptos de «familia» y «origen». En sentido figurado, Edwards y Steptoe son los padres de más de cuatro millones de bebés, se dijo cuando Edwards recibió el Premio Nobel de Medicina en nombre de ambos en 2010.

Su gran avance en la investigación había cumplido el sueño de muchas personas, pero, por supuesto, también planteaba preguntas bioéticas. ¿Qué se hace con los embriones que no se utilizan? ¿Puede experimentarse con ellos? Y si es así, ¿por cuánto tiempo? Las respuestas a estas y a otras preguntas similares se debaten y analizan constantemente, y nuestra relación con ellas cambia con el tiempo. Hoy ya no resulta emocionante ni problemático para nadie que se puedan producir embriones en placas de Petri y cada día se fecundan nuevos óvulos en frascos como este, con el esperma de la pareja o de un donante. Y, allí donde está permitido, los utilizan madres de alquiler para que las personas sin útero también puedan tener un hijo. En China, los investigadores están trabajando incluso en el cultivo de un bebé en el útero artificial de un robot inteligente. Suena descabellado, pero es bastante interesante en relación con el concepto de «mujer»; el hecho de que los hombres puedan ser tan buenas «madres» como las mujeres ya está, esperemos, más o menos establecido, pero ¿qué significa que el cuerpo femenino, que sigue siendo necesario, ya no tenga que ser obligatoriamente «el origen del mundo»? Cuando la reproducción, que tanto ha caracterizado la visión de la mujer durante tanto tiempo, deje de estar ligada a ella, ¿será entonces libre, al fin? En los noventa, en películas como la disparatada *Junior*, la gente soñaba con implantar las células generadas en una probeta en el cuerpo de los hombres (en este caso, Arnold Schwarzenegger) y que fueran ellos quienes gestaran a los bebés, y surgía la pregunta: ¿Sería todo diferente entonces? ¿Se invertiría la distribución de los roles? Lo cierto es que Louise Brown y su probeta han hecho posibles nuevas formas de familia. Al contrario de lo que vaticinaban las numerosas advertencias, nuestra moral y nuestra humanidad no se han resentido por ello, al revés; la posibilidad de fecundar en un frasco ha hecho la vida más bonita para muchos.

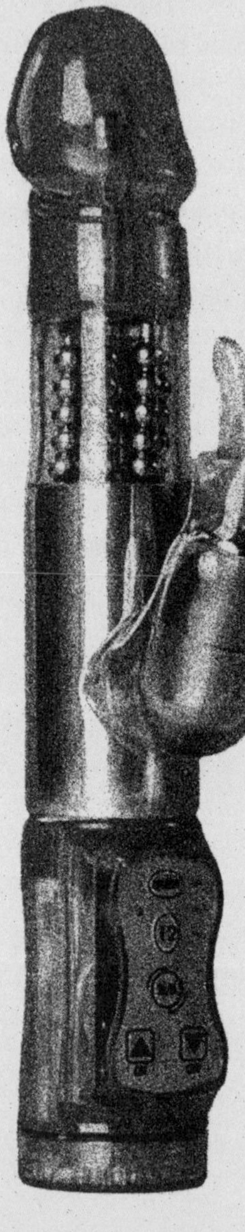

THE RABBIT PEARL

1984

Este objeto tan mono también les ha alegrado la vida a muchas mujeres, pero de una forma completamente distinta. Se trata del Rabbit Pearl, quizá el juguete sexual más famoso de todos los tiempos. Su marcha triunfal comenzó en 1998, más de una década después de su invención. Cuando los productores de la exitosa serie *Sex and the City* llamaron al fabricante Vibratex para preguntarle si podían usar el Rabbit en el programa (con buen gusto, por supuesto), Shay Martin, que solo tenía una idea muy vaga de lo que se trataba en *SATC*, simplemente dijo que sí, sellando así el destino del juguete. En el episodio «The Turtle and the Hare», Miranda le cuenta a su amiga Charlotte las bondades de su Rabbit, tras lo cual ella va a un *sex shop* y se hace con uno. Entonces Charlotte se vuelve adicta a él y se niega a salir de su apartamento durante días. Está acostada en la cama con su juguete, los orgasmos son tan buenos que no puede hacer otra cosa hasta que sus amigas intervienen y le quitan el aparato rosa.

No es de extrañar que después todas quisieran tener un Rabbit Pearl, esta maravilla con dos cabezas y una bola de perlas giratoria. Se dice que las ventas del producto, que hasta entonces gozaba de un éxito moderado, se dispararon al día siguiente. Al parecer se vendieron a millones y se copiaron una docena de versiones diferentes; estrellas como Eva Longoria dijeron en entrevistas que regalarían un Rabbit Pearl a todas sus amigas, e incluso Oprah Winfrey bautizó al conejo como el «Rolls-Royce de los juguetes sexuales». Pero tanta atención no solo fue buena para Vibratex, sino que también hizo que la masturbación femenina dejara por fin de ser tabú. Las mujeres podían admitir que se daban placer a sí mismas con juguetes sexuales sin sentirse extrañas o incluso enfermas. ¿Por qué iban a hacerlo? Entre otras cosas, porque un mito muy común entonces y ahora afirmaba que existe una conexión directa entre la invención de los juguetes sexuales eléctricos, es decir, los vibradores, y la histeria femenina, es decir, una enfermedad. Según esta historia, los primeros ejemplares, que, a diferencia del Rabbit, no eran bonitos, sino que tenían un aspecto espantoso, como un cruce de secador de pelo, taladro y batidora, los habían inventado unos médicos a finales del siglo XIX. En ese momento, de acuerdo a la leyenda, los neurólogos habían curado a sus pacientes a través de los orgasmos, solo que en algún momento ya no tenían ganas o sencillamente no les quedaban fuerzas para complacer a las damas a mano y, por lo tanto, diseñaron un aparato accionado con electricidad: un masajeador del clítoris. La historia es buena, se han hecho varias películas al respecto, pero al parecer es en gran parte ficticia. Al menos eso es lo que afirma la historiadora de juguetes sexuales Hallie Lieberman.

Lo que sí es cierto es que los primeros vibradores no estaban definidos como tales, sino como aparatos de masaje diseñados para resolver todo tipo de problemas de salud: dolor abdominal, dolores de cabeza, tensión muscular, etc. Podían usarse para calmar a un bebé o en la peluquería para masajear la cabeza, pero nadie habló del sexo y de la masturbación durante mucho tiempo. Desde luego, no de la femenina. El aspecto de estos aparatos tampoco parecía indicar que una debiera (o quisiera) colocárselo cerca de los genitales. Se asemejaban a una herramienta, a una pequeña lijadora, tenían varios accesorios que podían encargarse, en su mayoría placas de plástico planas que, si una insistía lo suficiente, podían servir para la estimulación del clítoris. Hasta que a unos diseñadores se les ocurrió que las mujeres necesitaban algo un poco más fálico para masturbarse. O, mejor dicho, que tuviera el mismo aspecto que un pene. Con venas, glande rosa pálido y todo lo demás. Parece ser que muchos de estos fabricantes de juguetes simplemente se miraban ahí abajo y pensaban: así es exactamente como debe ser, de lo contrario, ¿cómo puede correrse una mujer? En ese momento —estamos hablando de la década de 1960 a 1970—, quizá estaban tan centrados en el aspecto realista que perdieron de vista la calidad de las piezas. Y, de paso, ahuyentaron al público feminista: la violencia es masculina y el pene es masculino, algo así decía un grito de guerra; era impensable, como feminista, admitir en voz alta que una luchaba contra el patriarcado durante el día, mientras que por la noche le gustaba divertirse con un falo de plástico perfectamente formado. Los consoladores y los juguetes sexuales eran antifeministas, un caballo de Troya del patriarcado. Hasta que un tal Gosnell Duncan llegó y marcó el comienzo de una nueva era. Hay que celebrar la contribución de este hombre, sobre todo porque su historia comienza de una forma trágica. Después de que un accidente lo dejara paralizado del ombligo para abajo a los treinta y siete años, pero no queriendo imponer una vida carente de placer a su mujer, empezó a aficionarse a los juguetes sexuales y es probable que se horrorizase al descubrir de qué material barato e higiénicamente cuestionable estaban hechos la mayoría de aquellos artilugios. Para contrarrestarlo, inventó nada menos que el consolador de silicona.

Cuando presentó su descubrimiento en el único *sex shop* feminista de Nueva York, llamado Eve's Garden, se cuenta que el propietario Dell Williams dijo: «De acuerdo, probémoslo, pero basta de esta basura realista, las mujeres no quieren penes de formas exactas en color carne, quieren algo que funcione». Así que el primer «consolador feminista» de silicona, llamado Venus, se parecía menos a un pene y más a un dedo curvado. Las versiones posteriores ya no venían en beis y marrón (Duncan era del Caribe y no entendía por qué los penes solo debían ser blancos), sino en rosa, verde y azul. En cierto modo, Williams y Duncan allanaron el camino para la invención del Rabbit Pearl y, por tanto, para la lenta eliminación del tabú de la masturbación y el placer femeninos. Por cierto, la elección de un conejo, que debía hacer cosquillas en el clítoris con sus orejas, no se basa en la suposición de que a las mujeres les gusten las cosas monas durante el sexo (aunque Charlotte gritara en la serie: «¡Oh it's so cute!»). Esta apariencia era una estratagema para burlar a la policía moral del lugar de producción en Japón. Porque por aquel entonces allí la norma permitía fabricar vibradores, sí, pero no con una forma tan obviamente fálica.

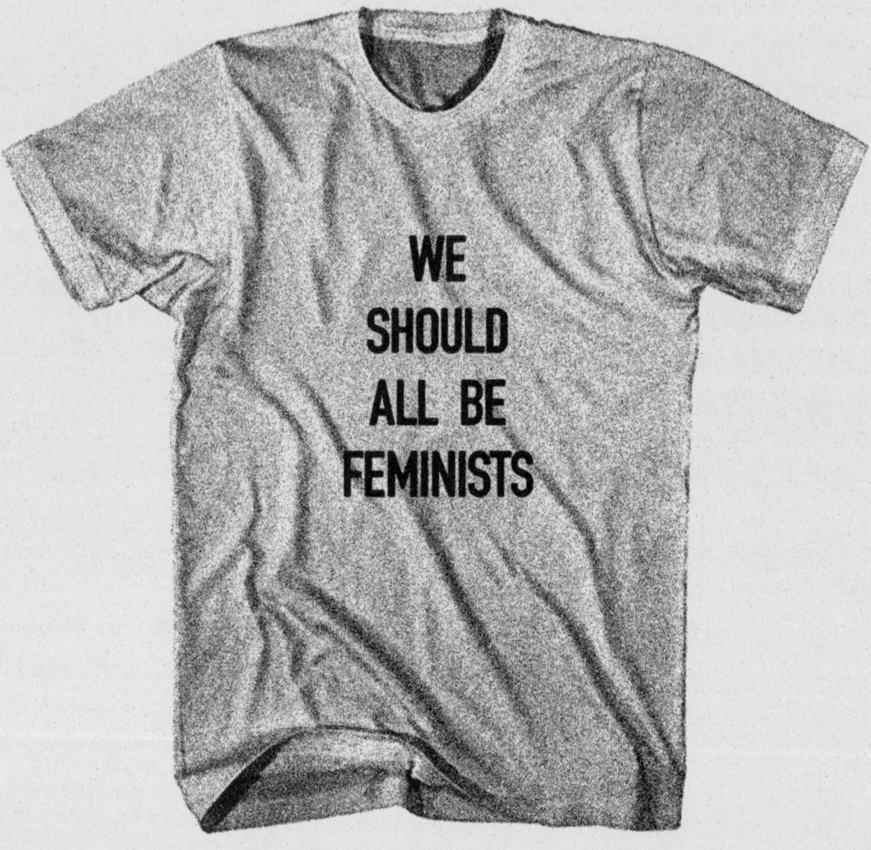
WE
SHOULD
ALL BE
FEMINISTS

CAMISETA DIOR «WE SHOULD ALL BE FEMINISTS»

2016

Si las de 1960 y 1970 fueron las décadas de la segunda ola del feminismo, y la de 1980 cuando las demandas se introdujeron y consolidaron en la vida cotidiana, entonces 1990 fue la década en la que, como después de cada revolución, la gente se preguntaba: ¿Realmente ha mejorado algo? O, mejor dicho, quienes se lo preguntaban eran los medios. Las revistas y periódicos de la época afirmaban que las mujeres tenían ahora todo lo que antes deseaban, derecho al voto, sexualidad libre, la píldora, el aborto, la oportunidad de desarrollar su carrera, igual que un hombre, el único problema era que el famoso *have it all* no las hacía para nada felices. Más bien al contrario. Estaban estresadas, deprimidas, con sobrecarga de trabajo y agobiadas, su vida amorosa era un verdadero desastre o directamente inexistente. Había una «falta de hombres» y una «crisis de fertilidad», se sentían solas y encima habían subordinado, o incluso sacrificado, lo más hermoso en la vida de una mujer, la maternidad, todos esos bebés tan monos, a su carrera. Qué tristeza.

Como mujer a finales de los ochenta y principios de los noventa, probablemente no podías pasar por delante de un quiosco de periódicos sin que una, dos o tres portadas se mofaran de ti: ¿Cómo te va con la libertad? No tan bien como esperabas, ¿verdad? La autora estadounidense Susan Faludi analizó este extraño acontecer en *Backlash* juzgándolo como un intento bastante perverso de culpar al movimiento feminista de todo lo que podía ir mal en la vida de las mujeres y de estereotipar a la feminista hasta convertirla en una figura temible. Posiblemente para animar a las mujeres a no exigir aún más. Y por espeluznante que pueda parecer desde la perspectiva actual, esta labor de sugestión debió de funcionar bastante bien. Cuando terminó la década de 1990 y con ella el siglo XX, muy prolífico desde el punto de vista de los derechos de la mujer, se representaban obras de teatro como *Los monólogos de la vagina*, las canciones pop cantaban sobre el nuevo *girl power* y se aplaudía a personajes neuróticos como Ally McBeal y Bridget Jones como el nuevo ideal femenino de imperfección, pero nadie quería saber nada más sobre el feminismo. ¿Yo, feminista? ¡Uy, no! «Feminista» sonaba a chica dura y peluda, a gritona, exigente y nada más. Antipática, como alguien que arruina todas las fiestas porque no sabe cuándo dejar algo correr. Alguien que no ve que lo tiene todo y que puede tenerlo todo si hace un «pequeño» esfuerzo y aguanta un «poquitito», y que de verdad tiene que dejar de quejarse de los «techos de cristal», las «brechas salariales de género» y las cuatro cosillas que le toca fregar. Sonaba a que odiaba a los hombres, llevaba ropa fea, mal corte de pelo, uñas sucias, trabajos poco guais y es probable que nada de sexo. O al menos no del bueno. Estaba demasiado «tensa» para eso.

Esta imagen de la feminista como arquetipo de una época pasada, que se desechó para tranquilidad de todos y se sustituyó por la mucho más amable del *girl power* o simplemente una versión más conciliadora de la mujer (independiente, pero también poco exigente), ha persistido durante mucho tiempo. Incluso demasiado. Todavía en la década de 2010, según un estudio inglés, más de la mitad de las personas encuestadas reconocía que la igualdad (en contra de lo que se venía afirmando desde la década de 1990) aún no existía de verdad, pero nadie quería llamarse «feminista». La palabra y todo lo asociado a ella sonaba indeciblemente poco glamurosa y poco sexy hasta que la casa de moda francesa Dior convirtió el término en una declaración «moderna» con esta camiseta y, por tanto, lo puso «de moda»; corría el otoño de 2016 en París, el cuarto día de la Fashion Week. La tradicional casa de alta costura Dior acababa de contratar a una italiana como diseñadora jefa, y la pasarela de su primer desfile presentaba largas faldas vaporosas, mucho tul transparente en negro, blanco y rojo, tops tipo corsé, escotes pronunciados y, la estrella del desfile, una camiseta. Esta de la imagen. Una camiseta blanca muy normal con la inscripción «We Should all be Feminists». Una década antes, Maria Grazia Chiuri, así se llama la diseñadora (que desde entonces ha estampado camisetas con otros eslóganes feministas, como el de Linda Nochlin «Why Have There Been no Great Women Artists»), probablemente habría sido despedida por esta acción. No por las camisetas, sino por la inscripción. Pero resultó que había llegado el momento de volver a poner en marcha el movimiento. O al menos de venderlo: si alguien quería llevar en el pecho la versión Dior de sus convicciones, tendría que desembolsar 650 euros.

La frase se remonta a una charla de TEDTalk de la escritora nigeriana Chimamanda Ngozi Adichie. En *Todos deberíamos ser feministas*, la autora trató ya en 2012 de transmitir una imagen diferente del movimiento, tan denostado e incomprendido aún entonces. El feminismo no significaba ocupar el lugar de los hombres, sino solo dar a las mujeres un lugar de igualdad y dejar de decir a las chicas que tenían que hacerse pequeñas para no espantar a los chicos. Por una convivencia más respetuosa y sin miedos. Podría decirse que Ngozi Adichie hizo que el feminismo volviera a ser socialmente aceptable con sus pensamientos sencillos pero claros. En 2014, Beyoncé Knowles hizo honor a la definición de feminismo de Ngozi Adichie en su canción *Flawless*: «Feminista: Persona que cree en la igualdad política, social y económica de los sexos». Dos años después llegó la camiseta y con ella toda una oleada de productos «feministas». Casi ninguna empresa cuyo negocio tenga que ver con las mujeres en el sentido más amplio puede permitirse el lujo de no posicionarse como «feminista» y hacer un poco de *pinkwashing* o *femvertising* (publicidad feminista). Cremas, champús, zapatos y ropa, pero también estrellas, películas, series y libros surfean la ola feminista. Porque el feminismo ya no da asco, sino que está de moda. Hasta qué punto esta moda sirve a la causa es cuestionable. Por un lado, ha refrescado la imagen polvorienta y restablecido los derechos de la mujer en el discurso. Por otro lado, nos hace creer que es fácil conquistar la libertad. Que basta con poner unos billetes sobre la mesa y comprar el «empoderamiento». Quizá para contrarrestar esta ilusión, en la próxima camiseta debería figurar una frase de la periodista estadounidense y activista por los derechos de la mujer Gloria Steinem: «Una revolución no es un movimiento de relaciones públicas».

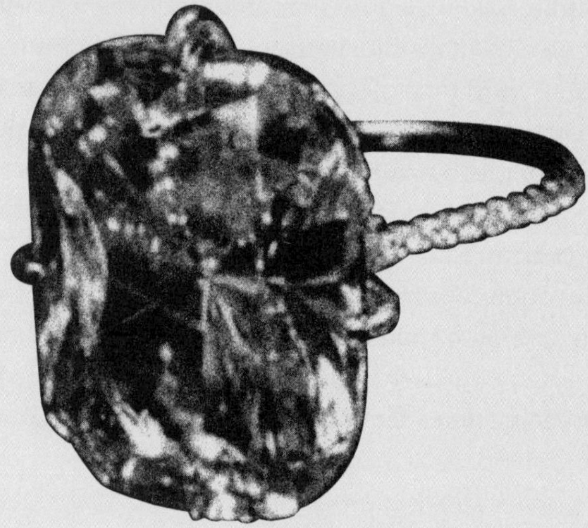

ANILLO DE KIM KARDASHIAN

2016

Desde la perspectiva de la cultura pop y la historia de las mujeres, el domingo 23 de octubre de 2016 fue un día movidito. Empezó por la mañana con el desenmascaramiento contra su voluntad de la escritora best seller Elena Ferrante, que escribe bajo seudónimo y ha declarado durante años que deseaba permanecer en el anonimato. Y terminó hacia las tres de la madrugada con el atraco a la estrella del *reality* y las redes sociales Kim Kardashian. Estaba en París con motivo de la Fahion Week y sola en su habitación de hotel, cerca de la Place de la Concorde, cuando unos enmascarados entraron de repente, la amenazaron con una pistola y no paraban de gritar en muy mal inglés: «¡El anillo! ¡El anillo!». Se referían a este anillo, un diamante de quince quilates, que el ahora exmarido de Kim, Kanye West le regaló como segundo anillo de compromiso y que ella había mostrado en primer plano en una selfi de Instagram unas horas antes.

Ambos acontecimientos causaron un gran revuelo. El primero provocó un sinfín de críticas. Si alguien no quiere ser reconocido, hay que dejarle en paz. El segundo hizo que muchos se regodearan; si alguien se exhibe así, le está bien empleado. Pero, sobre todo, ambos incidentes plantearon a su manera dos cuestiones: en primer lugar, cuánto éxito se le permite tener a una mujer sin tener que «pagar» por ello de alguna manera. En segundo lugar, qué grado de exhibición y de intimidad le está permitida a una mujer en el siglo XXI, o, mejor dicho, hasta qué punto se le deja decidir esto por sí misma. Ambas mujeres fueron y siguen siendo hoy enormemente exitosas, ambas eligieron una forma radical y en este caso radicalmente opuesta de ser públicas: mostrar todo o nada. El tema siempre ha sido muy debatido, y no solo en términos de moda; hasta hace no mucho tiempo, aún en el siglo XIX, una mujer era considerada exhibicionista solo por dejarse ver en la ventana de su casa (vestida, eso sí, no desnuda como la señorita Else). Hoy se sigue acusando de narcisismo patológico a las que quieren ser vistas, pero al mismo tiempo se saca de detrás de la cortina a las que prefieren vivir ocultas. En el caso de Ferrante, el periodista que la «desenmascaró» dijo que una autora de éxito no tenía derecho a exigir el anonimato, el público tenía derecho a saber quién escribía esos libros tan apreciados. Según la revista en cuestión, su desenmascaramiento era «inevitable». Para Kim Kardashian, en cambio, el ataque fue visto como una especie de castigo por su arrogancia femenina. «Si una mujer alardea así de su vida y de su riqueza y muestra un anillo de tantos millones en Instagram, no debería sorprenderse», decían los críticos socarrones. Voces muy perversas llegaron a sospechar que el atraco era un montaje para catapultarse a los titulares, igual que se sospechaba que ambas mujeres se mostraban u ocultaban no por preferencias personales, igual que unas personas son introvertidas y otras extrovertidas, sino como una estrategia de relaciones públicas para manipular el mercado de la atención y ganar aún más dinero.

En el caso de Ferrante, es difícil decir hasta qué punto su anonimato está destinado a generar interés, hasta qué punto su fama y fortuna fueron generadas no solo por su escritura, sino también por el misterio que la rodea. Pero, aunque así fuera, *why not?* En el caso de Kim Kardashian, en cambio, podemos ahorrarnos la acusación. Es cierto. Su trabajo consiste en mostrarse y en divulgar su intimidad, o al menos algo que se parezca a ella y que a los demás les convenza, y ganar dinero con ello. Puede parecerte estúpido o un poco pobre como concepto de carrera, pero ha funcionado. A estas alturas, se dice que Kardashian «vale» casi mil millones de dólares con sus diversas empresas. No en vano llevaba un anillo así aquella tarde de octubre. Y todo porque había comprendido que mostrarse alberga riesgos, pero también le otorga poder. Como muy tarde desde el siglo XVII y los primeros cuadros de mujeres durante su aseo matutino (hoy conocido como «rutina de belleza»), que la gente ansía conocer la intimidad femenina. Precisamente porque las mujeres habían vivido al margen durante tanto tiempo y la gente no sabía lo que hacían realmente en sus «zonas femeninas», ansiaban echar un vistazo por el ojo de la cerradura. Kardashian solo le dio la vuelta a esta antiquísima fuente de curiosidad. Mientras que antes las estrellas, en especial las femeninas, tenían que esconderse durante décadas detrás de los matorrales, con gorras o con gruesas gafas de sol y huir de los restaurantes por salidas de emergencia solo para escapar del penetrante acecho de la prensa, ella dejó inválido cualquier tipo de voyeurismo y directamente lo mostró todo antes de que nadie quisiera verlo. Cuando se filtró el vídeo sexual de Kim Kardashian en 2006, ella no se escondió apenada detrás del sofá como habríamos hecho cualquiera de nosotros, sino que dio la cara y utilizó el embarazoso momento a su favor. Su familia lo transformó en un programa, *Keeping up with the Kardashians*; se convirtieron en una marca y utilizaron los canales de las redes sociales que pronto surgieron como extensión del *reality show* y como plataformas publicitarias permanentes para sus propios productos.

Quizá sea puro exhibicionismo, o quizá solo sea otra forma moderna de contar historias. Como mínimo, este espacio de autoescenificación es uno en el que las mujeres tienen por primera vez el poder de decidir cómo y cuándo se las ve, de moldear su imagen según sus propias ideas y de ganar dinero con ello. Cuando Kim Kardashian fue portada de la revista *Forbes* unos meses antes de la agresión en el verano de 2016 porque su negocio de privacidad la había convertido en una empresaria de éxito, tuiteó para todos los *haters* que la habían acusado de que exhibirse no era ningún talento: «No está mal para una chica sin talento». En la serie de fotos que acompañaban al artículo llevaba el anillo: *The ring*.

09:41
100 %
Mail
Calendrier
Photos
Appareil photo
Plans
Horloge
Météo
Wallet
Notes
Rappels
Bourse
Vidéos
iBooks
iTunes Store
App Store
Domicile
Santé
Réglages
Téléphone

TELÉFONO MÓVIL

Siglo XXI

La idea de que las mujeres seguras de sí mismas e independientes y los teléfonos, mejor dicho, los móviles, van de la mano existe desde que Kim Kardashian y algunas otras empezaron a ganar ingentes sumas de dinero con sus móviles. Quizá te acuerdes del cartel de la película de culto para adolescentes de los noventa *Clueless*, este *remake* moderno de la obra de Jane Austen *Emma*; en él, se veía a Alicia Silverstone, alias Cher, bajando majestuosamente las escaleras de su lujosa casa junto a sus dos amigas, las tres llevando enormes teléfonos móviles, entonces recién estrenados, ahora muy viejos, a sus orejas. No importaba que estuvieran parloteando trivialidades con sus aparatos, lo que se entendía era que una joven con móvil era guay, importante, popular o, al menos, iba camino de serlo.

Y eso, si se quiere, siempre ha sido así. Desde la década de 1870, cuando aún no existían los teléfonos móviles y su predecesor, el teléfono, acababa de inventarse, fueron las mujeres las primeras en abrazar con entusiasmo la nueva tecnología. Como pasa con muchas otras innovaciones técnicas, los hombres que las inventaron las encontraron al principio bastante difíciles de utilizar. Puede que no les apeteciera discutir con el operador, por el que había que pasar en aquella época, o que les molestasen las interferencias o que todo ello les resultara poco manejable. Fuera lo que fuese, no se acostumbraron al nuevo aparato tan rápido como sus esposas. Una de las razones debió de ser que, a diferencia de las señoras, ellos no lo necesitaban. Los hombres salían y se encontraban con gente «en vivo». Las mujeres solían quedarse más en casa, el teléfono era entonces lo que el móvil es hoy para algunos: una ventana al mundo. Pero también un medio para la independencia. Gracias al teléfono, las mujeres podían actuar por sí mismas cuando necesitaban algo. Podían llamar al fontanero, encargar cosas, pero también pedir ayuda; avisar al médico si el niño estaba enfermo, llamar a la policía si el marido se ponía violento. Hoy en día, los teléfonos móviles son una de las armas más importantes en la lucha contra el feminicidio, es decir, el asesinato de mujeres a manos de sus parejas, y el teléfono fue la primera de ellas: porque rompió un poco la barrera del hogar cerrado e hizo que las mujeres se sintieran menos solas y expuestas. Les dio fuerza y valor.

En situaciones menos dramáticas, era simplemente la oportunidad de socializar con personas que no fueran su pareja o sus padres. Podían hablar de sus secretos en privado sin que nadie las escuchara. Del mismo modo que hoy en algunos rincones de la India se cree que los teléfonos móviles tientan a las mujeres a cometer adulterio y, por tanto, deben prohibirse, algunos hombres de entonces debieron de temer que este aparato, que por lo general se colocaba en la cocina, el reino de las mujeres, diera a sus esposas una nueva libertad. Y quizá fue así. Una llamada telefónica con el o la amante era más discreta que una carta; sin duda, un mensaje de móvil aún lo es más. De hecho, mucho antes de que aparecieran los móviles, antes de Tinder y compañía, el teléfono tradicional tuvo un impacto increíble en nuestras vidas amorosas y dio a la voz femenina una nueva importancia. En lugar de escribirse largas cartas o mirarse tímidamente desde detrás de un helado, hablaban por teléfono. Era menos comprometedor, más relajado, menos tenso. Pero, sobre todo, por primera vez lo más trascendental no era la apariencia de la mujer. En 1911, la revista *Life* sugería a sus lectores masculinos que no conocieran en persona a sus potenciales esposas, sino que mantuvieran con ellas una conversación telefónica: «Egoísmo, bondad, superficialidad, cultura, reserva, fuerza, control y la capacidad de aburrirte: todo esto y mucho más se esconde en la voz de una mujer». En Inglaterra, se dice incluso que las jóvenes recibían clases especiales de dicción porque una «buena voz» era de repente un aspecto importante del atractivo femenino. El ideal era una voz suave y aguda, pero a la vez clara. Sin embargo, esto cambió en algún momento, o quizá las mujeres solo pusieron menos énfasis en agradar vocalmente, porque lo cierto es que las voces de las mujeres se hicieron cada vez más graves a lo largo del siglo XX, según un estudio.

No obstante, la obsesión con la voz femenina, que poco a poco va desapareciendo, probablemente se remonta a este periodo inicial y a ese interés del todo nuevo por su tono en esa época. Hasta entonces, se había preferido, exagerando un poco, que la mujer directamente no hablara, y sin embargo ahora también podía seducir con sus palabras. Las primeras telefonistas, por ejemplo, apenas podían librarse de las ofertas; los hombres querían charlar con ellas, bromear, chismear. Lo sabemos gracias a películas de los años setenta como *El hombre que amaba a las mujeres* de François Truffaut: el protagonista frecuenta a bastantes mujeres, pero una de sus relaciones más importantes es con una telefonista. Hablando de telefonistas, al igual que el smartphone hoy en día permite a muchas mujeres trabajar por cuenta propia y comenzar un negocio desde su habitación, el teléfono trajo consigo nuevas oportunidades laborales. Después de que los chicos no se ganaran demasiada popularidad en las centrales telefónicas por ser toscos e impacientes, fueron reemplazados por mujeres jóvenes, que a partir de entonces y durante varias décadas susurraron «¿Número, por favor?» en el auricular varios cientos de veces al día. No era una tarea satisfactoria, ganaban poco dinero y trabajaban mucho, sin embargo, era un nuevo camino hacia la independencia y, en caso de duda, mejor que la fábrica. Hoy en día, la mujer poderosa o la chica jefa de las grandes ciudades tiene a mano dos o tres teléfonos que se iluminan, suenan y vibran constantemente. En otros rincones del mundo, el móvil es solo cosa de hombres. Varias organizaciones llevan años trabajando para cerrar esta «brecha de género telefónica». Porque el acceso a un smartphone, tanto entonces como ahora, permite a las mujeres ser más independientes, más exitosas, estar más seguras de sí mismas, y ser, por tanto, más libres.

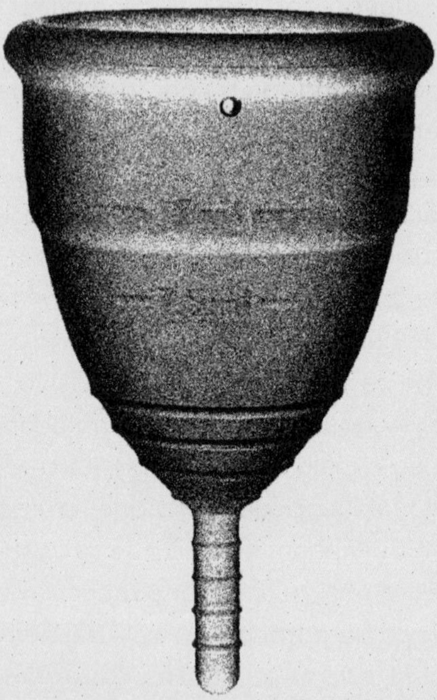

COPA MENSTRUAL

Década de 2010

En la adaptación cinematográfica de 1976 del primer best seller de Stephen King, la espeluznante y genial *Carrie*, la escena clave que pone en marcha los acontecimientos trata sobre la menstruación. Después de la clase de gimnasia, Carrie está en la ducha comunitaria cuando le viene su primera regla y claramente no tiene ni idea de lo que le está sucediendo. Al parecer, nunca ha oído hablar de que en algún momento se sangra, así que piensa que se está muriendo y acude a sus compañeras de clase en busca de ayuda, las cuales, por desgracia, solo se ríen de ella y le arrojan tampones y compresas. Cuando su madre, que es una fanática religiosa, la abofetea y la encierra en el cuarto de la limpieza (porque la sangre femenina no viene sin pecado femenino), se inicia la trágica historia de Carrie sobre el despertar de las fuerzas, la vergüenza y la ira femenina.

Si Stephen King hubiera escrito su historia unas décadas más tarde, tal vez nadie se habría reído de Carrie y todo el horror se habría esfumado. Tal vez las chicas no le hubieran dado a entender que debía avergonzarse, que lo que le estaba pasando era sucio y repulsivo, sino que le habrían dicho que era normal. Aunque no siempre es agradable, en ningún caso debería ser vergonzoso o malo ni debería ocultarse de ninguna manera. No le habrían arrojado los tampones, sino que, en todo caso, se los habrían ofrecido o le habrían recomendado que se abstuviera de usar esas antiguallas para hacerse con un accesorio menstrual contemporáneo y de gran valor ecológico: la copa menstrual. Desde hace unos años, la copa es muy popular entre las mujeres, al menos en Occidente. Se ha promocionado mucho, como si fuera algo completamente nuevo, pero en realidad existe desde la década de 1930. En aquella época, una actriz estadounidense, una tal Leona W. Chalmers, patentó un capuchón de goma que se insertaba en la vagina para recoger la sangre. Entonces las mujeres tenían pocas opciones; podían dejar fluir la sangre libremente, utilizar artículos hechos en casa o usar compresas, que se sujetaban con una especie de cinturones poco atractivos, los llamados «cinturones sanitarios». El caso es que la señora Chalmers gustaba de usar vestidos de seda blanca incluso durante su periodo, y el cinturón sanitario no quedaba muy bien debajo, pero tampoco quería ir por ahí con manchas rojas en el trasero. Por eso, lanzó al mercado esta caperuza inventada por otros unas décadas antes, pero nunca logró encontrar clientas. Quizá porque el tampón le siguió al cabo de poco y resultó ser más práctico de usar. Pero quizá también porque la copa menstrual obligaba a las mujeres a mirar lo que aún les daba miedo, asco y vergüenza: la sangre que manaba de sus cuerpos cada mes.

Simone de Beauvoir escribió una vez que cuando a una chica le viene la regla por primera vez, le invade un horrible sentimiento de repugnancia. Asco de esa sangre, del olor a violetas marchitas (¡ajá!), asco del color y de ese cuerpo cambiante: «Se convierte en una extraña para sí misma porque es una extraña para el resto del mundo», decía en *El segundo sexo*, refiriéndose al tabú de siglos, o incluso de milenios, que rodea a la menstruación y que, con o sin copa menstrual y buena voluntad, sigue siendo difícil de quitar de la cabeza de la gente hoy en día. En nuestras sociedades occidentales, por ejemplo, todavía sucede con cierta frecuencia que una joven que acude a su madre con la noticia de su primera regla recibe primero una bofetada, como diciendo: ¡Bienvenida a la feminidad! ¡Va a ser genial! A las mujeres que tenían la regla se las mantenía alejadas de la cocina, de la iglesia, de hecho, de todo lo que constituía la vida, porque esa sangre se consideraba impura y espantosa. En la Edad Media, cuando se veneraba fanáticamente la sangre de Cristo, incluso una mesa que entraba en contacto con una mujer menstruante quedaba contaminada durante al menos una semana; si un hombre se acostaba con su mujer mientras ella estaba menstruando, tenía que compartir su destino y aislarse también. Durante la famosa caza de brujas de principios del Renacimiento, tanto la sangre de una mujer como la ausencia de sangre, es decir, la menopausia, eran un peligro, un signo de su conexión con Satán, el diablo rojo que siempre brilla. Y aunque durante algunos siglos se pensó que en la mujer embarazada la sangre se convertía en leche y era, por tanto, una forma de alimento, la vergüenza no era menor. A finales del siglo XIX algunos incluso afirmaban que las mujeres cometían más delitos y eran más agresivas cuando tenían la menstruación. En fin...

Sin embargo, el periodo no ha empezado a ser un tema feminista en el siglo XXI. La citada australiana Germaine Greer, por ejemplo, escribió en los años setenta en *The Female Eunuch*: «Si crees que estás emancipada, deberías pensar en probar tu sangre menstrual: si pensar en eso te revuelve el estómago, te queda mucho camino por recorrer, querida». Hoy en día, poca gente quiere o necesita llegar tan lejos; los debates actuales giran menos en torno al sabor que a normalizar la sangre menstrual. A través de imágenes, por ejemplo, utilizando líquido rojo en lugar de azul en los anuncios de compresas, pero también mediante estas copas, con las que la visión de la sangre es inevitable. Si nos fijamos en la historia de los colores, el rojo no representa la vergüenza, sino la fuerza, la alegría, el amor y, simplemente, la vida.

PUSSY HAT

2017

Cuando en un futuro lejano miremos hacia atrás, hacia el comienzo del siglo XXI, y reflexionemos sobre la situación de las mujeres, 2017 destacará como un año especialmente rompedor, o al menos bastante ruidoso. El año en que las redes sociales y algunas revistas afirmaron que se había iniciado la «revolución femenina», tal vez incluso el «fin del patriarcado», porque unos cuantos patriarcas habían sido derrocados y el poder de muchos otros se había puesto en entredicho. El accesorio más político de este agitado año y de su revolución feminista fue este gorro, el llamado *pussy hat*.

Fue descubierto como símbolo justo a principios de año y adornó la portada de la revista estadounidense *Time* ya en febrero de 2017; aparecía algo solitario sobre un fondo gris claro, con una sombra en forma de gato asomando tras él en la imagen, un poco como si Catwoman estuviera a punto de doblar la esquina y vengar a todas las mujeres atormentadas. Encima estaba escrito en letras rosas: «La resistencia se hace más fuerte. Cómo una manifestación se convierte en movimiento». Se hablaba de una manifestación y de un movimiento, pero lo que se veía no era más que un gorrito de lana rosa, tejido en casa, no precisamente bonito, incluso un poco horrible. ¿Por qué? Porque el *pussy hat* se había convertido en un símbolo de resistencia tan llamativo que representaba mejor que cualquier instantánea un movimiento de protesta que crecía cada día. Ahora puede encontrarse en museos, con esta «función de testigo contemporáneo», como el Smithsonian, el British Museum y el Museo V&A de Londres. Si se quiere exagerar un poco, puede compararse este gorro con el gorro frigio de la Revolución francesa; ambos los llevaban quienes querían acabar con la estructura de poder existente y luchar por más justicia, con la diferencia de que a las mujeres no se les permitía llevar el gorro frigio, mientras que el *pussy hat* fue diseñado por mujeres y para mujeres, pero podían y debían llevarlo todos los demás.

Recordemos brevemente el contexto en el que surgió: fue en octubre de 2016 cuando, en el transcurso de una campaña electoral ya de por sí demencial, escuchamos a Donald Trump, entonces candidato republicano a la presidencia, explicar orgulloso a su homólogo en un fragmento filtrado que lo bueno de ser famoso es que puedes hacer lo que quieras con las mujeres: «Puedes hacer cualquier cosa. Agarrarla por el coño [...] puedes hacer cualquier cosa». Por aquel entonces, ya se sabía desde hacía tiempo que este magnate inmobiliario de color naranja chillón no era un señor distinguido ni un caballero y que, a pesar de sus muchas apariciones bochornosas y sus dudosas artimañas, tenía seguidores; pero después de este episodio, conocido como el *locker room talk*, se pensó con ingenuidad que nadie elevaría a un monstruo tan obviamente misógino a un cargo tan importante como el de presidente de Estados Unidos. Por desgracia, se equivocaban. Cuando en diciembre de 2016 fue elegido como el 53.º presidente del país, muchos vieron en ello una brutal llamada de atención, una bofetada en la cara de una sociedad que proclamaba que le importaban un bledo los derechos de las mujeres y también los derechos de otras minorías. Y ni siquiera se avergonzaba de ello.

Aquí es más o menos donde empieza la historia de este gorro. Cuando Krista Suh y Jayna Zweiman, dos jóvenes de California, oyeron hablar de la llamada Marcha de las Mujeres en Washington, organizada como protesta contra estas elecciones el 21 de enero de 2017, un día después de la toma de posesión de Trump, reflexionaron: ¿Cómo podríamos crear una imagen impactante de comunidad y solidaridad? Las sufragistas ya habían reconocido que las imágenes son importantes, y en la era de las redes sociales, Instagram y similares, esto era cierto por partida doble. Como ambas mujeres sabían que las manifestaciones se suelen filmar desde arriba, se les ocurrió la idea del gorro. El *pussy hat* era y es fácil de hacer, no hay que saber tejer, apenas costaba dinero, era rosa, en teoría el color de las mujeres, y tenía la forma más o menos de las orejas de un gato, llamado en inglés *pussycat*. Era una referencia directa al comentario de Donald Trump *grab'em by the pussy* («agarrarlas del coño») y quería decir: el presidente ve el *pussy*, o sea, la vagina, como un signo de vulnerabilidad, algo de lo que cualquier imbécil puede abusar, pues nosotras le damos la vuelta a ese simbolismo. Lo convertimos en una muestra de fuerza, de comunidad y de rebelión. Si se quiere, el *pussy hat* fue una especie de inesperado renacimiento del poder de Baubo y, al mismo tiempo, se inspiró en una tradición que vinculaba estrechamente el tejido de punto con la revuelta; ya durante la Revolución francesa, las mujeres llamadas *tricoteuses* se sentaban a tejer en sus clubes femeninos revolucionarios y en la Convención Nacional y supuestamente se acuclillaban frente a la guillotina haciendo sonar sus agujas mientras rodaban cabezas delante de ellas. Se dice que las espías tejían mensajes secretos en sus bufandas durante la Primera Guerra Mundial y que las tejedoras incluso desempeñaron un papel en la Guerra de Independencia de Estados Unidos, como maniobra de distracción. Una mujer tejiendo siempre ha resultado hogareña e inofensiva, el *pussy hat* demostró en 2017 que es todo lo contrario. En las imágenes de las manifestaciones del 21 de enero de 2017, la mayor movilización de la historia de Estados Unidos, que unió a varios millones de personas, mujeres, hombres, LGTBQ, personas de color, jóvenes y mayores en más de seiscientas localidades de todo el país, no se vieron puntos aislados, sino un mar de color rosa. Un mar de *pussies*.

Este gorro, como explicó una de sus inventoras, debía ser un objeto con el que se pudiera decir a las demás sin necesidad de palabras: «No estás sola. Somos muchas y nos mostramos». En este sentido, la prenda puede considerarse precursora del movimiento #Metoo que estalló pocos meses después de la primera Marcha de las Mujeres en octubre de 2017. También decía exactamente eso: la violencia y el abuso de poder no solo existen en Hollywood, no solo en lo más alto o en lo más bajo, sino en todas partes. No estás sola. Somos muchas. Y a partir de ahora nos haremos notar. Cuando terminó el año, en la portada del *Times* apareció, significativamente, ya no el gorrito con su gran sombra, sino una foto de grupo con las mujeres cuyas declaraciones contribuyeron a la caída del productor de Hollywood Harvey Weinstein y desencadenaron la ola mundial #MeToo. Era el comienzo de una nueva revolución.

BIBLIOGRAFÍA SELECCIONADA

Actes d'un procès pour viol en 1612. Suivi de lettre des Artemisia Gentileschi, *Des Femmes*, 1984. [Hay trad. cast.: *Cartas precedidas de las actas del proceso por estupro*, Madrid, Cátedra, 2016].

Appignanesi, Lisa, *Mad Bad Sad. A History of Women and the Mind Doctors From 1800 to the Present*, Virago, 2008.

Arendt, Hannah y Mary McCarthy, *Im Vertrauen. Briefwechsel 1949-1975*, Piper, 2020. [Hay trad. cast.: *Entre amigas. Correspondencia entre Hannah Arendt y Mary McCarthy, 1949-1975*, Barcelona, Lumen, 2006].

Auffret, Séverine, *Une histoire du Féminisme de l'Antiquité grecque à nos jours*, L'Observatoire, 2018. [Hay trad. cast.: *La gran historia del feminismo. De la Antigüedad hasta nuestros días*, Madrid, La Esfera de los Libros, 2020].

Badinter, Élisabeth, *Die Mutterliebe. Geschichte eines Gefühls vom 17. Jahrhundert bis heute*, Piper, 1999. [Hay trad. cast.: *¿Existe el amor maternal? Historia del amor maternal (s. xviii-xx)*, Barcelona, Paidós, 1992].

Banti, Anna, *Artemisia. Die Frau in der Gesellschaft*, Fischer, 1995. [Hay trad. cast.: *Artemisia*, Barcelona, Alfabia, 2008].

Bashkirtseff, Marie, *Journal. 1873-1877*, Hard Press, 2019. [Hay trad. cast.: *Diario*, Madrid, Espinas, 2022].

Beauvoir, Simone de, *Lettres à Nelson Algren*, Folio, 1999. [Hay trad. cast.: *Cartas a Nelson Algren*, Barcelona, Lumen, 1999].

—, *Der Lauf der Dinge*, Rowohlt, 1976. [Hay trad. cast.: *La fuerza de las cosas*, Barcelona, Edhasa, 1998].

—, *Le Deuxième Sexe, I. Les faits et les mythes*, Folio Essais, 1986. [Hay trad. cast.: *El segundo sexo. Los hechos y los mitos*, Madrid, Cátedra, 1998].

—, *Le Deuxième Sexe, II. L'expérience vécue*, Folio Essais, 1986. [Hay trad. cast.: *El segundo sexo. La experiencia vivida*, Madrid, Cátedra, 1998].

Bell, Quentin, *Erinnerungen an Bloomsbury*, Fischer Taschenbuch, 2018. [Hay trad. cast.: *El grupo de Bloomsbury*, Barcelona, Taurus, 2021].

Benamou, Rebecca, *Sur la bouche. Une histoire insolente du rouge à lèvres*, 1er Parallele, 2021.

Benstock, Shari, *Women of the Left Bank. Paris 1900-1940*, Virago, 1987. [Hay trad. cast.: *Mujeres de la «rive gauche»*, Barcelona, Lumen, 1993].

Berly, Cécile, *Lettres de Madame de Pompadour. Portrait d'une favorite royale*, Perrin, 2014.

Blume, Dorlis, Monika Boll y Raphael Gross, *Hannah Arendt und das 20. Jahrhundert*, Piper, 2020. [Hay trad. cast.: *Hannah Arendt y el siglo xx*, Barcelona, Paidós, 2022].

Bly, Nellie, *Zehn Tage im Irrenhaus. Undercover in der Psychiatrie*, Aviva, 2014. [Hay trad. cast.: *Diez días en un manicomio*, Barcelona, Buck, 2009].

—, *Around the World in Seventy-Two Days and Other Writings*, Penguin Classics, 2014. [Hay trad. cast.: *La vuelta al mundo en 72 días*, Barcelona, Buck, 2010].

Bock, Gisela, *Frauen in der europäischen Geschichte. Vom Mittelalter bis zur Gegenwart*, C. H. Beck, 2005. [Hay trad. cast.: *La mujer en la historia de Europa*, Barcelona, Crítica, 2001].

Borges, Jorge Luis y Victoria Ocampo, *Diálogo con Borges*, Sur, 2014.

Bovenschen, Silvia, *Die imaginierte Weiblichkeit*, Suhrkamp, 2003.

Braude, Ann, *Radical Spirits. Spiritualism and Women's Rights in Nineteenth Century America*, Indiana University Press, 2001.

Brontë, Charlotte, *Jane Eyre*, Reclam, 2020. [Hay trad. cast.: *Jane Eyre*, Barcelona, Random House, 2015].

Brontë, Emily, *Sturmhöhe*, Reclam, 2020. [Hay trad. cast.: *Cumbres borrascosas*, Barcelona, Alba, 2001].

Burman, Barbara y Ariane Fennetaux, *The Pocket. A Hidden History of Women's Lives 1660-1900*, Yale University Press, 2020.

Carrère d'Encausse, Hélène, *Alexandra Kollontaï. La Walkyrie de la Révolution*, Fayard, 2021. [Hay trad. cast.: *Alexandra Kolontái*, Barcelona, Crítica, 2023].

Chollet, Mona, *Hexen. Die unbesiegte Macht der Frauen*, Nautilus Flugschrift, 2020. [Hay trad. cast.: *Brujas. ¿Estigma o la fuerza invencible de las mujeres?*, Barcelona, Ediciones B, 2019].

Cohen, Claudine, *Les femmes de la préhistoire*, Tallandier, 2021. [Hay trad. cast.: *La mujer de los orígenes*, Madrid, Cátedra, 2011].

Colette, Les Claudine. *Claudine à l'école, Claudine à Paris, Claudine en ménage, Claudine s'en va*, Albin Michel, 2019. [Hay trad. cast.: *Las novelas de Claudine*, Barcelona, DeBolsillo, 2023].

—, *Le Pur et l'Impur*, Le Livre de Poche, 1991. [Hay trad. cast.: *Lo puro y lo impuro*, Barcelona, Argos Vergara, 1982].

—, *Chéri*, Le Livre de Poche, 2004. [Hay trad. cast.: *Chéri*, Barcelona, Acantilado, 2018].

Cooney, Kara, *When Women Ruled the World. Six Queens of Egypt*, National Geographic, 2020. [Hay trad. cast.: *Mujeres que gobernaron el mundo*, Madrid, Pinolia, 2023].

Desroches Noblecourt, Christine, *La reine mystérieuse. Hatshepsout*, Pygmalion, 2002. [Hay trad. cast.: *Hatshepsut, la reina misteriosa*, Barcelona, Edhasa, 2004].

Duby, Georges, *Dames du xiie siècle*, Folio Histoire, 2020. [Hay trad. cast.: *Damas del siglo xii*, Barcelona, Altaya, 1997].

Duby, Georges y Michelle Perrot, *Histoire des Femmes en Occident 1. L'Antiquité*, Perrin, 2002. [Hay trad. cast.: *Historia de las mujeres 1. La Antigüedad*, Barcelona, Taurus, 2000].

—, *Histoire des Femmes en Occident 2. Le Moyen Âge*, Perrin, 2002. [Hay trad. cast.: *Historia de las mujeres 2. La Edad Media*, Barcelona, Taurus, 2000].

—, *Histoire des Femmes en Occident 3. xive-xviiie siècle*, Perrin, 2002. [Hay trad. cast.: *Historia de las mujeres 3. Del Renacimiento a la Edad Moderna*, Barcelona, Taurus, 2000].

—, *Histoire des Femmes en Occident 4. Le XIXe siècle*, Perrin, 2002. [Hay trad. cast.: *Historia de las mujeres 4. El siglo XIX*, Barcelona, Taurus, 2000].
—, *Histoire des Femmes en Occident 5, Le XXe siècle*, Perrin, 2002. [Hay trad. cast.: *Historia de las mujeres 5. El siglo XX*, Barcelona, Taurus, 2000].
Duras, Marguerite, *Hiroshima, mon amour*, Gallimard, 1960. [Hay trad. cast.: *Hiroshima, mon amour*, Barcelona, Seix Barral, 1997].
Elkin, Lauren, *Flâneuse*, Vintage, 2017. [Hay trad. cast.: *Flâneuse*, Barcelona, Malpaso, 2017].
Ernaux, Annie, *Das Ereignis*, Suhrkamp, 2021. [Hay trad. cast.: *El acontecimiento*, Barcelona, Tusquets, 2001].
Fourier, Charles, *Le nouveau monde amoureux*, Presses du Reel, 2013. [Hay trad. cast.: *El nuevo mundo amoroso*, Madrid, Fundamentos, 1975].
Friedan, Betty, *The Feminine Mystique*, Penguin Classics, 2010. [Hay trad. cast.: *La mística de la feminidad*, Madrid, Cátedra, 2009].
Girod, Virginie, *Les femmes et le sexe dans la Rome antique*, Tallandier, 2013.
Goncourt, Edmond y Jules Goncourt, *La femme au 18ème siècle*, Flammarion, 1993.
Griffin, Susan, *The Book of the Courtesans. A Catalogue of Their Virtues*, Broadway Books, 2002. [Hay trad. cast.: *Las cortesanas. Un catálogo de sus virtudes*, Barcelona, Ediciones B, 2002].
Hartmann, Elke, *Frauen in der Antike*, C. H. Beck, 2021.
Hillis, Marjorie, *Live Alone and Like it. The Art of Solitary Refinement*, Virago, 2017. [Hay trad. cast.: *El placer de vivir sola*, Barcelona, Libros del Lince, 2018].
Hunt, Margaret R., *Women in Eighteenth Century Europe*, Routledge, 2009.
Hustevedt, Asti, *Medical Muse. Hysteria in 19th Century Paris*, Bloomsbury, 2011.
King, Margaret L., *Frauen in der Renaissance*, C. H. Beck, 1993. [Hay trad. cast.: *Mujeres renacentistas*, Madrid, Alianza, 1993].
Klagsbrun, Francine, *Lioness. Golda Meir and the Nation of Israel*, Schocken, 2021.
Laqueur, Thomas, *Auf den Leib geschrieben. Die Inszenierung der Geschlechter von der Antike bis Freud*, Campus, 1992. [Hay trad. cast.: *La construcción del sexo. Cuerpo y género desde los griegos hasta Freud*, Madrid, Cátedra, 1994].
Lazard, Madeleine, *Les Aventures de Fémynie. Les femmes et la Renaissance*, Fayard, 2001.
Lecoq, Titou, *Les grandes oubliées de l'histoire*, L'Iconoclaste, 2021.
Lieberman, Hallie, *Buzz. A stimulating History of Sex toys*, Pegasus Books, 2017.
Lindemann, Uwe, *Das Warenhaus. Schauplatz der Moderne*, Böhlau, 2015.
Lutz, Deborah, *The Bronte Cabinet. Three Lives in Nine Objects*, W. W. Norton & Company, 2015. [Hay trad. cast.: *El gabinete de las hermanas Brontë*, Madrid, Siruela, 2017].
Malcolm, Janet, *Forty-One False Starts. Essays on Artists and Writers*, Farrar Strauss & Giroux, 2014. [Hay trad. cast.: *Cuarenta y un intentos fallidos. Ensayos sobre escritores y artistas*, Barcelona, Debate, 2015].
Mayor, Adrienne, *Amazones. Quand les femmes étaient les égales des hommes*, La Découverte, 2020. [Hay trad. cast.: *Amazonas. Guerreras del mundo antiguo*, Madrid, Desperta Ferro, 2017].
Margueritte, Victor, *La Garçonne*, Payot, 2013. [Hay trad. cast.: *La garçonne*, Madrid, Gallo Nero, 2015].
McCarthy, Mary, *The Group*, Virago, 2009. [Hay trad. cast.: *El grupo*, Barcelona, Quinteto, 2005].
Messbarger, Rebecca, *Signora Anna, Anatomin der Aufklärung*, Die Andere Bibliothek, 2015.
Miles, Tiya, *All that she carried. The Journey of Ashley's Sack a Black Family Keepsake*, Random House, 2022.
Mitford, Nancy, *Madame de Pompadour*, Tallandier, 2010.
Müller, Lothar, *Freuds Dinge*, Die Andere Bibliothek, 2021.
Ocampo, Victoria, *Mein Leben ist mein Werk. Eine Biografie in Selbstzeugnissen*, Aufbau, 2010.
Patou Mathis, Marylène, *L'homme préhistorique est aussi une femme*, Allary, 2020. [Hay trad. cast.: *El hombre prehistórico es también una mujer*, Barcelona, Lumen, 2021].
Peirce, Leslie P., *The Imperial Harem. Women and Sovereignty in the Ottoman Empire*, Oxford University Press, 1993.
Perkins Gilman, Charlotte, *The Yellow Wallpaper & Herland*, Macmillan Collector's Library, 2021. [Hay trad. cast.: *El papel pintado amarillo*, Barcelona, Alpha Decay, 2023 y *El país de las mujeres*, Madrid, Guillermo Escolar, 2019].
Pernoud, Régine, *La femme au temps des cathédrales*, Le Livre de Poche, 1997.
Perrot, Michelle, *Mon histoire des femmes*, Seuil, 2006.
—, *Les femmes ou les silences de l'histoire*, Flammarion, 2020.
Pomeroy, Sarah, *Goddesses, Whores, Wives & Slaves. Women in Classical Antiquity*, The Bodley Head, 2015.
Postrel, Virginia, *The Fabric of Civilization*, Basic Books, 2021.
Power, Eileen, *Medieval Women*, Cambridge University Press, 2012.
Ramirez, Janina, *Femina. A New History of the Middle Ages Through the Women Written Out of It, WH Allen*, 2022.
Reilly, Maura, *Women Artists. The Linda Nochlin Reader*, Thames & Hudson, 2015. Rosenkranz, Jutta, *Mascha Kaléko*, dtv, 2012.
Rulffes, Evke, *Die Erfindung der Hausfrau. Geschichte einer Entwertung*, HarperCollins, 2021.
Sand, George, *Histoire de ma vie*, Stock, 2004.
—, *Gabriel*, Reclam, 2022.
Sappho, *Und ich schlafe allein. Gedichte*, C. H. Beck, 2013.
Scutts, Joanna, *The Extra Woman. How Marjorie Hillis led a Generation of Women to live alone and like it*, Liveright, 2017.
Steele, Valerie, *Corset. A Cultural History*, Yale University Press, 2003.
Steinbach, Susie, *Women in England 1760–1914. A social History*, Pheonix Paperback, 2004.
Thurman, Judith, *Secrets of the Flesh. A Life of Colette*, Ballantine Books, 2011.
Toklas, Alice B., *The Alice B. Toklas Cookbook*, Harper Perennial, 2021.
Tyldesley, Joyce, *Daughters of Isis. Women of Ancient Egypt*, Penguin, 1995.
Veil, Simone, *Une vie*, Le Livre de Poche, 2009.
Virgili, Fabrice, *La France Virile*, Payot, 2019.
Woolf, Virginia, *Ein Zimmer für sich allein*, Kampa, 2020.
Zingsem, Vera, *Lilith. Adams erste Frau*, Reclam, 2009.
Zola, Émile, *Das Paradies der Damen*, dtv, 2014.

AGRADECIMIENTOS

Doy las gracias a mi editora, Johanna von Rauch, por sus ideas, por su apoyo y por las numerosas conversaciones, paseos y tardes que compartimos, además de por su infinita paciencia. A mi amiga Carolin Würfel por acompañarme a través de cada siglo de esta historia de las mujeres y por comentar con sus brillantes ideas las historias más insólitas. A mis amigas y amigos Miriam Stein, Alexandra Link, Nadie Pantel, Jonathan Drews, Niklas Maak, por sus valiosas sugerencias y palabras de aliento. A Tarun Kade por nuestras Dante Bad Sessions. A mi padre, Uve, por su inesperado entusiasmo en la historia de las mujeres. A mi madre, Danièle, sin la cual este libro nunca se habría llegado a completar.

A mi marido, Olivier, Olive, por todo.

Annabelle Hirsch, nacida en 1986, tiene raíces alemanas y francesas. Estudió Historia del Arte, Arte Dramático y Filosofía en Múnich y en París. Trabaja como periodista independiente para *FAS* y *FAZ*, *Taz*, *Zeit Online* y otras revistas, escribe relatos breves y es traductora literaria del francés. Vive entre Roma y Berlín.